近代稀见旧版文献再造丛书

民国中国文化史要籍汇刊

（影印本）

侯杰 主编

第十九卷

朱谦之 中国思想对于欧洲文化之影响

南開大學出版社

图书在版编目(CIP)数据

民国中国文化史要籍汇刊. 第十九卷 / 侯杰主编
. —影印本. —天津 ：南开大学出版社，2019.1
(近代稀见旧版文献再造丛书)
ISBN 978-7-310-05718-4

Ⅰ. ①民… Ⅱ. ①侯… Ⅲ. ①文化史－文献－汇编－中国 Ⅳ. ①K203

中国版本图书馆 CIP 数据核字(2018)第 278421 号

南开大学出版社出版发行
出版人:刘运峰
地址:天津市南开区卫津路 94 号　　邮政编码:300071
营销部电话:(022)23508339　23500755
营销部传真:(022)23508542　　邮购部电话:(022)23502200
*
北京隆晖伟业彩色印刷有限公司
全国各地新华书店经销
*
2019 年 1 月第 1 版　　2019 年 1 月第 1 次印刷
148×210 毫米　32 开本　14.125 印张　4 插页　407 千字
定价:180.00 元

如遇图书印装质量问题,请与本社营销部联系调换,电话:(022)23507125

出版说明

一、本书收录民国时期出版的中国文化史著述，包括通史性文化著述、断代史性文化著述和专题性文化史著述三大类；民国时期出版的非史书体裁的文化类著述，如文化学范畴类著述等，不予收录；同一著述如有几个版本，原则上选用初始版本。

二、个别民国时期编就但未正式出版过的书稿如吕思勉的《中国文化史六讲》和民国时期曾以文章形式公开发表但未刊印过单行本的著述如梁启超的《中国文化史·社会组织篇》，考虑到它们在文化史上的重要学术影响和文化史研究中的重要文献参考价值，特突破标准予以收录。

三、本书按体裁及内容类别分卷，全书共分二十卷二十四册；每卷卷首附有所收录著述的内容提要。

四、由于历史局限性等因，有些著述中难免会有一些具有时代烙印、现在看来明显不合时宜的内容，如『回回』『满清』『喇嘛』等称谓及其他一些提法，但因本书是影印出版，所以对此类内容基本未做处理，特此说明。

南开大学出版社

二〇一八年十一月

总序

侯杰

中国文化，是世代中国人的集体创造，凝聚了难以计数的华夏子孙的心血和汗水，不论是和平时期的锲而不舍、孜孜以求，还是危难之际的攻坚克难、砥砺前行，都留下了历史的印痕，闪耀着时代的光芒。其中，既有精英们的思索与创造，也有普通人的聪明智慧与发奋努力；既有中华各民族儿女的发明创造，也有对异域他邦物质、精神文明的吸收、改造。中国文化，是人类文明的一座巨大宝库，发源于东方，却早已光被四表，传播到世界的很多国家和地区。

如何认识中国文化，是横亘在人们面前的一道永恒的难题。虽然，我们每一个人都不可避免地受到文化的熏陶，但是对中国文化的态度却迥然有别。大多离不开对现实挑战所做出的应对，或恪守传统，维护和捍卫自身的文化权利、社会地位，或从中国文化中汲取养料，取其精华，并结合不同历史时期的文化冲击与碰撞，进行综合创造，或将中国文化笼而统之地视为糟粕，当作阻碍中国迈向现代社会的羁绊，欲除之而后快。这样的思索和抉择，必然反映在人们对中国文化的观念和行为上。

中国文化史研究的崛起和发展是二十世纪中国史学的重要一脉，是传统史学革命的一部分——传统史学在西方文化的冲击下，偏离了故道，即从以帝王为中心的旧史学转向以民族文化为中心的新史学，又和中国的现代化进程有着天然的联系。二十世纪初，中国在经受了一系列内乱外患后，千疮百孔，国力衰微；与此同时，西方的思想文化如潮水般涌入国内，于是有些人开始对中国传统文化产生怀疑，甚至持否定态度，全盘西化论思潮的出笼，更是把这种思想推向极致。民族自信力的丧失既是严峻的社会现实，又是亟待解决的问题。而第一次世界大战的惨剧充分暴露出西方社会的弊端，其文化取向亦遭到人们的怀疑。人们认识到要解决中国文化的出路问题就必须了解中国文化的历史和现状。很多学者也正是抱着这一目的去从事文化史研究的。

在中国文化史书写与研究的初始阶段，梁启超是一位开拓性的人物。早在一九〇二年，他就深刻地指出：『中国数千年，唯有政治史，而其他一无所闻。』为改变这种状况，他进而提出：『历史者，叙述人群进化之现象也。』而所谓『人群进化之现象』，其实质是文化演进以及在这一过程中所迸发出来的缤纷事象。以黄宗羲『创为学史之格』为楷模，梁启超呼吁：『中国文学史可作也，中国种族史可作也，中国财富史可作也，中国宗教史可作也。诸如此类，其数何限?」从而把人们的目光引向中国文化史的写作与研究。一九二一年他受聘于南开大学，讲授『中国文化史』，印有讲义《中国文化史稿》，后经过修改，于一九二二年在商务印书馆以《中国文化史稿第一编——中国历史研究法》之名出版。截至目前，中国学术界将该书视为最早的具有史学概论性质的著作，却忽略了这是梁启超对中国文化历史书写与研究的整体思考和潜心探索之举，充满对新史学的拥抱与呼唤。

与此同时，梁启超还有一个更为详细的关于中国文化史研究与写作的计划，并拟定了具体的撰写目录。梁启超的这一构想，部分体现于一九二五年讲演的《中国文化史·社会组织篇》中。在这个关于中国文化史的构想中，梁启超探索了中国原始文化以及传统社会的婚姻、姓氏、乡俗、都市、家族和宗法、阶级和阶层等诸多议题。虽然梁启超终未撰成多卷本的《中国文化史》(其生前，只有《中国文化史·社会组织篇》等少数篇目问世)，但其气魄、眼光及其所设计的中国文化史的书写与研究的构架令人钦佩。因此，鉴于其对文化史的写作影响深远，亦将此篇章编入本丛书。

此后一段时期，伴随中西文化论战的展开，大量的西方和中国文化史著作相继被翻译、介绍给中国读者。桑戴克的《世界文化史》和高桑驹吉的《中国文化史》广被译介，影响颇大。国内一些学者亦仿效其体例，参酌其史观，开始自行编撰中国文化史著作。一九二一年梁漱溟出版了《东西文化及其哲学》，这是近代国人第一部研究文化史的专著。尔后，中国文化史研究进入了一个短暂而兴旺的时期，一大批中国文化史研究论著相继出版。在二十世纪二三十年代，有关中国文化史的宏观研究的著作不可谓少，如杨东莼的《本国文化史大纲》、陈国强的《物观中国文化史》、柳诒徵的《中国文化史》、陈登原的《中国文化史》、王德华的《中国文化史略》等。在这些著作中，柳诒徵所著《中国文化史》被称为『中国文化史的开山之作』，而杨东莼所撰写的《本国文化史大纲》则是第一本试图用唯物主义研究中国文化史的著作。与此同时，对某一历史时期的文化研究也取得很大进展。如孟世杰的《先秦文化史》、陈安仁的《中国上古中古文化史》和《中国近世文化史》等。在宏观研究的同时，微观研究也逐渐引起学人们的注意。其中，中西文化交流史研究成绩斐然，如郑寿麟的《中西文化之关系》、张星烺的《欧化东渐史》等。一九三六至一九三七年，商务印书馆出版了由王云五等主编的《中国文化史丛书》，共有五十余种，体例相当庞大，内容几乎囊括了中国文化史的大部分内容。

此外，国民政府在三十年代初期出于政治需要，成立了『中国文化建设会』，大搞『文化建设运动』，致力于『中国的本位文化建设』。一九三五年十月，陶希盛等十位教授发表了《中国本位文化建设宣言》，提出『国家政治经济建设既已开始，文化建设亦当着手，而且更重要』。因而主张从中国的固有文化即传统伦理道德出发建设中国文化。这也勾起了一些学者研究中国文化史的兴趣。

同时，这一时期又恰逢二十世纪中国新式教育发生、发展并取得重要成果之时，也促进了『中国文化史』课程的开设和教材的编写。清末新政时期，废除科举，大兴学校。许多文明史、文化史的著作因非常适合作为西洋史和中国史的教科书，遂对历史著作的编纂产生很大的影响。在教科书撰写方面，多部中国史的教材，无论是否以『中国文化史』命名，实际上都采用了文化史的体例。而这部分著作也占了民国时期中国文化史著作的一大部分。如吕思勉的《中国文化史二十讲》（现仅存六讲）、王德华的《中国文化史略》、丁留余的《中国文化史问答》、李建文的《中国文化史讲话》、范子田的《中国文化小史》等。

二十世纪的二三十年代实可谓中国学术发展的黄金时期，这一时期的文化史研究成就是有目共睹的，不少成果迄今仍有一定的参考价值。此后，从抗日战争到解放战争十余年间，中国文化史的书写和研究遇到了困难，陷入了停顿，有些作者还付出了生命的代价。但尽管如此，仍有一些文化史论著问世。此时，综合性的文化史研究著作主要有缪凤林的《中国民族之文化》、陈安仁的《中国文化史》、王治心的《中国文化史类编》、陈竺同的《中国文化史略》和钱穆的《中国文化史导论》等。其中，钱穆撰写的《中国文化史导论》和陈竺同撰写的《中国文化史略》两部著作影响较为深远。钱穆的《中国文化史导论》，完成于抗日战争时期。该书是继《国史大纲》后，他撰写的第一部系统讨论中国文化史的著作，专就中国通史中有关文化史一端作的导论。因此，钱穆建议读者『此书当与《国史大纲》合读，庶易获得写作之大意所在』。不仅如此，钱穆还提醒读者该书虽然主要是在专论中国，实则亦兼论及中西文化异同问题。数十年来，『余对中西文化问题之商榷讨论屡有著作，而大体论点并无越出本书所提主要纲宗之外』。故而，『读此书，实有与著者此下所著有关商讨中西文化问题各书比较合读之必要，幸读者勿加忽略』。陈竺同的《中国文化史略》一书则是用生产工具的变迁来说明文化的进程。他在该书中明确指出：『文化过程是实际生活的各部门的过程』，『社会生产，包含着生产力与生产关系。这本小册子是着重于文化的过程。至于生产关系，就政教说，乃是权力生活，属于精神文化，而为生产力所决定』。除了上述综合性著作外，这一时期还有罗香林的《唐代文化史研究》、朱谦之的《中国思想对于欧洲文化之影响》等专门性著作影响较为深远。

不论是通史类论述中国文化的著作，还是以断代史、专题史的形态阐释中国文化，都包含着撰写者对中国文化的情怀，也与其人生经历密不可分。柳诒徵撰写的《中国文化史》也是先在学校教习之用，后在出版社刊行。鉴于民国时期刊行的同类著作，有的较为简略，有的只可供学者参考，不便于学年学程之讲习，所以他发挥后发优势，出版了这部比较丰约适当之学校用书。更令人难忘的是，柳诒徵不仅研究中国文化史，更有倡行中国文化的意见和主张。他在《弁言》中提出：『吾尝妄谓今之大学宜独立史学院，使学者了然于史之封域非文学、非科学，且创为斯院者，宜莫吾国若。三二纪前，吾史之丰且函有亚洲各国史实，固俨有世界史之性。丽、鲜、越、倭所有国史，皆师吾法。夫以数千年丰备之史为之干，益以近世各国新兴之学拓其封，则独立史学院之自吾倡，不患其异于他国也。』如今，他的这一文化设想，在南开大学等国内高校已经变成现实。正是由于有这样的文化观念，所以他才自我赋权，主动承担起治中国文化史者之责任：『继往开来……择精语详，以诏来学，以贡世界。』

杨东莼基于『文化就是生活。文化史乃是叙述人类生活各方面的活动之记录』的认知，打破朝代观念，将各时代和作者认为有关而又影响现代生活的重要事实加以叙述，并且力求阐明这些事实前后相因的关键，希望读者对中国文化史有一个明确的印象，而不会模糊。不仅如此，他在叙述中，尽力坚持客观的立场，用经济的解释，以阐明一事实之前因后果与利弊得失，以及诸事实间之前后相因的关联。这也是作者对『秉笔直书』『夹叙夹议』等历史叙事方法反思之后的选择。

至于其他人的著述，虽然关注的核心议题基本相同，但在再现中国文化的时候却各有侧重，对中国文化的评价也褒贬不一，存在差异。这与撰写者对中国文化的认知，及其史德、史识、史才有关，更与其学术乃至政治立场、占有的史料、预设读者有关。其中，既有学者之间的对话，也有学者与读者的倾心交流，还有对大学生、中学生、小学生的知识普及与启蒙，对中外读者的文化传播，及其跨文化的思考。他山之石，可以攻玉。二十世纪二十年代日本学者高桑驹吉的著述以世界的眼光，叙述中国文化的历史，让译者感到：数千年中，我过去的祖先曾无一息与世界相隔离，处处血脉流转，气息贯通。如此叙述历史，足以养成国民的一种世界的气度。三十年代，中国学者陈登原不仅将中国文化与世界联系起来，而且还注意到海洋所带来的变化，以及妇女地位的变化等今天看来都亟待解决的重要议题。实际上，早在二十世纪二十年代，就有一些关怀中国文化命运的学者对十九世纪末到二十世纪初通行课本大都脱胎于日本人撰写的《东洋史要》一书等情形提出批评：以外人目光编述中国史事，精神已非，有何价值？而陈旧固陋，雷同抄袭之出品，竟占势力于中等教育界，垂二十年，亦可怜矣。乃者，学制更新，旧有教本更不适用。为改变这种状况，顾康伯广泛搜集文化史料，因宜分配，撰成《中国文化史》，脉络分明，宗旨显豁，不徒国史常识可由此习得，即史学门径，亦由此窥见。较之旧课本，不可以道里计，故而受到学子们的欢迎。此外，中国文化的海外传播、中国对世界文化的吸收以及中西文化关系等问题，也是民国时期中国文化史撰写者关注的焦点议题。

围绕中国文化史编纂而引发的有关中国文化的来源、内涵、特点、价值和贡献等方面的深入思考，耐人寻味，发人深思。孙德孚更将翻译美国人盖乐撰写的《中国文化辑要》的收入全部捐献给因日本侵华而处于流亡之中的安徽的难胞，令人感佩。

实际上，民国时期撰写出版的中国文化史著作远不止这些，出于各种各样的原因，没有收入本丛书，也是非常遗憾的事情。至于已经收入本丛书的各位作者对中国文化的定义、解析及其编写体例、使用的史料、提出的观点、得出的结论，我们并不完全认同。但是作为一种文化产品值得批判地吸收，作为一种历史的文本需要珍藏，并供广大专家学者，特别是珍视中国文化的读者共享。

感谢南开大学出版社的刘运峰、莫建来、李力夫诸君的盛情邀请，让我们徜徉于卷帙浩繁的民国时期中国文化史的各种论著，重新思考中国文化的历史命运；在回望百余年前民国建立之后越演越烈的文化批判之时，重新审视四十年前改革开放之后掀起的文化反思，坚定新时代屹立于世界民族之林的文化自信。

感谢与我共同工作、挑选图书、撰写和修改提要，并从中国文化中得到生命成长的区志坚、李净昉、马晓驰、王杰升等香港、天津的中青年学者和志愿者。李力夫全程参与了很多具体工作，表现出一位年轻编辑的敬业精神、专业能力和业务水平，从不分分内分外，让我们十分感动。

总目

第一卷　梁启超　中国历史研究法（中国文化史稿第一编）
　　　　钱　穆　中国文化史导论
第二卷　梁漱溟　中国文化要义
第三卷　柳诒徵　中国文化史（上、中、下）
第四卷　杨东莼　本国文化史大纲
第五卷　陈登原　中国文化史（上、下）
第六卷　顾康伯　中国文化史（上、下）
第七卷　顾康伯　本国文化史
　　　　王其迈　中国文化史

第八卷　王德华　中国文化史略

陈竺同　中国文化史略

第九卷　李继煌译　中国文化史

第十卷　姚名达　朱鸿禧　中国文化小史

范子田　中国文化小史

常乃悳　中国文化小史

第十一卷　李建文　中国文化史讲话

靳仲鱼　中国文化史要

孙德孚译　中国文化辑要

第十二卷　王云五　编纂中国文化史之研究

陈安仁　中国文化建设问题

陈安仁　中国文化演进史观

陈国强　物观中国文化史（上、下）
第十三卷　丁留余　中国文化史问答
姚江滨　民族文化史论
缪凤林　中国民族之文化
第十四卷　王治心　中国文化史类编（上、中）
蒋星煜　中国隐士与中国文化
第十五卷　雷海宗　中国文化与中国的兵
第十六卷　孟世杰　先秦文化史
罗香林　唐代文化史研究
第十七卷　陈安仁　中国上古中古文化史
第十八卷　陈安仁　中国近世文化史
第十九卷　朱谦之　中国思想对于欧洲文化之影响

第二十卷

张星烺　欧化东渐史

郑寿麟　中西文化之关系

梁启超　中国文化史·社会组织篇

吕思勉　中国文化史六讲

朱谦之《中国思想对于欧洲文化之影响》

朱谦之（1899—1972），福建人。哲学家、哲学史家、东方学家、文化学家、宗教学家、中外思想文化比较学家。生于医学世家，熟读经史，曾自编《中国上古史》，并发表《英雄崇拜论》等小册子，闻名乡里。一九二九年东渡日本，一九三二年起在中山大学工作，历任中山大学历史系主任、哲学系主任、文学院长等职。中华人民共和国成立后先后在北京大学哲学系、中国科学院世界宗教研究所工作。

朱谦之所著《中国思想对于欧洲文化之影响》共一册，于一九三五至一九三八年间完成，一九四〇年由商务印书馆出版，是『东学西渐』丛书的一种。全书详细叙述了中国哲学影响欧洲的时间、对象和具体情况，考察了思想文化传播过程中所发生的变异。他特别比较了中国思想在英、德、法三国所产生的不同影响。这一研究拓展了人们关于中国哲学的视野，其对于十六至十八世纪中国哲学影响欧洲文化的系统阐述，也有助于人们以新的眼光来估量中国哲学的价值。

中國思想對於歐洲文化之影響

朱謙之著

目錄

前論

中國思想對於歐洲文化之影響，實以一六四五年至一七四二年天主教徒爭論之禮儀問題，與耶穌會士對宋儒理學之態度爲其關鍵。但欲明此，須先注意中國文化西傳之歷史。以吾所見，十三世紀蒙古征服歐洲，其所傳播之中國文明，實予歐洲文藝復興以物質的基礎，而十六世紀以來，耶穌會士來華傳教，其所傳播之中國文化，則實予十八世紀歐洲啓明運動以精神的基礎，二者均不可不先加敍述，作前論兩篇。

第一編　歐洲文藝復興與中國文明……一
第二編　十八世紀中歐之文化接觸……四七

本論

十八世紀歐洲思想界，以爭論禮儀問題，使當時無論迎拒中國哲學之人，均以宋儒理學爲對象。一方有人認中國哲學爲唯物論無神論而加攻擊，一方卽有人認中國哲學爲唯物論無神論，而加歡迎。又一方有人認中國哲學之理性說爲異端外道，一方卽有人擁護此理性說，而對於中國哲學，曲加解釋前者之影響，可以法國麥爾伯蘭基（Malebranche）之攻擊中國哲學爲例；後者之影響，可以德國來布尼茲（Leibniz）之擁護中國哲學爲例。前者之攻擊，其反響爲法國百科全書派之無神論的唯物論的哲學，後者之擁護，遂造成德國觀念論之古典哲學。前者之影響，爲法國之政治革命；後者之影響爲德國之精神革命。作本論四篇。

第一編　耶穌會士對於宋儒理學之反響……九九
第二編　啓明運動與中國文化……一五五
第三編　中國哲學與法國革命……二三五
第四編　中國哲學與德國革命……三〇二

前論

一　歐洲文藝復興與中國文明

一　文藝復興之物質的基礎……一
（一）造紙……三
（二）印刷術……三
（三）火藥……四

（四）羅盤針……六
二　文藝復興期對於中國之認識……七
（A）教士……七
1. 勃拉奴克劈尼(Plano Carpini)……八
2. 盧白魯克(Rubruquis)……八
3. 約翰孟德高維奴 (Jean de Montecorvino)……九
4. 安德魯(Andrew of Perugia)……九
5. 鄂多立克(Frier Odoric)……九
6. 馬黎諾里(John de Marignolli)……一〇
（B）商人……一〇
1. 尼古剌波羅 (Nicolo Polo)……一一
2. 裴哥羅梯 (Francesco Balducci Pegolotti)……一一
3. 康梯(Nicolo Conti)……一一
（C）外交使者……一二
1. 克拉維佐(Ruy Gonzalez de Clavijo)……一二

(D) 遊客……一三
1. 約翰西爾脫白格(Johann Schiltberger)……一三
(E) 工程師及其他……一三
三 馬哥波羅遊記之影響……一三
(一) 地理上的大發見……一四
(二) 美的與物質的生活之願望……一七
(三) 自由研究之精神……二三
四 文藝復興期之中國題材……二五
(一) 繪畫……二五
1. 達芬奇(Leonardo da Vinci)……二五
(二) 文學……二六
1. 曼得維爾(Mandeville)……二六
2. 薄伽邱(Boccaccio)……二六
3. 菩雅多(Boiardo)……二七
4. 阿利俄斯托(Ariosto)……二七

（三） 科學……二八
1. 羅澤培根（Roger Bacon）……二八

二 十八世紀中歐之文化接觸

一 中歐文化接觸之三時期……四七
第一 物質的接觸時代……四八
1. 中國與古代希臘……四九
2. 中國與羅馬文明……四九
3. 中國與伊蘭文明……五一
4. 中國與阿剌伯文明……五二
第二 美術的接觸時代……五二
（A） 羅柯柯運動……五二
（一） 瓷器 （二） 漆器 （三） 絲織品 （四） 風景畫
（B） 中國園林運動……五六
（C） 路易十四時代法國人之中國趣味……五七

第三　思想的接觸時代……五九
（A）初期教士遊客的著作……五九
（B）耶穌會士的報告書……六一
（C）孔子學說的介紹……六五
一　耶穌會……六八
（A）耶穌會小史……六九
（1）耶穌會之成立……六九
（2）耶穌會之發起人洛耀拉（S. Ignatius Loyola）……六九
（3）耶穌會東來傳教的背景……七〇
（B）耶穌會士東漸始末……七一
（1）沙勿略（Francis Xavier）……七二
（2）范禮安（Alexandre Valignari）與羅明堅（Michael Ruggieri）……七二
（3）利瑪竇（Mutteo Ricci）……七三
（4）湯若望（Johann Adam Schall von Boll）……七五
（5）南懷仁（P. Ferdinandus Verbiest）……七六

(6) 張誠(Joan Franciscus Gorbillon)與白進(Joachim Bouvet)……七六
(7) 郎世寧(Joseph Castiglione)與蔣友仁(Michel Benoit)……七八
三 西學東漸之初期……八〇
(1) 天文學……八一
(2) 數學……八五
(3) 地理學……八七
(4) 物理學……八八
(5) 氣象學……八九
(6) 生理學……八九
(7) 語文學……九〇
(8) 哲學……九一

本論

一 耶穌會士對於宋儒理學之反響

一 禮儀問題與耶穌會士之態度……九九

(A) 所謂禮儀問題(Question des Rites)……九九

1. 敬祖之禮……一〇〇

2. 祭孔之禮……一〇〇

3. 祭天之禮……一〇〇

(B) 耶穌會士之態度……一〇〇

1. 多明我會 方濟各會之態度……一〇〇

2. 耶穌會士之態度……一〇一

a. 贊成派 利瑪竇 閔明我

b. 反對派 龍華民 龐迪我

(C) 康熙與羅馬使節關係文書……一〇三

1. 教皇禁令……一〇三

2. 康熙硃批……一〇六

3. 爭論之影響……一〇八

二 耶穌會士之孔教觀……一〇九

(A) 孔教與基督教之一致說……一〇九

1. 般鐸澤(Intorcetta)……一一〇
2. 白進(Le P. Bouvet) 李明 (Le P. Louis le Comte)……一一〇
3. 馬若瑟(Le P. Joseph Henri Prémare)……一一一
(B) 六經上帝與天卽言主宰說……一一一
1. 利瑪竇……一一一
2. 利類思……一一二
3. 南懷仁……一一三
4. 孫璋……一一三
三 反理學之代表人物及其著作……一一三
(A) 利瑪竇(Matteo Ricci) 天主實義……一一四
(B) 龍華民(Nicolaus Longobardi) 靈魂道體說……一一七
(C) 艾儒略(Julius Aleni) 萬物眞原 三山論學紀……一一九
(D) 利類思(Ludovicus Buglio)不得已辯……一二一
(E) 湯若望(Joannes Adam Schall)主制羣徵……一二二
(F) 衞匡國(Martin Martini)眞主靈性理證……一二三

(G) 陸安德(P. André-Joan Lobelli) 眞福直指……一二四
(H) 衛方濟(Français Noël) 人罪至重……一二六
(I) 孫璋(P. A. de la Charme) 性理眞詮……一二八
四 反理學在中國所生之影響……一三四
(A) 正面的影響……一三五
a. 徐光啓……一三五
b. 李之藻……一三五
c. 楊廷筠……一三五
d. 魏裔介……一三六
e. 朱宗元……一三七
(B) 反面的影響……一三八
a. 沈漼 參遠夷疏……一三八
b. 楊光先 不得已……一三九
c. 王啓元 淸署經談……一四一
d. 黃貞 闢天主教書 尊儒亟鏡……一四三

e. 許大受　聖朝佐闢……一四四
f. 陳侯光　辨學蒭言……一四四
g. 李燦　劈邪說……一四五
h. 林啓陸　誅夷論略……一四五
i. 鄒維璉　闢邪管見錄……一四六
j. 曾時　不忍不言序……一四六
k. (附)費隱　原道闢邪說……一四七
l. 普潤　誅左集緣起……一四七

二　啓明運動與中國文化

一　所謂「理性時代」……一五六
(A) 反宗教的哲學精神……一五七
1. 理性的崇拜……一五八
2. 哲學判決了上帝的死刑……一五九
3. 理性時代是從那裏來的……一六〇

（B）希臘呢　中國呢……一六〇
1. 文藝復興與啓明運動……一六〇
2. 費內龍（Fénelon）與魁斯奈（Quesnay）所見不同……一六一
3. 十八世紀歐洲的理想國……一六六
（C）宋儒理學傳入歐洲的影響……一六六
1. 有意的接受……一六八
a. 朱子……一六八
b. 邵康節……一六八
c. 其他……一六八
2. 無意的接受……一六八
a. 天主實錄之拉丁文本……一六八
b. 龍華民「關於中國宗教之幾點疑問」……一六九
c. 粟安當「關於中國傳教事業之幾個要點的評論」……一六九
3. 異端之理學與歐洲理性時代……一七〇
a. 法國的影響……一七〇

b 德國的影響……一七〇

c. 英國的影響……一七〇

二 啓明運動之先驅——笛卡兒（René Descartes）……一七二

（A）笛卡兒對於中國文化的態度……一七三

1. 外來文化之接觸……一七三

2. 「方法論」中所見之中國……一七四

3. 笛卡兒哲學的新評價……一七五

（B）笛卡兒學派的中國哲學觀……一七六

1. 所謂笛卡兒學派……一七六

a. 右派 巴斯噶（Blaise Pascal）……一七七

b. 左派 貝爾(Pierre Bayle)……一七九

c. 中派 麥爾伯蘭基(Nicole Malebranche)……一八二

2. 巴斯噶與中國古史年代問題……一八二

3. 貝爾所見之中國無神論……一八二

（C）麥爾伯蘭基論「理」與「神」之異同……一八二

(a) 基督教「神」之本質……一八三
(b) 基督教「神」之存在的證明……一八四
(c) 中國哲學之「理」與基督教哲學「神」之異同……一八五
第一 「理」與「物質」之關係……一八五
第二 「神」與「物質」之關係……一八五
第三 「神」與「理」之關係……一八六
三 來布尼茲(Leibniz)與宋儒理學之關係……一八九
(A) 來布尼茲之中國文化觀……一九二
1. 來布尼茲與耶穌會士……一九四
a. 與來氏往來之耶穌會士……一九五
一 閔明我(Philippus Maria Grimaldi)……一九六
二 白進(Joachim Bouvet)……一九七
b. 與來氏辯論之傳教士……一九九
一 龍華民(Nicolaus Longobardi)……一九九
二 栗安當(Le P. Antonine de Saint-Marrie)……一九九

2. 『中國最近事情』中所見之中國文化觀……二〇〇
3. 『書簡集』中所見之中國文化觀……二〇五
（B）來布尼茲之宋儒理氣觀……二一三
1. 理(li)……二一五
2. 「理」與「氣」(ki)之關係……二一七
3. 人類之靈……二一八
（C）來布尼茲之影響……二一九
1. 法郎克(A. H. Francke)……二一九
2. 吳爾夫(Christian Wolff)……二一九
3. 其他……二二〇

三 中國哲學與法國革命

一 哲學與大革命……二三六
（A）大革命的歷史觀……二三六
1. 唯心觀——Hegel, Madelin……二三六

2. 唯物觀——W. Blos, Kropotkin……二三八
3. 文化觀……二四〇
（B）在哲學旗幟下之革命家……二四〇
1. 羅伯斯比爾（Robespierre）……二四一
2. 丹塘（Danton）……二四二
3. 馬拉（Marrat）……二四二
4. 密拉博（Mirabeau）……二四三
5. 羅蘭夫人（Madame Roland）……二四三
6. 孔道塞（Condorcet）……二四四
（C）大革命之哲學基礎……二四五
1. 無神論……二四五
2. 唯物論……二四六
3. 自然主義……二四七
二 百科全書派與中國思想的關係……二四八
（A）所謂「百科全書派」……二四八

(B)百科全書派與中國思想的接觸……二四九
1. 耶穌會士之著作……二四九
2. 遊客的著作……二五〇
3. 兩種著作影響之不同……二五〇
(C)百科全書派之中國文化觀……二五二
1. 荷爾巴赫(Baron d'Holbach)……二五二
a. 荷爾巴赫的「沙龍」……二五三
b. 「唯物論聖書」——自然之體系……二五四
c. 「社會之體系」中之中國道德政治論……二五四
2. 孟德斯鳩(Montesqieu)……二五六
「法意」中論中國文化之得失……二五六
a. 中國文化之缺點……二五八
(1)風俗之弊……二五八
(2)奢侈之弊……二五九
(3)專制之弊……二五九

b. 中國文化之優點……二六〇
(1) 重農政策……二六〇
(2) 救荒政策……二六一
(3) 勤儉政策……二六一
c. 中歐文化之比觀……二六一
(1) 亞洲風土……二六二
(2) 特別之治術……二六二
(3) 特別之教義……二六三
3. 服爾德(Voltaire)……二六四
a. 中國人的宗教與禮儀問題……二六六
b. 中國文化之讚美論……二六九
(1) 中國文化之特質……二七〇
(2) 物質文明……二七一
(3) 政治與法律……二七二
c. 「中國孤兒」劇本之中國文化觀……二七三

4. 狄德羅(Diderot)……………………………………二七五
a. 百科全書思潮……………………………………二七五
b. 狄德羅之中國文化觀……………………………………二七五
c. 孔教的根本概念……………………………………二七六
5. 盧梭(Rousseau)……………………………………二七七
a. 盧梭與中國文化……………………………………二七八
b. 文明否定論之例證……………………………………二七八
三 重農學派……………………………………二七九
(A) 重農學派之中國哲學的基礎……………………………………二八〇
1. 自然法……………………………………二八一
2. 租稅法……………………………………二八一
3. 重農政策……………………………………二八二
(B) 歐洲的孔子——魁斯奈(Quesnay)……………………………………二八二
1. 中國專制政治論……………………………………二八三
2. 經濟學圖表……………………………………二八五

3. 魁斯奈之中國崇拜……二八七
（C）杜爾哥（Turgot）……二八八
1. 財富之成立及其分配……二八九
2. 中國問題集……二九〇
3. 杜爾哥與中國文化的接觸……二九〇
a. 最早留學生……二九〇
b. 高類思與楊德望……二九二
c. 亞當斯密之中國觀……二九四
（D）餘論……二九五

四 中國哲學與德國革命

一 德國古典哲學之革命的性質……三〇二
（A）精神革命之意義……三〇二
1. 古典哲學之背景……三〇二
2. 純粹理性批判之社會意義……三〇三

3. 以哲學代宗教說……二〇四
（B）精神革命與政治革命……二〇五
1. 十八世紀歐洲學者政治思想之中國化……二〇六
2. 中國政治思想與歐洲啓明專制君主之接觸……二〇六
3. 腓特烈大帝之中國文化觀……二〇七
（C）精神革命之各方面……二〇八
以文學爲例
1. 中國思想對於德國文學之影響……二〇八
2. 歌德之中國文化觀……二〇八
3. 「浮士德」中所表現之中國思想……二一二
二 古典哲學與中國文化……二一二
（A）古典哲學之代表人物……二一三
1. Leibniz = Wolff = Schultz 學派……二一三
2. 康德（Immanuel Kant）……二一四
3. 謝林（F. W. Joseph von Schelling）……二一五

(B) 黑格爾 (G. W. F. Hegel) 之中國論……三一五
1. 歷史哲學中之中國地位……三一六
2. 中國政治之優點……三一七
3. 中國藝術之評價……三一七
三 叔本華 (Schopenhauer) 之中國文化觀……三一九
(A) 「自然之意志」中所見之中國文化……三一九
1. 「自然之意志」概要……三一九
2. 中國材料之來源……三二〇
3. 儒 釋 道 三教評論……三二〇
(B) 叔本華與朱子哲學……三二一
1. 朱子哲學之價值……三二一
2. 自然意志說與天論之比較……三二一
3. 叔本華所受朱子哲學之影響……三二三
(C) 結論……三二三
參考書目……三二六

附録

一 中國思想派別及其對於歐洲文化影響之不同……三四九
二 宋儒理學傳入歐洲之影響……三九一

人名索引

中國思想對於歐洲文化之影響

前　論

一　歐洲文藝復興與中國文明

一　文藝復興之物質的基礎

什麽是文藝復興？培忒(Walter Pator)在"The Renaissance"中開頭便告訴我們，文藝復興實以十二世紀的結局爲分界線，不但指古典的復興運動，實指西方文化之一般的覺醒。（註一）西蒙茲(John Symonds)在"Renaissance in Italy"中更明白指出這種覺醒，是歐洲人民對於中古文化發生的一種反動。（註二）這種反中古文化的新運動，影響所及，有意大利、英、法及日耳曼等國。但是就他和中國思想的關係來說，則此時代便是歷史家所說的希臘精神的復古，和中國精神尚未發生密切的關係。十三世紀和羅馬教皇爭執的腓特烈第二(Frederick II)，乃是希臘精神的代表，和十八世紀開明專制君主普魯士腓特烈第二(1740—1786)之代表中國精神者，絕不相同。文藝復興乃是希臘古學復興的一個旗幟，人文學者所代表的是希臘狂，不是十八世紀學者的中國狂。他們直接的精神導師是希臘的亞里士多德(Aristotle)，不是中國的孔子。雖然如此，文藝復興因為歐洲精神文化的新誕生，而此精神實有牠物質底基礎的中國文化曾給十八世紀歐洲以精神的基礎，同樣地在十三至十六世紀曾給文藝復興以物質的基礎。文藝復興以上古希臘羅馬的入世觀念為其精神基礎，同時實受到中國之重要發明，為其物質的基礎。

我們研究西方文化東漸史，知道亞歷山大(Alexander)曾傳佈希臘文化於東方各國，同樣英史家威爾斯(H. G. Wells)卻告訴我們，以十三世紀蒙古征服歐洲，其傳佈中國文化，和亞歷山大之傳佈希臘文化，實可相提並論。(註三)法國東方學者萊麥撒(Abel－Rémusat)曾論元代世界大通東西文明接觸所發生的影響，極為詳盡。他指出蒙古人所傳東方文化，有如下六項：(註四)(1)羅盤針(2)火藥(3)鈔幣(4)戲賭紙牌(5)活字版印刷術(6)算盤等。因為十三世紀元拔都西征歐洲，(註五)對於東西民族文化之接觸混合，影響很大。元代版圖混一歐亞，而驛站與海運的發達，遂使東西文化交通極為便利，因而引起無數革命的觀念和革命的事物以入歐洲。如威爾斯所說似的，我們平常祇注意蒙古人的戰爭和屠殺，卻沒注意到他們對於學術上的好奇心，實則單就蒙古民族之傳播知識和方法來說，在世界上便有很大的影響了。(註六)因為元代中國之物質文明對於歐洲人的生活影響很大，所以卽至一五六三年，那位印度藥用植物論的著者達俄塔(Garcia da Orta)聽見有人說中國皇帝是野蠻君主的時候，尚極力辯護，證明了卽在物質方面『中國比世界上任何國家都好』(註七)

然而中國文明能給歐洲文藝復興以物質的基礎者，卻不能不首數中國之四大發明。卡德(T. F. Carter)

在"The Invention of printing in China and its spread westward"的緒論中曾舉出四大發明，即一爲造紙，二爲印刷術，三爲火藥的發明，四爲羅盤針的發明，均對於歐洲的文藝復興時代有很大的影響，而此四大發明，均以中國人佔最重要的地位。（註八）威爾斯歷史大綱中亦將此大發明的傳播歸功於無名之馬哥波羅(Marco Polo)（註九）現在試分述之如下：

（一）造紙

我們知道文藝復興是把人類的知識容量提高擴大，最重要的當然就是印刷的材料——「紙」了。但造紙之法，實爲中國人所發明，其事見後漢書蔡倫傳（註一〇）時在紀元一百〇五年，在他以前，已有絲屑所製之紙，可見很早就發明了。（註一一）哥倫比亞中國文化教授赫特（F. Hirth）和高本漢（Kalgren）等均極注意中國紙和歐洲文明的關係。（註一二）德國亞可布（Georg Jocob）論東方對於西方文化之影響告訴我們「希臘羅馬的人，從來沒有想到紙的發明，我們還是靠中國人蔡倫的智慧，纔能享受現在這種便利；」接着還述及造紙術輸入歐洲的一段小史（註一三）把他和卡德（Carter）所作「紙自中國輸入歐洲之路程圖」（註一四）比看一下，便可看出紙的發現和文藝復興的關係了。關於這一點，威爾斯歷史大綱第三十四章第四節"How Paper Liberated the Human Mind"說得最爲明白，他以爲歐洲文藝復興，可以說是完全得力於中國傳入之紙的。（註一五）

（二）印刷術

印刷術和造紙一樣，兩者同爲文藝復興期宗教改革及民衆教育的基礎。中國印刷術之傳入歐洲，許多人歸功於馬哥波羅，據意大利的一種傳說，馬哥波羅曾從中國帶來一些雕板至威尼斯，遂傳其術於十四世紀之卡斯他爾地（Pamphilio Castaldi of Feltro）以刻字知名。但這種傳說，威爾斯「歷史大綱」和卡德「中國印刷術源流史」均認爲不甚確切，不過歐洲印刷術實發源於中國，這卻是眞的。中國雕板印刷在第十世紀便有很大進步，敦煌的新發見即爲好例。直至元人西征，此時中國印刷術已發達到最高頂點，（註一六）而蒙古軍隊經過的地方，均與歐洲早年採用雕板印刷的地方相近，不能謂其絕無影響。（註一七）雖此種影響其詳情不大可考，但在蒙古史中，仍有痕跡可尋。（註一八）一五五〇年歷史家佐維瓦斯（Paulus Jovius）曾主張中國印刷術傳入歐洲，係假道於俄國。（註一九）亞可布教授更論到活字板印刷術，以爲『活板印刷也是在一〇四一到一〇四九年間，由中國畢昇發明，再由中國傳到高麗與日本。我們現在雖然不能夠明確地說出活板印刷怎樣傳到歐洲，但是最近在東亞又發現活板印刷的書籍，遠在古騰柏（Guttonburg）以前。』（註二〇）雖然伯希和（Pelliot）在敦煌千佛洞所發現之畏吾兒活字與漢字不同，而活板印刷既經在中國發明，活板印刷在當時中亞又甚流行，則在文藝復興的初期傳入歐洲，也是很可能的事。自有活板印刷以後，歐洲的人纔能得到便宜書籍，而文藝復興的種子，也如雨後春筍一般蓬發起來了。

（三）火藥

火藥對於文藝復興的貢獻，在於消滅封建社會的堡壘，因而剷除了封建制度，建立民衆自衛軍的基礎；但火藥也是中國的發明品，西傳歐洲的。最初本爲鞭炮之用，（註二一）至宋則用之以作戰。一一六一年一一六二年宋、金之戰一二三二年金元之戰，均使用火藥。一二一八年成吉斯汗陷落喀什噶爾(Kashgar)浩罕(Khokand)布哈拉(Bokhara)以及花剌子模(Khwarism)都撒馬爾干(Samarkand)諸城，其軍人也學中國人，具有火炮火藥以備攻城之用。(註二二)亞可布教授說火藥與歐洲文化的關係，以為「中國火藥實奠定了歐洲新式戰爭的基礎。古代希臘和中世紀沒有用炸藥……馬庫斯格庫斯(Marcus Graecus)遺留下來一張製造火藥的單子，上面的確寫得有硝、煤、硫黃。以前大家錯把馬庫斯當成第九世紀的人，所以引起許多誤會。現在我們的的確確知道他在一二五〇年寫這本書，並且還受了阿剌伯人的影響。又有人說火藥是希瓦茲(Berthold Schwartz)一四五四年發明的，這也是錯誤。火藥裏邊最主要的成分硝，最初是中國發明的，但是頂早是在十二世紀中葉纔被一般人知道的。關於中國人一二三二年在汴京現在河南開封勇敢地抵抗蒙古征略的事情，中國史書上有明文記載，這裏邊我們第一次發現用炸藥來轟擊敵人。在十二世紀的時候，阿剌伯人也從中國那裏知道火藥了，他們叫火藥做「中國的雪」，叫火器作「中國的箭」。在阿剌伯一二七五至一二九五年出來的一本講火器的書，硝已經成了基本的成分。同一的作者，還第一次描寫魚雷。巴黎的抄本上面有一個圖畫繪出東方最古的大砲的形狀。牛津大學圖書館鈔本上，也有一個插畫。我們手用炸藥的先驅，當然要算弩箭。弩箭在中國紀元前十二世紀已經發明，紀元後第四世紀，歐洲纔有。」(註二三)而且依據卡德所說，歐洲著作家最早述及火藥的，當推培根(Roger Bacon)，培根是十三世紀人物，他知有火藥，是由於讀阿剌伯故事書或從中亞旅行家盧白魯克(Rubruck)間接得來，則不甚可考。(註二四)而要之歐洲人知用火藥是從中國傳來，卻是一種歷史的事實了。

(四)羅盤針

羅盤針也是由蒙古人而輸入歐洲的。在中國發明很早，王充論衡是應篇「司南之杓，投之於地，其柢南指」說者謂即後漢初我國發明羅盤針的鐵證。但一般學者均認中國及世界書籍首先涉及羅盤針者，當推十一世紀沈括的『夢溪筆談』與朱彧的『萍洲可談』大概在十一世紀末期與十二世紀初期即已使用。歐洲文獻則直至十二世紀末期與十三世紀初期，阿剌伯方面關於羅盤針的記事亦始於十三世紀初期。(註二五)可見羅盤針實爲中國發明而西傳歐洲的。亞可布教授曾說及羅盤針對於歐洲文化的影響，以爲『羅盤針是中國人最重要的發明，牠放開我們的眼界，領導我們到世界主義。我們近代的世界觀的形成，全靠深入異邦文化的精神，只有羅盤針的發明，纔能夠幫助我們到這種境界。希臘羅馬的航行，只限於沿海，地中海那樣一個小海，佔據了四圍的土地，人文主義者就以爲這是世界帝國了。』(註二六)這不是挖苦歐洲人的話，實在希臘羅馬時代，固也知道磁石，但不知道牠指定方向的力量，而在中國方面則在哥崙布很早以前已經發現了磁針的方向。卡德說及歐洲人最早言及磁針的，爲一一九〇年普羅凡(Guyot de Provins)所作的詩，還有維特利僧正(Cardinal de Vitry)以爲磁針係由印度傳來，實則中國人發明最早，阿剌伯人則用之於航海，因而傳入歐洲。(註二七)但依近來研究的結果，航海羅盤針在中國十一世紀的末期已經講到，(註二八)知道航海羅盤針爲中國所發明，又知歐洲在十四十五兩世紀航海均藉助於羅盤針(註二九)便知文藝復興時地理上的大發見，不得不感謝我們中國人了。

由上所述，已知文藝復興之物質的基礎，如紙，印刷術爲教育改革的基礎，火藥爲鏟除封建制度，創立民衆自術軍的基礎;羅盤針爲地理上大發見的基礎。總結起來,不是很容易看出文藝復興的物質基礎完全依靠中國的重要發見嗎?孔德(Auguste Comte)在「實證哲學講義」中,曾以三大發明之歷史說明近代進化之第一時期;並將此等發明歸功於東方亞細亞之某民族。(註三〇)威爾斯更明確地指出中國發見之羅盤針及紙,對於歐洲精神上物質上及社會上的影響。(註三一)可見文藝復興時代,即使中國沒有重大之精神的貢獻但就上面所述對於歐洲之物質的貢獻來說,已經是劃時代的歷史事實了。

二　文藝復興期對於中國之認識

我們再來觀察一下文藝復興期中歐洲人對於中國之認識。在十三世紀蒙古人勃興時代,藉蒙古人之力,東西兩大文明中國系(中國高麗日本安南皆屬此系)與希臘羅馬系(今歐美各國,皆屬此系)始實行接觸。法國東方學者萊麥撒(Abel Rémusat)記載當時盛況,東西交通除不知名的商人教士以及隨從軍隊以外,有名人物見於記載和歷史上偶然數及歐人之爲謀利或好奇而來東方者,還不知幾多。(註三二)就中有東羅馬西羅馬及日耳曼法蘭西的遊歷家,商人,教士或充大使往蒙古大汗都城的,由於這些人物所作遊記,或所通信件,不但可供研究當時東西交通的史實,且可由之而窺見歐洲當時對於中國的認識。現試分述之如下:

A.教士(註三三)

當時歐洲帝王教皇有熱心聯絡蒙古的,一爲羅馬教皇殷諾深爵第四(Innocent IV),一爲法蘭西王路易第九（Louis IX），他們派遣教士使者到和林或北京，大概爲着幾個目的，第一請蒙古人在歐洲境內勿行殺戮；第二勸化蒙古人改信基督教，（註三四）第三欲藉蒙古之力來抵制土耳其人收回聖地。因此而出使東方者，前後有高僧勃拉奴克劈尼（Plano Carpini）、盧白魯克、約翰孟德高維奴（Jean de Monte Corvino）、馬黎諾里（John de Marigolli）等。聖方濟各派鄂多立克（Odoric）爲中世紀西方四大遊歷家之一，其來遊中國，要亦不外出於宗教的熱忱。雖然這種聯合蒙古和宣傳基督教的計劃，以後終成失望，但就其對於中西文化交通上的貢獻，卻增加了不少新的材料。

1. 勃拉奴克劈尼（Plano Carpini）

一二四九年勃拉奴克劈尼奉教皇命派使蒙古，（註三五）其所作遊記（註三六）第九章，記述契丹（Cathay）略云：『契丹人雖爲異教徒，但自有文字，有信仰，且信靈魂不滅之說，祇有一點和我們不同，即沒有洗禮。對於聖經和基督教徒，頗知崇敬，爲人樂善好施，溫文有禮，無鬍鬚，面貌和蒙古人略同，有特殊的言語，精於工藝，其技巧在世界上得未曾有，地富饒，產生一切養生之物，如五穀、酒、金、銀、絲等。』（註三七）

2. 盧白魯克（Rubruquis）

一二五三年奉法蘭西國王之命出使蒙古，其所作遊記，（註三八）有一章記述大契丹（Great Cathay），以爲即古代賽里斯國（Land of the Seres），產絲之佳，世界無比。國中有一城市，以銀爲城牆，以金爲城堞，人民精於各種手藝，世代相傳，醫術尤妙，通行紙幣，上蓋蒙古大汗的玉璽，寫字用毛刷，和畫工所用的刷略同，文字則常合數

字而成一字云。(註三九)

3. 約翰孟德高維奴(Jean de Montecorvino)

一二八九年奉教皇命派往中國傳教，曾寫三封信給西方友人報告遠東情形。(註四〇)就中一三〇五年一函，在汗八里(Cambalec 北平)所發，報告在契丹傳教並在京城建築教堂和領洗等事。最後一段，極稱大汗土地廣大，人口衆多，財富充裕，普天下更無第二。次年又有一函由教士帶回羅馬，說及汗八里城之大，大汗所轄國境之大，並明顯地指出京城裏異教各宗派其克己之嚴，有過於拉丁僧人云。(註四一)

4. 安德魯(Andrew of Perugia)

一三〇七年安德魯和主教等六人奉教皇命往契丹，一三二六年自泉州寄一函敍述東方情形，此函和約翰孟德高維奴的兩封，現均存於巴黎國立圖書館，(註四二)書中述及所見汗八里和剌桐(Zaiton 泉州)的繁榮盛況，謂其國富兵強，土地之大，人民之衆，城邑之多，簡直非言語文字所能形容；而且在此大帝國境內，無論何國人民，均可自由居住與自由傳教云。(註四三)

5. 鄂多立克(Frier Odoric)

鄂多立克爲元時東方傳教最著名的人，一三一四年即開始傳教旅行。在北京時，授洗奉教的有二萬餘人，內有多名均居要職，及後奉命西歸，遊歷山西、陝西、四川各省，至於西藏。(註四四)其所作旅行記，各國均有譯本，漢譯題「真福和德理傳」(註四五)其中所記東方事物，如婦女纏小足，富貴人留長指甲等，均爲馬哥波羅遊記中所無。

〔註四六〕述及在北京時經歷『一日皇上由上都回京吾等探知歸期，余本主教攜帶會友數人出迎於二百里外。……此時上見吾等高舉十字恭迎道左，即免其冠冠上有珠乃稀世之寶無人可估其價』云。〔註四七〕

6. 馬黎諾里(John de Marignolli)

一三三九年奉教皇命同三十二人報聘中國。一三四二年到汗八里，住三四年，始南下至剌桐港，其所作『波希米亞史中東方見聞記』後人加以整理題爲『教皇專使小級僧約翰馬黎諾里奉使東方錄』〔註四八〕述及中國印度甚詳，描寫韃靼大汗國威所及，幾有東方世界之半，兵強國富城邑之多，各民族在其境內者之衆，簡直駭人聽聞。〔註四九〕經蠻子國(Manzi)時，所見光華燦爛的世界，更非文字筆墨所能形容，自羨眼福不淺。〔註五〇〕蠻子國所轄有三萬大城市，村堡無數，其疆土之大，幾於不能使人相信。物產豐富，尤其水果爲拉丁諸國所無。康勃綏(Ca-mpasy 杭州)最著名，其富麗繁華建築物的雄壯，古今無比。前人曾稱此城有一萬座的美麗石橋，窮極雕刻，初以爲不甚可靠，今皆一一證實。還有剌桐城(Zaytum)爲一大商港，物富民殷，可見太平景象。〔註五一〕馬黎諾里此次使節，遞呈國書外，並獻戰馬、美酒與教皇贈物；其中獻馬一事，元史記載以外，私家所記與文人歌詠，頗極一時之盛。〔註五二〕

B. 商人

元代不但教士東來，西方商人，亦集合於和林，汗八里各地。勃拉奴克劈尼((Plano Carpini)往中國時，同行有伯萊斯勞(Breslau 德國東方大城)波蘭及奧大利的商人。由俄國歸時，又有基奴亞(Genoese)皮撒(Pisans)

及威尼斯(Venetians)商人相伴，不過這些商人均爲不知名的人，茲述有名商人之見於記載者如下：

1. 尼古剌波羅(Nicolo Polo)

威尼斯市商人尼古剌波羅同瑪竇波羅(Matteo Polo)兄弟二人，於一二六〇年（宋理宗景定元年元世祖中統元年）決議赴黑海營商，於是購買珍寶，自孔士坦丁堡出發，沿海路到速達克(Sondak)，騎行多日，到達一個韃靼君主駐所，留居一年，後經過沙漠至不花剌(Boukhara)，先向北行，次向東北行，騎行足一月，始至忽必烈大汗處。他們一路上遇見不少奇異事物，見大汗後，很受優待，大汗問及基督教和羅馬教皇，並遣回通聘教皇，請教皇派遣熟知基督教義通曉七種藝術的一百人來，這些人須能證明基督教的優越，使大汗同其所屬人民，變成基督教徒者。此外並命他們將耶路撒冷救世主墓上的燈油攜回。二人行至阿迦(Acre)時一二六九年，教皇已死，新教皇還未選出，因恐回去復命太晚，他們商議攜帶尼古剌子馬哥(Marco)往朝大汗，年幼的馬哥波羅(Marco Polo)以後在中國甚得元朝寵用，所著馬哥波羅遊記，載中國事情甚詳，另見下文。(註五三)

2. 裴哥羅梯(Francesco Balducci Pegolotti)

佛羅稜薩倫斯商人裴哥羅梯於一三四〇年著『諸國記』，此書後人改名『通商指南』，全書包涵地域，東至中國，西至英國，凡歐人來華經商必需的知識，如道路里數，進出口貨品，金融制度，度量衡制度，稅捐問題，乃至紙幣問題，均一一論及。不過裴氏曾否親至契丹，尙待考證。(註五四)

3. 康梯(Nicolo Conti)

威尼斯商人康梯於一四三八年隨六百隊商遊歷東方，至印度以東各地。所述遊記一書，係布拉綽利尼（Poggio Bracciolini）用拉丁語寫成的。他曾到過中國廣東福建各地，其所述「南勃台」（Nemptai），考據家認爲卽福州「南台」。（註五五）據他所說此城與都城汗八里西亞二城所有房屋宮殿的建築，裝飾品的陳列，均和意大利相同；而人民溫文有智，富裕尤爲他國所不及。又說契丹商人皆極富裕，所用船舶亦較歐洲各國爲大，其人稱歐人爲法蘭克人（Franks），謂世人皆盲，祇法蘭克人有一眼，彼人纔有二眼云。（註五六）

C.外交使者

1.克拉維佐(Ruy Gonzalez de Clavijo)

元時意大利人，法蘭西人，福雷銘人（Flemings），均有充大使往蒙古大汗都城的。如尼古剌波羅和瑪竇波羅二人，當路過布哈拉城（Bukhara）時，遇到波斯旭烈兀大王派往中國忽必烈大汗朝廷的大使。（註五七）又盧白魯克出使東方，託言傳教，實際也銜着政治上的大使命。現在祇舉西班牙大使克拉維佐一人爲例。

克拉維佐以一四〇三年（明成祖永樂元年），到撒馬兒干留該城二年，著「東方奉使記」，述及契丹國皇帝朱四汗（Chuyscan），察合台國人稱之爲猪皇帝。他在撒馬兒干城看到中國運來的許多貨物，以綢緞爲最美麗，麝香一物，爲世界各國所無，紅玉、鑽石、珍珠、大黃……凡在撒馬兒干的中國貨物，無不名貴，爲人所珍視。中國人可算世界上最精巧的工人，其人自誇世界民族祇彼種人有二眼，法蘭西人一眼，而莫耳人（Moor 阿剌伯人）則盡是瞎的，因此彼等可算世界最優秀的種族了。（註五八）

D. 遊客

元代歐人不少因好奇心的驅使而往遊東方的。此等遊歷家歸國以後，常在教堂及各地王侯宮庭中，受人歡迎，演講許多東方的奇聞異事。如所稱中世紀西方四大遊歷家，即馬哥波羅、鄂多立克、依賓拔都他（Ibn Batuta）、康梯四人，曾親至中國，著有遊記，不消說了。明初德國遊客約翰·西爾脫白格（Johann Schiltberger），亦曾至中央亞細亞察合台國，服務於帖木兒（Timur）軍隊中，其所作遊記，亦略述及中國情形。(註五九)

E. 工程師及其他

馬哥波羅遊記卷二第七十章，述及日耳曼工程師，在攻陷襄陽時曾相助製造弩礮。又在北京親見俄國製印工人，巴黎首飾匠，及其他歐洲人。又有善歌者羅伯特（Robert）漫遊東亞後，歸卒於巴黎附近查脫（Chartres）的大教堂中。不過這些人都沒有著述傳世，也就成爲不重要的了。

三 馬哥波羅遊記之影響

從十三世紀初期蒙古人勃興時代，以至十四十五世紀元末明初，歐洲尤其意大利的教士、商人、外交使者、遊客、工程師等不斷地東來，對於中國——Cathay——文化的認識，已使歐洲人耳目一新，喚起了中古文化的不少迷夢。就中卻有一部『大史書』描寫中國的物質文明，具有一種更親切的意義和更顯赫的圖形，這就是威尼斯商人尼古剌波羅（Nicolo Polo）之子所述的『馬哥波羅遊記』（The Travels of Marco Polo）了。此書在十四十五兩世紀時風行一時，凡知識階級幾於人手一編。如威爾斯（Wells）在『歷史大綱』所稱，馬哥波羅遊記實爲開發十三世紀世界的一大史書，牠給我們以許多想像，超過一切編年史所爲，而美洲的發見也直接受其影響。（註六〇）又說遊記所述故事給威尼斯人，乃至傾動全歐眼界爲之一新。歐洲文字尤其十五世紀的傳奇小說受其影響，如遊記中所述的人名及契丹汗八里之類，皆常被引用。（註六一）這就可見此書在文藝復興期中影響的重大了。

馬哥波羅在中國前後十八年，曾奉命出使緬甸，後又奉命至印度各國，曾充揚州長官三年，樞密副使數年，助元人平定江南，征討日本，又曾摘發姦臣阿合馬的罪狀，詳見遊記卷二第二十三章。元史世祖本紀及姦臣阿合馬傳。所作遊記經近代人精確研究的結果，知皆係事實，和普通所謂遊記不同。他實是一種最寶貴的史料，不但如梅斯菲德(John Masefield)所說『他替歐洲人的心目中創造了亞洲』，（註六二）他實在更眞切地給文藝復興期的歐洲人創造了一個模範的文明世界。他在文藝復興期的貢獻，可分作三方面來說：

（一）地理上的大發見

文藝復興在西班牙葡萄牙所產生的特殊花果，就是地理上的大發見；而馬哥波羅遊記則爲促成大發見的重要動力，這祇要注意哥崙布發見美洲的小史，便很容易明白。遊記全書除序言敍述個人歷史外，可分四卷，內卷一記由小亞美尼亞到中國上都大可汗朝廷沿途所見所聞之事。卷二記大汗及其都城宮廷政府，與奉使雲南緬甸，及往福州泉州路程。此卷記契丹國情形，最能引人興趣。卷三記日本羣島南印度和印度洋沿岸及各島嶼。因爲馬哥波羅為橫斷全亞細亞洲的第一人，所以他的宣傳，竟能引起許多航海家探險家的注意，使之決意東遊，以尋求契丹國（Cathay）。茲試舉例如下：（註六三）

（A）一四九二年意大利航海家哥崙布（Christopher Columbus 1446?-1506）受馬哥波羅遊記影響，決意東遊，結果發現美洲。事略見威爾斯「歷史大綱」第三十四章第八節。

（B）一四九七年葡萄牙航海家發現科達伽馬（Vasco da Gama 1469-1525）受馬哥波羅遊記影響，為欲尋求契丹國，發見了繞好望角而至印度的航路。

（C）一四九六年英國人喀博德（John, or Giovanni Cabot 1451-1498）為尋求契丹國，由英國第一次向大西洋西北航行，到達坎拿大海岸。

（D）一五五八、一五五九年間，英國探險家任京生（Anthony Jenkinson-1611）及約翰生（Johnson）兄弟二人，為尋求往契丹的通路，由俄國陸路向東行，直達布哈拉（Bokhara）城。據該三人記載，布哈拉城人當時仍稱中國為契丹，北京為汗八里（Cambalu）。

（E）一六〇二年葡萄牙人鄂本篤（Benedict Goës 1561-1605）為尋訪契丹，由印度阿格拉城（Agra）北行，沿途所經，詳見『鄂本篤訪契丹記』。（註六四）不幸到中國邊境，死於肅州。有作墓銘弔之曰：『欲訪契丹，竟得天堂』（Seeking Cathay, he found Heaven）。

馬哥波羅遊記最大的功績，自然是在於誘起哥崙布之發見美洲了。哥崙布在地理上的大發見，將所有以前歷史的面目爲之完全改觀。然就其此次遠航的動機，據其自述卽已明言爲尋求馬哥波羅遊記中所載之大汗國。哥崙布幼年喜讀馬氏遊記，爲其宣傳所動，至今西班牙塞維爾市哥崙布圖書館（Bibliotheca Columbina in Seville）所存水師提督哥崙布的遺物中，倘有馬哥波羅遊記一冊，爲拉丁文譯本，他不但閱讀一過，且於該書邊的空白處，加上很多注解。（註六五）可見他對於此書研究的熱心和影響的重大了。我們再來一讀當時意大利學者托斯加內里（Paolo del Pozzo Tascanelli）寄給哥崙布的兩封信，和哥崙布旅行記的序文，更容易明白了。（註六六）托斯加內里的第一封信有一段述及契丹國情形，指出幾點，如只就剌桐（Zaitun 泉州）一地來說，商人之多，販運貨物之衆，已超過全世界的總數，此港每年有大船百艘，載運胡椒進口，其載運別種香料的，倘不在內。其國物富民殷，統轄城邑郡國無數，皆屬於大汗（Great Kan）大汗卽拉丁語大皇帝（Rex Regum）之謂，都城在契丹省（Katay）。又述曾與契丹使者攀談，訪問其國地理情形，據云河岸有城市二百餘處，各城皆有大理石橋，橋頭用石柱裝飾，國人極其優待基督教徒，拉丁人大可設法前往，不但金銀、珍珠、寶石、香料，隨處皆是，可以致富，而且我們更可從其國學者、哲學者、天文家等交換知識，學到他們統治國家的能力和巧妙戰爭的方法。（註六七）這一段話，雖說是從使者口中得來，實際許多是取材於馬哥波羅遊記的。至如哥崙布旅行記的序文所云「印度國的大汗（Gran Can）爲王中之王（king of kings）」，更明白地是受馬哥波羅遊記的影響。中世紀歐洲遊歷家多稱印度以包括中國，所以當哥崙布發現美洲的時候，他相信他是到了契丹的邊地；第四次航海到了中美附近，以爲已經發現契丹了。（註六八）這不是證明了哥崙布航海的目的，完全不在新大陸，而在舊大陸的契丹古國嗎？

馬哥波羅遊記中「契丹」(Cathay)一名在歐洲引起了十五世紀末哥崙布的發見美洲，十六世紀時英法人的數次航行以尋訪到達契丹的捷徑。拉雷教授(Walter Raleigh)在他「英國十六世紀的航海業」一書中說：(註六九)

「探尋Cathay確是冒險界這首長詩的主旨；是數百年航行業的意志靈魂。」

「凡可以震動世界的偉業，無不從夢思幻想而來，古時因尋「哲人石」爲後世化學打了基礎；現代的航行地理學實導源於當時探尋Cathay的熱誠。」

「契丹」成爲文藝復興時代西班牙葡萄牙及英法各國人民夢想中的佳境，然而直至葡萄牙人鄂本篤(Benedict Goës)時，以前歐人倘不知契丹即是中國，製地圖的人多有分中國契丹爲二國而置契丹於中國之北，直到一千六百零二年，鄂本篤因受馬哥波羅遊記的影響，尋訪契丹纔知道契丹即是中國，汗八里即是北京，而後馬哥波羅所記契丹國事，纔算完全被證實了。

(二)美的與物質的生活之願望

馬哥波羅遊記的第二影響，在喚起了歐洲人之美的與物質的生活之願望。文藝復興前的中古文化，是靈的禁欲的，天國與神本位的；文藝復興則爲人類的本能的，現世與自然本位的，固然這種美的物質的生活傾向很受希臘人的影響，然而藉馬哥波羅遊記的力量，而格外增強。希臘的影響不過一種復古精神，馬哥波羅遊記中的「契丹」，則給歐洲人以理想的黃金國。茲將馬哥波羅遊記中所描寫之光華燦爛的中國文明，分述如下：

(一)財富的充裕　卷二第一章述忽必烈大汗兵力土地財富超過他人，其強爲世界所無，爲始祖亞當以來所未曾有。(註七〇)第十章述大汗召見貴族的儀式，十一章述大汗每年萬歲日全國的慶祝，十二章述元旦日的白色節和是日所呈的禮物數目，十六章述大節日領受金袍的一萬二千男爵。以上各章，均極力描寫大汗財富的充裕，簡直令人不能相信。(註七一)七十八章記大汗從京師及所管轄的地方每年除收得八十托曼 (tomans) 的鹽稅外，更有其他收入，達到二百零十托曼，或六千萬零八十萬特加達 (ducat) (註七二)在蠻子省的區域也一樣取得巨額的收入。(註七三)

(二)人口的繁盛　馬哥波羅回國後，每道及中國的面積人口，而其言人口特加達，動卽數百萬，因此被人綽號爲「百萬君」(Il Milione)(註七四)在遊記中也談到人口方面，如卷二第二十二章述及汗八里居民之衆與房屋之多，簡直出乎想像以外。(註七五)第七十七章述及京師大城的人口有一百六十個托曼的爐灶登記，每一爐灶卽是代表一個家庭，一個托曼等於一萬，故全城有一百六十萬家。(註七六)

(三)生活的舒適　卷二第七十六章記述京師大城人民生活的舒適。『這個城市的居民，男子與婦女一樣，容貌淸秀，態度漂亮，他們中間的大多數人因本地出產大宗的綢緞，還有商人從牠省運來綢緞，故時常穿着綢緞衣服。至如工場中富裕的手工業主人的妻子，『她們很美麗，她們的綢緞衣服和珠寶裝飾品的昂貴，幾乎令人不能想像。』『此地的居民於工作或交易完畢之時，除掉想和自己的妻子或情人在畫舫中或街車中度過閒暇時間，藉以取樂外別無所思。』(註七七)而且當每年朝會時，『當時在綢緞黃金和寶石上所表現的富麗堂皇，超出一

切想像之上。(註七八)

(四)政治的開明　卷二第三十一章述及大汗對貧民的慷慨樂施，第三十二章述及在朝廷中要求救濟的許多人。第二十七章述大汗對於各省饑荒和畜牲死亡的救濟。總之「他的一切心思的確是注在怎樣幫助他所統治的人民的重要目標上，以便他們得自食其力並增進他們的產業。」(註七九)

(五)物產的豐富　遊記中述及他所經過的地方，如白河、涿州、太原、四川、大理、南京、寶應、泰州、鎮江、湖州、杭州、福州、泉州、廣州等處，都有農產的豐富，或食物豐富的紀錄。(註八〇)卷二第二十章說「牠們的食物的產量甚為豐富，……他們的土地凡可耕種之處，沒有一點荒廢的。各種家畜蕃殖得極多。……從這一切事件上可以看出這許多人口的原因，和使他們能夠準備如此豐富食物的種種狀況。(註八一)

(六)工商業的發達　卷二第二十二章述及汗八里城的盛況，「凡世界各處最稀奇最有價值的東西，都來集於此城，尤其是印度的商品，如寶石珍珠藥材和香料等。又契丹各省和帝國其他各省凡有價值的東西，都運輸於此。……用馬車和馱馬載生絲至此處的，每日不下一千起；金絲織物和各種絲織物有極大量的製造。」(註八二)第七十六章述及京都大城，即杭州，「除掉各街道無數的舖子外，還有十個大方場或市場，……每一市場在一星期的三日中，有四五萬人的集市，將能夠想得到的每種物品供給市上。」「只要拿胡椒來做一個例子，每日送上市的胡椒有四十三包，而每包重二百四十三磅。」「在此處所經營的手藝中，有十二種視為較高於其餘各種，……每種手藝有一千個工場，而每一工場能供給十個十五個或二十個工人以工作，在少數場所且能供四十個

工人以工作。」(註八三)又各城市的製造業以成都府爲例,特別是能織很美麗的布匹,綿紗或薄紗。」(註八四)

(七)交通的便利　卷二第二十六章述汗八里起一切大道上所設的驛站和步行信差及支付經費的方法。「從汗八里起有許多道路達到各省每一條大路上按照市鎮的位置,相距約二十五或三十哩之間,即有站頭,建設旅館,招待客人,這就是驛或遞信局。還是美麗的大建築物,有好些陳設華麗的房子,用綢緞作窗簾門簾,以供達官貴人之用,就是王侯在這些站上住宿,也頗相宜。……每站經常畜有良馬四百匹,以供大汗信使往來之用。即在多山的縣分,距大道甚遠,沒有村落,而各市鎮相距又十分遼遠,皇帝陛下也同樣令建築樣式相同的房屋,供給每種必需品,並準備馬匹,照常供給。……此等規劃的結果,使來到帝廷的專使,以及來往於各省和各王國的欽差,最覺便利。……這眞是十分奇異的一種制度,而在動作上也很有效能,幾乎不能用言語形容出來。」(註八五)再就水道的交通來說,據卷二第六十四章,則在黃河附近的一個碼頭,泊戰艦一萬五千艘,每船除船員外,還可載十五匹馬和二十個人。(註八六)他有一個時候在新基 (Sin-gui 九江) 城所看見的船舶不下一萬五千艘,尙有沿江的其牠市鎮,船舶的數目還要多些。(註八七)

(八)紙幣的通行　紙幣是由中國人發明的,歐洲在一七一五年纔開始在巴黎發行,可見中國文明比歐洲高。遊記卷二第二十四章曾專記大汗所發行的一種紙幣及其通行於全領域。「汗八里城中有大汗的造幣廠,……這種紙幣的製造,其形態與儀式恰和眞正的純金或純銀幣一樣鄭重其事的,因爲有許多特別任命的官員,不僅在每張紙幣上簽名,並且還要蓋章。……此項紙幣大批製造後,便流行於大汗所屬領域的各處,沒有人敢冒生命的危險，在支付上拒絕使用。他的一切百姓都接受此項紙幣，毫不遲疑，因爲無論何處，他們可以應營業的要求，用牠去購買他們所需的商品，如珍珠寶石金銀是。總說一句，用此紙幣可以獲得任何物件……基於這個理由，可以確切承認大汗對於財寶的命令權，比世界上任何君主要廣大些。（註八八）紙幣的流通地域可舉者如潘雅府（Pazan-fu 疑即河間府）（註八九）新基馬條（Singui-matu 疑即臨淸州）（註九〇）辛基（Cingui）（註九一）保基（Pau-ghin 寶應州）（註九二）甚至遠如欽提基（Chintigui 疑即貴州）「除掉大汗的紙幣外沒有他種貨幣。」（註九三）

（九）石炭的使用　中國最早使用石炭，前漢書地理志「豫章郡出石，可燃爲薪」，即爲好例。遊記卷二第三十章曾專記契丹所掘的黑石用作燃料一事云：「這一省的各處發見一種黑石，掘自山中，牠是躺在山脈中的，一經燃燒和木炭一樣，而其火燄且比木材好些；甚至於可以過夜，至天明仍燃燒如故。此等石頭除掉先將小小的塊子燃燒外，並不着火，但一經燃燒，熱力甚大。」這個國中的確不缺少樹木；不過居民非常衆多，爐灶既多，燒個不停，而沐浴又勤，故木材的數量供不敷求……可是此等石頭可以大量地取得，並且十分廉價。（註九四）我們知道歐洲還時還不知燒煤哩！

（十）建築的華麗　遊記中對於中國建築的宮殿都市橋梁三者，均有很詳盡的敍述。對於文藝復興期是有很大新刺激的。卷一第六十一章記大汗在上都城的美麗宮殿云「此處建一宮殿，係用大理石和其牠美麗石頭造成，其房舍內都鍍上金，壁上繪種種人物鳥獸樹木花草，其設計的精巧，與建築的優美，均令人稱讚不置。」（註九五）卷二第十章述汗八里城附近偉大華麗的宮殿云「大汗的皇宮，其廣大爲向所未聞，這個皇宮從北城一直伸展到南城，……周圍有一大理石牆圍着約兩步寬牆的外邊裝有美麗的欄杆和柱頭，人民得在此行走。凡大殿和房間的各方都飾以雕刻和鍍金的龍，並有各種鳥獸的圖形，戰士的圖形和戰爭的圖畫屋頂的裏面佈置得金碧輝煌，畫圖滿目。」「大殿非常廣大，可容六千人的聚餐而有餘，房屋之多可稱奇觀，此宮壯麗富贍，佈置的精巧，似乎令人想像不到能夠比此再爲進步。頂上之瓦，飾以紅黃綠藍各種顏色，上塗以釉，光澤燦爛，和水晶一樣。」（註九六）卷二第四十一章暨參府城附近有曼加盧（Mangalay）王宮「宮甚壯麗，內外有許多泉源和小溪點綴；還有一個美麗的公園，蓄有一切種類的野獸和禽鳥，以供娛樂。公園中央爲這個寬敞的王宮所在地，其整齊與美麗，無以復加。宮中有許多大理石造成的宮殿和房間，飾以圖畫，槌金和最美麗的天藍色。」（註九七）卷二第七十六章描述雄壯富麗的京師城，尤爲精彩。「雄壯富麗京師城（杭州）這個名稱就是『天城』，此城在莊嚴和秀麗上的確爲世界其牠城市之冠。牠的景緻甚多，可以使牠的居民，想像自己是住在天堂上。」「他們的住宅建築華麗，並且雕梁畫棟地裝飾起來。他們很喜歡這種裝飾，花在繪畫和幻想的建築上的錢，確有可觀。」他又描寫西湖邊上許多寬敞美麗的住宅，湖中許多的遊船或畫舫，（註九八）真是再美的地方也沒有了。還有九十一章述及大都新城「其設計的精審，簡直非言語所能形容。」（註九九）全書許多地方述及各地的橋樑，橋爲大理石或美麗的石所構成，橋上有石柱，柱頂又有石獅，飾以極精的雕刻，（註一〇〇）這眞是世界上最美麗無比的橋梁了。

由上十項以外，遊記中還曾告訴歐洲人以這個國度裏，對於任何宗教，均不反對；一般人民的道德，如孝順父母，（註一〇一）和平與忠厚的態度。「凡住在同一條街上的男女，僅因比鄰的關係，親密如同一家。」（註一〇二）把他來和歐洲的中古文明比較一下，不能不說是一種興奮劑，使歐人知道在基督教徒所咀咒的罪惡的世俗的物質的地上生活中，卻湧現出一道美善的光明的地上的「天堂」。

（三）自由研究之精神

馬哥波羅遊記對於文藝復興期的第三貢獻，在喚起了當時自由研究的精神。威爾斯在「歷史大綱」曾述及世俗的見解，常將中國之四大發明——造紙，印刷術，火藥，羅盤針——西傳歐洲，均歸功於馬哥波羅，遂成為這些新事流傳的主腦，實際則此四大發明的流傳，是否馬氏的功勞，現在還沒有法子證明。（註一〇三）最奇的是馬哥波羅書中雖提及中國製紙術及紙幣，（註一〇四）而對於印刷術則尚未提到，所以卡德（Carter）的意思，也以為當時將中國雕板攜到歐洲的，必定為無名的旅行家，而非馬哥波羅本人，然而無論如何，即使我們不承認他本人曾將四大發明傳到歐洲，而只就他的遊記來看，至少也曾喚起了文藝復興時一般知識階級的好奇心和自由研究的精神，是無疑了。

自由研究的精神實為文藝復興期的最大產物，由自由研究的精神而後纔有種種發明。日本新潮社所編「近代思想」一書敘及文藝復興期自由研究精神的重要，以為「印刷發明輔智識之普及；羅盤發明促航海之進步；火藥及其他武器發明，乃影響於戰術，促封建之消失；生理學解剖學之發明，令人曉然於人類生活之基礎。」實際則此幾種發明，祇好算得文藝復興期之文化採借，是不能不說和馬哥波羅之來中國，有密切的關係科姆諾夫(Manuel Komroff)為一九二六年編訂的馬哥波羅遊記作有一段序言，中述馬哥波羅之為人是怎樣地富於自由觀察和自由研究的精神。(註一〇五)

『他在旅行中的第一個階段中，對於鳥雀有二十種重要的考證，全書對於動物，樹木和各種形態的植物，有許多詳細的描寫。他也說及各種果子和種子。此等觀察的敏銳，使我們對於他的愛好自然不能懷疑。即就他帶回來的財寶看來，也信而有徵。他在一個地方說及從一頭野犛牛獲得一些毛帶回來；在另一地方又說及帶回一隻麝的頭足；此外還有蘇木的種子，西米樹(Sago tree)的木髓製的餅子，他對於這些東西發生興趣，然這一切不是關於生活其牠方面，而是關於自然的。……』

他對於每一研究的機會，均不肯錯過，他在書中描寫某幾種鳥尾毛的長度，或大汗的隼脚上的銀圈。他又描寫許多本國所不知道的動物，以及奇怪的風俗，異樣的景緻。這樣好奇心豐富的人，正是文藝復興的一個好榜樣。如威爾斯所說『遊記所述的各方面，歐洲人最初聞而驚疑，跟着便引起許多的想像；』(註一〇六)這自然就是研究精神產生的一大動機了。

但話雖如此，馬哥波羅終竟是一個商人和一個商人的兒子。『百萬馬哥波羅』所欣羡的是財富，是工商業的物質生活。如科姆諾夫所說似的『馬哥波羅的商人本色，是活現於整個的記述中，他的愛好自然居第二位，遊戲的熱忱居第三位。』(註一〇七)因為他是商人，所以他遊記所記載的中國文明，也以物質的生活為主，他對於文藝復興期的影響，也祇以中國文明即物質的生活為限。如我前面所說，中國在文藝復興時代，曾給歐洲以物質的基礎一樣，馬哥波羅實爲傳播此種物質基礎於歐洲的最重要的一個人。

四　文藝復興期之中國題材

馬哥波羅遊記在給文藝復興期以物質的影響外，更供給歐洲的文學界，科學界以許多豐富的中國題材。遊記中所述之人名及契丹，汗八里之類，在文藝復興期的重要作家裏面，時常發見。此外即在繪畫和美術工藝上面，文藝復興亦確曾受了中國的影響。如十六世紀時，意大利的佛羅稜薩便有人模倣中國的磁器，白地上面繪以深藍色的花紋（註一〇八）這即是一例。現在試將文藝復興期的中國題材分述如下：

（一）繪畫

達芬奇（Leonardo da Vinci 1452-1519）是一個最足代表文藝復興時代精神的一個人，他多才多藝，是雕刻家，是詩人，科學家。他之研究武器與戰術，很明白地是受當時中國火藥傳入歐洲的影響。但最可注意的，是他一生不朽的名畫，如蒙那麗莎（Mona Lisa）描寫他愛人之美，曾費五年的工夫在這畫上。卻是這畫背景，即是一塊中國式的山水，這在西洋畫界中，是很特別的，可算是受中國的影響了。東方學報有謨孩斯忒堡（O. Muensterberg）所著『達芬奇與中國山水畫』（Leonardo da Vinci und die Chinesische Lan lschaftsm）一篇，又哈克尼（Hackney）著"Guide-posts to Chinese Painting"中論西洋美術所受中國的影響，與鄭壽麟著中西文化之關係頁三九至四二，均曾提及這一點。

(二)文學

文藝復興時代，意大利各城市因地理上關係，牠們的散文家，詩人，小說家最易感受東方的異國情調；而在提倡方言文學的英國人，也有以充滿生氣的東方故事作牠們文學底題材的。舉例如下：

1.曼得維爾(Mandeville)

一三五七年英國的散文始祖鬍約翰(John the Beard)託名曼得維爾(Mandeville)，所著『東方聞見錄』，(註一〇九)前人以為遊記，近人考證纔知道祇是一部虛構的小說。此書相傳為英文學中最初的散文的著作，寫成後輾轉傳鈔，後有拉丁文與意大利文的各種譯本，幾乎知識階級莫不人手一編，故傳佈極廣，和馬哥波羅遊記不相上下。雖然此書中所述關於蒙古和契丹的知識，全從鄂多立克(Odoric)的遊記脫胎出來，但歐洲文學裏實以此為一部讚美中國事情的先驅。他把中國文化擡得很高，以為大汗的政治，經濟，乃至於禮貌的各方面，都比歐洲無論那一國好些。(註一一〇)

2.薄伽邱(Boccaccio)

意大利的散文始祖薄伽邱(Giovanni Boccaccio 1313-1375)他所作近世第一部小說『十日談』，(Decameron)(註一一一)給歐洲的文藝上的影響很大，此書和丹丁(Dante)『神曲』同有『人曲』之稱。就其內容來說，差不多都是對於中世紀悖理思想的嚴重抗議，其中第十日第三故事中採用了『契丹』(Cathay)的題材，描寫契丹國的一個貴族那坦(Nathan)怎樣寬宏大度，『直至不但東方，甚至西方各地，也轟傳他的大名」他並且怎樣爲了密司立丁斯(Mitridanes)願意犧牲自己的生命去滿足他。(註一一二)這一段故事，雖然祇是文人好奇心理的表現，在他的作品中點綴一下遠東的古國本不足視爲重輕，可是中國題材對於文藝復興期代表作家的影響，也可以於此得到一個證明了。

3. 普雅多(Boiardo)

意大利普雅多(Matteo Maria Boiardo 1434－1494)他是文藝復興期最出色的宮庭詩人，他那篇「戀愛的奧蘭度」(Orlando Innamorato)可以算得純文學的名作。取材於法王查理曼(Charlemagne)十二步將中最有名的一位青年英雄羅蘭(Roland)，他覺着歐洲沒有適當的配耦相匹，想念契丹女子，可巧遇見了契丹女王安琪莉茄(Angelica)。(註一一三)這詩在一四九四年雖未完篇，因其描寫中世紀的騎士很是生動，在十五世紀中，也有相當的影響。(補註)

4. 阿利俄斯托(Ariosto)

阿利俄斯托(Lodovico Ariosto 1474－1533)他是代表文藝復興的極盛時代。他的傑作「瘋狂的奧蘭度」(Orlando Furioso)是繼着普雅多「戀愛的奧蘭度」做的。爲寫基督教騎士浪漫生活的第一篇名作，他作此詩費時七年，發行後流傳極廣。他開頭卽敘述作此詩的宗旨是『我所唱的是貴婦人與武士，是武器，是戀愛，是好客與勇敢的行爲。』史家稱之爲文藝復興期的人生觀之一個完全寫照。所取的事實，最重要的是奧蘭度(Orlando)和安琪莉茄(Angelica)的戀愛和種種軼事。安琪莉茄是契丹王女，是詩中的女主人翁，當安琪莉茄別有所戀的時候，她的愛人與蘭度失望後發狂的幾節韻文寫得非常動人，以後她嫌歐洲不好，同她的第二個丈夫美達羅（Medaro）由西班牙乘船到中國來。（註一一四）阿利俄斯托因作此詩，名譽極大，英國大詩人莎士比亞（Shakespeare）也受着他很深的影響。

（三）科學

我們從蘇提爾（Soothill）所著"China and the West"（註一一五）與羅柏特斯（Roberts）所著"Western Traveller to China"（註一一六）各書，均述及十三世紀培根與中國的關係。文藝復興期的科學家培根（Roger Bacen），他是近世科學家的先鋒，他的名著"Opus Majus"，即有關於盧白魯克（Rubruck）遊歷東方的札記。卡德（Carter）曾經告訴我們『歐洲著作家最早述及火藥的，當推培根，培根是十三世紀人物，他知有火藥，是由於阿剌伯的故事書或從中亞旅行家盧白魯克間接得來，則不甚可考。』（註一一七）惟培根曾親見過盧白魯克，其書中曾以中國為題材，卻是很明瞭的事實了。

總結以上各節的歷史事實，我們便可得到一大結論，就是歐洲的文藝復興，於精神的基礎以外，實有其物質的基礎。文藝復興雖以古代希臘的思潮為其精神基礎，同時實以中國之重要發明為其物質的基礎。十三世紀以來，歐洲即有許多教士商人，外交使者，遊客等，不絕東來，使歐人對於中國，漸漸有親切和明瞭的認識。尤以馬哥波羅遊記給文藝復興期以很大的影響。如地理上的大發見，美的與物質的生活之願望，自由研究之精神，不知喚起了歐洲中世紀的多少迷夢，即謂歐洲的文藝復興，受此書之重大影響，也無不可。並且事實上在文藝復興期的代表作家裏面，也常以中國爲題材，把中國人完全理想化了。所以平心而論，文藝復興雖然和十八世紀的啓明運動不同，啓明運動完全以中國爲精神的基礎，中國居第一位，希臘居第二位。反之文藝復興則以希臘爲精神的基礎，希臘居第一位，中國居第二位，然而精神不能外於物質而有，所以即就中國曾給文藝復興以物質的基礎這一點，在歷史書裏，已免不了要大書特書了。

（註一）"The word Renaissance, indeed, is now generally used to denote not merely the revival of classical antiquity which took place in the fifteenth century, and to which the word was first applied, but a whole complex movement, of which that revival of classical antiquity was but one element or symptom. For us the Renaissance is the name of a many-sided but yet united movement, in which the love of the things of the intellect and the imagination for their own sake, the desire for a more liberal and comely way of conceiving life, make themselves felt, urging those who experience this desire to search out first one and then another means of intellectual or imaginative enjoyment, and directing them not only to the discovery of old and forgotten sources of this enjoyment, but to the divination of fresh sources there of new experiences, new subject of poetry, new forms of art, of such feeling there was a great outbreak in the end of the twelfth and the beginning of the following century" (Pater: The Renaissance. p. 1－2)

（註二）"The word Renaissance has of late years received more extended significance than that which is implied in our English equivalent—the Revival of Learning we use it to denote the whole transition from the Middle Age to the Modern world; and though it is possible to assign certain limits to the period during which this transition took place, we cannot fix on any dates so positively as to say—between this year and that the movement was accomplished." (Symonds: Renaissance in Italy. Chap. I. p. 3—4)

"What we call, for want of a better name, the Renaissance, was a period of transition from the Middle ages to the first phase of modern life. It was a step which had to be made, at unequal distances of time and under varying influences, by all the peoples of the European Community." (Ibid; Chap. XVII. p. 443)

(註三) "Now this story of Mongolian Conquests is surely the most remarkable in all history. The Conquests of Alexander the Great cannot Compare with them in extent. And their effect in diffusing and broadening men's ideas, though such things are more difficult to estimate, is at least Comparable to the spread of the Hellenic Civilization which is associated with Alexander's adventure". The Outline of History, Chap XXXIII. 3. p. 675)

(註四)「蒙古人西征將以前閉塞之路途完全洞開，將各民族集聚一處。西征最大結果，即將全體民族，使之互換遷徙，不獨堂皇命使，東西往來如織，其不知名之商賈教士以及隨從軍隊者，尚不知凡幾也。……此等遊歷家歸國時，皆攜帶東方各種技術及珍品，自羅馬教後往來道塞，中國印度之絲及磁器，久已不見，至是乃又成爲西歐之常見品矣。好奇探險之心，於斯大勵。好奇探險者，進化之母也。巴黎大學嘗建議設教授韃靼語言文字，軍情一席矣。其結果如何重大，觀於哥倫布爲欲至馬哥波羅所言之大汗國，不期而得美洲新世界者，即可知矣。……東西兩文明策源地之思想製造由韃靼人互相交換，至爲有益。中世紀滿天黑雲，使人不得望見天日，至是乃因蒙古遠征而至現光明。當時戰爭，殺人盈野，盈城，似爲人類慘禍，而不知實如天空霹靂，將數百年之酣睡懶病，自夢中驚醒。二十帝國之滅亡，乃上帝自歐洲所取之代價，爲今古人享受燦爛文明之福也。」(Abel-Rémusat 語，譯見中西交通史料匯篇第二冊頁 2—6)

(註五)參照洪鈞「元史譯文證補」，柯劭忞「新元史」，多桑「蒙古史」等書。

（註六）"We hear too much in history of the Campaigns and massacres of the Mongols, and not enough of their indubitable curiosity and zest for learning. Not perhaps as an originative people, but as transmitters of knowledge and method their influence upon the world's history has been enormous"(Outline of History. Chap. XXXIII. 3. p. 675)

（註七）見L. Thorndike 世界文化史第三十一章。

（註八）"Four great inventions that spread through Europe at the beginning of the Renaissance, had a large share in creating the modern world. Paper and printing paved the way for the religious reformation and made possible popular education. Gunpowder levelled the feudal system and created citizen armies. The Compass discovered America and made the world instead of Europe the theater of history. In all these inventions and others as well, China Claims to have had a Conepicuous part." (Carter: The Invention of Printing in China. Introduction. p. 1.)

（註九）"The popular imagination has always been disposed to ascribe every such striking result to Marco Polo. He has become the type and Symbol for all such interchanges. As a matter of fact, there is no evidence that he had any share in these three importations. There were many mute Maro Polo who never met their Rusticians, and history has not preserved their names."(Wells: Outline of History. Chap. XXXVI. p. 681)

（註一〇）後漢書蔡倫傳「自古書契多編以竹簡，其用縑帛者謂之爲紙。縑貴而簡重，並不便於人，倫乃造意用樹膚麻頭及敝布魚網以爲紙，元興元年奏上之，帝善其能，自是莫不從用焉，故天下咸稱蔡侯紙。」

（註一一）沙畹（Chavannes）『紙未發明以前的中國書』馮承鈞譯，見圖書館學季刊第五卷第一期。

（註一二）高本漢「中國語言學研究」第五章頁九六述中國紙與歐洲文明之關係云：「歐洲在通行造紙之法，是在十三世紀，此時以前通用羊皮紙，而印刷術運用則在十五世紀時代。因造紙法傳入，印刷術不久便風行，這在對於西方的文獻含有極大意義。」

（註一三）「蔡倫生在約紀元後百年，他用樹皮、麻、破布、濫網來造紙。七五一年（唐玄宗天寶十年）七月，亞拉伯一個國王齊亞德（Ziyad）同中國皇帝遣來的軍隊打了一仗，把中國軍隊打敗，俘虜了好些中國能夠造紙的軍人回到薩馬康（Samarkand）。這些中國人起首工作，不久羊皮和其他寫字的材料都沒有人用了，天方夜譚中有名的宰相法爾的弟弟加亞，聽說薩馬康的紙好，就把這一個工業移植到巴格打德（Bagdad），他移植的主要原因，是因爲許多案卷在羊皮上容易改竄，在紙上不容易作假。從巴格打德，那時回教世界的中心，造紙的工業漸漸傳到西班牙，西西利（Sicily），再由那裏傳佈到歐美。」亞可布論東方對於西方文化之影響，陳銓譯，史地周刊第七十九期。

（註一四）見「The Invention of printing in China and its spread westward」頁 84 與 85 之間，紙張自中國輸入歐洲之路程，大要如下：

（1）中國（A.D. 105）	（2）敦煌（150）	（3）樓蘭（200）
（4）尼雅（Niya）（250－300）	（5）吐魯番（399）	（6）薩馬康（751）
（7）巴格打德（793）	（8）埃及（約900）	（9）意大利（1276）
（10）摩洛哥（Morocco）（約1100）	（11）西班牙（1150）	
（12）法國（1189）	（13）德國努連堡（Nüremberg）（1391）	
（14）哥倫（Cologne）（1320?）	（15）英國（1494）	（16）美洲（1690）

（註一五）Wells: Outline of History, Chap. XXXIV. 4. How paper liberated the human mind. p. 718. "Far more important is the question of the manufacture of paper. It is scarcely too much to say that paper made the revival of Europe possible. Paper originated in China, where its use probably goes to the second century B. C.……Good paper was not made in Christian Europe until near the end of the thirteeth century, and then it was Italy which led the world. Only by the fourteeth century did the manufacture read Germany, and not until the end of that century was it abundant and cheap enough for the printing of book to be a practicable business proposition. Thereupon printing followed naturally and necessarily, and the intellectual life of the world entered upon a new and far more wigorous phase. It ceased to be a little trickle from mind to mind; it became a brood flood, in which thousands and presently scores and hundreds of thousands of mind participated."

（註一六）"As the Mongol hordes moved eastward they were constantly in tough with peoples that knew how to print and as they adopted the culture of conquered lands, it was a culture based on printing that they adopted. As has already been pointed out, printing in China had just reached its highest point of achievement at the time of the Mongol Conquest, and during the period of Mongol Control three was no diminution in the number of printed books produced."（Carter: The Invention of printing in China and its spread westward. Chap. XVI. p. 118)

（註一七）"In these Campaigns the Mongol armies came very Close to those places where the earliest block printing activities of Europe during the next century were carried on——Venice, prague, and the cities of Bavaria." (Ibid. p. 119)

（註一八）"China and Europe met —— a China that for three centuries had been printing books —— a Europe that was just waking up to the need of books. Just at the end of the period Mongol domination the first primitive block prints appeared in Europe. No Clear documentary evidence can be produced to show how block printing entered, but certain phases of the history of the Mongol period show points at which Europe was especially exposed to Far Eastern influence'' (Ibid. 117)

（註一九）Ibid. p. 120

（註二〇）論東方對於西方文化之影響，原文載在 Sinica. VI Jahrgang.(1931)Heff. 4.

（註二一）陳元龍格致鏡原引「物原」，魏時馬鈞始製爆仗，隋煬帝作火藥雜戲。

（註二二）Wells: Outline of History, Chap. XXXIII. 2. p 670 世界史綱第三十三章第二節。

（註二三）Jacob: 論東方對於西方文化之影響，陳銓譯見史地周刊第七十九期。

（註二四）Carter: The Invention of printing in China, Part III. Chap. XII. p. 92.

（註二五）F. Hirth 考證羅盤針非爲中國發明，桑原隲藏駁之，見中國阿剌伯海上交通史頁 124——125.

（註二六）Jacob: 論東方對於西方文化之影響，陳銓譯見史地周刊第七十九期。

（註二七）Carter: The Invention of printing in China and its spread westward. Part III .Chap. XII. p. 93.

（註二八）朱彧萍洲可談「舟師識地理，夜則觀星，晝則觀日，陰晦觀指南針」按此即航海指南針之證。

（註二九）"The high seas called for the sailing ship, and in the fourteenth and fifteenth centuries it appears keeping its course by the compass and the stars''（Wells: Outline of History, Chap. XXXIV. p. 741.

（註三〇）Comte: 實證哲學下卷（社會科學之部）第二一章頁 294——297，石川三四郎譯。按三大發明即一羅盤針，二火藥，三印刷術。

（註三一）"......very largely through the Mongolian inventions of compass and paper, and under the stimulus of travel in Asia and of the grossing knowlege of eastern Asiatic wealth and civilization, come this astonishing blozing up of the mental, physical, and social energies of the Atlantic fringe.''（Wells: Outline of

History, Chap. XXXIV p. 749)。

(註三二)張星烺中西交通史料匯篇第二册頁 1——4.

(註三三)參照 A. C. Moule: Christians in China before the year 1550 Chap. VIII. Under the Mongol Empire. pp. 216—240. Latourette: A History of Christian Missions in China. Chap. V. pp. 61—77. 樊國梁燕京開教略上篇頁 17—73. 蕭若瑟天主教傳入中國考卷二頁 33—96.

(註三四)「教皇意諾增爵第四召集歐洲各奉教國會議於法國里昂府,……然聯合兵力一舉往勢蒙古,終未見諸實行,教皇不得已乃別生一計,謂既不能聯合各國同仇敵愾,若遣傳教士充作使臣,與蒙古修好,或亦可止其兇焰,況聞朝廷不乏奉教敬主之人,萬一獲得大可汗翻然悔改,則可收教無形,烽火之警,從此永熄,正本清源之術,當無過於此者。」(天主教傳入中國考卷二頁四十)

(註三五) H. Yule: Cathay and way Thither, CXXIII, preliminary essay 96. 張星烺中西交通史料匯篇第二册頁 48—54 石田幹之助歐人の支那研究第四章頁 63—71.

(註三六) "The Voyage of Johannes De plano Carpini." trans by A.W. Pollard. 柏朗嘉賓遊記向達譯。

(註三七) "Now these Cathayans of whom we have been speaking are heathen men, and have a written character of their own. Moreover 'tis said they have an Old and New Testament, and Lives of the Fathers, and religious recluses, and buildings which are used for churches as it were, in which they pray at their own times; and they say that they have also some saints of their own. They worship the one God, honour the Lord Jesus Christ, and believe in eternal life, but are entirely without baptism. They pay honour and reverence to our Scripture, and well disposed towards Christians and do many alms deeds. They seem indeed to be kindly and polished folks enough. They have no beard, and in character of countenance have a considerable resemblance to the Mongols, but are not so broad in the face. They have a language of their own. Their betters as craftsman in every art practised by man are not to be found in the whole world. Their country is very rish in corn, in wine, gold, silver, silk, and in every kind of produce that tends to the support of mankind."(Yule: Cathay and way thither Vol. I. p CXXIV. Preliminary Essay.97).

(註三八) Yule: Cathay and way thither. p. CXXIV. Preliminary Essay. 98. 張星烺中西交通史料匯篇第二册頁54–58. 石田幹之助歐洲の支那研究第四章頁 71–78

(註三九) "Further on is Great Cathay which I take to be the country which was anciently called the Land of Seres. For the best silk stuffs are still got from them, and the people themselves called such stuffs Seric, the nation gelting the name of Seres from a certain town of theirs. I was really given to understand that there is a town in that country which has silver walls and golden bettlements. ……There are first-rate artists in every kind of craft, and their physicians have a through knowledge of virtues of herbs, and an admirable skill in diagnosis by the pulse. But they don't examine the arime or know anything on that subject; this I know from my own observation. There are a great many of these people at Karakorum; and it has always been their custom that all the sons must follow their father's craft whatever to be……The common money of Cathay consists of Rieces of cotton lines are printed resembling the seal of Mangu Chan. They do their writing with a pencil such as painters paint wtih, and a single character of theirs comprehends several letters so as to form a whole word"(Yule: Ibid. p. CXXV—CXXVII Preliminary Essay.99)

(註四〇) Yule: Ibid p. CXXXII. Preliminary Essay 104. 張星烺中西交通史料匯篇第二册頁 103–127, 石田幹之助歐人の支那研究第五章頁 111–113.

(註四一) "As far as I ever saw or heard tell, I do not belive that any king or prince in the world can be compared to his majesty the Cham in respect of the extent of his dominions, the vastness of their population, or the amount of his wealth."(Yule: Ibid. vol. I. p. 203).

"Here are many sects of idolaters holding various beliefs; and there also are many persons attached to religious orders of different sects, and wearing different habits; and these practive greater abstinence and austerity than our Latin monks"(Yule: Ibid. vol. I p. 208)

（註四二）Yule: Cathay and way thither. vol. I. 183, 張星烺中西交通史料匯篇第二冊頁 127－136.

（註四三）"As to the wealth, splendour, and glory of this great emperor, the vastness of his dominion, the mullitudes of people subject to him, the number and greatness of his cities, and the constitution of the empire, within which no man dares to draw a sword against his neighbour. I will say nothing, because it would be a long matter to write, and would seen meredible to those who heard it Even I who am here in the country do hear things averred of it that I can scarcely believe……"(Yule: Ibid, vol. I. p.222－223)

"Tis a fact that in this vast empire there are people of every nation under heaven, and of every sect, and all and sundry are allowed to live are freely according to their creed. For they hold this opinion, or rather this erroneous view, that everyone can find salvation in his own religion. Howbeit we are at liberty to preach without led or hindrance……(Yule: Ibid. p. 224－225)

（註四四）樊國樑燕京開教略上篇頁六七。

（註四五）英譯本見"Everyman's Library" 812, 中附"The-Journal fo Friar Odoric. 見頁231—278. 漢譯本爲清光緒十五年, 郭棟臣譯湖北崇正書局刊本。

（註四六）Yule: Cathay and way thither, vol. p. 6－7 張星烺中西交通史料匯篇第二冊頁 136－140 石田幹之助歐人の支那研究頁 114－116. Moule: Christians in China before the year 1550. Chap. IX. Western writers of the fourteenth century. pp. 241－249.

（註四七）樊國樑燕京開教略上篇頁六十九

（註四八）Yule: Cathay and way thither. pp. 311－334, 335－394. Moule: Christians in China before the year 1550. Chap. IX. pp. 252－264 張星烺中西交通史料匯篇第二册頁 147－221 石田幹之助歐人の支那研究第五章頁 118－119.

（註四九）"……the Kaan or Chief Emperor of all the Tartare, a sovereign who holds the sway of nearly half the eastern world. and whose power and wealth, with the multitude of cities and provinces and languages under him, and the countless number, as I may say, of the nations over which he rules, pass all telling" (Yule: Cathay and way thither. pp. 335－336.

（註五〇）"We abode in Cambasec about three years, and then we took our way through Manzi, with a magnificent provision for our expenses from the Emperor, besides about two hundred horses; and on our way we beheld the glory of this world in such a multitude of cities, towns, and villages, and in other ways displayed, that no ton-gue can give it fit expression" (Yule: Ibid. p. 342)

（註五一）Now Manzi is a country which has countless cities and nations included in it, past all belief to one who has not seen them, besides great plenty of everything, including fruits quite unknown in our Latin countries. Indeed it has 30.000 great cities, besides town and boroughs quite beyond count. And among the rest is that most famous city of campsay, the finest the biggest, the richest, the most populous, and altogether the most marvellous city, the city of the greatest wealth and luxury, of the most splendid buildings that exists now upon the face of the earth, or mayhap that ever did exist! When authers tell of its ten thousand noble bridge of stone, adorne with sculptures and statues of armed princes, it passes the belief of one who has not been there, and yet peradventure there authors tell no lie." (Ibid. p. 354—355) "There is Zayton also, a wondrous fine seaport and a city of incredible size, where our Minor Friars have three very fine churches, passing rich and elegant; and they have a bath also and fondaco which serves as a depot for all the merchants" (Ibid p. 355)

(註五二)張星烺中西交通史料匯篇第二冊頁 221—224 中國史書上關於馬黎諾里使節之各種記載。

(註五三) The Travels of Marco Polo, Book I. Chap. I—XVIII 馮承鈞譯馬可波羅行紀上冊頁 3—48. 張星烺譯馬哥波羅遊記第一冊頁 2—55.

(註五四) Yule: Cathay and way thither vol. II. pp. 279—286, 287—308 張星烺中西交通史料匯篇第二冊頁 316—347.

(註五五) Yule: Ibid. vol. I. p. CXXVI—CXXXVII Preliminary Essay 109. 張星烺中西交通史料匯篇第二冊頁 365—368. 石田幹之助歐人の支那研究頁 130—132.

(註五六) "He briefly notices Cambalec (Cambaleschia) and another city of great size which had been established by the emperor, to which he gives the name of Nemptai, and which was the most populous of all. He speaks of the great wealth of the country and of the politeness and civilisation of the people, as quite on a par with those of Italy. Their merchants were immensely wealthy, and had great ships much larges than those of Europe, with triple sides and divided into water-tight compartments for security "us" he says, "they all. Franks, and say that whilst other nations are bline, we see with one eye, whilst they are the only people who see with both" (Yule: Ibid vol. I. Preliminary Essay 109.)

（註五七）馬哥波羅遊記第一卷第三章第四章

（註五八）Yule: Cathay and way thither. pp. CXXXV - CXXVI Preliminary Essay. 108. 張星烺中西交通史料匯篇第二冊頁 357 - 365. 石田幹之助歐人の支那研究第五章頁 124 - 127.

（註五九）Yule: Ibid. 張星烺中西交通史料匯篇第二冊頁 356 - 357 石田幹之助歐人の支那研究頁 127 - 128.

（註六〇）Wells: Outline of History. Chap. XXXIII. 3. p. 678. The travels of Marco Polo pp. 675 - 681. "The Travels of Marco Polo is one of the great books of history. It opens this world of the thirteenth century, this century which saw the reign of Frederick II. and the beginnigs of the Inquisition, to our imaginations as no mere historian's chronicle can do, It led directly to the discover of America".

（註六一）Wells: Ibid Chap. XXXIII. 3. p. 681.

（註六二）The Travels of Marco Polo. p. XI Introdution by John Masefield. "The wonder of Marco Polo is this——That he created Asia for the European mind".

（註六三）Yule: Cathay and way thither. vol. I. pp. CXIII - CXIii. Preliminary Essay 116. 張星烺中西交通史料匯篇第二冊頁 399『哥倫布以後歐人之訪契丹』

（註六四）Yule: Ibid. vol. 1. pp. CXIii - CXIiii Preliminary Essay 118. 張星烺中西交通史料匯篇第二冊第一百六十三節一百六十四節鄂本篤訪契丹記頁 455 - 524.

（註六五）Adolf Reichwein China and Europe, Contacts of Europe with China. p. 15. Yule. Ibid. p. CXIi, Preliminary Essay 114. Columbus sought Cathay. 張星烺中西交通史料匯篇第二冊頁 373 - 374 第一百四十六節哥倫布立志東遊同著者馬哥波羅頁 30——33 馬哥波羅遊記與哥倫布發明新世界之關係，百科小叢書本。

（註六六）張星烺中西交通史料匯篇第二冊頁 375—382 Yule: Cathay and way thither. p. CXXXiV, Preliminary Essay 111.

惟托斯加內里致哥倫布第二書與哥倫布紀程序文，均爲 Yule 書中所無，茲以譯篇爲較詳。

（註六七）"And now to give you full information as to all those places which you so much desire to learn about, you must know that both the inhabitants and the visitors of all those islands are all traders, and that there are in those part as great a multitude of ships and mariners and wares for sale, as in only part of the world be the other what it may, And this is espcoially the case at a very noble part which is called Zaiton, where there load and discharge every year a hundred great pepper ships, beside a multitude of other vessels which take cargoes of other spices and the like (Here Toscanelli is drawing from Marco Polo as again below where he speaks of Quinsai ——Yule.) The country in question is exceedingly populous, and there are in it many provinces and many kingdoms, and cities without number, all under the dominion of a certain sovereign who is called the Great Caan., a name which signifies the king of kings. The residence of this prince is chiefly in the province of Cathay.……

And I myself discoursed at length with this ambassador on many subjects, as of the greatness of their royal buildings, and of the vastness, of their rivers in legnth and breadth, and he told me many things that were wonderful as to the multitudes of cities and towns which are built on the the banks of those rivers; as that upon on river alone are to be found two hundred cities, all which have their marble bridge of great width and length and adorned with a profusion of marble columns. The country indeed is as fine a conntry as has ever been discovered; and not only may one have great gain, and get many voluable wares by trading thither, but also they have gold and silver and precious stones, and great abundance of all kinds of spices such as are never brought into our past of the world. And it is a fact that they have many men of great acquirements in philosphy and astrology, and other persons of great knowledge in all the arts, and of the greatest Capacity who are employed in the administration of that great teiritory, and in directing the ordering of battle"(by the paolo del Pozzo Toscanelli, in a letter addressed in 1474 to his friend Fernando Martinez. Canon of Lisbon, of which the writer afterwards sent a copy to Columbus. —Yule. Ibid)

（註六八）劉麟生「哥倫布」頁 33『哥倫布第一次航海看見印第安人，身上帶着黃金便問他們黃金的來源他們說在南方的大國中叫做古巴納干。但是古巴納干的聲音和忽必烈汗相近，哥倫布讀了馬哥波羅的書，竟爲神往，現在想起來一定是離中國——契丹——不遠了』頁 43『哥倫布第一次航海因爲他相信他是到了中國的邊地距離產金之地不遠，所以去的人——共一千五百人——個個都以爲可發大財；』頁 78『哥倫布第四次航海到了中美附近，在土人中看見一個年老的人，甚爲聰穎，就請他做嚮導，據這個老人說，離此不遠的地方有很好的文化，哥倫布以爲必定是中國了。』

（註六九）原譯文見方重「十八世紀的英國文學與中國」文哲季刊第二卷第一號。

（註七〇）The Travels of Marco Polo (Everyman's Library with introduction by J. Masefield 1914) Book II. Chap. I p. 152 案此書有三譯本，張星烺譯註馬哥波羅遊記第一冊，以 Yule—Cordier 註本爲根據；馮承鈞譯馬可波羅行紀三冊，以 Charignon 註本爲根據；李季譯馬可波羅遊記，以 Komroff 編訂本爲根據。以下所引英譯頁數，均依照萬人叢書本，漢譯依照李譯馮譯，而以李譯爲根據。

（註七一）The Travels of Marco Polo. Book II. Chap. X. p. 182—186. 李季譯十三章頁 137—138. 馮承鈞譯第八五章頁 348—350. Chap. XI. p. 186—188. 李譯 14 章頁 139—141, 馮譯 86 章頁 353—354. Chap. XII. p. 188—192 李譯 15 章頁 141—143, 馮譯 87 章 356—359. 李譯 16 章頁 143—144 馮譯 88 章頁 360—362 英文本缺。

（註七二）Ibid: Book II. Chap. L XIX. p. 310—311。李譯第 78 章 p. 251. 馮譯 152 章頁 592.

（註七三）Book II.Chap.L XXVII. p.319. 李譯第 82章頁 258 馮譯 154, 155, 156 章均缺此一段。

（註七四）Wells: Outline of History. Chap. XXXIII. 3. p. 631.

（註七五）The Travels of Marco Polo. Book II. Chap. XVII. p.201.李譯第 22 章頁 152, 馮譯 94 章頁 379.

（註七六）Chap. L XVIII. p. 308－309. 李譯 77 章頁 250 馮譯第一五一(重)章頁 588.

（註七七）Chap. LXVIII.p. 297 李譯 76 章頁 239 馮譯 151(重)章頁 581－582.

（註七八）Chap. LXVIII. p.307 李譯 77 章頁 248

（註七九）Chap. XXIV. p. 215－217, 李譯三十一章三十二章頁 171－172. Chap. XXI. p. 212－214. 李譯二十七章頁 168－169.

（註八〇）李季馬哥波羅遊記譯者序言頁六。

（註八一）The Travels of Marco Polo. Chap. XX. p. 209.李譯 26 章頁 165 馮譯 97 章註頁 396.

（註八二）Chap. XIII. p. 201. 李譯 22 章頁 152 馮譯 94 章頁 379.

（註八三）Chap. L XVIII. p. 297. 李譯 76 章頁 239.

（註八四）Chap. XXXVI. p. 234. 李譯44 章頁 188 馮譯 113 章頁 440.

（註八五）Chap. XX. p. 207－209, 李譯 26 章頁 163－164 馮譯 97 章頁 393－394.

（註八六）Chap. LIV. p. 272 李譯 64 章頁 219 馮譯 109 章頁 429.

（註八七）Chap. LXIII. p. 284. 李譯 71 章頁 229 馮譯 146 章頁 554.

（註八八）Chap. XVIII. p. 202－205. 李譯 24 章頁 159－61 馮譯 95 章頁 382－384.

（註八九）p.267. 李譯頁 214.

（註九〇）p.270. 李譯頁 218.

（註九一）p.271。李譯頁 219.

（註九二）p.278. 李譯頁 224.

（註九三）p.267. 李譯頁 213.

（註九四）Chap. XXIII. p.215. 馮譯第 101 章頁 407－408 李譯第 30 章頁 170－171.

（註九五）Chap. LVII. p. 145. 李譯第一卷 61 章頁 106, 馮譯上册 74 章頁 277.

（註九六）Chap. VI. p. 168－169. 李譯 10 章頁 130－131. 馮譯 83 章頁 324.

（註九七）Chap. XXXIV. p. 232 李譯 41 章頁 185. 馮譯 110 章頁 431.

（註九八）Chap. LXVIII. p. 290, 298－299. 李譯 76 章頁 234 馮譯 151(重 章頁 578.

（註九九）Chap. VII. p. 172－174. 李譯第十一章頁 134.

（註一〇〇）Chap. XXVII. p. 222－223. 李譯 55 章頁 178.(pulisangan)
Chap. XXXVI. p. 234, 李譯 44 章頁 187(Sin-din-fu)
Chap. LXVIII. p. 292 李譯 76 章頁 235(Kin-sai)
Chap. LXXIII. p. 315 李譯 80 章頁 254(Ke-lin-fu)

（註一〇一）Chap. XXVI. p. 220 李譯 34 章頁 176.

（註一〇二）Chap. LXVII. p. 298－299. 李譯 76 章頁 240.

（註一〇三）Wells: The Outline of History. Chap. XXXIII. 4.

（註一〇四）The Travels of Marco Polo. Chap. XVIII. p 202.

（註一〇五）李譯馬可波羅遊記序言頁 32.

（註一〇六）Wells: The Oultine of History. Chap. XXXIII. 5. p. 679.

(註一〇七)馬可波羅遊記序言頁 34.

(註一〇八)向達中西交通史頁 108.

(註一〇九) The Travels of Sir John Mandeville (Everyman's Library, 812)出書共 227 頁 LXVI—LXXX. 頁 165–187 描寫大汗國之處甚有名。

(註一一〇) Yule: Cathay and way thither. vol. I. p. 27 Odoric and Mandeville 張星烺中西交通史料匯篇第二冊頁 140. 石田幹之助歐人の支那研究頁 116–117.

(註一一一) Boccaccio's Decameron 2 vols. Everyman's Library. 黃石胡仲雲譯十日談開明書局板,

(註一一二) Ibid. vol II. pp.275–276

(註一一三) Thomas Bulfind: "Legends of Charlemagne"(Everyman Library 556) 對於 Orlando or Roland 的故事敘述甚詳。 p. 115. "Angelica, after her marriage, wishing to endow Medoro with the sovereignty of the countries which yet remained to her, took with him the road to the east"

(註一一四)參閱 J. S. Nicholson: Tales From Ariosta(1913)J. A. Symonds: Renaissance in Italy. Chap.VIII. Ariosto. p. 154–170.

(註一一五) Soothill: China and the west, p. 43"William of Rubruck, a Franciscan who carrid letters from St. Louis, king of France, visited prince Khubilai' court about 1254, and his Itinerarium provided Roger Bacon with considerable matter for his Opus Majus, and purshas much material for his pilgrimes" (Col. Yule ranks the Itinerarium as equal with the Travels of Marco Polo).

(註一一六) F. M. Roberts: Western Traveller to China. p. 19n"William of Rubruck influenced Roger Bacon, who speaks in his Opus Majus of frater Willelmus and of the book, quem. librum diligenter vide et cum ejus auctore contuli''

(註一一七) Carter: The Invention of printing in China, Part III. Chap. XII. p. 92.

(補註)在 Orlando Innamorato 詩中有 Galafron 王即 Angelica 的父親的一段小詩（引見 Yule: Cathay 頁 CXXXV註）

''Il qual nell' India estrema signoreggia una gran terra-ch' ha nome il Cattajo''

二 十八世紀中歐之文化接觸

一 中歐文化接觸之三時期

我們研究文化史的，知道文化有獨立與傳播之兩現象，中國文化在宗教方面受印度的影響，在科學方面受西洋的影響；同樣在西洋方面西洋文化原爲科學文化，但此科學文化，其本身亦有一段長而複雜的歷史。西洋文化在十九世紀以前，實經過兩個時期。第一時期爲中世紀之宗教文化時代，第二時期爲十八世紀之哲學文化時代，纔進至十九世紀科學之文化時代。所以嚴格來說，西洋化卽是科學化，卽是近代的文化；猶之乎中國化卽是哲學的文化，印度化卽是宗教的文化似的。西洋文化原有其獨立的文化價值，然而依照人類知識發展的階段來說，在科學時期以前，實有一個哲學時期，哲學時期以前，實有一個宗教時期。西洋的宗教雖從本質上說，仍爲科學性的宗教文化，西洋的哲學，雖從本質上說，卽從其文化之獨立發展上說，仍爲「科學性的哲學文化，」但從其傳播上說，則所謂宗教文化哲學文化，倘非西洋文化之原來產物。西洋中世紀之宗教文化，實受印度宗教文化的影響，同樣西洋十八世紀之哲學文化，也實受了中國哲學文化的影響。關於西洋文化與印度文化之接觸，因不是這裏討論的範圍，且表過不提。單就中國來說，中國文化雖受了西洋影響，因而形成中國之科學的文化時代；但是中國特有的哲學，則實影響西洋十八世紀，因而形成了西洋之哲學的文化時代。這不是我們有意爲中國文化宣傳，實在歷史事實的證據，原來如此。

我們既已知道歐洲的文藝復興時代，實以中國之重要發明，爲其物質的基礎；我們更應該知道歐洲十八世紀，實以中國之哲學文化，爲其精神的基礎。如賴赫淮恩（Reichwein）所說似的，中國思想在十八世紀之影響，至可稱「孔子爲此世紀之守護尊者」，換言之，卽十八世紀實爲歐洲文化受中國哲學文化洗禮的時代。但說來話長，在這種哲學的思想接觸以前，我們更應該回溯到中歐文化之物質的接觸時代與美術的接觸時代。物質的接觸，雖以文藝復興期輸入歐洲之四大發明爲最顯著，但起源甚早，可回溯到紀元前中國與古代希臘的關係。但自文藝復興卽十六世紀以後，由中國輸入歐洲的貨品，大都以美術的工藝爲多，如陶瓷、漆器、絲織品之類，因此接着便入於美術的接觸時代。但到了十八世紀，因耶穌會士介紹孔子的學說，更加那時傳教師因爭論禮儀問題，引起了歐洲一般知識階級對於中國思想研究的興趣，因此便入於第三哲學思想的接觸時代了。

第一　物質的接觸時代

中西交通的開始，卽是中西物質文化接觸的開始。古代中國與西方交通，據印度最古的摩奴法典和摩訶婆羅多大史詩中，已有支那（China）的名稱，希臘古書中，也曾提到支那一名，以賽里斯（Serice）爲東方產絲之國。在古代中國文獻，如穆天子傳、竹書紀年、逸周書，都有涉及東西交通的證據，雖不甚可靠，而要之古代中國與希臘已有物質的接觸，卻爲一種事實。英國漢學家齋爾斯（H. A. Giles）著「中國與中國人」（China and Chinese）

第四講曾略述中國文物風尙與古代希臘的關係，有二十餘項，專就物質方面節錄數段如下：（註一）

(1)中國建築門常朝南，屋中男女分隔，門扇多爲二，且開門時爲推進，希臘之住宅亦然。

(2)中國演戲，自晨至晚，連演不息，戲臺常搭於露天曠地，與希臘同。戲文有「曲」有「白」，戲子或帶假面，或塗面譜，彼此皆同。至於戲臺上設神像，更是無獨有偶的風俗。

(3)中國之「骰子」戲，係於第二世紀前後自西方傳入者。

(4)古代中國用以記時辰之「壺漏」，在古代希臘也曾用過，情形是否完全相同，則未確定。

(5)中國橄欖之來源，或係傳自希臘，傳播時期約在紀元前第二世紀，即西漢時代。

(6)中國之有「栗子」及「葡萄」，係始源於張騫使西域之後，張騫曾在巴蜀等處，而當時該處已與西方交通，栗子葡萄一類果子，即由彼處回中國，故此後中國始有葡萄酒之釀製，秦漢以前未有。

(7)古時中國銅鏡，常有各種花鳥裝飾，與古希臘所有者相似。

(8)中國石榴，蘿蔔等蔬菜果子，皆係自古代小亞細亞諸國傳來者。

固然關於葡萄等物質接觸，現在尙有問題，如許多學者以爲葡萄即是希臘 Βότρυς 的譯音，許多人又以爲不確。（註二）近來學者如勞福爾(B. Laufer)，羅斯托西夫(M. Rostovtzeff)等，又提出許多先秦兩漢中國文化中之西來成份，或者說與西方相似的成分，如甲胄、銅器花紋、殉葬一類的風俗等等，而要之東西物質的接觸，爲時甚早，則可以斷言。大概在紀元前後約二世紀時，羅馬人即繼起而爲東西交通的媒介。我們知道，這時物質接觸，實以中國絲絹爲最重要，而羅馬即爲中國絲絹貿易之一大銷場，詩人之所歌詠，史家之所記述，無不稱道此賽里斯國，即是「絲國」(Land of Silk)。羅馬人嗜好中國絲，有如今代中國人之好衣洋服，好用洋貨，以致風俗奢侈，羅馬帝國隨之滅亡。(註三) 在紀元五六世紀後，羅馬人已不能直接與東方貿易，此時伊蘭民族壟斷東西交通路線，八世紀至文藝復興時代，又替代之以阿剌伯人，因此此後東西的物質接觸，遂不得不以伊蘭民族與阿剌伯人爲其媒介，伊蘭包括今代波斯、俾魯支、阿富汗、拍米爾、加非里諸地。在安息名稱時代，與前後漢交通頻繁，並傳布佛教於中國。(註四) 在波斯名稱時代，與中國自元魏至隋唐交通，通使頻頻，魏書新舊唐書杜佑通典，均有記載。而且波斯人更傳布西方各種宗教於中國，如景教、祆教、摩尼教等。但專就物質的接觸來說，唐人所記波斯國鑛石及動植物，其種類亦極多，例如：(註五)

〔鑛石〕密陀僧　珊瑚　爐甘石　綠鹽　鏡沙　石硫黃　礬石　琥珀　剌　避者達　昔剌尼　古木蘭　肋把避　肋木剌　撒卜泥　鵶鶻　馬思艮底　你藍　屋樸你藍　貓睛　赤水石　你捨卜的　乞里馬泥

〔植物〕胡黃連　縮砂蔤　蓽茇　蒟醬　補骨脂　茉莉　青黛　螺子黛　蒔蘿(即小茴香)　草豉　巴旦杏　阿月渾子　阿勒勃(即波斯皂莢)　葡萄　橄欖　石密　無花果　波斯棗　乳香　香生濟　沒藥　沒樹　婆鄸娑樹　槃砮穡　耶悉茗　安息香　龍腦香　紫鉚　蘆薈　無食子　阿魏　訶黎勒　婆羅得　烏木　柯樹　蘇合香　青木香

〔動物〕駝鳥

以上均爲從波斯傳入中國者，但中國之物質亦傳至波斯。美人勞福爾(Laufer)在「中國人對於古代伊蘭文明史之貢獻」(Sino-Iranica, Chinese Contributions to the History of Civilization in Ancient Iran. Chicago, 1919)書中下部有專章述之，分類如下：

〔礦石〕縞瑪瑙　鬼睾丸　白銅　火硝　磁土

〔植物〕邛竹杖　絲　桃　杏　肉桂　生薑　黃連　大黃　無患子　菴摩勒　蜀葵　玫瑰　檀香　樺茶　土茯苓　桑樹　黍稷

勞福爾更舉及波斯文中之中國文字，如(Paizah)爲「牌子」之譯音，(taiwan)爲「大王」之譯音，(taihu)爲「太后」之譯音，(fu zen)爲「夫人」之譯音，以上各字大概爲元代輸入波斯者。勞福爾的著作，其主旨在述中國物質文明傳入波斯，因而傳入歐洲各國，這可以說就是中歐物質接觸之一小時期。但在紀元八世紀以後，阿刺伯人繼操東方貿易大權，於是物質文化對於歐洲的貢獻，乃更進一步。阿刺伯在「大食」名稱時代，曾傳入中國各種礦石及動植物，依新舊唐書大食傳、諸番志、酉陽雜俎續集及本草綱目所載，可舉例如下：(註六)

〔礦石〕馬腦　無名異　琉璃　火油

〔植物〕石榴　人木　阿芙蓉(即鴉片)　薰陸香(即乳香)　騏驎竭　蘇合香　無食子　訶黎勒　金顏香　梔子花　薔薇水　丁香　阿魏　蘆薈　押不蘆

（動物）馬　駝鳥　大尾羊　胡羊　木乃伊　珊瑚樹　珠子　象牙　膃肭臍　龍涎

中國物質文化之傳入阿剌伯因而傳入歐洲者，依蘇萊曼東遊記（Voyage Du Marchand Asabe Sulayman Par Sulayman）所述有瓷器、陶器生絲和熟絲的織物還有在出產多量的貨物之中爲國王所專利的一種草的乾葉叫做茶（Sah）是可以用熱水泡了喝的。（註七）但這種物質之接觸，雖有人說「茶葉，把人類交際變文明了」但還不及轉輸中國的幾種發明品來得更爲重要。這就是紙和許多同紙相關的發明。阿拉伯學者亞可布（Geory Jacob）論東方對於西方文化之影響，（註八）曾確實證明了這些西方文化裏邊頂重要的事物均經阿剌伯人之媒介而傳入歐洲的。法人聖西門（Saint-Simon），孔德（Comte）也曾指出阿剌伯人輸入東方文化之貢獻。（註九）薩諾著（Soignobos）在所著『中古及近代文化史』第八章『西方之東方文化』更明白地說：『阿剌伯人集東方世界所有發明與所有知識之大成……西方世界返於野蠻後之重又文明，肯受阿剌伯人之賜。』（註一〇）中國之物質文明自七八世紀因阿剌伯人而傳播歐洲，至於十三世紀更因蒙古征服歐洲，而物質的接觸，乃達於極度發達。不過我們仍不妨如哈得孫（Hudson）『歐洲與中國』（Europe and China, a survey of their relations from the earliest times to 1800）第九章中所說『十六世紀以前中歐的互相影響的路徑，並非直接』罷了。（註一一）

第二　美術的接觸時代

（A）羅柯柯運動

十六世紀的東西交通已由物質的接觸，一變而爲美術的接觸，而「美術的物質」接觸，其結果遂醞釀成爲十七世紀和十八世紀間風行於德法各國的「羅柯柯運動」(Rococo)與十八世紀歐洲之中國園林運動。這兩種藝術的解放實均受中國文化的直接影響，而尤其是『美術的物質』如瓷器、漆器、絲織品、風景畫與中國式建築等輸入歐洲的影響。在十六世紀以前，中歐的物質接觸，爲波斯、大食人之貢獻；十六世紀後美術的接觸，則爲葡萄牙人之貢獻。十六世紀初葡萄牙人侵略東印度，自一五五七年租借中國澳門，開始遠東貿易以來，將中國的國貨——生絲、緞子、錦繡、陶瓷、漆器，尤其美術工藝品，一捆一捆載入葡萄牙的市場，更輸入西歐英法德各國，因而引起了西歐人士對於中國美術的興趣不少。最有趣的，就是在這東西美術的接觸中，西歐盡力接受中國美術的影響，中國則不甚受西歐美術的影響。現在試根據賴赫淮恩(Reichwein)所著『中國與歐洲』第三章第六章，哈得孫(Hudson)所著『歐洲與中國』第九章所述，略爲介紹如下(註一二)：

(一)瓷器　賴赫淮恩明白告訴我們：中國文化對於羅柯柯運動的影響，不在文字方面，而在乎中國輕脆的瓷器和各種絲綢上絢艷悅目的光澤，這種光澤暗示歐洲十八世紀社會以一種想像中快樂的人生觀(註一三)。當時歐人對於中國瓷器和絲織品十分傾倒，單就瓷器來說，可算中國給歐洲的一種禮物，在此可以看出中國畫的模型(註一四)。所以十七世紀瓷器倘不過是一種新奇的物品，祇有幾個大宮庭去收藏牠，但到了十八世紀初年，瓷器便成功闊人家中的必須品，尤其當飲茶的時候，非此不足以表示其爲時髦人物。一時風氣所趨，歐洲上流社會，無不收藏中國瓷器，在王宮中在特闢的『中國室』中，應有盡有的陳列中國式的瓷器人物以及瓶甕之類，以爲裝飾品。英國文豪華登（William Wotton 1666－1722），甚至在冒險雜誌上作一篇諷刺文，來譏嘲這種一時的風尚，然而即在這時候，即一七一〇年以後，歐洲卻發生了所謂「瓷器羅柯柯藝術」（Porcelain－Rococo）。因為羨慕中國瓷器，在德國邁孫（Meissen）地方開始仿製的工作了。上流社會既如此提倡，社會上自然也跟着風行一時。

（二）漆器　一三四五年阿剌伯人依賓拔都他（Ibn Batuta），已稱中國漆器「輸入於波斯印度者甚多」，但在歐洲，直至十七世紀漆器尚屬罕見之物，所以在一六八九年髹漆的中國家具，竟用作皇家開獎物品，名貴可知，十七世紀末期，法國人開始仿造真正的漆器，如馬丁一族（Martin family）兄弟四人，均以採用中國的作風模樣，仿造漆器著名，於是漆器就成為家家必備的用品了。最有趣的就是歐洲漆的用途，在屋中家具以外，更應用之於中國式之轎子（Sedan－chairs）上面。轎子本為中國文化，十七世紀初年，歐人始加倣造，當時歐洲貴族因這種轎子很可以增高他們的身份，乃大加提倡，在羅柯柯藝術極盛時代，坐轎的文化，風行全歐，乃至於極偏僻的地方。轎子的顏色和坐轎的規則，也完全以中國為標準。（註一五）轎子以外，如傢具、車子、手杖，也無處不畫起中國的圖樣。一七六三年伯郎希城更設立了漆器工廠，以出產鼻煙壺著名。（註一六）

（三）絲織品　中國絲織品傳入歐洲雖早，但數量極少，在六世紀前，其價值竟和黃金相等。及後養蠶製絲之法西傳，但仍不絕輸入中國的生絲和熟絲的織物。到了十七世紀，絲織品隨着東西交通的發達，纔大量輸入歐洲，一時貨多價廉，尤以有錦文花樣者為最特色。這時法國巴黎成為絲織品流行的中心，巴黎絲商更採用中國技術，如花紋染色等，以從事倣造，結果利市百倍。因爲喜歡中國染色，又從東方輸入梔子一類的染料。還有繡品和棉織品，也從中國傳入，用途極廣，用作外套或作掛物，更時髦的則充帳幔與壁紙之用。(註一七)最可注意的，是所謂針繪，(needle painting)其針刺之花，由彩色絲絨編成，或雜以金銀細絲，光彩悅目，最爲歐人所喜用，此種錦繡，竟取哥布蘭 (Gobelin) 花氈的地位而代之。還有可以附帶說及的，就是現在歐洲住宅所用各種顏色花樣的壁紙(wall－papers)，這種壁紙在中國第四世紀早已發明，十六世紀由荷蘭人，十七世紀初由英國人傳入歐洲，不久法英二國，纔有仿照中國花樣而製成所謂「中英合壁」或「中法合壁」的壁紙。(註一八)

(四)風景畫　以上美術工藝品傳入歐洲的時候，同時把這美術工藝品上的繪畫，也一樣傳入了。尤其是瓷器和絲織品，或繪天然風景，或飾精巧花樣，均能給歐洲畫家以極大影響。文藝復興時代達芬奇 (Leonardo da Vinci)名畫背景，乃是中國式的山水，不消說了。專就羅柯柯時代來說，則如賴赫淮恩(Reichwein)書中所載法國風景畫家瓦韜 (Watteau 1684－1721) 實爲第一個受中國畫法影響的一人。(註一九)其名作「遠航」，說者謂其令人一看去，簡直好似中國宋代之風景畫，(註二〇)又曾爲法王繪中國畫於衣櫥。(註二一)此外畫家受中國畫法影響的，還有如拉謨特(La Muette)等好些人。(註二二)而以高升(John Robert Cozen)爲最著名。高升的山水畫實應用了水彩畫法，又能用中國毛筆和墨水來打輪廓，這種技術的應用，影響於其徒克利斯托爾 (Joshua Christall) 利物塞治 (Henry Liverssedge) 所提倡的水彩畫。還有印象派先驅者忒納(Turner)也顯然受中國的影響。(註二三)

(B)中國園林運動

在十七世紀末年，歐洲人對於中國建築還隔膜得很，但到十八世紀初他們就很受中國的影響。如羅柯柯建築中佛塔涼亭的點綴卽係模倣中國，而如德國發肯巴特(Wackenbarth)河上的彼爾尼茲宮(Pillnitz)，更爲歐洲建築模倣中國式屋頂之一實例。此外在德國波茲達姆(Potsdam)附近，以及荷蘭、法國、瑞士各地，均有中國式的建築，尚有如中國鐘樓、石橋、假山乃至門窗及內部裝飾亦均大受中國影響。不過最可注意的，還是十八世紀中葉以後，歐洲所受中國式園林的影響，關於這層賴赫淮恩(Reichwein)另有專章述他，卽「中國與歐洲：十八世紀之智的與藝術的接觸」之第六章「主情時代」。陳受頤也有一篇『十八世紀歐洲之中國園林』(註二四)一文，現在祇簡單述說如下：

中國園林運動，依哈得孫(Hudson)所述，可算羅柯柯運動最後形態之一種特色(註二五)。在一七四七年，歐洲人士纔讀到一篇專講中國園藝的教士通訊，卽巴德尼(Attiret)著的「北京附近的皇室園亭」。在這通訊裏，極力主張中國園林的特點在能以藝術模倣自然，而且園景之變化無窮，更在在悅人心目。他舉圓明園爲例，結論以爲比較起來，中國園林實爲歐洲所大大不及，至少也不在歐洲之下。這封信發表不過十年，便有英國的園藝專家維廉·張伯爾士(William Chambers 1726-1796)，盡力提倡中國園藝。他曾兩遊中國，首次服務於瑞士東印度公司，後再在中國求學。於一七七二年著一篇『東方園林論』(Dissertation on Oriental Gardening)。他這篇文字，一方竭力宣傳中國園林之美，一方極力攻擊過於簡陋的純粹的天然園林。他極力贊美中國園師，以爲中國園師，同時卽是植物學家畫家與哲學家。他並且親自參加改造英國園林的工作，最有名的是他代英太子的孀妃與古斯塔(Augusta)改造述園(Garden at Kew)，(註二六)這可以算做歐洲第一個中國式花園了。這花園，成爲當時的模範園林，法人稱之爲「中英式園林。」其中所設假山瀑布曲徑叢林，均依中國的方法。最令人注意的，爲一座九層寶塔餘如野景的佈置，均在在可見中國影響。自此以後，這「中英式園林」又爲法德荷蘭等國所模倣，在法國便風行一時所謂「中英法式的園林，」建築師如卡牟(Le Camus)，塔蘭革(Belanger)，與古斯丁(Jean Augustin)累那(Renarc)，等均以倣造中國園林來點綴天然的美。在德國則遲至十八世紀末年，中國園林纔有普遍的影響。一七七三年德國始派園師塞開爾(F. L. Sekell)赴英留學，專研究中國園林和建築方法，同年在理論方面卽成功了中國園林的美學——翁則爾(Ludwig Unzer)的「中國園林論」(Über die Chinesischen Gärten)。實施方面最令人注意的，是卡塞爾伯爵(Landgrave of Kassel)在威廉斯赫埃(Wilhelmshöhe)所建築的中國村名叫「木蘭村」(Moulang)，村旁的小溪叫做葫江(Hu-Kiang)村屋的設施計劃，均仿照中國，甚至所用擠牛乳的女子也僱用非洲黑女來頂替中國女子，可算模倣中國到了極端的了。

(C)路易十四時代法國人之中國趣味

上面所述美術的接觸，舉（一）瓷器（二）漆器（三）絲織品（四）風景畫（五）中國園林爲例。現在請再應用後藤末雄所述法國與中國美術的接觸(註二七)及其所引戈爾逖(Cordier)「十八世紀之中國與法國」和斯坦開維赤(Stankevitch)「在路易十四時代法國人之中國趣味」兩書所述，來綜合研究一下十七至十八世紀初年之中法美術的接觸情況。自十六世紀初葡萄牙商人輸入中國藝術品於歐洲以來，法國歷朝君主均愛好中國美術，在宮殿裏面蒐集很多美術品。一六八五年暹羅和法國締結外交條約，暹羅國王與宰相法爾空(Constance Phaulkon)付託法全權大使索蒙(Chaumont)將遠東美術品獻給路易十四及其王族，這些獻品實從暹羅王室之十二寶庫中挑選出來，尤其是中國的美術品，即絲織品、錦繡、瓷器、漆器、繪畫、屏風之類，爲最重要。路易十四對於這些獻品極感滿足，又將一部贈給王族和寵臣，於是王族和寵臣也變爲中國美術之讚美者，而成爲 Chinoisrios 之熱烈的蒐集者了。而且在凡爾賽(Vorsailles)王宮以外各處離宮均有中國美術的陳列室，內中當然應有盡有。依據傳說，路易十四在凡爾賽庭園裏所建設的一座樓臺，即以在華傳教師衞匡國(Le P. Martin Martini)所述中國新圖爲據而倣造一個東京之塔。其後因締結中暹外交條約，法國東印度公司的商船，遂得停泊暹羅，將暹羅市場所有之中國美術品輸入法國。繼之因在華法國傳教師白進(Bouvet)的提倡，在巴黎設立中國貿易公司，此公司在一六九七及一七〇一年派阿姆非特賴提(L'Amphitrite)號商船來華，將中國貨品輸入法國，因此法國的工藝界大起恐慌，政府應人民之請，停止與中國通商，可見影響是很大了。

因爲中國趣味在法國上流社會這般流行，於是法國的工藝美術家覺着有利可圖，遂起而模倣中國美術品，甚至以贋品謀利。尤其一七〇〇年中國美術商人在巴黎所開的商品展覽會，一時貴族富豪，趨之若鶩。更有甚者，就是中國趣味的流行，於法國風俗上亦有影響。自從白進在『中國現狀誌』中介紹中國服裝，加以讚揚，於是皇室貴族之間，亦流行中國的衣服。一六六七年某大祭典中，路易十四化裝爲中國人，使出席參加者，爲之一驚。又一六九九年布爾哥格（Bourgogne）公爵夫人，召當時返法之傳教師李明（Le P. Le Comte），穿着中國服裝參加跳舞會，博得那一夜觀衆之大喝采。次年王弟在凡爾賽宮所開跳舞會以中國式的小餐宴客。又在馬待里（Madried）宮所開假裝跳舞會，餘興有「中國國王」（Roi de la Chine）一劇。又在十八世紀第一次元旦，法國宮庭也舉行中國式之慶祝典禮（註二八）在這樣中國趣味統治了法人嗜好的時候，當然在思想方面也不能不受中國思想的影響了。

第三　思想的接觸時代

我們現在從美術的接觸說到思想的接觸，換言之，卽從十六世紀中歐文化之接觸，說到十八世紀中歐文化之接觸。中歐文化之物質的美術接觸，在於通商，而文化之思想的接觸，則在交通以外，更有賴於傳教和著述。因爲傳教的結果，纔能將西方的科學文化傳入中國，而將中國的哲學文化傳入西方。所以「耶穌會士」之東來傳教，實爲中歐思想接觸最重要的關鍵，而航海事業的發展，當然又爲東來傳教之前提條件。所以依照次序，我們可將中歐思想接觸時代的代表著作，分作三段來講：

（A）初期教士遊客的著作（註二九）

自東印度航路發見和美洲大陸發見以來，歐洲視線集中於遠東與新大陸，各國盛唱殖民政策。因之歐洲學界，研究世界地理的興趣，格外濃厚，對於聖經記載以外的東方各國和新大陸之文物制度，其研究熱，簡直風靡一世。尤其歐洲列强爲開始通商準備，派遣許多幹才，往以上各地從事實際的調查。於是來華之傳教士（以耶穌會士爲主）和世界遊歷家各將其關於中國研究或考察的結果，發表報告。在初期教士遊客的著作中，最有名的有如下各種：

（1）Mendoca（門多卡：）Historia delgram Regno de la China Roma 1585.

（2）Somedo（魯德照：）Imperio de la China Madrid, 1642.

（3）Martini（衞匡國：）Novus Atlas Sinensis, Amsterdam, 1655.

（4）Martini（衞匡國：）Sincae Historia decas prima, Munuch, 1658.

（5）Couplet（柏應理：）Intorcetta etc, Confucius Sinarum philosophus, Paris, 1687.

記載中國事情的法國世界遊客，其主要旅行記可舉者如下：——

（1）Pyrard de Laval（拉發爾：）Voyage, Paris, 1615.

（2）Feynes（腓內斯：）Voyage fait par terre depuis paris jusques à la Chine, Paris, 1636

（3）Thévenot（泰未諾：）Relations de divers voyages curieux, 1663-1672. 4 vol. Paris.

教士們來華後，即暫留考察中國之文物制度，初期遊客則祗在經過印度哥阿(Goa)或中國澳門時，略爲領略外觀，或從當地傳教士聽取中國實情罷了。而且這時傳教士留在北京的，眞是鳳毛麟角，希罕之至。但無論傳教士也罷，旅行家也罷，對於中國文化，均極讚美中國之完備的政治制度。所以說：

「監察官有賞良吏之權，對於官吏的賞罰，是很嚴的，這就是世界中爲什麽中國有最好之統治制度的原因了」(-Mendoca: Historire du Grand Royamne de la Chine. P. 72. Paris, 1588)

「中國為哲人政治，故學者得有行政權和官職。在授與官職的時候，常召集多數學者在公堂上公開討論，而選拔其有最賢明底答案的畀以要職。據記載中國事情的歷史家所說，中國乃為世界上最嚴守政治規則的國民。國王為最有力的主腦，由此主腦使國家的手足活動，中國謂為武斷政治，不如以文治主義之理想稱之。青年就入大學而從事探討他日出仕時所應熟知之國法民情，所以中國大學，乃有舉世無雙的榮譽。」(Feynes: Voyage fait par terre depuis paris jusques à la Chine. pp. 169-171)

（B）耶穌會士的報告書

一六八五年路易十四派遣法國耶穌會士往北京，意在發展法國的東方政策，其另一目的，則在命令耶穌會士考察中國的文物制度，以為法國學術研究之一助。當時宰相科爾培(Collbert 1619-1683)為改訂世界地理的計劃，派遣學士院碩學往歐洲及遠東各國，但在遠東則因排斥外人的緣故，所派學者無法繼續其實地觀測的工作。故此次派遣耶穌會士，傳道以外，更命其研究中國地理，文物制度，工藝美術等。因之而所選派的耶穌會士，皆為第一流人物。加以選派之官方有力者和聖職會長老，均課之以作中國研究報告書的義務。所以耶穌會士之東來，實負有在華傳教與學術研究的兩大使命，他們最初用書信的形式，將考察所得關於中國風土人情，工商狀況，及其他文物制度等研究，刊成報告書或單行本，在巴黎繼續發行，茲舉其重要的書目如下：

（一）李明　中國現狀新誌(Le P. Louis le Comte: Nouveaux mémoires sur l'etat présent de la

Chine, A Paris, 1696. 2 vol. in 12)

此書分二卷，爲關於中國傳道的一種報告，第一種收八封信，第二卷收五封信，在呈路易十四的獻詞中，極力稱讚康熙皇帝，以孔子爲遠東之第一聖賢，在第一卷第七封信，研究關於中國人的言語，國民性，書籍，道德等。第八封信題爲中國人的智能論及科學、藝術、經濟、產物之各方面。第二卷第一封信論中國的政治和政府，第二封信論中國古代及近代的宗教。此書讚美中國政治，認爲古代政治思想中之絕無僅有者，且以中國政治制度，認爲一種民主政治；論宗教時，又以爲在歐洲的蒙昧時代，中國便知有眞神，擁有燦爛的文化。此書風行極廣，不久即重板數次，各國均有譯本，在禮儀問題論爭的時候，因有袒護中國之嫌，竟遭禁止發行，可見其價値了。(註三〇)

(二)白進　中國現狀記(Le P. Bouvet: L'Etat présant de la Chine en figures. A Paris, 1697. 1 vol. in fol.)

此書爲中國文武官吏及貴婦人的服裝繪圖。在呈布爾哥格(Bourgogne)公爵和他夫人的獻詞中，極稱遠東風俗，並推奬漢滿服裝的美趣，勸法國人採用。卷首附錄「中國的政治觀念」(L'ideé du gouvernement de la Chine)對於中國的政治制度，略加介紹。(註三一)

(三)白進　中國皇帝傳(Le P. Bouvet: Histoire de l'Empereur de la Chine. A la Haye, 1699. in—12)

此書呈獻路易十四。著者以康熙近臣的資格，論及康熙的風格爲人，以明東西兩英主，均愛護學術與擁護基督教爲相似之點。康熙在此書中成爲哲人政治的理想君主，由此實例，給歐洲政治以極大的影響。書中人物評之一節說：「總而言之，卽他人格構成了所有偉大英雄的資格，爲從來地上君上之最完全的榜樣。」「這位君主現年四十四歲，卽位三十六年，他的人格和他的帝位再相當也沒有，他之雄大的風姿，調和的體格……不減於他人格的優長。其精神的特點，尤超過肉體。他具有最優美的性質，精神活潑，富於觀察力，記憶力。其識見的高超，意志的堅定，一切他的傾向均適宜於做成高尚而且偉大的帝王。使人民嘆美他的公平正義。至其愛護人民，服從理性，節制情慾，在百忙中仍不忘科學與藝術之熱烈的嗜好，使任何人都爲之驚服不已。」在敍述康熙武功之後，又說及中國以文學擅長爲君主資格之一，康熙能暗誦論語，親從事於經書歷史與辭典的編纂，尤其愛好西洋科學，加以研究，其監督家庭教育，皇族教育，則能以身作則。最後更述及皇帝相信中國古代哲學與基督教是相一致的。（註三二）

（四）耶穌會士書簡集 (Recueil des Lettres edifiantes et Curieuses A. Paris 1703-1776, 34 vol.)

此書從一七〇三年至一七七六年在巴黎繼續出版，原名「滿足信仰與好奇心的書函」，前八冊爲中國傳道會書記及會計哥俾恩 (Le P. Le Gobien) 所編，八卷以下爲竺赫德 (Le P. du Halde) 所編。兩人均未來華，但在耶穌會士書函卷首加入序文與節要。此書報告純用書函的形式，將考察所得中國的政治制度、風俗習慣、歷史地理、哲學、工商情況，均詳加報告。或依據漢籍，或實地考察，因報告者本身均爲優秀學者，態度誠摯，而此一部中國文化之百科全書，又極能滿足歐洲知識界的信仰與好奇心，故影響極大，如服爾德 (Voltaire)，荷爾巴赫 (d'

Holbach）及宗教的反對者，均從此書得到了許多益處，尤其就中教士討論中國孔教的十六封信，給歐洲的影響，幾出乎我們想像以外。(註三三)

（五）竺赫德　中華帝國全誌（Le P. du Halde: Description géographique, historique, chronologique, politique et physique de l' Empire de la Chine et de la Tartarie Chinoise, Paris, 1735.4 vol. in-folio)

此書標題爲「關於中華帝國及滿蒙地理、歷史、年代、政治及體質等的記述」書共四卷，册數極大，蓋由於二十七位教士報告而編成之中國百科全書也。書中插入白進等測成的中國地圖，孔子康熙的肖像，北京觀象臺及其他十餘幅的鋼板畫。次年一七三六年卽行再版，一七三八英譯本以「中國通史」(The general history of China）爲題。第一卷記中國各省地理，並作從夏至淸二十三朝之歷史大事記。第二卷論政治經濟，並詳敍中國的經書和教育，第三卷述宗教道德、醫藥、博物等，第四卷記述滿洲、蒙古，並涉及西藏、朝鮮的研究。因爲此書能將遠東第一文明國的消息，傳到歐洲，故影響極大，一時學者如服爾德（Voltaire），孟德斯鳩（Montesquieu），荷爾巴赫(d' Holbach)魁斯奈(Quesnay)等關於中國問題，均取材於此。(註三四)

（六）北京耶穌會士研究紀要（Mémoires Concernent l'historire les arts, les sciences, les maeurs, les usages etc. par les missionnarres de Pékin. A Paris, 1776-1814. 16 vol. in 4)

此書繼承耶穌會士書簡集而作，惟兩者體裁不同，書簡　爲書札形式，此則全然論文研究的體裁。第一步文中述及此書發行的動機，第一發表在華耶穌會士的學術通信　二發表中國人的中國研究，故在第一卷中即收錄當時留法返國之高類思「中華遠古論」一篇。全書十六卷，發行年月從一七七六至一八一四年，每年或隔年一册，凡耶穌會士研究所得，如關於中國聖賢教義，文字語言，詩歌，中國的風俗習慣，政治制度，中歐的初期交通等論文，均加登載。就中最可貴的，如法國耶穌會士錢德明(Amiot)『中國音樂考，第六卷』同作者『孔子傳，第十二卷。』宋君榮(Gaubil)『大唐史綱第十五，十六卷。』(1791－1814)他如馮秉正(De Mailla)的『中華通史，第十三卷』(1773－1785)雷孝思（Joan Bapt. Régis）易經，書經的拉丁文譯(1770)，亦均有名(註三五)

由上耶穌會士都是一流名僧，尤以得到法國學士會的榮譽者為多。他們留華多年，深通中國語言文字，不但會說，而且會寫；不但會寫，而且更能讀破中國古書。因此在華的傳教士，遂有研究中國文化底特權似的，著譯了許多報告專書，以較初期遊客，走馬看花似的遊記，當然眞確多了。雖然他們報告，也有陷於過分誇張的毛病，然而因此卻引起歐洲一般知識階級的新興趣。如法國耶穌會士的中國研究，不但在法受歡迎，即在歐洲各國亦同樣受歡迎。例如『中華帝國全誌』一七三五年在巴黎出版，次年再版，一七三八至一四年即有英譯，一七四七至四九年德譯，一七七四至七七年俄譯。又如李明的『中國現狀新誌』（一六九六）很快即已七版，同時譯成歐洲各國語文，又如『耶穌會士書簡集』一七〇三年發行以來，即有二種，又一七八〇年以後新版發行，巴黎版以外，又有里昂版。又於一八〇八至一八〇九年發行選集，實際此類關於中國文化的研究書籍，還有很多的。

(C)孔子學說的介紹(註三六)

專就孔子學說之輸入歐洲來說，在耶穌會士書函所見以外，還有許多專書，而且有好些是初期教士的著作，出版很早的。再列舉如下：

（一）郭納爵譯　大學（Ignatius da Costa: Sapeintia Sinica, Kien-Cham Kian－Si, 1662 in－4）

此書一六六二年用木版在江西省建昌府出版，附序言與孔子傳。

（二）殷鐸澤譯　中庸（Le P. Intercetta: Sinarum Scientia Politico－moralis）

此書有一六七二年巴黎本，書末附以法文及拉丁文的孔子傳。

（三）耶穌會士著　中國哲學家孔子（Confucius Sinarum Philosophus, Sive Scientia Sinensis latine exposita, paris. 1686－1687. in－fol.）

此書奉路易十四敕令由傳教士四位用拉丁文譯成，書內容包括大學、中庸、論語及附錄「中國哲學解說」「中國年代記」等。主要譯者爲柏應理（Couplet）頗受郭納爵大學譯本的影響。此書出版以後，歐洲學者始注意中國，尊敬孔子爲天下先師，如賴赫淮恩（Reichwein）所說似的『在這裏十八世紀學界纔將中國，孔子與政治道德三個不同的名詞聯成一起』（註三七）因此而孔子也被人尊爲道德與政治哲學上最博大的學者預言家了。

（四）衞方濟　中華帝國經典（Le P. Français Noël: Sinensis impesi libri classlci sex. Prague. 1711. in 12）

此爲中國四書與孝經，小學之拉丁文譯，可算當時中國經典稍完備的譯本了。序文『關於中國立法者的道德、政治哲學底考察』一篇，又別爲八章，論述中國道德、政治哲學的起源，性質及其實施方法，政府的組織，中國人性格與政治道德的關係，國力與道德的關係，中國人對於和平與幸福的理想，最後述及政權安定和政治道德的關係。此書以譯者自己的理解爲主，參照中國古註，譯文忠實，如來布尼茲（Leibniz）與爾夫（Wolff）關於中國的知識，均受此書影響，惟因讚美中國哲學，曾一度爲羅馬教皇禁止發行。（註三八）

此外如劉應（Le P. Clande Visdelou）對於易經的註釋，雷孝思（Le P. Jean Baptiste Régis）易經之拉丁文本，馬若瑟（Le P. Joseph Henri Prémaro）在易經、中庸、性理、莊子、老子、淮南子中發見基督教的教理。馮秉正（Le P. Joseph-Anne-Marie de Moyriac de Mailla）譯通鑑綱目，以介紹中國的道德觀念；宋君榮（Le P. Antoine Gaubil）書經的法譯。又如北京耶穌會士紀要第一篇無名氏所譯大學中庸，第十二卷錢德明（Le P. Amiot）的孔子傳（註三九）由上種種，可見孔子學說的介紹，完全得力於耶穌會士，所以十八世紀重農學派的創立者魁斯奈（Quesnay）在『中國專制政治論』中，述及其研究材料的困難，以爲「除依據傳教士的回憶錄以外更無其他方法。」此處傳教士卽是耶穌會士。賴赫淮恩（Reichwein）在「中國與歐洲」中，也曾說及「依於這些書籍而最先供給我們以關於中國知識的，就是耶穌會士」；（註四〇）這是一點沒有錯的。不過我們應該注意，卽在那個時候，耶穌會士從其宗教立場來看中國，中國尙爲偶像信徒，中國的哲學文化，他們是不敢公開地去讚美牠的，因爲他們沒有宣揚中國哲學文化的自由和充分權利，他們如果過分宣揚中國哲學，卽無異自己推翻自己的信仰，所以當時學者當其討論孔教即異教哲學的時候，不得不顧及祖國之基督教的精神，和牠嚴厲的檢閱制度，故爲謹愼避嫌起見，即在介紹中國哲學文化書籍中，竟發現幾種是用匿名或無名形式發表的。例如（註四一）

（五）無名氏　中國哲學家論孔子道德教的書札（Lettre sur la morale de Confucius, philosophe des Chinois, paris. 1688.）

（六）無名氏　中國哲學家孔子的道德，（La morale de Confucius, Philosophe des Chinois, Amsterdam, 1688）

（七）M. D. S.　中國的政治道德概論，（Idée générale du gouvernement et de la morale de Chinois Paris, 1729）

雖然這些著作，對於孔子哲學的了解，均極其簡單、曖昧，甚至近於淺薄，然而中國哲學文化的傳入歐洲，卻不能不承認牠的功績。自此以後，孔子思想因耶穌會士的介紹提倡，便喚起歐洲一般知識階級的注意，因而造成了歐洲之所謂『哲學時代』。

* * * *

二　耶穌會（Société des Jesuits）

現在試一述耶穌會與遠東傳教事業，這卽是基督教史上所稱『反改革運動』(Counter Reformation)與一部「十六至十八世紀來到中國門戶的傳教士」的歷史。因爲當時中歐文化接觸，不外傳教，耶穌會士的反改革運動，與我們中國文化接觸，是很有密切的關係。明末數代和淸初來中國宣傳天主教的傳教士，如利瑪竇(Matteo Ricci)湯若望(Adam Schall)等，就是因爲受了反改革運動的感化而立志向國外傳道的。(註四二)

(A)耶穌會小史

(1)耶穌會之成立

耶穌會的成立，是當羅馬教會分裂得很利害的時候，德國新教的運動，早已脫離羅馬教勢力的羈絆。同時雖稱正統教的法國，於一五一六年下『收回令』，卽法國自主教以下，由國王分派，換言之，卽已不能和教皇合作。英國則亨利第八(Henry VIII)於一五三八年宣布與教皇對立，在這樣教會大分裂的時候，羅馬發現了幾個新組織的宗教團體，以從事反改革運動。這反改革運動根本的問題，就是要決定應當和路德派妥協，還是分裂呢？就中有一位宗教天才，如同路德一般著名的洛耀拉(Loyola)，牠創立耶穌會；以新方法改革教會的運動便應時產生了。

(2)耶穌會之發起人洛耀拉(S. Ignatius Loyola)(註四三)

洛耀拉是西班牙國貴族，曾在朝廷供職，極蒙寵眷，後因功名心切，投效軍營，正在二十八歲這一年，他因戰爭折腿，終身成爲跛者。因此告退軍籍，臥病養傷，許久不愈，心甚煩悶，向家人索閱小說消遣，乃家中適無此書，卽將耶穌言行及聖人行實送閱，勉強讀之，初則味同嚼蠟，繼則愈讀愈有味，愛不釋手。久之心境大變，遂決意離家避世，效法耶穌苦行，一俟腿傷痊愈，卽赴司鐸前痛告一生罪過，然後退入山中避靜修行，日以刻苦祈禱為事，卽在這個時候，他開始編成著名的書籍，叫做『靈性的訓練』(Spiritual Exercises)，就用這本書來教授他的門徒。他在巴黎京都，得交各國名士，更得同志九人，內有聖方濟各沙勿略、眞福伯多祿法伯爾(B. Patrus Faber)等，共發三絕之願，卽是絕意、絕財、絕色。一千五百四十年，洛耀拉帶着他的九個門徒，往羅馬覲見教皇，立誓絕對服從教皇的命令：(註四四)

「以護教為心，崇敬為念，苟奉諭旨，地不分遐邇，人不論文蠻，萬里長征，片時無緩，此心此志，睿鑒及之。」

「小會是教皇指臂，聖會營兵，不論文蠻，不分遐邇，東西南北，悉聽指揮。」

洛耀拉因此被封為耶穌會的創立人，成為反改革運動中之聖教干城了。

(3)耶穌會東來傳教的背景

自英德各國脫離羅馬教以來，歐洲舊教的勢力因而大減，便不得不謀向外發展，而號稱純粹盡忠於教皇及教會的耶穌會士，當然就是那時羅馬教的一個向外發展的大本營，靠了牠們的不斷的宣傳和努力，羅馬教皇確竹阻止了不少新教的蔓延，和爭得天主教傳教士的新出路。

耶穌會士東來傳教的背景，可從兩方面來觀察：從內面的原因，卽宗教本身上觀察，已如上述，是因羅馬教會勢力之分裂，不得不自謀向外發展。耶穌會的成立，其宗旨本在繼承十字軍的精神，當成立時，他們的志願卽在出外傳教，所謂「地不論遐邇，人不論文蠻，萬里長征，片時無緩。」所以在一五三四年四月一日，洛耀拉和他門徒在蒙馬而特聖堂裏發願的時候，卽欲參謁耶路撒冷聖地，可惜經過五年以後去聖地的道路不通，所以他們的會友又請求教會打發他們到印度或是別的適宜的地方去傳教。（註四五）第二從外面的原因，卽經濟交通上觀察，這時航海事業的發達，已使東來傳教一事得到光明的前途。樊國樑燕京開教略中篇（頁二）曾述及此：「明孝宗弘治年間，聖教會第十五世之末，有葡萄牙國與荷蘭國人，欲訪瑪爾谷保祿（馬哥波羅）所言之中國，遶阿洲之喜望峯，航海東來，泊於海濱，是元朝之滅，陸路既塞於西北，而明朝之興，海路復通於東南，由西洋而至中國，百倍易於前代矣。故傳教之士，附搭商船，來華傳教者，淵淵而至。」

（B）耶穌會士東漸始末

天主教傳行中國的歷史，從沙勿略來華以至法國遣使會接理中國教務爲止，可分做三大時期。（註四六）第一個時期是一五一四年至一五八一年，是傳教失敗的時期，這時傳教士的命運緊緊與先後來至中國海面的葡萄牙人及西班牙人的命運相聯繫，福音宣傳者寸步不能越過廣州，情形十分灰暗。第二個時期是一五八一年至一七二三年，傳教勝利的時期，因爲一小組意大利教士盡力與葡商脫離關係，後能進入中國的內地，他們的會所有時得到官廳的寵遇，有時激起民衆的公憤，其間雖曾發生了很嚴重的「禮儀問題」，但卻可看出中國天主教特異之處（註四七）。第三個時期爲一七二三年（雍正元年）至一七八五年，傳教衰落的時期，耶穌會在中國傳教屢遭壓迫，一七七三年教皇格勒門第十四下令解散，至一七八五年由法國遣使會接理在華耶穌會傳教事業為止。第一個時期以沙勿略、范禮安、羅明堅為代表；第二個時期以利瑪竇、湯若望、南懷仁，及法國傳教士張誠、白進等為代表；第三個時期以郎世寗、蔣友仁為代表，試略述之如下：

（1）沙勿略（Francis Xavier）（註四八）

方濟各沙勿略，納襪辣國（Navarre）人，為耶穌會發起人之一，一五三一年奉派往東傳教，一五四二年到印度後，不久即往日本傳教，一五五二年再來日本，在日本時得見許多聰明的中國人，又聞中國土地之廣，人民之多，均超過日本，因更計劃向中國傳教。彼時日本人的心理，以中國為上邦，一切模倣中國，沙勿略知道要使日本全國信從，非先傳教中國不可。遂於這一年十一月搭葡萄牙商船前來中國，船行十幾天到上川島（註四九）。這時中國海禁最嚴，外方人非朝聘不能入境，入必置之死地，沙勿略雖至上川，不能入中國內地，囊空如洗，賴葡商接濟，僅足食用，登岸後寄居葡人的茅屋中，在島兩三個月，費盡心計，沒法找得入中國的機會，於一五五二年十二月染病逝世。他這種傳教的熱心，不但激動了同會的耶穌會士，即其他各會的教士們也聞風興起，用種種方法，想在中國傳教。

（2）范禮安（Alexandre Valignari）與羅明堅（Michael Ruggieri）

沙勿略去世後，耶穌會士對於中國傳教的工作，仍不斷努力，但因這些傳教士無一人能說或能寫中國話及中國字，對於中國情形當然不能有具體的認識。還有一種陰險的計謀，在這些傳教士中，竟有主張利用兵力來迫令中國允許教士在國內傳教的，如利培拉（P. Ribera）即是好例。他們簡直把傳教工作看作是一種征服屬地

的工作，結果當然非大失敗不可。（註五〇）

然而即在這個時候即一五七四年有范禮安東來傳教，這時葡人已佔香山澳（澳門，）他即利用這新局面，於一五七五年開教士大會，議決要案，其原則即對於入中國傳教，須絕對避免以前錯誤的方法，傳教士第一要學華語，第二要順國俗，如穿中國衣服食唐餐之類，這麼一來耶穌會士便有和中國文化接觸的機會了。

羅明堅繼范禮安之後在中國傳教十年，他溫和、慈祥、堅忍，不但學會了中國語言文字，逢人講勸；又著書發明教理，書名「天主實錄，」流傳很廣。這時葡商新得中國地方官允准，每年在春秋二季，至廣州城下貿易，羅明堅即乘此機會，一年兩次至廣州，因得與廣東的官吏接近，給天主教開闢一條出路。他上書總督，願為中國皇帝的子民，並改著僧衆服裝，結果交涉得在廣東首府肇慶的居留權，而最值得紀念的，就是一五八三年他把智慧的利瑪竇領入中國。（註五一）

（3）利瑪竇（Matteo Ricci）

利瑪竇字西泰，意大利人，十九歲時（一五七一）在羅馬入耶穌會，修業中，送往印度。一五七八年在哥阿（Goa）四年後派來中國，先到澳門，一五八三年由廣東移住肇慶府，穿和尚服，學華人語言文字，後改穿儒服，因欲深入內地傳教，乃於一五八九年移居韶州，一五九〇年初次到南京，又折回江西南昌，同年便在南昌創辦一座教堂。第一次到北京是一五九八年，卻也不能久住，折回南京。一六〇〇年第二次北上，帶了好些進貢物品，同龐迪我等八人，以禮部文引詣京師，謁見皇帝，因所貢的自鳴鐘，地輿圖，與西琴等物，皆中國所無，大加稱賞，着待利瑪竇以上賓之禮，留居京師，一六一〇年五月，病卒京寓。其生平事蹟詳見艾儒略所作『泰西利先生行蹟』蕭若瑟『天主教傳行中國考』（卷三頁(108－149)樊國樑燕京開教略（中篇頁5－14）及中村久次郎利瑪竇傳等書。（註五二）

利瑪竇是一個極有學問的耶穌會士，當在羅馬修道時，神學之外，講求各種科學，兼及天文地理曆算幾何之學。他原是羅馬有名的曆算家克拉維阿斯(Clavius 1537－1612)的高足，他稱之爲丁先生。丁先生在一五八二年曾協助教皇格奇利第十三世治曆，著書甚多，由明末天主教士帶來的，至今尚藏於北平北堂圖書館。（註五三）加以利氏來中國後，對於中國文學亦下過一番功夫，造詣很深，四書五經，都能熟讀，古儒今儒乃至釋道的學說，均能融會貫通，又善引據中國經典來證明天主教的道理。尤其給他傳教以莫大便利的，是中國前所未見的報時自鳴鐘，日晷，帶有中國字的世界全圖之類。這一方面指示中國人以中西文化的區別，一方面又現示了他們是精於製造鐘錶及繪製地圖的科學家。他爲適合中國人的脾味，在新地圖裏，把中國放在正中，說製器觀象考驗日晷均與中國古法吻合，這當然動聽得很，使他容易和中國士大夫階級接近。一時學者，均願和他結交，有的因好事而來，有的因學習算學格物而來，利瑪竇口講指畫，祇要有機會，便參以天主教的教義，以引人入教。四五年後新奉教的即有二百餘人，其中做大官而領洗者，有李之藻、徐光啓、瞿汝夔等（李之藻洗名「良」，徐光啓名「保祿」，瞿汝夔洗名「依納爵」）他若王應麟、葉向高、祝世祿諸人，皆一時衆望所歸，而與西士往來，這可以算得耶穌會士東來傳教之一大成功了。

（4）湯若望(Johann Adam Schall von Bell)

耶穌會士在利瑪竇之後最負盛名者六人。（1）羅雅各(Giacomo Rho)意大利人。（2）龐迪我(Didacus de Pantoja)西班牙人。（3）龍華民(Nicholaus Longobardi)意大利人。（4）鄧玉函(Joannes Terrsnz)瑞士人。（5）熊三拔(Sabbathinus de Ursis)意大利人，尤其是（6）湯若望德意志人精通天文，再後就是比利時人南懷仁的時代了。湯若望和南懷仁在明崇禎(1628—1643)清順治(1644—1661)康熙(1662—1722)時曾被任爲欽天監監正，爲歷朝所倚重，詳見黃伯祿所編『正教奉褒』此不具述。要之除了在教難時期少有間斷外，直到一八三七年止，這欽天監監正一職都是由耶穌會士擔任的。

湯若望於一六二二年來華，崇禎三年欽召入京，與羅雅各供職修曆局，製造儀器，推演算術，翻譯西書，五年進曆書三十卷，七年又進六十一卷，並製成日晷星晷及望遠鏡各儀器。八年呈七政行度曆，九年與李天經推定南北兩京恆星出沒及測得北京北極高度，並主輯崇禎新法算書共一百卷。十三年奉命督造戰砲有功。十五年再鑄洋砲，論命將造法傳授「兵杖局」並監製「無間大將軍」五百位，授焦勗譯火攻揭要，詳述各種火器的製造法，及其運用安置。命隨李建泰勦賊，因從建泰降清。入清後乃大得順治寵用，專管欽天監印信，並不時駕幸湯氏寓所，稱之爲『瑪法』(Mafa)，即滿洲語『親愛的神父。』順治十年賜號『通微教師，』十四年賜御書堂額『通微佳境』並製天主堂碑記。這時欽天監員七十餘缺，均准湯若望自行選薦，因此嫉忌者多，順治死後，朝臣羅織若望的罪狀，幾至於死，這就是清史上有名的回回曆士楊光先與耶穌會士之爭。回回治曆三百餘年，因爲差誤百出，奪去官職，乃誣陷湯若望與各省西洋教士私傳邪教，陰謀不軌，湯若望已經議決淩遲處死了，忽因北京地震，朝內宮殿大火，乃蒙赦免，祇罪從事者李祖白等五人。次年若望病死，然擬死之案仍未撤消，直至數年後，康熙追封，復其原官乃止。（註五四）

（5）南懷仁(P. Ferdinandus Verbiest)

南懷仁於一六五九年（順治十六年）與柏應理(P. Couplet)殷鐸澤(P. Intorcetta)陸安德(Lobelli)等同來中國，初傳教陝西十七年，欽召入京，參與纂修曆法事。湯若望死後，卽接理教務。這時楊光先復掌欽天監，南氏特上疏辨明楊光先妄控天主教爲邪教之非，並在御前面質其曆法的錯誤。於是朝廷復用西法曆法，以南懷仁爲監副，康熙十三年，援湯若望例，升爲監正。並奉旨監造觀象儀器，以紅銅製成列宿經緯球、交食儀、轉盤儀、象限儀、紀限儀、渾天儀共六種。又因吳三桂叛亂，諭命督製西洋大礮，試驗有效。十九年又成神武礮大小三百二十具，着於蘆溝橋試放，大加獎慰。二十一年四月進職右侍郎，八月隨駕盛京，攜帶天文儀器，測得其地高度，製盛京推算表。當時天主教傳行中國，立足未穩，朝野上下，嫉忌的人很多，以有南懷仁在朝供職，遂致無隙可乘，所以修曆製礮，雖不是耶穌會士的東來本意，而因此卻給天主教以有力的保障，這是很可注意的一點。（註五五）

（6）張誠(Joan. Franciscus Gerbillon)與白進(Joachim Bouvet)

一六八八年南懷仁卒於北京，卽在這個時候，有幾位有學問的法國耶穌會士來代替了他的職務。這時法王路易十四很想伸展他的勢力，以對抗葡國，並爲振興法蘭西的中國研究，與助長國內的繁榮起見，特從法國耶穌會士之中選出第一流的教士派來中國，於是在一六八八年（康熙二十七年）二月便有正式派遣的五名耶穌會士攜帶觀測天文的儀器來到北京，此五教士姓名如下：

(1)李明(Le Comte)

(2)洪若瀚(Fontaney)

(3)白進

(4)張誠

(5)劉應(Visdelou)

燕京開教略述此云（註五六）「南懷仁於未卒前，曾經奏明五人履歷，故皆得入內地，並無阻擾，五人未至北京時南懷仁已卒，抵京後未得與南懷仁把晤，深以為慊。時以皇上甚好西學，故命帶領五人引見，奉旨留張誠與白進在京效用，餘遣往各省傳教，張白二人，即於京邸學習滿漢文字，頗稱博洽。」康熙早年曾從湯若望南懷仁研究算學，於是即從此二教士繼續研究，為便利起見，先使學習滿洲語，以便進講，兩教士本擬乘機傳教，故亦盡力侍講，乘間談及福音。他們先將歐几里特(Euclid)及阿基米特斯(Archimedes)的初等幾何學與應用幾何學譯成滿文，每日進講時間，自朝至暮，孜孜不已。康熙因醉心西學，故從兩教士處得到許多學問——測量學、靜力學、天文學、數學、醫學、解剖學，並在宮中設立實驗室以研究化學、藥學。一六九三年（三十一年）有一次正在研究解剖學的時候，康熙忽患瘧疾，張誠白進以所帶金雞納霜進呈，使皇帝健康恢復，讚嘆不已，因之對於傳教士也更懷好感，同時對於基督教的研究也漸感到趣味，以爲基督教和儒教大致相同，不過他所熱心研究的還不過西洋的科學文化罷了。一六九七年（康熙三十六年）白進奉派回國招聘博學的教士來華，一六九九年（康熙三十八年）三月白進同耶穌會士十人再來中國，其中以科學文化貢獻中國而功績最多者，有如下三人：

（1）馬若瑟（Le P. Prémare）

（2）雷孝思（Le P. Régis）

（3）巴多明（Le P. Parennin）

巴多明留宮中約十餘年，以滿文譯成西洋名著多種，對於解剖學的學問貢獻最大。雷孝思則參與編製中國各省之實際測量與中國全圖草稿的編製，他們對於科學文化的貢獻，很受清帝歡迎，他們科學的成功同時也使他們的中國傳教佔到有利的地位。（註五六）

（7）郎世寧（Joseph Castiglione）與蔣友仁（Michel Benoit）

一七二三年（雍正元年）至一七七三年可算耶穌會傳教的衰落時期，雍正對於天主教徒壓迫得很利害，各省天主教堂，一時俱拆毀盡淨，天主堂的房屋院落，或改爲倉庫，或改爲書院，一所不留。這時親王蘇努爲清太祖努爾哈齊的四世孫，全家上下人等，皆爲耶穌會信徒，因庇護天主教（還有其他原因）遂致全邸被抄，其子孫十五歲以上，俱遭處斬（註五七），在這樣嚴酷的壓迫之下，天主教當然沒有發展的餘地了。但到乾隆時代，又稍寬容一點，雖不許人民信教，卻任用耶穌會士治曆，當時朝士有郎世寧，係意大利人，以善繪畫，特加信任。「郎世寧生於一六九八年，供在內廷，彩飾宮殿，甚愜上意，惟令棄其西藝，而習中國意趣。郎世寧繪成名人寫眞多幅，餘外所畫之山水人物，不一而足。其箑扇畫軸等物，凡畫有郎世寧之名者，動輒千金，至今猶然。耶穌會士以皇上信任郎世寧，特藉其便，呈遞奏疏，皇上覽奏，雖未收回禁止聖教之命，然既准傳教士奏事，則猶有戀聖教之意。』(註五八)同時又有耶穌會士蔣友仁，係法國人，乾隆令其於圓明園創修噴水池，以備遊幸，又命在朝傳教士，將大清一統地圖及疆域沿革圖加工繪成圖冊，使蔣友仁鐫爲銅版，共一百零四片，每片印刷百張，裝潢成套，凡此可見耶穌會士此時還是埋頭苦幹，爲朝廷盡力，以求博得傳教的機會的來臨！

然而自利瑪竇——湯若望——南懷仁——張誠白進——郎世寧蔣友仁這些在朝耶穌會士們，雖則有成功的現象，卻沒有做到事實上的成功。湯若望希望順治奉教，——日密奏其事，多方苦勸，上曰瑪法，子之所爲，令朕不解，子爲修士，而卻不欲朕爲修薦之事，朕若強子從朕，子能從乎？則朕之心亦猶子也。……湯若望付之無可如何而已。』(註五九)康熙雖看重教士，卻始終以爲『天主教徒不明中國禮典之意，只可行於夷狄之邦，故當嚴禁。』(註六〇)雍正禁止傳教，教皇曾派教士二名往賀登極之喜，他對教士說『天下各教，皆以勸善爲本，然教之至善未有善於儒者。』(註六一)這樣就可見淸初各帝對於耶穌會士的教義是抱怎樣的態度了。然而耶穌會士在傳教方面雖不成功，甚至於因禮儀問題，於一七七三年爲教皇格勒門第十四所解散，然而他們在中國卻輸入了歐洲的科學方法，因爲耶穌會派本爲歐洲各宗教中最有學識的人，其來中國傳教的，從他人格上學識上看，均爲第一等人物，他們對於歐洲的新興科學，從天文曆數以至物理化學，均具專門的知識，尤其是法國派遣的耶穌會士，和法國新成立的科學院（Académie des Sciences）有關，所以在耶穌會傳教的全期中，除第一時期無學術上的影響以外，在第二時期最初利用歐洲優秀的曆算學知識預言日食，參與曆法的製定，先從學問方面得到明末清初諸帝的信任，然後再進而從事宗教的宣傳，在第三時期，所以繪畫、建築與繪圖術擅長，因此結果遂造成了西洋科學文化之輸入時代，而宗教的文化，反隱蔽起來，不能有很大的影響了。

* * * * *

三　西學東漸之初期

耶穌會士的最大希望，在以宗教的文化傳入中國，結果卻傳入了西洋底『科學文化』。中國一時朝野的士大夫，和他們殷勤結納，甚至於信奉受洗，最初也是為的要吸收其『科學文化』。稻葉君山『清朝全史』論明末的天主教徒所以信教，是感於西人卓越科學思想，非絕對信仰他們的宗教。梁啓超的『近三百年學術史』也說徐光啓輩因要研究西洋的科學纔奉教。近人惟陳受頤氏獨持異議，（註六二）謂徐光啓李之藻之奉教，並不因研究科學而奉教，實則陳氏所舉實例，如云『「陝西王徵，他的父親是一位科學家，能自製木牛以便運輸，他更勝過他的父親，能在屋的四週開不少小眼，遇婚喪大事，他在大廳中一說話，各屋的人都能聽到，這不就是無線電的發明家麼？他在家聞道奉教，也決不是因為科學纔奉教的。」為什麼一個科學家不會因尊重西洋科學而奉教，這是不能自圓其說的。實際則明末清初的中國信徒，在下流階級奉教的，多半為受環境壓迫。」晏文輝疏所謂『假周濟爲招來入其教者，卽與以銀。』（註六三）聖朝破邪集中有不少攻擊耶穌會士以金錢收買人心的話，決不是無的放矢。大概明末清初正在民窮財盡的時候，故一般貧民易爲所動。但是上流的士大夫階級則確爲其曆法算學等科學的文化所動，楊光先「不得已」所謂『自利瑪竇入中國以來，其徒黨皆藉曆法，以陰行其天主之教於中國』這也是事實。然而因此而西學輸入中國，卻不能不算耶穌會士之一大貢獻了。

耶穌會士用漢文著譯不少的科學書，茲舉其重要者如下——（註六四）

（1）天文學

利瑪竇

乾坤體義三卷萬曆三十三年北京刻本收入四庫。

經天該藝海珠塵竹集及傳經堂叢書本。

渾蓋通憲圖說二卷萬曆三十五年北京刻本守山閣叢書本用李之藻名。

湯若望

崇禎曆書北平故宮博物院圖書館藏明崇禎刊本一百〇三卷附八線表不全順治年修此書改名新法曆書一百卷收入四庫國立北平圖書館藏。

渾天儀說五卷巴黎國立圖書館藏。

古今交食考一卷一六三三年北京刻本。

西洋測日曆一卷

星圖

交食曆指七卷

交食表八卷

測天約說二卷

曆法西傳一卷

新法曆引一卷

（兩書乃崇禎曆書提要，見圖書集成曆象彙編曆法典卷七七——七八。）

學曆小辯一卷

恆星表五卷

恆星曆指四卷

恆星出沒二卷

新曆曉惑一卷（昭代叢書庚集第十册。）

新法表異二卷（昭代叢書壬集第十五册。）

南懷仁

民曆補注解惑一卷（南懷仁北京刻本。）

測驗紀略一卷

儀象志十四卷

儀象圖二卷

康熙永年曆法三十二卷日本宮內省藏。

驗氣說

赤道南北星圖

簡平規總星圖

曆法不得已辯一卷巴黎國立圖書館藏。

妄占辯粵東大原堂重梓本巴黎國立圖書館藏。

妄擇辯巴黎國立圖書館藏。

妄推吉凶辯巴黎國立圖書館藏。

熙朝定案三卷巴黎國立圖書館藏。

鄧玉函（Joannes Terrens）

測天約說二卷在崇禎四年第一次進呈崇禎曆書之內。

黃赤距度表一卷

正球升度表

渾蓋通憲圖說三卷 李之藻北京刻本。

熊三拔(Sabbathinus de Ursis)

表度說一卷 天學初函本。

簡平儀說一卷 一六一一年北京刻本指海來又守山閣叢書五七。

陽瑪諾(Emmanuel Diaz)

天問略一卷 一六一五年北京刻本又藝海珠塵及天學初函本。

羅雅各(Jacobus Rho)

月離表四卷

月離曆指四卷

日躔表二卷

日躔曆指一卷

日躔考晝夜刻分

五緯表十一卷

五緯曆指九卷 以上收入崇禎曆書。

利類思(Ludovicus Buglio)

西曆年月 一卷

(2)數學

(a)幾何學

利瑪竇

幾何原本六卷 希臘歐几里得(Euclid)著，此譯爲克拉維阿斯(Clavius)所編前六卷之譯文，一六〇五年北京刻本又海山仙館叢書。天學初函，指海及叢書集成初編本，後五卷咸豐七年由偉烈亞力與李善蘭合譯，距前六卷已二百五十年。

圜容較義一卷 利瑪竇口譯李之藻演一六一四年北京刻本又海山仙館叢書天學初函守山閣叢書及叢書集成初編本。

測量法義 收入海山仙館叢書用徐光啓名又天學初函指海叢書集成初編本。

羅雅各

測量全義十卷 在崇禎四年第二次進呈崇禎曆書之內。

艾儒略(Julius Aleni)

幾何要法四卷 一六三一刻本。

白進張誠

幾何原本 在數理精蘊中爲巴累提斯(Paredies)實用幾何學之譯本與利瑪竇所譯書不同。

(b)三角

利瑪竇
勾股義收入海山仙館叢書天學初函指海中用徐光啓名。
鄧玉函
大測二卷在崇禎四年第一次進呈崇禎曆書之內。
湯若望
共譯各圖八線表六卷巴黎國立圖書館藏。

(c)算術

利瑪竇
同文算指前編二卷通編八卷別編一卷與李之藻共譯前編通編一六一四年北京刻本故宮博物院圖書館及浙江圖書館藏明刻本海山仙館叢書天學初函叢書集成初編本，別編一卷有鈔本巴黎國立圖書館藏。
湯若望
籌算指一卷在西洋新法曆書中。
羅雅各
籌算一卷在西洋新法曆書中。
比例規解一卷

（3）地理學

利瑪竇

山海輿地全圖 明萬曆方輿勝紀本。

坤輿萬國全圖 禹貢學會珂羅板精印本分十八張。

龐迪我(Didacus de Pantoja)

海外輿圖全說二卷 職方外紀有序據云其圖未刻然京中有傳寫者澹生堂書目有此書。

艾儒略

職方外紀六卷 一六二三年杭州刻本又守山閣叢書第三十九及天學初函墨海金壺邊防輿地叢書各本。

利類思

西方要紀 昭代叢書，學海類編本。

南懷仁

坤輿全圖 上海徐家匯藏書樓南滿鐵路會社大連圖書館東洋文庫均藏此圖，近有天津工商學院翻刻本。

坤輿圖說二卷 一名「坤輿圖誌」指海及泰東書局影印本

坤輿外紀譯史紀餘各一卷 說鈴第八册龍威祕書卷五二，六八，六九。

西方紀要一卷 昭代叢書甲集第三册。

蔣友仁(Michel Benoit)

增補坤輿全圖

地球圖說一卷 文選樓叢書本。

白進(Joachin Bouvet)，杜德美(Petrus Jartroud)，雷孝思(Joan Bopt. Régis)等

康熙皇輿全覽圖 原圖一部曾刊入杜赫德(Du Halde)所編「中華帝國全誌」第一卷內。

乾隆內府銅板地圖

(4)物理學

(a)地震學

龍華民(Nicolaus Longobardi)

地震解一卷 一六二四年及一六七九年北京刻本。

(b)光學

湯若望

遠鏡說 藝海珠塵第五十七册又海山仙館叢書本。

南懷仁

光向異驗理推

(c)水學

熊三拔

泰西水法六卷 一六一二年北京刻本一六四〇年合刊於徐光啓之農政全書中。

(d)力學

鄧玉函

奇器圖說三卷 鄧玉函口授王徵譯繪明天啓七年本，又同年刊遠西奇器圖說錄最六册守山閣叢書第六六，六七。

(e)礮術

湯若望

火攻挈要三卷 湯若望授焦勗述一名則克錄海山仙館叢書本。

南懷仁

神威圖說

(5)氣象學

高一志(P. Alphonse Vagnoni)即王豐肅

空際格致二卷

(6)生理學

鄧玉函

人身說概二卷 舊鈔本題泰西人身說概。

羅雅各

人身圖說二卷

南懷仁

目司圖說

(7)語文學

利瑪竇

西字奇跡 一六〇五年北京刻本又程氏墨苑寳顏堂祕笈及說郛本。

金尼閣(Nicholaus Trigault)

西儒耳目資三卷 明天啓六年關中涇陽張問達原刻本上海東方圖書館藏日本東洋文庫又倫敦王家圖書館羅馬教皇圖書館，巴黎圖書館有殘本現有國立北平圖書館翻刻本。

魯德照(P. Alvare de Semedo)

字考

柏應理(P. Philippo Couplet)

文字考

恩理格(Christianus Herdtricht)

文字考

(8)哲學

(a)哲學概論

艾儒略

西學凡一六三一年杭州刻本收入天學初函。

(b)論理學

傅汎際(P. François Furtado)

名理探十卷與李之藻共譯亞里士多德論理學有一六三一年杭州刻本，一九三一年土山灣重刻本又輔仁大學影印陳垣藏鈔本。

南懷仁

理辨之引啓

(C)形而上學

傅汎際

寰有詮六卷與李之藻共譯亞里士多德宇宙學有明刊本。

南懷仁

進品窮理學

畢方濟（Franciscus Sambiaso）

靈言蠡勺 一六二四年上海或嘉定刻本天學初函本又一九二一年北京公記印書館重印本。

斐錄彙答 見四庫提要卷一二五今佚。

就中哲學一類，如艾儒略『西學凡』所說卽是斐祿所費亞（Philosophia），其中復分爲（1）Logica 落日伽（論理學）（2）Physica 費西伽（物理學）（3）Metaphysica 默達費西加（形而上學）（4）Mathematica 瑪得瑪第加（數學）（5）Ethica 厄第加（倫理學）可見這裏所謂哲學還是包括科學在內，而這十六十七世紀時代的科學也就不過是『哲學的科學』罷了。還有藝術方面可舉者如利瑪竇的西琴八曲，徐日昇（Thomas Pereira）的律呂正義後編，這是屬於音樂的，程氏墨苑中所刻利瑪竇帶來的天主母像，和郎世寧（Joseph Castiglione）的書幀專集（註六五）這是屬於繪畫的。然而歐洲的藝術，當然不能以有宗教意味的天主母像爲代表，而可稱爲藝術的，如徐日昇的樂律，郎世寧的書法，又不能不稱之爲『科學的藝術文化』所以歸結起來，如上所列，可見這時西來耶穌會士對於歐洲之科學的文化，已經就當時所有，儘量地介紹過來。如天文學、數學、地理學、物理學、氣象學、生理學、語文學、哲學，無不應有盡有，其影響於中國文化，是不消說的了。由此我們便得到一個結論，就是明末清初之中西文化接觸，在中國所得的，不是耶穌會之『宗教文化』而爲耶穌會士所帶來作爲宗教幌子的『科學文化』。同樣十八世紀中國文化對於歐洲所發生的影響，也不是耶穌會士所拿來附會教義的所謂『天學，』而實為他們所夾帶過去而認為有害的『理學，』這即是中國本位之『哲學的文化；』由此『哲學的文化，』纔造成歐洲文化史上的『哲學時代』

* * * * *

（註一）H. A. Giles : China and the Chinese. p. 120－136. 此據薛澄清譯見廈 校刊第二期。

（註二）向達譯 B. Laufer : Sino－Iranica.
書中「葡萄考」一篇載十八年自然界。

（註三）參看張星烺中西交通史料匯篇第一册頁四，姚寶猷：中國絲絹西傳考見史學專刊第二卷第一期。

（註四）張星烺：中西交通史料匯篇第四册頁 42－53.

（註五）同上頁 156－185.

（註六）同上第三册頁 101－111.

（註七）蔣萊曼東遊記劉半儂等譯，頁 32－33.36.

（註八）史地周刊第七十九期見大公報民國二十五年四月三日。

（註九） Saint-Simon 分人類歷史為十二個時期第十期以阿剌伯即薩拉森人(Saracens)，為代表，認為在 Socrates 後為科學進步之貢獻者。Comte 說見實證哲學下册社會科學之部

（註一〇）頁一〇八。

（註一一）G. F. Hudson : Europe and China, A Survey of their relation from the earliest times to 1800. Chap. IX. p. 271.

（註一二）A. Reichwein : China und Europa Geistige und Künstlerische beziehungen in 18. Jahrhundert. S. 29

-82, 121-136. China and Europe, Intellectual and Artistic Contacts in the eighteenh century. (Tr. by J. C. Powell) p.25-72. Hudson: Europe and China. Chap IX. p. 270-290 何炳松：中國文化西傳考見中國新論第一卷第三期，對 Reichwein 所述略爲介紹朱傑勤譯：羅柯柯作風，見現代史學第三卷第一期。

（註一三）Reichwein: China and Europe. p. 25-26 "It was not so much the written word which gave the Rococo its conception of China. Sublimated in the delicate tints of fragile porcelain in the vaporous hues of Shimmering Chinese silks, these reveald itself to the minds of that gracious eighteeth-century society in Europe a vision of happy living such as their own optimism had already dreamed of."

（註一四）同上頁 29 "porcelain was regarded as a gift from the Chinese world, and it was only natural that the Chinese manner of painting should be taken as a model."

（註一五）同上頁 24-57.

（註一六）Jacob: 論東方對於西方文化的影響，見史地周刊第七十九期。

（註一七）Hudson: Europe and China. p. 284.

（註一八）同上頁 284, 姚寶猷：中國絲絹西傳考頁 42-43.

（註一九）Reichwein: China and Europe p. 47.

（註二〇）同上，又 Hudson: Europe and China p. 285-287" Anyone who has studied closely Chinese landscapes of the Sung period is immediately struck by their affinity with the landscape background which Watteau has painted here. He was unable to make it unite with the human actors in the scene. His blue distant landscape maintains a separate life of its own. The fantastic form of his mountains he had never seen with his own eyes; the Flemings had not shown them to him; but they closely resemble the Chinese forms.

The darker tone of the contours is Chinese, and so is the curious manner of indicating clouds. The use of monochrome colouring for background landscapes, such as Watteau loves, is one of the most prominent characterstics of Chinese landscape painting,……the men of that age were enraptured by the atmosphere, and by the unusual, somewhat bizarre forms of the Chinese paintings. They found again in them the delicate tones which they had first met and loved in the porcelain, the brilliance which had charmed them in the silks of China."

（註二一）Cordier : La Chine en France au 18 esiecle, pp.30–31.

（註二二）Reichwein : China and Europe p. 50.

（註二三）同上又 Hudson : Europe and China. 頁287–289. L. W. Hackney : Guide-posts to Chinese painting. 朱傑勤譯西洋美術所受中國之影響，見現代史學第三卷第一期。

（註二四）見嶺南學報第二卷第一期頁 35–76.

（註二五）Hudson : Europe and China. p. 284.

（註二六）Reichwein 以爲是 Duke of Kent 的產業，Cordier 以爲佐治第三的產業，此據陳受頤說，爲英太子的婦妃 Augusta 的產業。

（註二七）後藤末雄ヴォルテールの悲劇「支那孤兒」の研究，第一節「佛國と支那との接觸」見佛蘭西精神史の一側面。

（註二八）Reichwein : China and Europe. p. 22 "that the first New Year's Day of the century was celebrated at the French court with Chinese festivities."

（註二九）參照後藤末雄西洋人の觀たる支那，岩波講座東洋思潮之一，又支那思想のフランス西漸頁 25–26 支那と歐羅巴との接觸。

（註三〇）五來欣造儒教の獨逸政治思想に及ぼせる影響第二編第三章頁 261–275. 後藤末雄支那思想のフランス西漸第二編頁

170－172

（註三一）後藤末雄：支那思想のフランス西漸頁 172－175.

（註三二）五來欣造：儒教の獨逸政治思想に及ぼせる影響第二編第三章頁 265－266 後藤末雄：同上。

（註三三）後藤末雄：同書頁 195－197 五來欣造：同書頁 267－268.

（註三四）後藤末雄：同書頁 197－199. 五來欣造：同書頁 266－267.

（註三五）後藤末雄：支那思想のフランス西漸頁 200－202.

（註三六）後藤末雄：同書頁 214－219. 五來欣造：同書頁 262－264.

（註三七）Reichwein : China and Europe. p. 20 'Here we have, Struck together for the first time, the three notel which in the learned world of the eighteeth century were hoard apart : China－Confucius－politicas morality."

（註三八）後藤末雄：支那思想のフランス西漸頁 217－218, 五來欣造：儒教の獨逸政治思想に及ぼせる影響頁 266－267.

（註三九）後藤末雄：同書頁 175－195 218－219

（註四〇）Reichwein : China and Europe. p. 18－22

（註四一）後藤末雄：西洋人の觀たる支那，岩波講座東洋思潮之一。

（註四二）賈立言：基督教史綱第十六章第二節頁二六五。

（註四三）蕭若瑟：聖教史略卷九頁 419－421, 基督教史綱第十六章第二節頁 265－270. Latourette: A History of Christian missions in China. p. 81 沈禮門譯：聖依納爵傳略，上海土山灣印書館發行。

（註四四）聖依納爵傳略頁六九－七十，八八。

（註四五）H. Bernard : Aux Ports de la Chine les missionaires du XVI Siècle, 蕭濬華譯：天主教十六世紀在華傳教誌

第三章頁六一。

(註四六)此處所分三大時期第一時期參照天主教十六世紀在華傳教誌上編導言頁五第二時期加入了法國的傳教士第三時期參照樊國樑燕京開教略中篇頁六十一以下。

(註四七)天主教十六世紀在華傳教誌上篇導言頁五蕭濬華譯。

(註四八)詳見裴化行天主教十六世紀在華傳教誌第三章「沙勿略來華之經過及其影響」上海慈母堂印「聖方濟各沙勿略傳」蕭若瑟天主教傳行中國攷頁 103-107 樊國樑燕京開教略中篇頁 2-4.

(註四九)此據天主教十六世紀在華傳敎誌等書惟聖教信證云氏於一五五二年甫至廣東屬之三洲島即離塵世云。案上川島爲西江口的一個小島,三洲島當亦指此。

(註五〇)參看天主教十六世紀在華傳教誌上編第五章頁一一七下編第七章頁三〇五。

(註五一)參照上書下編第一章至第五章頁 176-271.

(註五二)原文見歷史地理卷二十六號三四又續編見卷二十九號三五卷三十號一周一良譯見禹貢半月第五卷三四合期利瑪竇世界地圖專號。

(註五三)詳見李儼中國算學史第九章頁 200-201.

(註五四)蕭若瑟天主教傳行中國考卷六頁 276-302 樊國樑燕京開教略中篇頁 18-31 Latourette: A History of Christian Missions in China, p. 104. 清史稿列傳五十九湯若望傳,張恩龍明清兩代來華外人考略「湯若望」見圖書館學季刊第四卷第三四期頁 454-455.

(註五五)蕭若瑟天主教傳行中國考卷六頁 303-325, 樊國樑燕京開教略中篇頁 32-36, Latourette: A History o Christian missions in China p. 116. 清史稿列傳五十九南懷仁傳,張恩龍明清兩代來華外人考略「南懷仁」見圖書館學季刊第四卷第三四期頁 468-469.

（註五六）參照後藤末雄：支那思想のフランス西漸第一編第二節「ルイ十四世の佛國耶穌會支那差遣」第三節「康熙帝の西歐科學研究と皇輿全覽圖の測成」第四節「康熙帝と天主教の公許」頁 63—111 同著者：西洋人の觀たる支那第一節「佛國耶穌會士の支那差遣」第二節佛國耶穌會士の清朝に於ける活動等又天主教傳行中國考燕京開教略等書，亦有簡略之記載參攷。

（註五七）後藤末雄：支那思想のフランス西漸第一編第六節「雍正帝の禁教事と其眞因」頁 138—163，關於蘇努事件各書均有記載，以陳垣：「雍乾間奉天主教之宗室」一篇爲最有研究，見輔仁學誌。

（註五八）燕京開教略中篇頁六十九。

（註五九）同上書頁二十六至二十七。

（註六〇）同上書頁五十五至五十六。

（註六一）同上書頁六十六。

（註六二）見聖教雜誌第二十五卷第八期「明末維新運動中之徐光啓」「明末天主教徒和他們的信仰。」

（註六三）沈瓚近事叢殘卷三『利瑪竇……飲食居室交遊等費，亦不少而不見缺乏，人以此異之。』徐光啓辨學章疏『諸陪臣所以動見猜疑者，止爲盤費一節，或疑燒煉金銀，或疑洋商接濟』可見當時人卽已不能無疑。

（註六四）張蔭麟：明清之際西學輸入中國考，見清華學報第一期。姚寶猷：基督教輸入西洋文化考（上篇），見史學專刊第二期，徐宗澤：明末清初灌輸西學之偉人，聖教雜誌叢刊之一，均可參看。

（註六五）故宮博物院有輿羅板精印本，已出四集。

本論

一　耶穌會士對於宋儒理學之反響

一　禮儀問題與耶穌會士之態度

耶穌會士在華傳教事業，如前論所述在中國傳教的，都只有耶穌會士。天主教其他各會，從菲律濱羣島，欲入內地，均經失敗。但一六三一年，便有多明我會士（Dominicans）來華，一六三三年方濟各會士（Franciscans）繼之。教士們來的愈多，於是或因會務紛糾，或因國籍不同，感情各趨極端，因此在一六三四至一六三五年與耶穌會士與其他會士，便開始了很嚴重的禮儀上的爭執，在非耶穌會士方面皆一致指斥耶穌會，而在耶穌會之中，亦因見解不同，頗呈分裂之象。試敍述如下：

A. 所謂禮儀問題(Question des Rites)

樊國樑燕京開教略（註一）對於所謂禮儀問題，有很扼要的敍述：

『溯自利瑪竇開教中華，中國之儀文節禮，不免有礙聖教正道之條，新奉教者，遽難一一斷絕。傳教士等初尙寬容一二，以爲此等儀禮不盡涉於異端，其後傳教士來華者日衆，始有討論儀禮之爭。」

禮儀之爭，所討論者有如下三條：

1. 敬祖之禮　「中國人士，或於私宅，或當廣衆，無不敬奉先祖者，故建有祠堂家廟，內設供臺，臺上列有多牌。牌上書曰先祖某公之神位。每逢忌日，或春秋二季，皆祀先祖，族長率闔族人等，於數日前備辦犧牲，或豬或羊，前夕試牲，以酒灌牲耳，其搖首者，即爲歆饗之品。次日大集族衆，在牌前叩首殺牲，以酒瀝毛血中，與牲同奠。此外尙奉瓜菓幣帛之類，又於廟門前焚燒金銀紙錠，以抒孝忱。」

2. 祭孔之禮　「中國人最崇孔子，故府、州、縣、鎮，處處俱建文廟，廟內或塑孔子坐像，或立木牌，牌上書曰先師孔夫子之神位。春秋二分，本處官府，率其僚屬士子，往祭孔子，備辦牲口，與祀先祖無異。……」

3. 祭天之禮　「係以上帝二字與天字稱呼造化萬有之主宰。」

這三個爭論之點，第一是問奉祀祖先牌位，是否即爲宗教的儀式？第二是問祭祀孔廟，是否只爲敬禮，或含有異端之宗教的意義？第三是問以上帝二字與天字稱呼造天地萬物的眞宰，是否恰當？

B. 耶穌會士之態度

1. 多明我會方濟各會之態度

耶穌會士與其他會士對於禮儀問題所抱的態度，是絕不相同的。燕京開教略（註二）有如下記載：

「聖多明我會士與耶穌會士，各於羅瑪傳信德部呈遞一摺，意見雖不相同，而敍事之情形，則俱不涉於異端。故傳信德部按照兩造所呈各給部諭覆耶穌會士之論，於順治二年（一六四五年）批准，覆聖多明我會士之論，於順治十三年（一六五六年）亦蒙教皇批准。康熙八年（一六六九年）復將二諭定爲可行之條，然未斷其禮儀之邪正，故爭論之端猶未絕也。』

可見禮儀問題最初爭論的時候，羅馬教皇是抱着調停態度的，往後因兩造各走極端，而且完全只顧自己，和有些近乎固執地爭持着，於是事情便鬧大了。本來多明我會和耶穌會士在思想上已不相同。耶穌會士多爲學者，提倡科學；多明我會則反對科學，如一六二五年此派之對待伽利略（Galilei）即爲好例。又多明我會士來華不久，尚未通曉中國文字，當然對於中國固有文化抱着和耶穌會士不同的態度。而最大的分裂原因，則因國籍不同，多明我會代表西班牙人，耶穌會代表意大利人，因有此國界作背景，使這次論爭更加嚴重。多明我會士之在福建者，指出耶穌會士賣教，容許漳泉人拜偶像，說是拜天，這是欺騙歐洲人的。還有方濟各會也是西班牙派來因爲同國關係，當然站在多明我會士一邊。如栗安當（Saint-Marie）於一七〇一年發表『關於中國傳教事業之幾個要點的評論』即可見方濟各會士對於此問題的態度。

2. 耶穌會士之態度

在耶穌會士中亦可分爲兩派，即是：

a. 贊成派　天主教傳入中國考（註三）『中國敬孔子及敬亡人之禮，指跪拜供獻及立牌位等而言。自利瑪竇時，神父即各執一說，龍華民等以爲異端，謂宜禁絕，而利瑪竇等則謂敬孔子，不過敬其爲人師範。敬祖先立木牌，不過盡人子孝思之誠，非有求福祐之意，亦非謂祖先之魂，卽在木牌，是其禮尙可容忍，不必深究。」燕京開教略(註四)『有從利瑪竇曲解中國之禮者，謂中國之禮原係儀文之禮，而非祀神之禮，故可容留。」例如「康熙三十八年（一六九九年）耶穌會士閔明我、徐日昇、安多、張誠等，同上奏疏，請皇上訓示中國儀禮之眞解。皇上以閔明我等奏本所寫甚好，不准他人再駁；」可見都是利瑪竇說之支持者無疑了。(註五)又當敎皇出諭禁令之時，耶穌會士爭執甚力，紛紛上書於羅馬教皇，求其察明斷決，乃至派衞匡國回歐謁見教皇，衞匡國當然亦屬於贊成派的一面了。燕京開教略述及一七二三年以後十四年中，「抗逆輩恃教皇未將禁行禁止之條，定爲信德之端，仍行禁禮，執拗如故；」(註六)可見這一派勢力之不可侮了。

b.反對派　但耶穌會中利瑪竇雖曲解中國禮儀，謂可容留。『龍華民之意見，與利瑪竇相左，謂中國禮典內，多有涉於異端者，奉教人不得盡用。有日本耶穌會巡行上司某，曾寄書與龍華民，言日本傳教士等俱不准奉教人盡用國家禮典，龍華民卽詳核禮典之義，果有涉於異端之條，卽嚴禁中國奉教之人，不准稱天主爲天，爲上帝。」(註七)龍華民(Nicolaus Longobardi)爲利瑪竇遺命的繼任人，而龍華民對中國傳教的根本政策，卽與利氏不同。他雖研究中國經典很久，但仍不能忘情於基督教與孔子之根本不同，他用西班牙文著書名「關於中國宗教之幾點疑問』主張根據中國經典註釋和諸儒的說法，研究結果無疑乎孔家的學說乃爲唯物論的無神論的。中國之習慣禮典亦只崇拜偶像，與基督教神聖的性質不同，所以應該絕對加以禁止。還有就是西班牙國人龐迪我(Pantoja)了。燕京開教略曾經提及：

「有從龐迪我者，則謂拜祀孔子之禮，實係祀神之禮，拜祀先祖之禮，亦屬異端之儀。至若天字與上帝二字，並無造化天地主宰之意。中國人所敬之天，不過蒼蒼之天，與造天地之主宰毫無干涉，故嚴禁奉教人，不准行其禮儀，恐有害於聖道之淳也。」（註八）

「一千六百二十八年，耶穌會士曾於兩黨中各選諳練博通之人，同集一處，共訂名稱，以稱造化天地萬物之眞主。討論一月之久，意見未諧而散，其他會之修士皆以龐迪我爲是。」（註九）

利瑪竇等對於中國人信仰之妥協的態度，既引起同派內部之爭，加以同時又有天主教各宗派，尤其是多明我會的猛烈反對，結果只有讓羅馬教皇和康熙皇帝來解決這一條重大公案了。

C. 康熙與羅馬使節關係文書

1. 教皇禁令

一六四五年九月十二日羅馬教皇般諾深爵十世（Innocent X）對於禮儀問題，下一教令，禁止妥協的態度，違者處以破門之律。然而耶穌會士是不肯甘心的，特派衛匡國（Martini）回歐謁見教皇。一六五六年三月二十三日更以教皇亞歷山大七世的教令，默認耶穌會的傳教政策，然而爭論未止。一六九三年三月二十六日福建省主教昧各老（Charles Maigrot），擅自發表關於中國禮儀的諭示，論中嚴禁奉教人習行敬拜孔子諸禮，且以天爲物，不可敬天。這樣公開反對中國禮典的態度，至認利瑪竇等在中國傳教，實有悖教之嫌。這麽一來，耶穌會的人與多明我會的人，便彼此不合，各成黨隊，使膺任教皇，以神父所言不同，不敢決定。直至一七〇四年羅馬稽查異端部，明頒部諭斷定中國之禮實屬異端，教皇格勒門第十一 (Clement XI) 批准其論，又派安第阿紀亞府的宗主教鐸羅 (Charles Thomas Maillard de Tournon) 爲教務欽使，特來中國與皇帝通好，兼宣佈教皇諭旨。使臣於康熙四十四年十月間抵京，十一月十六日上朝覲見，康熙優禮款接，詳見正教奉褒「教宗使臣鐸羅至京蒙恩優待」一條。(註一〇) 但當康熙探明鐸羅來意，通問候之外，更欲禁絕中國敬孔子與敬亡人之禮，以爲異端，不准教士教民沾染，康熙怫然不悅，以爲『傳教士等於中國禮意見不合，可與教皇商酌，愼勿擾亂中朝』(註一一) 第二次召見時，卽面斥昧各老主教及禁行禮典諸人。第三次召見，特降諭旨多道，故與教皇的諭旨相反，以示不悅之意。並下逐客令，着鐸羅卽出京南下，然仍派官護送，暗中加以監視。鐸羅至南京，以過年時節，暫作逗留，轉念東來初意，原爲宣佈教皇諭旨，此時不爲，更待何時。遂在南京天主堂以自己名義，將諭旨摘要公布，大致排斥淸帝之神學見解，令各省教士一體遵照，勿違，時千七百〇七年二月事也。康熙怒其抗命，飭令將鐸羅鎖拿，解送澳門，交澳門總督看管。葡萄牙本擅東洋布教之權，正以鐸羅不由葡國介紹，逕來中國，不認他爲教皇欽使，卽將他安置方濟各會修院中，不許外出。其隨員昧各老主教等四五人，則早收監禁押，一七一〇年鐸羅病死獄中。這時北京耶穌會士因鐸羅只聽從昧各老，而不聽其他宣教師的話，對之不滿，再上書羅馬教皇，請暫收回成命，覆加考查，而印度哥阿 (Goa) 總主教有管轄中國教務之權，且謂教皇諭旨雖經宣佈，如同未宣佈一般。於是教皇格勒門第十一 (Clemens XI)，接到中國主教請收回成命的奏疏，又召集名人學者從新考究，無如考究愈深，愈見其有異端色彩。因於一七一五年重降諭旨，嚴行禁絕。越五年，又遣亞立山府宗主教嘉樂 (麥匝巴爾巴 Mezzabarba) 來中國巡察教務，兼充使臣，親見中國皇帝，使臣於康熙五十九年十一月到京，清帝遣大臣迎接待遇極優，連召見十一次，賜宴兩次，帝親執金樽勸酒，又賜御服貂袍，嘉其直言無隱，嘉樂見有機可乘，求准中國教民於敬孔子及敬祖先之禮悉遵教皇訓諭，因將譯出的教皇諭旨進呈御覽，其原文如下：

「教王第十一格勒門得傳爲永遠世世悉知之事，自從我作教王，第一日以至今，我料理諸事雖多，至於來西洋人在中國互相爭論，此係我第一件要緊事。在中國來西洋人因看見中國有幾個字，還有幾件禮，也有說此有異端之事，也有說此無異端之事，因此爭論寄信與我，彼此相告，要我自己決斷，我所定奪，叫他們來西洋人一心一意。此一件事從先前在位教王第十二般諾深爵料理起首，因他亡故，此事到我跟前。我將兩邊所告言詞，細細詳審後，於天主降生一千七百四年十一月二十日俱已定奪開寫於後。(一)西洋地方稱呼天地萬物之主，用斗斯（Dieu）二字，此二字在中國用不成話，所以在中國之西洋人，並入天主教之人，方用天主二字，已經日久。從今以後，總不許用天字，亦不許用上帝字眼，只稱呼天地萬物之主。如敬天二字之匾，若未懸掛，即不必懸掛，若已曾懸掛在天主堂內，即取下來，不許懸掛。(一)春秋二季祭孔子，並祭祖宗之大禮，凡入教之人，不許作主祭助祭之事，連入教之人亦不許在此處站立，因爲此與異端相同。(一)凡入天主教之官員，或進士舉人生員等，在每月初一日十五日不許入孔子廟行禮，或有新上任之官，並新得進士新得舉人生員者，亦俱不許入孔子廟行禮。(一)凡入天主教之人，不許入祠堂行一切之禮。(一)凡入天主教之人，或在家裏，或在墳上，或逢弔喪之事，俱不許行禮。或本教與別教之人若相會時，亦不許行此禮，因爲還是異端之事。再入天主教之人，或說我並不曾行異端之事，我不過要報本的意思，我不求福，亦不求免禍，雖有如此說話者亦不西。（一）凡遇別教之人，行此禮之時入天主教之人，若要講究，恐生是非，只好在旁邊站立，還使得。（一）凡入天主教之人，不許依中國規矩，留牌位在家，因有靈位神主等字眼。又指牌位上邊，說有靈魂。要立牌位，只許寫亡人名字。再牌位作法，若無異端之事，如此留在家裏可也，但牌位旁邊，應寫天主教孝敬父母之道理。以上我雖如此定奪，中國餘外還有別樣之禮，毫無異端，或與異端亦毫不相似者，如齊家治國之道，俱可遵行。今有可行與不可行之禮，俱由教王之使臣定奪。若教王之使臣，不在中國，有主事之人同主教之人，卽可定奪。有與天主教不相反者，許行，相反者，俱決斷不行。天主降生一千七百十九年九月二十五日。』（註一二）

2. 康熙硃批

但在禮儀問題爭論中，一方面有羅馬教皇的禁令，代表天主教其他各會的立場，一方面卻有康熙的硃批和上諭，來代表耶穌會士的立場。在康熙與羅馬使節關係文書中，發現不少諭旨，均以回護中國禮儀爲其出發點，舉例如下：——

（例一）『中國供牌一事，並無別意，不過是想念其父母，寫其名於牌上，以不忘耳。原無寫靈魂在其牌上之理。卽如爾們畫父母之像，以存不忘其意同也。然畫像猶恐畫工有工拙，不如寫其名則無錯矣。至於敬天之字，亦不是以天卽爲天主，乃是舉目見天，不能見天主。天主所造之物甚多，其大而在上者，莫如天，是以望天存想內懷其敬耳。（註一三）

(例二)「即如以天爲物，不可敬天，譬如上表謝恩，必稱皇帝陛下階下等語。又如過御座無不趨蹌起敬，總是敬君之心，隨處皆然。若以陛下爲階下，座位爲工匠所造，怠忽可乎？中國敬天，亦是此意。若依閣當之論，必當呼天主之名，方是爲敬，甚悖於中國敬天之意。據爾衆西洋人修道起意，原爲以靈魂歸依天主，所以苦持終身，爲靈魂永遠之事。中國供神主，乃是人子思念父母養育，譬如幼雛物類，其母若殞，亦必呼號數日者，思其親也。況人爲萬物之靈，自然誠於中形於外也。即爾等修道之人，倘父母有變，亦自哀慟，倘置之不問，即不如物類矣，又何足與較量。中國敬孔子乎，聖人以五常百行之大道，君臣父子之大倫，垂教萬世，使人親上死長之大道，此至聖先師之所應尊應敬也。爾西洋亦有聖人，因其行事可法，所以敬重。(註一四)康熙五十九年十一月十八日上諭

(例三)「朕不識西洋之字，所以西洋之事，朕皆不論。即如利瑪竇以來在中國傳教，有何不合爾教之處。……爾逐一回奏，嘉樂隨奏，利瑪竇在中國有不合教之事，即如供牌位與稱天爲上帝，此即不合教處。上諭嘉樂，供牌位原不起自孔子，此皆後人尊敬之意，並無異端之說。呼天爲上帝，即如稱朕爲萬歲，稱朕爲皇上，稱呼雖異，敬君之心則一。如必以爲自開闢以至如今，止七千六百餘年，尚未至萬年，不呼朕爲萬歲可乎？」(註一五)康熙五十九年十二月十七日上諭

因爲清帝對於神學的見解，和羅馬教皇根本衝突，所以看完嘉樂所上教皇禁令以後，即勃然震怒，於五十九年十二月二十一日，硃批如下：

「覽此告示，只可說西洋人等小人，如何言得中國之大理。況西洋人等，無一人通漢書者，說言議論，令人可笑者多。今見來臣告示，竟是和尚道士異端小教相同，比此亂言者，莫過於此。以後不必西洋人在中國行教，禁止

可也，免得多事。」（註一六）

康熙認爲此等禁令只可行於夷狄之邦，至若中國聖賢大道，西洋人隻字不解，又安能妄斷其是非。而且西洋之教，和僧道異端無異，故當加以嚴絕。嘉樂見上意難於挽回，將禁禮中無關緊要者摘出一二，奏明皇上，容許傳教士奉行。一七二一年陛辭出京南下，到澳門後發出示諭一道，通告中國教士，謂教皇格勒門第十一的諭旨，仍宜全遵毋違。嘉樂去後爭執愈甚，直至一七四二年教皇本篤第十四特頒斷諭，將禁止禁禮之條，定爲入教的第一要件，違者予以極罰。從此諭頒後爭論乃止。然而傳教士在中國的事業亦遭禁絕。一時各省大小聖堂，俱拆毀盡淨。雍正聖諭廣訓，至有白蓮天主同屬不經之言，以天主與白蓮並列。至乾隆時，則私入傳教部議處以極刑，後雖以情有可原諭旨釋放，而清廷對於傳教的壓迫，使天主教發展遲緩，幾至絕滅者一百二十餘年，教皇的諭旨雖告成功，康熙的硃批也可說完全奏效了。

3. 爭論之影響

由上所述，關於禮儀問題的爭論，從一六四五年殷諾深爵十世教會以來，至一七四二年本篤第十四教令爲止，中間實經過百年之久。因此長久的爭論，使歐洲人士注意及於中國古代信仰和基督教神學之異同問題，對此問題的解答不同，在歐洲又引起很不少的爭論，使歐洲知識階級無論是宗教家、思想家、政治家、經濟家都集中注意力來研究中國問題。戈爾遜（Henri Cordier）在「中國學圖書目錄」（Bibliotheca Sinica）所列關於此類問題的書籍，共二百六十二部，未出版的日記文書，尚有數百種。（補註）最可注意的，就是當時在宗教家方面，除耶穌會士以外，均注意於孔子與基督教的不同。而在思想家中卽以不同於基督教的孔子，來作他們啓明運動的大旗幟。在宗教家中對於耶穌會雖取攻擊的態度，在哲學家方面如德之來布尼茲（Leibniz）法之福祿特爾(Voltaire)等對於耶穌會派的主張，反而常常加以辯護。這一百年間關於中國禮儀的爭論，實卽中國思想輸入歐洲之一個良好的機會。羅馬教皇所認爲異端之「孔子」，不幸因耶穌會的翻譯而竟將此「異端」的學說介紹歐洲，幸而有此「異端」的學說，纔能給歐洲思想界以一大刺激，給歐洲思想界以「反基督教」「反神學」「反宗教」之哲學的基礎，因而形成了歐洲之「哲學時代」。

二 耶穌會士之孔教觀

「異端」的孔子，在歐洲雖有羅馬教皇和多明我會士等加以極端排斥，乃至在中國耶穌會士之中，也有不滿於中國禮儀的一派，如龍華民，龐迪我等，但從大體來說，耶穌會派十之八九都是主張將天主教和中國哲學相調和的。卽因這個緣故，所以耶穌會士的孔教觀，在當時歐洲宗教界雖祇發生了反面的影響，而在一般思想界卻發生了很大的正面影響。現在試先敍述一下他們所主張的孔子教與基督教之一致說。

A.孔子教與基督教之一致說

耶穌會之在歐洲，嚴格來說，並不是正宗的基督教徒。耶穌會的發起人，是一位著名的洛耀拉（Loyola），他是反宗教改革時期的領袖，但雖反對路德，而他和宗教生活的距離，實比路德所行的更遠了。「路德所作爲的，一切都根據着聖經，而洛耀拉卻是根據內心的一種默悟；』『耶穌會的教徒，和任何會派的僧侶和修士多不相同，至今仍是如此。他們沒有特殊的服裝，沒有特別的會址，也沒有宗教上特別的責任，他們廢止禁食和其餘不合埋的自苦。』(註一七)因爲這一派原爲宗教改革時代之「反改革運動」，實際說來，卽爲天主教人自動地圖謀天主教本身的整頓和改革，所以這一派的教義，當然要和新舊正宗基督教徒都不相同。爲了注重功利的緣故，他們會中重要的信念，是很容易隨時隨地變易的。如耶穌會士來華以後，卽學華語，穿華服，尤其値得注意的，卽此派主張孔教與基督教的一致，惹起了歐洲宗教思想界之絕大的波瀾。

1. 般鐸澤(Intorcetta)

般鐸澤說及他翻譯孔子哲學書的動機，是因如大學、中庸、論語這些書可以利用拿來宣傳福音用的。爲什麼呢？因爲中國哲學知識和基督教本有共通之點，所以利用牠來宣傳福音，便上帝的說話更容易爲中國人所採納。孔子說『己所不欲，勿施於人；』般鐸澤以爲在聖人之中，竟可看出使徒的資質，『要之孔子如生在今日，而了解基督教義，那末他一定是最先改宗基督教的第一人了。』

2. 白進(Le P. Bouvet)，李明(Le P. Louis le Comte)

白進在『中國皇帝傳』(Histoire de l' Empereur de la Chine)中，述及中國皇帝承認孔教與基督教教理的一致。而他自己也主張基督教和孔子教，根本上都屬於自然法，兩者沒有絲毫不同，這也許就是康熙所以優待這些耶穌會士的原因吧。尤其是李明，極力推崇孔子的人格，以爲此異教聖人，實具有與基督相同的資格。他說：

「順世隨俗而不失其莊重和美的孔子態度，其嚴格的禁欲生活，（孔子可看做中國最寡欲的人）輕視人世的富貴，尤其在古聖賢中所罕見的特質，即孔子的禮讓與謙卑，謂為理性訓練所成之純粹哲學者，不如謂為領會神旨以改造新大陸的一人。」（註一八）

李明因讚美中國文化，認極東的中國，在歐洲蒙昧時代已有燦爛的文明，已經發見真神。他所著「中國現狀新誌」當禮儀問題爭論最熱烈的時候，竟被禁止發行。本人亦受禁飭，還是很可注意的一件事。

3.馬若瑟（Le P. Joseph Henri Prémare）

還有如馬若瑟．傅聖澤（Le P. Foucquet）諸教士，專從易經、中庸、性理、莊子、老子、淮南子中，努力發見其與基督教義相合的思想。尤其是馬若瑟，要從中國經典之中找出聖傳的痕跡，似乎近於無知妄作，卻是實際來說，這些耶穌會士，均以傳教師而兼為歐洲的漢學者，其提倡中國思想與基督教思想之合一論，一方面可以看出西洋宗教思想的動搖，一方面亦可以證明中國哲學的宇宙觀，實給歐洲人以很大的影響，使他們由純粹宗教的宇宙觀，一變而接近於哲學家的宗教宇宙觀了。

B.六經上帝與天即言主宰說

耶穌會士在泛指孔子教與基督教之一致以外，還有更進一步，引經據典，確指六經上帝與天即指主宰而言。

1.利瑪竇　在天主實義說天主即是經言上帝：

『吾天主乃古經書所稱上帝也。中庸引孔子曰：郊社之禮，所以事上帝也。朱註曰：不言后土者，省文也。竊意仲尼明一之以不可爲二，何獨省文乎。周頌曰：執競武王，無競維烈，不顯成康，上帝是皇。又曰：於皇來牟，將受厥明，明昭上帝。商頌云：聖敬日躋，昭假遲遲，上帝是祗。雅云：維文王，小心翼翼，昭事上帝。易曰：帝出乎震。夫帝也者，非天之謂，蒼天者抱八方，何能出於一乎。禮云：五者備當，上帝其饗。又云：天子親耕，粢盛秬鬯，以事上帝。湯誓曰：夏氏有罪，予畏上帝，不敢不正。又曰：惟皇上帝，降衷于下民，若有恆性，克綏厥猷，惟后。金縢周公曰：乃命于帝庭，敷佑四方。上帝有庭，則不以蒼天爲上帝可知。歷觀古書，而知上帝與天主，特異以名也。』（註一九）

不但如此，中國古經傳亦有天堂地獄之說：

『詩曰：文王在上，於昭于天，文王陟降，在帝左右。又曰：世有哲王，三后在天。召誥曰：天既遐終大邦殷之命，茲殷多先哲王在天。夫在上，在天，在帝左右，非天堂之謂，其何歟。……有天堂自有地獄，二者不能相無，其理一耳。如眞文王殷王周公在天堂上，則桀紂盜跖必在地獄下矣。……若以經書之未載爲非眞，且謬甚矣。』（註二〇）

2.利類思　在「不得已辯」（註二一）中，論形天由天主所造一段說——

『中庸言天，不徒指其形體，而卽兼乎主宰。』

又古經有天堂地獄之說：

『詩曰：文王在上，在帝左右，曰：三后在天。書曰：乃命于帝庭，曰：茲殷先多哲王在天。夫在上，在天，在帝左右，非天堂乎。有天堂必有地獄，二者不能缺一。若謂盜跖顏回，伯夷桀紂，同歸一域，則聖賢徒自苦耳。天堂地獄之說，載之經史見之事蹟，斑斑可考。」

3.南懷仁　天主教傳入中國考（註二二）引北京神父利類思、安文思、南懷仁等當康熙時，上書爲湯若望辯冤，其書中一段如下：

「惟是天主一教，卽詩經所說，皇矣上帝，臨下有赫，而爲萬物之宗主也。」

4.孫璋　孫德昭更進一步在性理眞詮卷四第二篇主張「古儒眞教卽是天主教」又第四篇引中庸洋洋乎發育萬物等語，證天主教大行萬國。「中庸有待之聖人，惟耶穌事跡方能合符，」這簡直是牽附會的能事了。然而這種附會的說法，最合於中國士大夫的心理。如明大學士徐光啓有人問他「先生乃中國名儒，位冠百僚，何故棄儒教而信從外國人所傳之天主教？」他答得好「我信天主教，非棄儒教，只因中國古經失傳，註解多舛，致爲佛說所誣，信天主教乃所以闢佛教之謬說，補儒教之不足耳。」（註二三）這就是最好的例，來證明儒教徒所以走上天主教圈套中的最大原因。

三　反理學之代表人物及其著作

然而耶穌會士對於禮儀問題，雖有二派不同的態度，乃至對於所謂眞儒古教，在反對派中也有推翻他的傾向。卻是在這二派之中也有個一致之點，卽在消極破壞方面二派均反對理學，反對宋儒。利瑪竇如此，龍華民也如此。尤其是極力附會古教眞儒爲天主教的孫璋，也正是反理學反宋儒的一員大將。茲試將各家論點，介紹如

A.利瑪竇(Mattoo Ricci)

他雖尊重原始孔家而對於宋儒理學則極力攻擊。「天主實義」中設爲中士與西士的對話(註二四)

「中士曰吾儒言太極者是乎？西士曰余雖末年入中華，然視古經書不怠，但聞古先君子，敬恭於天地之主宰，未聞有尊奉「太極」者，如「太極」爲主宰萬物之祖，古聖何隱其說乎？」

「中士曰古者未有其名而實有其理，但圖釋未傳耳。西士曰凡言與理相合，君子無以逆之，太極之解，恐難謂合理也。吾視夫無極而太極之圖，不過取奇偶之象言，而其象何在。太極非生天地之實可知已。」

於是利瑪竇接着便對於宋儒所謂「理」提出抗議，其理由可分幾節來說：

第一　理依於物說

「中士曰太極非他物，乃理而已。如以全理爲無理，尙有何理之可謂。西士曰嗚呼，他物之體態不歸於理，可復將理以歸正議。若理之本體定，而不以其理，又將何以理之哉。吾今先判物之宗品，以置理於本品，然後明其太極之說，不能爲萬物本原也。夫物之宗品有二，有自立者，有依賴者，物之不恃別體以爲物，而自能成立，如天地鬼神人鳥獸草木金石四行等是也。斯屬自立之品者。物之不能立而託他體以爲其物，如五常五色五音五味七情等是也。斯屬依賴之品者。且以白馬觀之，曰白曰馬，馬乃自立者，白乃依賴者。雖無其名，猶有其馬，如無其馬，必無其白，故以爲依賴也。比斯兩品，凡自立者先也，貴也；依賴者後也，賤也。一物之體，惟有自立一類，若其依賴之類不可勝窮。如人一身，固爲自立，其間情聲貌色彝倫等類，俱爲依賴，其類甚多。若太極者止解之以所謂理，則不能爲天地萬物之原矣。蓋理亦依賴之類，自不能立，曷立他物哉。中國文人學士講論理者，只謂有二端，或在人心，或在事物，事物之情合乎人心之理，則事物方謂眞實焉。人心能窮彼在物之理，而盡其知，則謂之格物焉。據此兩端，則理固依賴，奚得爲物原乎？二者皆在物後，而後豈先者之原？且其初無一物之先，渠言必有理存焉。夫理在何處，依屬何物乎？依賴之情不能自立，故無自立者以爲之託，則依賴者了無矣。如曰賴空虛耳，恐空虛非足賴者，理將不免於偃墜也。試問盤古之前，旣有理在，何故閑空不動而生物乎？其後誰從激之使動？況理本無動靜，況自動乎。如曰若不生物後乃願生物，則理豈有意乎？何以有欲生物有欲不生物乎？中士曰無其理則無其物，是故我周子信理爲物之原也。西士曰無子則無父，而誰爲子之父乎？相須者之物情恆如此，本相爲有無者也。有君則有臣，無君則無臣，有物則有物之理，無此物之實，卽無此理之實。若以虛理爲物之原，是無異乎佛老之說，以此攻佛老，是以燕伐燕，以亂易亂矣。今時實理不得生物，昔者虛理安得以生之乎？」（註二五）

第二　理無靈覺說

「中士曰吾聞理者先生陰陽五行，然後化生天地萬物，故生物有次第焉。……西士曰試問於子，陰陽五行之理，一動一靜之際，輒能生陰陽五行，則今有車理，豈不動而生一乘車乎？又理無所不在，彼旣是無意之物，性必直遂任其所發，自不能已，何今不生陰陽五行於此？孰禦之哉？且物字爲萬實總名，凡物皆可稱之爲物。太極圖註云理者非物矣。物之類多，而均謂之物，或爲自立者，或爲依賴者，或有形者，或無形者，理旣非有形之物類，豈不得爲無形之物品乎？又問理者靈覺否，明義者否？如靈覺明義，則屬鬼神之類，曷謂之太極謂之理也。如否，則天主鬼神夫人之靈覺，由誰得之乎？彼理者以己之所無，不得施之於物，以爲之有也。理無靈無覺則不能生靈生覺，請子察乾坤之內，惟是靈者生靈覺者生覺耳。自靈覺而出不靈覺者，則有之矣，未聞有自不靈覺而生靈覺者也。子固不踰母也。中士曰靈覺爲有靈覺者所生，非理之謂，既聞命矣。但理動而生陽，陽乃自然之靈覺，其或然乎。西士曰反覆論辯，難曉此理，吾又問彼陽者何由得靈覺乎？此於自然之理，亦大相悖。中士曰先生謂天主無形無聲，而能施萬象有形有聲，則太極無靈覺而能施物之靈覺何傷乎？西士曰何不云無形聲者精也，上也，有形聲者粗也，下也，以精上能施粗下，分不爲過。以無靈覺之粗下，爲施靈覺之精上，則出其分外遠矣。……天主性雖未嘗截有萬物之情，而以其精德包萬般之理，含衆物之性，其能無所不備也。雖則無形無聲，何難化萬象哉。理也者則大異焉，是乃依賴之類，自不能立，何能包含靈覺爲自立之類乎？」（註二六）

第三　理卑於人說

「理卑於人，理爲物而非物爲理也。故仲尼曰人能弘道非道弘人也。如爾曰理含萬物之靈，化生萬物，此乃天主也，何獨謂之理，謂之太極哉？」（註二七）

天主實義中還有許多地方論到「氣非生活之本，」（註二八）論到「天地萬物一體說之非；」（註二九）論到「鬼神異說，如謂信之則有，不信之則無；」（註三〇）雖未指明，卻都是以「中士」來代表宋儒說話而加以批評的。

現在天主實義的中文本和原本雖有出入，但利瑪竇著書的宗旨很明顯地，如裴化行（H. Bernard）所說，爲的

『知道中國學者受宋朝理學派惟物主義的流毒，開始便（在序文中）解釋天地間有一眞主，隨後就證明天主的存在，天主的本性及其奧妙』（註三一）可見他心目中的宋儒理學，是一些什麽東西了。

B. 龍華民（Nicolaus Longobardi 1559－1654）

所著有『靈魂道體說』與『死說』（註三二）兩種。除死說代表耶穌會士之人生觀外，靈魂道體說則完全爲反駁宋儒的道體說而作。依他意思，靈魂本體，實爲神體一類，更超出道體之上。所謂道體是什麽呢？他說：

『儒云物物各具一太極，道云物物俱是大道，釋云物物俱有佛性，皆是也。所謂太極大道佛性，皆指道體言也。且前人又謂之太乙、太素、太樸、太質、太初、太極、無極、無聲無臭、虛無大道、不生不滅。種種名色，莫非形容道妙耳。』（註三三）

道體卽是萬形萬物的體質，所以和靈魂不同。約言之，共有十點：

（1）道體分之則爲天地，散之則爲萬物，而天地萬物總一道體所成，無有殊異。故曰萬物一體。靈魂不然，人各有一，各具全體，彼此各異，不共者也。

（2）道體受天主之造，止原初一造，後不再造。靈魂當人各各受生之際，天主各各造之，或造於前，或造於後，自生民以來，無時不造也。

（3）道體寄於物，不能離物而獨立。蓋道與物，原相爲有無。無道，物不成，無物，道亦無着矣。無名公傳曰：借爾面貌，假爾形骸，閒往閒來。及道曰攖寧，釋曰維摩，皆謂是也。靈魂不然，與身俱生，不與身俱滅，在身離身，皆超然獨存獨立者也。

(4)道體本爲質體之類，而必借理氣之精粗陰陽之變化，以爲形象。靈魂本爲神體之類，自存自立，不係方所，不着色相者也。

(5)道體既屬質體，則所受依賴亦質。如精粗冷熱大小等是也。靈魂既屬神體，則所受依賴亦神，如學問道德善惡等是也。

(6)道體充滿於存形有氣者，而爲之骨子，即螻蟻稊稗等物，各得充足，不欠不餘，故曰可貴可賤，可約可散，道之數也。靈魂不然，天主獨畀於人身，使爲一身之主，百事之王。他物必不得而有之，此天地間受造之性，惟人最貴也，

(7)道體冥冥，塊然物耳。無有明悟，不能通達。靈魂則有明悟，而能通達天下之理，追究吾人自何處來，向何處去？……

(8)道體無意無爲，聽其使然而然，又不得不然，是謂有受造之能，而無創造之能。靈魂者自有主張，行止繇己，不受強制於物……。

(9)道體本爲自如，無德無慝，亦無功罪。靈魂能行德慝，亦能負功罪焉。

(10)道體自無福，自無禍，不賞不罰。靈魂則能行善惡，能受賞罰。

這一段靈魂道體的分別，實給歐洲思想界以很大影響。如麥爾伯蘭基(Malebranche)與來布尼茲(Leibnız）所見的中國哲學實卽以龍華民之說爲根據的。龍華民所以分別「與物同之道體」與「與物異之靈魂」無形之中，卽是認中國哲學爲物質主義。所以他的結論：

「人奈何狥其與物同之道體而忽其與物異之靈魂。又或以靈魂之美妙併歸道體，遂使人性不明，靈頑混亂。……如世論徒以太極大道虛空等爲生造天地萬物之本是也。夫以道體當靈魂，已屈人同物，而以道體當天主，則是屈至尊至神之主，下同於所造之物也。」(註三四)

C. 艾儒略(Julius Aleni 1582－1649)

天主實義是一六〇三年做的，不久便有艾儒略，於一六一三年來華，宣揚天主教，著『萬物眞原』一六二五年（明天啓三年）葉向高相國，復延入閩講學，閩中稱爲西來孔子，受教者極衆。著『三山論學紀』兩書均受天主實義反對理學的影響。在萬物眞原中有「論元氣不能自分天地」和「論理不能造物」兩篇，玆錄其後篇要語如下：

「或曰氣不能自分天地萬物，固已。然氣中有理，理能分氣，造天地萬物之功，理之功也。曰不然，此乃非理之說也。理也，道也，皆虛字耳，何以能生物乎。」(註三五)

理不能生物，有幾點可以證明：(註三六)

「其一曰經營位置之事，非明覺者不能，理原無覺，豈能經營位置哉。天之日月星辰，地之山川草木，人之百骸四體，皆的確不移，千古不差忒，非有大靈覺爲之位置，何以能成乎？今試使人造一異品如璿璣玉衡之類，自非聰明智巧之人不能，何況大而天地，纖而萬彙，謂無知覺者能造之哉？』

『其二曰凡物共有二種，有自立者，有倚賴者，自立者又有二種，有有形者，如天地金石人物之類。有無形者，如天神人魂之類。倚賴者，亦有二種，有有形而賴有形者，如冷熱燥濕剛柔方圓五色五味五音之類。有無形而賴無形者，如五德七情之類。夫此自立與倚賴二種，雖相配而行，然必先有自立者，而後有倚賴者。設無其物，即無其理，是理猶物之倚賴者也。無有形之體質，則冷熱燥濕剛柔方圓五色五味五音，俱無所着。無無形之靈，則五德七情，亦俱泯於空虛而謂理能生物乎？即云天地有天地之理，神鬼有神鬼之理，亦從有生之後，推論其然，若無天地人物神鬼，理倘無從依附，又何能生物乎？

『其三曰理也者法度之謂，造物者成物之時，不特造其形，而亦賦其理。猶如開國之君，必定一國之法律以為治，如國如君主，法律豈能自行哉。又如棋局畫於盤，以待人用，此是棋理，然棋不自用，必繇人用。非棋之理，自能生棋，此固昭昭易見，猥可以理為造成天地萬物之根柢哉？』

三山論學紀也有兩段批評宋儒的理氣說：

『太極之說，總不外理氣二字，未嘗言其為有靈明知覺也。既無靈明知覺，則何以主宰萬化。愚謂於天地猶木瓦於宮室。理也者，殆如室之規模乎，二者闕一不可，然不有工師，誰為之前堂後寢，廊廡門牆，彼棟樑而此榱桷也。……儒者亦云物物各具一太極，則太極豈非物之元質，與物同體者乎？既與物同體，則圍於物而不得為天地主矣。所以貴邦言翼翼昭事，亦未嘗言事太極也。』（註三七）

「謂二氣之運旋者，非乎，抑理也曰二氣不出變化之材料，成物之形質，理則物之準則，依於物，而不能物物。詩曰有物有則，則卽理也。必先有物，然後有理。理非能生物者，如法制禁令，治之理也。指法制禁令，而卽爲君乎？誰爲之發號施令，而撫有四國也。若云理在物之先，余以物先之理，歸於天主靈明，爲造物主。蓋造物主未生萬有，其無窮靈明，必先包涵萬物之理，然後依其包涵而造諸物也。譬之作文，必先有本來精意，當然矩矱，恰與題肯者，立在篇章之先，是之謂理。然而誰爲之命意構局，繪章琢句，令此理躍然者。可見理自不能爲主，當必有其主文之人。繇此觀之，生物之理，自不能生物，而別有造物之主無疑矣。」（註三八）

D. 利類思（Ludovicus Buglio 1606—1682）

在『不得已辯』中極力攻擊楊光先之說，以爲楊光先不過受宋儒理學的影響。在「理不能生物辯」中（註三九）他痛駁楊光先道：——

「光先之理立而氣具焉，氣具而數生焉，數生而象形焉，此本宋儒之唾餘也。宋儒指天卽理，光先因指理爲天。故有生氣數形象之說。夫理不能生物，亦甚明矣。凡物共有二種，有自立者，亦有倚賴者……然必先有自立者，而後有倚賴者。設無其物，卽無其理，是理猶物之倚賴者也。無有形之體質，則冷熱燥濕，剛柔方圓，五色五味五音俱無所着；無無形之靈，則五德七情亦俱泯於空虛，而謂理能生物乎？卽云天地自有天地之理，神鬼有神鬼之理，亦從有生之後，推論其然，若無天地人物神鬼，理倘無從依附，又何能自生物乎？理者法度之謂，造物者成物之時，不特造其形而亦賦其理。猶如開國之君，必定一國之法律以爲治，倘國無君，法律豈能自行乎？」

這一段附註「天主實義理之生物辯甚詳，」可見是受利瑪竇反理學的影響了。又「形天非上帝辯，」駁楊光先「天爲有形之理，理爲無形之天，形極而理見焉，此天之所以卽理也」之說，以爲：

『此虛誕不經語也。既云天爲有形之理，則理不能爲無形之天。又云理爲無形之天，則天非得謂有形之理。一物也，忽謂有形，忽謂無形，非自相矛盾乎？試問理有形否？謂有形，則理非爲無形之天。謂無形，則天非爲有形之理。況天亦不可謂之理。夫天自立之體也，非特別體以爲物理，則倚賴而託他體以爲物，是物在理先，理居物後。詩曰天生蒸民，有物有則，則乃理也。先有物而後有物之理，則天不能謂之理也明甚。孔子謂郊祀上帝，不言祀理也。且所謂天以理理物，猶天子以法理人，豈謂天子卽法乎。無人則法亦不設，無物則理亦無名也，謂天卽理可乎。』（註四〇）

又駁楊光先「天函萬事萬物，理亦函萬載萬物，故推太極者，惟言理焉」之說道：

『若是則人有雙耳，驢亦有雙耳，可云人卽驢乎？凡二物如甲乙有一二相通之情，不可謂甲乙卽是一物耳。天也理也，虛實各別焉。天以其形無物不包，理以其神無物能離，謂理與天似則可，而謂天卽理可乎？』

這裏攻擊楊光先，卽所以攻擊宋儒理學，然而攻擊宋儒理學在利瑪竇天主實義中似尙有讓步的餘地，所以說：『……夫太極之理，本有精論，吾雖曾閱之，不敢雜陳其辯，或容以他書傳其要也。』（註四一）到了利類思便已毫無讓步的可能了。

E. 湯若望(Joannes Adam Schall 1591－1666)

所著以關於曆算天文的書爲多，其談道者有『主制羣徵』與『主教緣起』兩種。玆以『主制羣徵』爲例，對於宋儒的太極陰陽諸說曾加以反駁：

『或問中學亦尊天，與天主何異？曰中學所尊之天，非蒼蒼者，亦屬無形。第其所謂無形，卒不越於天。蓋天之蒼蒼無形，而天之運用不測，卽其神也。運用不測之神，雖無形不離於形，與天一體，是無心無主張者，非吾所稱尊主也。吾所謂尊主雖曰不可見不可聞，而非卽以不可見且聞者爲貴，蓋與天地萬物，其體絕異，至純至靈，不由太極，不屬陰陽，而太極陰陽並受其造。且一切受造，無不聽其宰制者，神功浩大，人不能測，遂曰無化，豈眞無心無主張者哉。』（註四二）

『以靈心爲出於父母者非，卽謂發於天地陰陽者亦非也。天地陰陽雖曰變化不測，終不越以有成者。若夫靈心，旣非先有者，又非依賴於他有者，陰陽曷預乎？』（註四三）

宋儒更主張自然之說，程伊川所謂「道則自然生萬物」，所謂「夫天之所以爲天，本何爲哉？蒼蒼焉耳矣。其所以名之曰天，蓋自然之理也。」但湯若望駁他：

『夫無主者，必謂萬物生於自然，（如火自炎上，水自流下）不知自然之說，殊非究竟之旨。格物者旣從物生得自然，又必從自然求其所以然。（如火自炎上，所以然者，體輕故也。水自流下，所以然者，體重故也。）設無所以使之自然者，亦安得自然而生乎？』（註四四）

F. 衛匡國（Martini Martini 1614－1661）

所著『眞主靈性理證』從各方面證明天主與靈魂的存在，爲耶穌會哲學中有數書籍。其論天主，以爲「天主也者，是最初自立之體，是最神者，是最純者，是最妙者，是無窮者，是惟一者，是不可變者，是無所不知者，是有生命者，是有愛欲者，是有無窮之權能者。」（註四五）其論有生命者一節，對於宋儒太極理氣之說，則顯然加以攻擊：

「何謂有生命者天主爲物原？物之有生者來自不能以己之無使物爲有生。故天主者常生常活，非若太極理氣無生之物，不足爲物原者也。」（註四六）

宋儒有主唯氣論者，如張橫渠即以陰陽會合冲和之氣，來解釋宇宙的本體及現象。所謂「太虛無形，氣之本體；」「氣坱然太虛升降飛揚未嘗止息，易所謂絪縕。」但由眞主靈性理證一書看來，雖也承認「氣」有浮沉升降動靜相感的妙處，所以說：「宇宙之有氣也，猶宮室之有垣牆也。宮牆之內，何美不備？任觀其中一物，已足俾我知爲眞主之制作也。不惟作之而且養之，存之，使循其規度而不淩不亂。即如氣也者，時至則蒸而爲雨，此雨有二大用。一以練氣，氣不練則敗，故久閉之室，其氣多惡。一以膏潤大地，使滋澤萬物，復撓動而爲風，風之爲用甚廣，其大者以解宇宙之炎蒸鬱塞，以披拂草木，免其久積而致糜爛，以盪搖水澤，俾不停腐。……故風者萬物之噓吸，萬物之和解也。至如氣中之鳥，憑氣而翺翔，破氣而疾飛。……無靈之族，何巧耶？非有靈者導之耶？」（註四七）但他卻要發一個疑問道：「吾人日處氣中，而曾不知氣之主可乎？」（註四八）一句話便輕輕地把唯氣論推翻了。

G.陸安德（P. André-Jean Lobelli 1610－1683）

一六七三年陸安德著『眞福直指』，便更趨極端，認「太極」只是「元質」，一點精義也沒有了。他說：

「或說理能生物然理不過是物之模樣在作者明悟內。如先有作工業之人然後纔想出此物之模樣，必先有造物者後方能有理。」（註四九）

「或說太極生天地萬物曰太極是混沌天地參雜萬物材料，不過是物之元質，在各物內能受萬模，無模不能存。譬如一所房屋木料磚瓦此是質者；前堂後堂，此是模樣；必另外還有工匠造成所以天地萬物俱有元質。又各物有各物之本模樣，另外還有造成之者。而元質模樣等亦皆由造成之者造成。」（註五〇）

太極既是元質便無靈明，安能成就如許奇妙的事物來？所以說：

「太極不靈不明無心志，無生命偶然動而生萬物曰偶然動，不免有動之者，有作之者。若是偶然作的物，斷斷不是常作若說常是偶然作，既無心志，如何常作得一樣。」（註五一）

他又設一個譬喻道：

「太極既無靈明，安能成就萬奇妙的事物。古有一人名亞而計默德，是大智者，用玻璃作成諸天球，若依天行之度數俱能運動。豈有造成眞天之運動下浮淸氣無靈明能造得。又有畫工名奏濟者，畫一株葡萄，如生的一樣，鳥見卽啄人人羡他神工妙絕，但只葡萄是假的，無體無味。豈有造許多眞物有體質有氣味，可見無靈明安能造成。」（註五二）

不但太極不能造物，卽釋家之「空，」道家之「無，」亦絕無造物之理。何以見得？

「釋家以空爲教說空能化成萬物，此大不合理。既空虛於己，安能化成萬物。譬如有一人家內空空的，要甚麽物件，他家都取得出來必無人信何故反信空虛能化成萬物。」

「道家說無爲是萬物之原此大不是無是全無，若無則是沒有於己，何能施與他物。譬之有一貧人，總沒有物件。人間他求物件，件件都送與人決無人信，豈可信無爲能化成萬物。」（註五三）

他的結論，便不承認上帝在太極天地之後。因爲「若在太極天地之後，安能造成天地。造物者，是在太極天地之先。」（註五四）天主是萬物之原，它不是物的元質，也不是空無，它是無始無終，從無始常自有，造成天地人物而常爲之主宰的。（註五五）

衞方濟(Francais Noël)一六九八年著「人罪至重」一書，極力主張「理」與「天」與「上帝」不同，以證宋儒天即理說之非是。他說：

「蓋天理乃天主所賦，銘刻於人之靈性，即天命之謂性是也。循此靈性之天理，即敬天主而由正道；悖此靈性之天理，即慢天主而陷於迷路之險。故孔子云獲罪於天者，非獲罪於理，乃獲罪於賦理之天主也。夫天之不可謂理者，由諸書所言，無不著明矣。孔子曰予所否者，天厭之天厭之。曰天喪予，天喪予。曰知我者其天乎。曰我誰欺，欺天乎。此類語者，若直以理之名目解之，其謬易見。夫理烏能厭我，喪我，知我，受欺於我乎？且理有何情以厭，何權以喪，何覺以知，何心以受欺乎……」（註五六）

「理於天既不可爲一，則上帝愈不可爲理。由各書之言，皆相發明。子曰郊祀之禮，所以事上帝。禮曰祀帝於郊，敬之至也。書曰類於上帝。易曰先王以享於帝立廟。夫禮也事也，祀也，敬也類也，享也立廟也，俱不能以理字命意，必當盡歸之於上主之一尊耳。書又曰夢帝賚予良弼。曰帝乃震怒，不畀洪範九疇。曰乃命於帝庭，敷佑四方。夫理也奚能賚弼，奚能震怒，奚可謂武王受命於理庭耶。詩云象之揥也，揚且之皙也，胡然而天也，胡然而帝也。註云：言其服飾容貌之美，見者驚謂鬼神也。此帝與天者，其非理之謂益明矣。詩又曰皇矣上帝，臨下有赫，監觀四方，求民之莫。曰維此王季，帝度其心。曰帝謂文王，予懷明德，不大聲以色。曰昊天上帝，則不我遺，敬恭明神，宜無悔怒。此言上帝，以理解之，如何能合？理者非能臨下，非能監觀，不可云理度心，不可云理謂文王。且理非稱神，非能悔怒，其餘不辯，觸目自明矣。』（註五七）

因爲「理」與「天」與「上帝」不同，所以宋儒之天卽理說，便無根據。所以他的結論是：

『由是可觀天與上帝，決不能以理之虛名爲解。且古人欲闡天字之義，論上帝之性，初未嘗舉理，以天卽爲理之說，宋儒何從而授受歟。考之於經，證之於書，凡古人値饑寒困辱之際，輒號於天，未聞其號於理也。故書云：腥聞於天，乃罪多參在上，矯誣上天，斯決非理之謂，而明示其得罪於上天至尊至眞之主宰矣。』（註五八）

因爲宋儒天卽理說，與眞儒之說不合，所以衞方濟以「俗儒」稱之而加以排斥。他說：

『夫俗儒言理，言道，言天，莫不以此爲萬物之根本矣。但究其所謂理，所謂道，所言天，皆歸於虛文而已。蓋自理而言，或謂之天，或謂之性；自道而言，或謂之無極，或謂之太極，或謂之氣化。然天也，性也，心也，無極也，太極也，氣化也，從何而有？理出於心，心出於性，性出於天，天則從何而出？從理乎？是猶謂考出於祖，祖出於曾，曾出於高，高則從何而出豈又從考而出乎不幾顛倒錯亂耶?況彼儒言天，亦謂之理之全體矣。』

『若夫無極與太極之義，依其論說，要不外理氣兩端。周子以無極太極與太虛爲一。張子以太虛與理與天爲一。然天也理也氣也，皆不能自有，則必自他有，則先有其所以然既先有其所以然，則自不能爲萬物太初之根本明矣。如此則俗儒所稱萬物之大本，雖曰實理，終歸於虛理虛文而已矣。故俗儒所論，多損眞儒之本意，而難等眞儒也。』(註五九)

他甚至以俗儒和佛老並列，『佛氏以托生成佛升天爲歸，道家以長生成仙飛升爲歸；俗儒以生前身安，死後神散爲歸。佛失之空，道失之妄，儒失之俗，曾何足與之深辯哉。』(註六〇)把張橫渠正蒙所謂『太虛無形，氣之本體，其聚其散，變化之客形爾』的唯氣論完全推翻了。

I. 孫璋(P. A. de la Charme 1695－1767)

耶穌會士對於宋儒理學的攻擊，從利瑪竇發表「天主實義」(一六〇三年)，至比利時教士孫璋發表『性理眞詮』(一七五三年卽乾隆十八年出版)經過時間有一百五十年之久。性理眞詮一書爲耶教哲學中有數的書籍，書共三册，又有四卷續一册。一七五七年更譯成滿文，首册論靈性之體，二册論靈性之源，三四册論靈性之道。作者費十年心力，證明天主教卽是以前所稱古儒眞教，而於漢唐以來性理諸書則排斥之不遺餘力。全書以「先儒」攻擊「後儒」，其指摘宋儒之處，隨在可指，最重要的，有如下各篇，只要把篇目一看，就完全明白了。

(首卷)第七篇詳辯八之靈性非理(註六一)

人之理與物之理不同——靈性爲大體居中主宰非如[illegible]氣渾成一體——理氣同屬顽然，靈性能思想足徵靈性非理——靈性能主理不但爲理——靈性能變化氣象止於爲善非祇爲理——理無善惡靈性可以爲善爲惡——人能改過遷善非理可比——靈性較理尊貴不可謂理——天下萬理歸一正論——靈性如工人操尺寸運用適中足徵非理。

（二卷上）第四篇總論太極（註六二）

太極係上主造物元質非可以上主爲太極——太極係渾然之氣不能爲萬物之原——氣有一定之界——歷考古經書不重言太極——孔子不重言太極——孔門不傳太極——古經重言主宰不言太極有靈明——近儒所云太極與孔子所論太極相反——駁皇極經世書論太極之謬與孔子之意大相懸殊。

第五篇辨理非萬物之原（註六三）

卽云太極是理亦不能爲萬物之原——論萬理歸一實義——眞主惟一故理歸一原——太極之理既非神何能生神。

第六篇論陽動陰靜不能爲造物主（註六四）

駁性理諸書陰靜陽動之異說——氣不能自動有造物主命之動——氣之動靜係主宰智能並非陰陽之德——辨邵康節天地萬物有刼數之說——因氣本體不能無形足徵氣屬受造——氣之動靜係造物主使之動靜——上主命氣動靜猶人一心命兩股動靜——，太極陰陽俱由造物主分理——太陽諸星麗於天體非陰陽妄排必有上主措置——郊祀盡其誠係祀上主非祀陰陽之氣——謂理氣天地之德能生天地萬物乃是自生自己——天地萬物必賴上主造生並非無靈之太極等所生。

第七篇論陰陽受造並非無始自能生物(註六五)

未有天地之先並無此混沌之氣惟有一造物眞主——若謂氣無始是上主造萬物由氣不由己——性上主係自有可見氣有始——靈神且受造可知氣更受造——氣受制於上主必受造於上主——氣供人役使人且有始何況於氣——復辨邵康節天地有刼數之說——歷引經書證上主爲造物主——上主無始有實理可證太極陰陽無始荒渺無憑——孔子繫易云易有太極是生兩儀等正解——未有天地之先惟有上主首造太極按次而造天地萬物。

(二卷下)第四篇駁西銘萬物一體之說(註六六)

上主係全神超乎萬物之上決不能與萬物爲一體西銘云此謬妄至極——混神人萬物爲一體大非人道。

第十二篇明辨性理諸書謂天下之物不論靈蠢俱有始終之說(註六七)

(三卷下)第四篇指明異端根柢介異端無處躲閃。(註六八)

性理諸書議論失眞——性理一書惟談理氣不推本上主爲害人心較敬拜邪神之異端更甚——周易卦占卜不推原作易之正義故有異端者出——易爲勸善懲惡之書異學妄用占卜。

第五篇駁漢唐以來性理一書諸謬說(註六九)

辨性理諸書論天理之非——今有一種儒名雖爲儒但信從異端大亂上主眞教——辨近儒萬物一體之非——辨周子立太極圖之非——辨性理諸書妄談理性命三字之非——辨性理諸書論神之非——辨上主出乎震齊乎巽等等之非——辨程子但云一理以形體言謂之天以主宰言謂之上主之非——辨郊祀之禮謂不言后土省文之非——講論上主不可恃自己之聰明——辨人物同屬一性但有偏正之非——辨性理諸書云形神一氣之非——辨性理諸書謂作善由理作惡由氣之非——辨性理諸書云天人之理相合爲一之非——辨性理諸書云仁義禮智信五德稟於水火木金土五氣之非——辨人物同屬一體之非——辨太極圖云聖人不過稟天地之精而特出之非——論人之成聖並非性之者俱係學之者——論人之成惡並非性之者俱係習之者——辨皇極經世書云人之神卽天地之神之非——辨性理諸書云瞞得人瞞不得理之非——論古儒所謂敬於一者乃是敬一上主幷非敬一理——性理諸書各家自生臆說論無一定——性理諸書講解高宗夜夢上主賚以良弼不過勉強信從——辨性理諸書云海潮係地呼吸所致之非——辨性理諸書云北極爲氣運之原之非——辨性理諸書云草木有知覺之非——辨性理諸書云物與物其理爲一不同者其形之非

第六篇論今之明儒識見雖高議論雖正但與眞教至理倘有不足處(註七〇)

(四卷)第二篇以前所稱古儒眞教卽係天主教。(註七一)

全書反覆論辯，不厭其詳，而要之以攻擊宋儒的理氣二元論爲最精彩。由此書看來，所謂太極理氣，都不過爲卑陋的唯物主義罷了。

「據性理諸書云論理不論氣不備，論氣不論理不明，按此則是理與氣渾成一體，如色之白與物之白同爲一白也。是人之理與人之氣渾爲一體，亦卽如房之按規矩造成房室便人居住，是房之理與房之氣渾成一房矣。若將靈性認爲理，是將靈性與氣渾成一體矣，夫豈可哉。」（註七二）

「孔子繫易而贊之曰易有太極，是言易有至大至極之元質，爲上主造生天地萬物公共之材料，所謂太極是也。並未嘗卽指太極爲造肇天地萬物之主宰也。後人不察，竟將上主抹煞，繪畫奇偶之象，謂太極之先，並無上主，止此太極一動一靜，卽是兩儀，由兩儀生四象，四象生八卦，竟認太極爲生物之主，如之何其可耶？夫太極蘊陰陽，係元質，並無靈明自主，不過爲萬物之材質，安得稱爲造物主？」（註七三）

「若太極果係天地萬物之原，當必至精明，極能智，具神靈，明明赫赫，蕩蕩巍巍，爲世人所當昭事，所當畏敬，所當禱祀者也。若然則中庸推明道之大原，何不云太極命之謂性？郊社之禮，何不云祀太極？孔子何不云知我者其太極？吾誰欺，欺太極？君子有三畏，何不云畏太極？孟子曰存心養性，何不云所以事太極？詩何不云畏太極之威，敬太極之渝，敬太極之怒？堯咨舜，何不云太極之歷數在爾躬？舜何不向太極而肆類？湯何不禱太極於桑林？高宗何不云太極賚予良弼？且自古以來，並未聞太極能福善禍淫，獲罪太極而無所禱也。由此觀之，則太極非至精明，極能智具神靈之上主可知矣。」（註七四）

「後世言太極者，……竟謂其自能動靜，分陰陽，生五行，是推尊太極居於物先，爲萬物之原矣。且立太極圖，而畫奇偶之形以象之。更謂太極於天地未肇之先，居於沖漠無朕之際，實有形體矣，故曰太極無非理氣，理氣外無他說矣。既云萬物統此一太極，又云物物各具一太極，是謂太極爲可分可合之頑體矣。且萬物紛然不齊，或具寒熱溫涼，或具剛柔馨穢，莫能一致。今曰物物各具一太極，是太極又爲紛然雜出無能能自立之弱質矣。」……（註七五）

「諸儒又云太極非他，卽理也。氣雜而理純，氣頑而理靈，氣不能生天地萬物而生天地萬物者，理之能也。按此則又謂理爲天地萬物之原矣。若然，凡云理者，不當云萬物之理，當云理之萬物矣。世上豈有此顚倒錯亂之稱者乎？……諸儒又云言理不言氣不備，言氣不言理不明，是明知理不離氣，氣不離理，二者在物固渾成一體而不相分者也。以此而論，謂理爲萬物之原，則萬物實係以己生己矣。何也？前已明言理與氣在物渾爲一體，試譬之一乘車，車之氣與車之理，固同具於一乘車也；如此則是理生車，猶是以氣生車；以氣生車，依然以車生車，無以異也。今觀天下萬物皆不能以己生己，則知理不能生物也明矣。」（註七六）

「且謂太極是氣，前已明論氣無思想，若謂太極是理，則理與氣又曰爲一體，如此則太極動而生陽，究竟孰命之動乎？何以億萬年萬物各得其所，物類紛紜，秩然不紊乎？此皆不可以理推也。」（註七七）

「任吾子言理言道，言太極太虛太乙太和陰陽四象，認爲萬物之原，然俱係頑然，並無靈明。卽如任子云房屋之原，或係理氣，或係道，或甎瓦木料，或恰合規矩，或便人居寢，總皆頑然無靈耳。」（註七八）

孫璋以爲宋人理學千言萬語，都不出理氣二者，所謂太極所謂上帝乃至人物之性，同一理氣，理氣之外並無他說。(註七九)然而理氣之說畢竟是物質論者與無神論者，所以爲擁護天主的實義起見，不得不認爲異端，而加以排斥。他很憤慨地說：

「近儒不然，矜談性理，著書立說而曉曉萬言，竟將天地與主吾人靈性無生滅兩端至理，一筆勾倒。惟認理氣爲天地之本，人物之原，而於上古經書所稱皇矣上主，及降衷之恆性，竟不細加詳察矣。嚱今之學者，雖自矜名儒，談理切實，而其害較拜敬邪神之異端尤甚」(註八〇)

「異端敬拜邪神，較倡言太極理氣之說者，其情尚可原宥。敬拜邪神雖悖正道，畢竟其良心猶未死滅，惟誤認一主宰以加欽崇，如幼童不認其生母，但向乳母盡其孝道耳。蓋異端本欲得上主而敬拜之，但不知上主之實義，遂妄擬邪神爲上主，其情不良可悲乎！今止認太極理氣，不認上主者，是將上主之道，盡情抹煞，使萬世而下，茫然不知所歸向，害可勝言哉。」(註八一)

這本書出版時間，距離一七四二教皇本篤第十四所頒斷諭，已經十一年了。所以此書一出，卽以是書偏袒諭旨所指斥的儒教敬天等禮，而爲人所告發，然而終於不至禁止發行者，雖因有人給他洗刷辯護，實際也未始不因於他闢理氣之說，有衞道的大功勞。

四　反理學在中國所生之影響

耶穌會士的反理學運動，在中國和在歐洲一樣，均發生了很大的影響。關於在歐所生的反響，自有歐洲那時候的背景做根據，讓我在以下各章敘述牠。現在先提出研究的，是反理學在中國所生的影響，可分兩方面來觀察，即一爲正面的影響，一爲反面的影響，而以反面的影響更值得我們注意。

A.正面的影響

正面的影響，是指中國士大夫之信教者，或同情於西士之主張者，他們也和耶穌會士一樣，尊重孔子，對於宋儒不惜加以嚴重的批評。

a.徐光啓　表面上看來，他只排佛而不及後儒，如在萬曆四十四年『辨學章疏』(註八二)中，極力攻擊『釋氏之說，』以爲『諸陪臣所傳事天之學，眞可以補益王化，左右儒術，救正佛法者也。』但據天主教傳入中國考(註八三)所述『萬曆二十七年，偶聞利瑪竇名，特來南京問道，於利公所言……極爲佩服，以爲有合吾國古人敬天事天，昭事上帝之旨，惜爲後儒理氣之說，一筆抹煞，遂有志於天主聖教』云云。

b.李之藻　他雖攻擊佛教，兼及後儒，但對於朱子仍表示敬意。天主實錄重刻序云『說天莫辯乎易，易爲文字祖，卽言乾元統天，爲君爲父；又言帝出乎震，而紫陽氏解之，以爲帝者天之主宰，然則天主之義，不自利先生剏矣。世俗謂天幽遠不暇論，竺乾氏者出，不事其親，亦已甚矣。而欲於幻天藐帝，以自爲尊，儒其服者，習聞天命天理天道天德之說，而以浸淫入之，然則小人之不知不畏，亦何怪哉。』(註八四) 又刻聖水紀言序(註八五)中，也有類似的論潮。

c.楊廷筠　楊廷筠『代疑篇』(註八六)在『答造化萬物一歸主者之作用』條，便開始對於宋儒理學，下攻擊的論潮。他駁理氣之說道：

『物彙至多，問誰始造？或云一氣所爲，或云氣中有理，……皆漫說也。

『夫氣無知覺，理非靈才，若任氣所爲，不過氤氳磅礴，有時而盈，有時而竭，有時而逆，有時而順，焉能吹萬不同，且有律有信也。

『卽謂之理，理本在物，不能生物，如五聲之在八音，變不勝窮，皆屬之理。理在鐘鼓管絃，不能自生鐘鼓管絃，此人所自明也。』

d.魏裔介　他原來是一位理學大家，淸史稿列傳第四十九本傳說他『生平篤誠，信程朱之學，以見知聞知述聖學之統。』可是在他「賀湯若望七袠壽文」中，(註八七) 他竟對於天卽理說，加以猛烈的攻擊：

『主教尊天，儒教亦尊天；主教窮理，儒教亦窮理，孔子之言曰下學而上達，知我者其天乎。又曰天生德於予。又曰獲罪於天，無所禱也。孟子曰存其心，養其性，所以事天也。夭壽不貳，修身以俟之，所以立命也。易曰天行健，君子以自強不息。古聖賢懍於事天之學如此，而後之儒者，仍以隔膜之見，妄爲詮釋，如所謂天爲理也，含糊不明。儒者如葛屺瞻諸人，固已辨其非，先生之論，豈不開發羣蒙，而使天下之人，各識其大父，而知所歸命哉。謂先生爲西海之儒，卽中華之大儒可也。』

在這裏可注意的，就是理學家指天爲理之說，受了耶穌會士猛烈的攻擊，所以卽在以程朱正統自命的魏裔介，也不得不自己打自己的嘴巴了。

e.朱宗元似受一六七三年陸安德『眞福直指』認太極爲「元質」之說的影響，所以在他「答客問」與「拯世略說」中也有同樣攻擊宋儒的話：

答客問（註八八）中說：

『太極不外理氣，無知無覺，古人祀上帝，不祀太極，則天主太極判然明矣。』

問然則無極太極之說何居？

『曰此有至理，蓋天主始造天地，當夫列曜未呈，山川未奠之時，先生一種氤氳微密之氣，充塞飽滿，而世內萬有，繇此取材，此之謂太極，即西儒所稱曰元質也。』

又拯世略說（註八九）中一段：

『試問太極有知覺乎？則必曰無有。太極有靈明乎？則必曰無有。太極能賞罰乎？則必曰不能。故聞祭上帝也，未聞祭太極；聞畏天命矣，未聞畏太極。太極者最先之謂也，如草木之有種子，人物之有元質，天之所以爲天，地之所以爲地，是謂天地根，是謂太極。』

正面的影響，因宋儒理學在中國根深蒂固，所以較反面的影響爲少，這是無可疑的。然而正面的影響，在中國的耶穌會士卻始終保持其說，直到光緒九年黃伯祿之著『訓眞辨妄』（註九〇）尙極力攻擊「天即理也」的說法。

『後儒釋論語獲罪於天，無所禱也句，曰天即理也（見論語集註）然理也者，爲吾人行事之準則，猶律爲人民當守之法度，夫既有律，必有律所由制；既有理，必有理所由來。律所由制者，非律也，乃國君也。理所由來者，非理也，乃卽所謂天也。人之獲罪，固因悖理，但獲罪於天，非獲罪於理，猶人禱天，非禱理也，是天非理，義亦甚明。」

最受耶穌會士影響而攻擊宋儒理學的，莫過於光緒十二年李杕（問漁）之『理窟』卷二「萬物一體辨」（註九一）「太極不能生物論」（註九二）文繁不錄，錄他卷六（註九三）儒教論的一段：

『六朝五代以前，初無理氣之說，自朱子因程子之言，重加闡發，遂謂天卽是理，理卽是氣。萬口同聲，羣相附和，將蕩蕩主宰，抹而不論，徒存心於尋常日用之微，專意於動作云爲之細。一若理氣之外，別無歸原之學。後世註疏家又從而推廣之，千編萬卷，詞繁意歧，至今日而欲斥其非，反覺無由置喙。』

B.反面的影響

然而耶穌會士之攻擊宋儒理學，在中國思想界的正面影響，卻是有限得很，更可注意的乃在正面影響以外之反面的影響。從明萬曆年沈漼的『參遠夷疏』以至於『閩諸君子，浙諸大夫，侃侃糾糾……至於雲棲（釋袾宏）有說，密老有辯，費師有揭……纚纚數千言，佛與儒同一衞道之心。』（註九四）現在「聖朝破邪集」（註九五）八卷所載，可見反面的影響，是帶着如何的嚴重性了。破邪集所錄以外，尚有如楊光先的「不得已」，王啓元的「清署經談」，均立足於理學的立場，以反對天主教義，較之破邪集，儒釋不分者，更有闢邪顯正的意義。茲一一略述之如下：——

a.沈漼：參遠夷疏

他主張『本儒術以定紀綱，』而恨當時天主教士如龐迪我、熊三拔、和王豐肅、陽瑪諾等，『詭稱天主，』『其說浸淫人心，卽士君子亦有信向之者。』(註九六) 所以「參遠夷疏」雖未標明宋儒理學的立場，卻是儒教徒對於天主教攻擊之第一聲。還有晏文輝疏(註九七)稱『惟天地開闢以來，而中國之敎，自伏羲以迄周孔，傳心有要，闡道有宗，天人之理，發洩盡矣，無容以異說參矣。……乃今又有倡爲天主教，若北有龐迪我等，南有王豐肅等，其名似附於儒，其說實異乎正。』在這一段裏明明揭出『孔門心法』與『道統』的問題，可以說已經是以宋儒理學的立場來作他攻擊的起點了。

b. 楊光先不得已

清史稿列傳五十九『楊光先字長公江南歙縣人』就其籍貫來看，已經是宋儒理學的發生地了。再看他所著『不得已』一書(註九八)指斥天主造天地萬物及降生救世諸蹟，指爲荒唐怪誕，很明白地是站在宋儒理學的立場。他所著「孽鏡」(註九九)攻擊湯若望的曆法，以回回曆爲依據，雖跡近於頑固，然他攘夷的議論，實以當時的呂宋日本爲鑑戒，所謂「事關萬古綱常，憤無一人請討，布衣不惜齏粉，効忠歷代君親；」(請誅邪教狀)其有識有膽之處，不失爲有先見之明。至其排斥天主教義，影響亦極重大。不得已輯要有荊楚挽狂子跋(註一〇〇)說及楊光先『官欽天監三年，免歸，至山東，爲西洋人毒死。錢少詹大昕曰吾友戴東原嘗言歐邏巴人以重價購不得已而焚之，(池北偶談疇人傳)論者謂不得已一書，其息邪說正人心，長公獨長辨析，孟子之後，一人而已。』可見此書影響之大，無可疑了。

康熙三年七月楊光先上請誅邪教疏，(註一〇一)甲辰三月與許靑嶼侍御書(註一〇二)攻擊天主教門人李祖白的「天學傳概」極力李祖白主張『中國之初人——伏羲氏——實如德亞之苗裔自西徂東天學固其所懷來也。生長子孫，家傳戶習。……延至唐虞，下迄三代君臣告誡於朝聖賢垂訓於後往往呼天稱帝以相警勵。夫有所受之也，豈偶然哉。其見之書曰昭事上帝天其申命用休。詩曰文王在上，於昭於天。魯論曰獲罪於天，無所禱也。中庸曰郊社之禮，所以事上帝也。孟子曰樂天者保天下。凡此諸文，何莫非天學之微言法語乎？』李祖白的主張，逕謂中國的聖經賢傳皆受天學之傳遺當然惹起以『千萬世道統之正脈』自命的楊光先的反對了。

「闢邪論」完全站在宋儒理學的立場，來反對天主教，如云：——

『夫天二氣之所結撰而成，非有所造而成者也。子曰天何言哉？四時行焉，百物生焉。時行而物生，二氣之良能也。天設爲天主之所造，則天亦塊然無知之物矣，焉能生萬有哉。天主雖神，實二氣中之一氣，以二氣中之一氣，而謂能造成萬有之二氣，於理通乎？無始之名，竊吾儒無極而生太極之說。無極生太極，言理而不言事，若以事言之，則六合之外，聖人存而不論，論則涉於誕矣。夫子之不語怪力亂神，政爲此也。而所謂無始者，無其始也。有無始則必有先無始者之無無始，有生無始者之無無始，則必又有生無無始者之無無無始，遡而上之，曷有窮極。而無始亦不得名天主矣。誤以無始爲天主，則天主屬無，而不得言有。』(註一〇三)

『聖人學問之極功，祇一窮理以幾於道，不能於理之外，又穿鑿一理以爲高也。故其言中正平常，不爲高遠奇特之論。……夫天萬事萬物萬理之大宗也。理立而氣具焉，氣具而數生焉，數生而象形焉。天爲有形之理，理爲無形之天，形極而理見焉，此天之所以卽理也。天函萬事萬物，故推原太極者，惟言理焉。理之外更無所謂理，卽天之外更無所謂天也。易之爲書，言理之書也，理氣數象備焉，乾之卦，乾元亨利貞，象曰大哉乾元，萬物資始，乃統天。夫元者理也，資始萬物，資理以爲氣之始，資氣以爲數之始，資數以爲象之始，象形而理自見焉，故曰乃統天。程傳乾天也，專言之則道也，分言之以形體謂之天，以主宰謂之帝，以功用謂之鬼神，以妙用謂之神，以性情謂之乾。……專者體也，分者用也，言分之用而專之體自在矣。天主教之論議，行爲純乎功用，實程子之所謂鬼神，何得擅言主宰。朱子云乾元是天之性，如人之精神，豈可謂人自是人，精神自精神，觀此則天不可言自是天，帝不可言自是帝也。萬物所尊者惟天，人所尊者惟帝，人舉頭見天，故以上帝稱天焉，非天之上又有一帝也。』（註一〇四）

『……惟皇上帝降衷下民，衷者理也，言天賦民以理也。』（註一〇五）

不得已中反覆申明一點，就是西士在中國以傳教爲名而謀不軌的事。此書影響很大，可以算得站在宋儒理學立場以反攻天主教的一重公案，爲明淸中間最有歷史意義的一部奇書。

c. 王啓元淸署經談：

陳受頤氏有跋王啓元的淸署經談一文，原題『三百年前的建立孔教論』，見國立中央研究院歷史語言研究所集刊第六本第二分。依陳氏之意，王啓元排斥天主教，而尊上帝與天，推孔子爲教主，這是不錯的。王氏排斥天學的意見在他原書卷十五「聖教原是正坊」的天主公論篇反覆申明中國並非不知天，不應求之於西教。但可注意的就是他自己一再申明，其排斥天主教實較佛教爲嚴厲，而他排斥天主教所據的立場，實仍爲宋儒理學的立場。這一點則爲陳氏本文所未經注意。不錯！王啓元也有一大段攻擊『宋末之儒某某者——姑無指其名，』然而這宋末之儒某某乃指陸九淵（陳氏說過）之援佛入儒並非根本攻擊宋儒不但如此，王啓元將儒教神道化的思想，根本卽從宋儒理學脫胎出來的。所以說：

『邵子皇極經世，大闡二天之蘊；周子太極通書，深入十翼之精。』（註一〇六）

又在卷十五聖教原是正坊的諸儒公論篇中，將孟子以後的儒者，分爲八種，其實卽分爲八等。第一等是「卽聖經以闡天道」止有邵康節一人。『先天之學，使易道德與四聖並傳，中興之功，直繼孟子之後，一人而已矣。』第二等是「因經以發正見」其代表人物是周敦頤、程顥、程頤、朱熹，而尤尊重太極圖通書。第三等人物，纔是眞德秀、丘濬等的大學衍義和大學衍義補，仍未脫宋儒理學的範圍。祇有第七等「援聖經以附己見」卽前所云『如宋末之儒某某者——姑無指其名』這當然是指陸九淵了。這一段末了更說及「近臣（世）之儒，敢於輕毀聖人而略無忌憚者」蓋指王陽明心學一派。王啓元雖站在理學立場，而擁護邵、周、程、朱一派。反對陸王，所以說『宋儒自分爲門戶，近儒又與宋儒各分門戶，紛紛角立，總之求勝一念爲之耳。』似乎攻擊宋儒，實際乃是攻擊陸象山王陽明。『宋儒之學亦有陽儒陰佛者』均指陸象山一派而言，至如眞正宋儒理學的代表，如皇極經世與太極圖通書，可以說正是王啓元建立新孔教以反對天主教的理論基礎，所以他說自己的學問得力處在用他的圖學，圖學不就是邵康節周濂溪圖書之學的影響嗎？所以王啓元的淸署經談，可以說正是站在宋儒理學之正統派的立場，以反對天主教的最好例證。不過在他攻擊天主教的時候，反而受了天主教所說「天」與「上帝」之說的影響能了。

d.黄貞　天主教之傳入福建，以福建爲理學最發達的地方，因而引起了很大的反響。如龍漳人黄貞，就是好例，而到處呼朋結社，以「闢天主」爲己任，且刻破邪集，閩子諸子如蔣德璟、顏茂猷、周之夔、及唐顯悅等，均爲作序，影響極大。其『請顏壯其先生闢天主教書』(註一〇七)攻擊天主教云：

『蓋彼教獨標生天生地生人生物者曰天主，謂其體無所不在無所不知無所不能，謂天賦畀靈魂於人曰性，不可謂性即天，不可謂天即吾心。……天地也，天主也，人也，分爲三物，不許合體，以吾中國萬物一體之說爲不是，以王陽明先生良知生天生地生萬物，皆非也。此其壞亂天下萬世學脈者一也。』

又尊儒亟鏡說得更爲明白：

『是故當知此誠眞體無所在而無所不在也。……豎無上兮，橫無外兮，虛空逼塞滿兮，語天莫載也。野馬尿溺兮，窗前草兮，物物一太極兮，語小莫破也。在鳶魚則爲鳶魚之道，飛戾天兮忘其天，躍於淵兮忘其淵，鳶魚各足也。生民之食息起居，何非此道之妙用，兩間之水流花開，總屬此理之流行。造端乎夫婦，察乎天地矣。君子也，聖人也，夫婦也，天地也，飛潛動植也，其在一道中矣。故曰天得一以清，地得一以寧，王侯得一以爲天下貞，此吾道一以貫之宗，性與天道之旨也。洙泗一堂，當日漏洩已多，然及門弟子猶不可得而聞，況妖夷輩今日可得聞此哉。……總之，妖夷不能知此一貫之道，故妄之天主與靈魂，而卑賤太極與理道也。』(註一〇八)

『夷之言曰：若太極者，止解之以所謂理，則不能爲天地萬物之原矣。蓋理亦依賴之類，自不能立，曷立他物哉。又曰自不能立何能包含靈覺，爲自立之類乎。理卑於人，理爲物，而非物爲理也。故仲尼曰人能弘道，非道弘人也。如爾曰理合萬物之靈，化生萬物，此乃天主也，何獨謂之理，謂之太極哉。繇此觀之，夷妖明目張膽，滅仲尼太極是生兩儀之言，而卑賤之矣。以天主耶穌滅太極矣。夫旣滅之，而復引仲尼人能弘道非道弘人之語，何爲哉？蓋欲以仲尼攻仲尼也，使天下知仲尼之說爲矛盾，而太極生兩儀爲不足聽也。」

接着更攻擊「利先生天學……祇爲太極之亂臣賊子，爲素王之惡逆渠魁。」「利妖之滅太極，卽滅中庸也。」「滅理無道，」「忍心害理；」因之不得不加以拒絕了。(註一〇九)

e. 許大受　德淸人，著「聖朝佐闢」見破邪集卷四。「闢者何？闢近年私入夷人利瑪竇之邪說也。」(註一一〇)其「闢裂性」(註一一一)與「闢貶儒」兩節均站在理學之立場上。如「闢貶儒」(註一一二)云：

「按彼天主實義云竊聞古先君子，敬恭天主，未聞有尊太極者。如太極爲萬物之祖，古聖何隱其說，太極之說，甚難合理，斥謷周易，累若干言。嗟嗟甚矣，夷人之敢於非聖，而剡其書者之敢背先師也。葢易有太極是生兩儀，兩儀生四象，四象生八卦，然後化生萬物，此乃畫前原易，夷輩此言，如生盲人，寧見天日？」

f. 陳侯光　三山人，著「辨學芻言」見破邪集卷五。辨學芻言自敍云：(註一一三)

「孔子揭太極作主宰，實至尊而至貴，彼則判太極原屬依賴，謂最卑而最賤。」

「太極虛理，泰西判爲依賴之品，不能自立，何以創制天地，而生萬物耶？東庠居士曰瑪竇歷引上帝以證天主，皆屬附爲影響，其實不知天，不知上帝，又安知太極？夫太極爲理之宗，不得單言理；爲氣之元，不得單言氣。推之無始而能始物，引之無終而能終物者也。瑪竇管窺蠡測，乃云虛空中理不免於偃墜。又云始何不動而生物，後誰激之使動。又云今有車理，何不生一乘車。種種淺陋，智能嗤之，即以此還詰天主，瑪竇亦作何解。昔賢謂說天者莫辨乎易，伏羲以天地山澤雷風水火羅宇宙之法象，孔子又遡其從出之原，特揭易有太極一句，故下面遂云生兩儀，生四象，生八卦，顯矣亦玄矣。惟能認得太極為生天生地生人生物之主宰，便不落意識界中，而仁義禮智，觸處隨流，吾儒返本還源，祕密全在於此。何彼敢無忌憚而曰太極之理卑也賤也。』（註一一四）

g.李燦　著『劈邪說』見破邪集卷五。

『夫聖賢之學，原本人心，故曰人者天地之心，未聞心外有天也。……乃至借朱子云：帝者天之主宰，謂與天主之義相合，刪字牽文，深為可哂。朱子生平得力不離誠意正心，宋儒性理一書，率明此事。苟明此事，自卓然見天之有人，如人之有心，卷之一掬，放之六合，蓋天蓋地之量，人人自具，不假外求。若云仰求之天，則情類血氣，悉之本原，人物之空殼，痿痺亦已久矣，可哀孰甚。』（註一一五）

h.林啓陸　武安人著『誅夷論略』見破邪集卷六。

『天者理也，帝者以主宰而言也。夫天之生民，有物必有則，人能順天理，協帝則，自可以主宰萬物，統制乾坤，補宇宙之缺陷，正當代之學術，此吾儒之所謂天主也。而天下民物各具一天主也。堂堂正大典籍昭彰，何我輩盡異弗顧，而反聽於魑魅魍魎之教，削越祖宗，去拋神主，排禮法，毀典籍，濆聖水，擦聖油，崇祀十字刑枷，而以碧眼高鼻者為天主乎？』（註一一六）

i.鄒維璉 著「闢邪管見錄」見破邪集卷六。

「至於孔子太極之訓，春秋之作，孟氏仁義之對，無後不孝之言，皆見指摘……噫逆亦甚矣。」（註一一七）

j.曾時 三山人著「不忍不言序」，見破邪集卷七。不忍不言為黃貞所作，此序文不過加以發揮：

「天學實義一書已議孔聖太極之說為非，子思率性之言未妥，孟氏不孝有三之語為迂，朱子郊社之註不通，程子形體主宰性情之解為妄。凡此數則，可謂其合儒乎？矧他書猶未及閱，其抑儒蔑儒難枚舉也哉。」（註一一八）

由上黃貞以下諸人，均站在理學立場以攻擊天主教，可是明末的理學，實和佛學有一脈相通之處，所以他們擁護理學，同時對於佛學亦加以辯護。而在天主實義一書，攻擊理學，同時對於佛學也毫不客氣地批評，這一點是應該注意的。因此所以聖朝破邪集除收入理學家言以外，對於純粹佛家的反天主教論著，也一併搜集。如卷七至卷八即為此類著作，而黃貞的「不忍不言」，曾時的「不忍不言序」亦入其中。此外則為沙門和尚的論著，舉其目錄如下：

1. 釋袾宏天說；
2. 釋圓悟辨天說；
3. 張廣湉證妄說、證妄後說
4. 釋圓悟復張夢宅書

5. 釋普潤：證妄說跋、誅左集緣起

6. 釋大賢：緇素共證

7. 劉文龍：統正序

8. 釋通容：原道闢邪說

9. 釋成勇：闢天主教檄

10. 釋如純：天主初闢

天主實義對付中國思想的方法，是分裂儒佛；儒佛對付天主教的方法，則聯合起來，和他對抗。因此在釋家著作中，也有不少爲宋儒理學辯護者，如釋費隱『原道闢邪說』（註一一九）有『揭邪見，迷萬物不能爲一體』一條，釋普潤『誅左集緣起』（註一二〇）亦有『謗太極仁義爲賊』一語，可見這時天主教確成爲儒佛兩家共同攻擊的對象，而在破邪集中，很可看出這時儒佛兩家聯合起來，以攻擊天主教的一種運動。這不但明末學風的現象如此，實亦可見此時學術思想之混亂，正給天主教徒以推翻理學一個絕好的機會。破邪集中所載理學家攻擊天主教的理論，沒有一篇及得上楊光先的闢邪論，當然也沒有力量去阻止天主教在中國的傳播。然而天主教的反理學運動在中國雖收了很大的效果，而在歐洲反理學運動的結果，卻無意地將理學的思想介紹到歐洲，造成了歐洲之非宗教的文化時代，即理性的哲學的時代，這卻是很可供我們研究價值的新題目了。

（註一）樊國樑：燕京開教略中篇頁 44－46 又 Cordier: Bibliotheca Sinica. Vol. II. 頁 869－870. 所製從一六一〇年至一

七四二年之中國禮儀問題年表，亦可參看。

（註二）同上中篇頁 46－47.

（註三）蕭若瑟：天主教傳入中國考卷六頁三三二。

（註四）樊國樑：燕京開教略中篇頁四六。

（註五）同上中篇頁四八。

（註六）同上中篇頁五七。

（註七）同上中篇頁 14－15.

（註八）同上中篇頁四六。

（註九）同上中篇頁四六。

（註一〇）黃伯祿：正教奉褒頁一二四。

（註一一）樊國樑：燕京開教略中篇頁五〇。

（註一二）故宮博物院文獻叢編第六輯康熙與羅馬使節關係文書頁一三——一五。

（註一三）同上頁一一。

（註一四）同上頁一二。

（註一五）同上頁一三。

（註一六）同上頁一四。

（註一七）參照 A. J. Garnier：基督教史綱第十六章頁二六九。

（註一八）Nouveaux mémoires sur l'état présent de la Chine t. 1. p. 343. 參照後藤末雄：支那思想のフランス西漸頁 231－234.

(註一九)利瑪竇:天主實義上卷第二編上海印本頁 25－26。

(註二〇)同上頁 111－112。

(註二一)利類思:不得已辯,上海印本頁六。

(註二二)蕭若瑟:天主教傳入中國考頁三〇七。

(註二三)見性理眞詮頁三六四。

(註二四)利瑪竇:天主實義頁一八。

(註二五)同上頁一九——二一。

(註二六)同上頁二二——二四。

(註二七)同上頁二四。

(註二八)同上頁五七。

(註二九)同上頁六八。

(註三〇)同上頁四八——四九。

(註三一)H. Bernard:天主教十六世紀在華傳教誌頁二六五。

(註三二)龍華民:死說,一九三五年第二版。

(註三三)龍華民:靈魂道體說,民國七年重刊本頁 3－4。

(註三四)同上頁九。

(註三五)艾儒略:萬物眞原頁十四。

(註三六)同上頁 14－17.

(註三七)艾儒略:三山論學紀頁六——七。

(註三八)同上頁四——五。

(註三九)利類思不得已辯頁五三。

(註四〇)同上頁五五——五六。

(註四一)利瑪竇天主實義頁二四。

(註四二)湯若望主制羣徵一九一九年重刊本卷下頁一一以聖跡徵條。

(註四三)同上卷下頁 7-8 以人心之能力徵條。

(註四四)同上卷下頁九以無主悖理徵條。

(註四五)衞匡國眞主靈性理證一九一八年重刊本頁一。

(註四六)同上頁三。

(註四七)同上頁九——一〇。

(註四八)同上頁一〇。

(註四九)陸安德眞福直指頁一四。

(註五〇)同上頁一五。

(註五一)同上頁一五。

(註五二)同上頁一七。

(註五三)同上頁一七——一八。

(註五四)同上頁一九，

(註五五)同上頁一三。

(註五六)衞方濟人罪至重一九三六年再版本頁一至三。

（註五七）同上頁三——四。

（註五八）同上頁四——五。

（註五九）同上卷一頁二八——二九。

（註六〇）同上頁三一。

（註六一）孫璋：性理眞詮頁四二——四七。

（註六二）同上頁一〇〇——一〇七。

（註六三）同上頁一〇七——一一二。

（註六四）同上頁一一三——一二二。

（註六五）同上頁一二二——一三六。

（註六六）同上頁一六一——一六四。

（註六七）同上頁二一〇——二二四。

（註六八）同上頁三〇五——三一八。

（註六九）同上頁三一八——三四一。

（註七〇）同上頁三四一——三五七。

（註七一）同上頁三六一——三七〇。

（註七二）同上頁四三。

（註七三）同上頁一〇一。

（註七四）同上頁一〇五。

（註七五）同上頁一〇六。

(註七六)同上頁一〇八。

(註七七)同上頁一一二。

(註七八)同上頁一二一——一二三。

(註七九)同上頁三一九。

(註八〇)同上頁三〇九。

(註八一)同上頁一七三。

(註八二)徐文定公集卷五。

(註八三)蕭若瑟天主教傳入中國考頁 141-142.

(註八四)李之藻文稿附徐文定公集卷六頁一。

(註八五)同上卷六頁九。

(註八六)楊廷筠代疑篇頁一。

(註八七)見正教奉襃上册頁三八。

(註八八)朱宗元答客問頁五——六。

(註八九)朱宗元拯世略說頁一〇。

(註九〇)黃伯祿訓眞辨妄頁五。

(註九一)李杕理窟頁 6-7.

(註九二)同上頁 7-8.

(註九三)同上頁 1-2.

(註九四)崇禎十二年徐昌治聖朝破邪集序。

（註九五）日本安政乙卯翻刻本。

（註九六）聖朝破邪集卷一頁七。

（註九七）同上卷一頁 21－22.

（註九八）民國十八年中社印本與重輯不得已輯要本。

（註九九）不得已下卷。

（註一〇〇）不得已輯要頁二一。

（註一〇一）不得已上卷頁 4－7.

（註一〇二）同上頁 8－17 引。

（註一〇三）闢邪論上見不得已上卷頁 19－20 輯要頁 9.

（註一〇四）闢邪論中見不得已上卷頁 27－28 輯要頁 13－14.

（註一〇五）同上頁 29 輯要頁 14.

（註一〇六）王啓元清署經談卷一二頁 21－22 此引陳著頁 138.

（註一〇七）聖朝破邪集卷三。

（註一〇八）同上卷三尊儒亟鏡「道貫天地人物，非夷所知說」頁一八——一九。

（註一〇九）同上「太極理道仲尼不可滅說」頁一九——二一。

（註一一〇）聖朝破邪集卷四頁一。

（註一一一）同上頁 8－13.

（註一一二 同上頁 14－16.

（註一一三）同上卷五頁一。

（註一一四）同上西學辨四頁 6－7.

（註一一五）同上卷五頁二四。

（註一一六）同上卷六頁二。

（註一一七）同上頁八。

（註一一八）同上卷七頁五。

（註一一九）同上卷八頁一七。

（註一二〇）同上頁二一。

（補註）參照 Cordier: Bibliotheca Sinica. Vol.II. 頁 869－926, Vol. IV. 頁 3125－3126. Vol. V. 3580－3600. 其中英文著作祇有三種。

二　啓明運動與中國文化

從文化哲學來看（註一）中國文化和西洋文化的關係，應得如下之重要結論，卽是：

(1)從文化的類型上說，西洋文化爲科學文化，中國文化爲哲學文化。西洋文化史實爲一部科學文化的發展史，中國文化實爲一部哲學文化的發展史。

(2)從文化的結構上說，西洋文化中亦有宗教、哲學、藝術，但皆以科學文化爲中心，而形成爲「科學的宗教」「科學的哲學」「科學的藝術」。又中國文化亦有宗教、科學、藝術，然皆以哲學文化爲中心，而形成爲「哲學的宗教」「哲學的科學」與「哲學的藝術」。

(3)從文化的發展上說，卽西洋文化實代表文化全史之第三時期卽科學時代，中國文化實代表文化全史之第二時期卽哲學時代。

(4)從文化的接觸上說，卽西洋文化史上之「哲學時代」實受中國哲學文化的影響，（註二）中國文化史上之「科學時代」實受西洋科學文化的影響。

十八世紀歐洲的啓明運動（Aufklärung; Enlightenmont）卽是西洋文化史上之「哲學時代」，換言之卽西洋文化接受了中國影響的時代。現在試從客觀的歷史事實來證明這個結論，而且特別證明了宋儒理學

對於歐洲文化劃時代的影響。

一　所謂『理性時代』

西洋文化史之第二時期爲哲學時代。法國啓明主義者達隆培爾(D' Alembert 1718－1783)曾論及十八世紀的思想狀態，以爲十五十六世紀爲文藝復興與宗教改革的全盛時代，十七世紀爲笛卡兒哲學的勝利時代，那末十八世紀的特色是什麼呢？他的答案就是『哲學的時代』(註三) 康德(Kant)在一七八四年十一月柏林月刊曾發表一篇『對於啓明問題的答案』(Beantwortung der Frage Was ist Aufklärung)? 他給『啓明』下一個定義，啓明就是有自主獨立之精神狀態，是依於個人有勇氣使用其理性的自由的。(註四) 士羅塞(F. C. Schlosser 1776－1867)著「十八世紀史，」以哲學爲觀點，認爲這個世紀爲啓明時代，即是哲學時代。(註五) 聖西門(Saint－Simon 1760－1825)說得更明白了。在他工藝論 (L'Industrie) 的第二意見書中，述及十八世紀哲學的性質，是一種反神學的精神；在十八世紀哲學家本身的活動以外，不論任何地位的人，均從事於哲學的職務 (l'oeuvre philosophique)，而其最大的結晶，即爲號稱反神學 (Anti－théologie) 的百科全書。(註六) 因爲十八世紀文化的特點，是想以哲學的文化來推翻中世紀的宗教文化，也就是想以理性的權威，來代替上帝的權威。因此在這個時期大家都非常尊重理性，尊重自由，應用理性的批評，而稱之爲理性時代。在歷史上最明顯的表現，可從兩方面觀察出來：

（一）法國的理性派從笛卡兒（Descartes）——殆經過百科全書派的唯物論無神論，影響到法國革命。

（二）德國古典哲學從來布尼茲（Leibniz）與爾夫（Wolff）到康德（Kant）菲希特（Fichte）與黑格爾（Hegel）之觀念論的哲學，影響到精神革命。

A. 反宗教的哲學精神

十八世紀法國哲學是法國革命的預備，在這個時候法國處處都是哲學，在悲劇中小說中歷史中政治經濟中，每人多少都是哲學家（註七）然而十八世紀法國哲學家之最偉大的，卻不能不數到服爾德（Voltaire）了。服爾德繼承笛卡兒左派的貝爾（Bayle），對於當時的宗教攻擊不遺餘力，「聖教史略」記其歷史道：（註八）

「服爾德深惡聖教會束縛人之自由……不惟攻擊聖教會且疾視君長力倡平權之說。……時普魯士王腓特烈第二，方倡無宗教說，聞服爾德名召入朝中恨相見之晚。……以巴黎人拒之不納，忿甚，仇教思想更甚於前，所著謗教書多種，多出此時。……服爾德心猶未滿，聯合同志者二三十人，內有狄德羅，達隆培爾（Diderot, D' Alembert）等作一大字典，卷帙浩繁，凡攻擊教會鼓吹革命之詞理，無不備載。此書與他謗教書，由巴黎印行，流傳各國，遺害社會，人比之洪水之災云。服爾德見其書流傳日廣，大喜曰：「昔耶蘇以十二門徒立教，教中人每誇其奇，今我以一人滅之，豈不更奇。不出二十年，將使基督教無復蹤跡之可尋」」

這一段反對派的話，確亦可見當時「反宗教運動」的潮流，是從這一位法國大革命前的一大思想家服爾德提倡出來的。服爾德反對宗教即是擁護理性，他攻擊教堂，對于那些自稱為基督代表的人，罵得痛快淋漓，攻擊聖經以爲『只是一個有瘋狂的無知者在一個極壞的地方寫的著作。』舊約如此，新約亦然。『要把這些荒唐的故事，當作自然的事來相信，一定要有一種與我們現在所有的一切理性相反的理性，否則是不可能。』（註九）

我們再來一看法國革命時代雅各賓黨（Jacobin）的新教綱領，即是一種哲學的宗教。法國泰納（Taine）曾有一段妙文，描寫他們的信仰。他們宣言：『在今日以前，一切都受宗教的管轄，今日以後卻是理性管轄的時代了。我們同志都是百科全書派的信徒，我們尊重理性，把牠作爲一種宗教。從前的宗教時代已告結束，我們應用此哲學的宗教，即理性的光明，來爲歷史上開一新紀元。』（註一〇）然而羅伯斯比爾（Robespierre）還不及阿貝耳（Hébert）來得澈底，阿貝耳和他黨徒，曾參加慶祝理性節，即以理性的崇拜代替上帝的崇拜，在聖母院大禮拜堂（The Cathedral of Notre-Dame）中舉行了一種崇拜理性儀節（A Feast of Reason），飾一美麗的女伶爲理性女神。（註一一）理性！理性！不就是法國革命的口頭禪嗎？

把法國革命時代的雅各賓黨和德國的觀念論哲學比較一下，則如德國海涅（Heinrich Heine 1797–1798）在他名著『德國宗教及哲學底歷史』（Zur Geschichte der Religion und Philosophie in Deutsch land）中（註一二）所說『思想界底偉大破壞者康德，在恐怖主義上是遠爲羅伯斯比爾所不及的。』爲什麼？他說——

『據說幽靈只要瞥見死刑執行人的劍，便嚇得要命。……那末現在突然拿出康德底「純粹理性批判」來，要叫幽靈多麼驚恐啊！這本書，是將德國底理神論處以死刑的劍。

公平地說，……世人拏羅伯斯比爾和康德比較的時候，實際是對他表示了過分的敬意。聖翁諾列（Rue

Saint-Honoré）街的偉大的俗物羅伯斯比爾，在關於忠君制的場合，發作了破壞的激怒，接着起了殺逆的痼癖，非常可怕地痙攣着可是在最高存在底問題上，他卻就拭乾嘴上的白口沫，弄淨手上的血，穿起帶有閃光鈕扣的青色美服，還在廣幅的胸衫上插着花束了。

實際上，如果開尼斯堡底市民理會了這思想底整個意義的話，那末他們對於康德，較之對於死刑執行人——單單處決人的死刑執行人，將愈令感到毛骨悚然的恐怖了。——但良善的人們只是把他當作一個哲學教授，所以當他在固定時間出來散步的時候，老是親切地問候他，而且對準他來校正懷裏的時錶』（註一三）法國革命判決了帝王貴族的死刑，德國哲學家則用那無生氣的乾燥無味的文體，來寫哲學，以判決上帝的死刑。康德告訴我們，我們對於物自體是毫無所知的，我們稱呼為神的，不過只是虛構，由於自然的錯覺而成立的。雖然以後他用實踐理性把曾一度被理論的理性殺死了的有神論復活起來，然而如海涅所說，『康德恐怕還是為了警察的緣故而甦生了神的吧！』然而當他做大學校長的時候，曾領導全校，齊到教堂，他不肯進去中途跑了，這可見他鄙視宗教的態度。從菲希特的「知識論」直至黑格爾的『歷史哲學』都是看重理性過於宗教，菲希特好像法國革命時代的拿破崙代表着一個偉大的意志偉大的自我。（註一四）他的「知識論」，竟於一七九八年，因無神論底事件而被人控告。神在菲希特是沒有存在的，神不過是作為粹純的行為，作為事件底秩序。如海涅所說似的『這種觀念論比較着最粗野的物質論，是更無神的，更受呪咀的理論。在法國被稱為物質底無神論，如果拿它來和菲希特底先驗的觀念的結果比較一下，那末還有可寬恕的敬神的地方吧。』（註一五）雖然菲希特末了也背叛了自己哲學而投降敵營，然其後繼者謝林（Schelling）的自然哲學，倚支持着斯賓諾莎（Spinoza）的泛神論（註一六）到了黑格爾（Hegel）哲學革命可算告終結了。哲學侵入了各種科學之中，（註一七）這是一個由哲學而科學的過渡時代，也正是以哲學清算了宗教的時代。黑格爾的文化類型說，是如下圖式。美術——宗教——哲學，而以哲學爲美術與宗教的綜合，哲學超過宗教，哲學上的絕對卽「上帝」之代名詞。有一次他對德國青年說，「我們就是上帝，」這不是戲語。黑格爾本是哲學家，他和康德，菲希特一樣帶着很濃厚的反神學底精神的。所以，我們可以說十八世紀的時代，是「反宗教」的哲學時代，就是理性時代。但我們要問這個理性時代，是從那裏來的？問題的關鍵就在這裏。

B. 希臘呢？中國呢？

十八世紀的哲學時代，換言之卽反宗教的哲學運動，其來源有二，一是中國，一是希臘。不過比較起來，在這兩個來源裏，中國思想的影響比希臘的爲大。在歐洲文藝復興時代，受希臘的文化影響較深，如我所證明過的，文藝復興雖以中國之重要發明爲其物質的基礎，但實以希臘的入世觀念爲其精神的基礎；卻是到了啓明時代，這種希臘的精神影響，已爲中國的文化所替代了。中國成爲十八世紀精神文化的誕生地，其力量之大，實遠過希臘，希臘不過歐洲本土的產物，中國則爲外來的生力軍，影響所及，遂使歐洲的文化歷史，爲之劃一新時代。於此我們要問，在這樣崇拜中國文化之下，有沒有人提出抗議呢？當然有的，抗議者卽是希臘主義者，如法國大主教費內龍（Fénelon 1651-1715）就是好例。（註一八）他在少年時代，卽「崇拜希臘文化，到了晚年，覺得要救歐洲，非接受古代希臘文化的指導不可。但是十八世紀初年歐洲學者均傾心中國文化，把古希臘的文化扔在一邊，因此費內龍就取了一種堅決地反中國的態度。當禮儀問題發生的時候，他始終抱着懷疑的態度，不表示什麼。但在一七一二年出版有名的『死人的對話』(Dialogues des morts)中有『孔子與蘇格拉底』一章，借蘇格拉底的名義，來反對中國文化。他將東西大哲人孔子和蘇格拉底相比較，以爲孔子夠不上做「中國的蘇格拉底」。因爲孔子希望將哲學教訓全人類，這實是錯誤。蘇格拉底則沒有這種野心。蘇格拉底說「我立意不著書，甚至覺得自己已經談得太多了」(I have deliberately abstained from writing, I have even talked too much.)孔子一派，主張要使全部人民變成哲學家，然而這也是不可能的。即使多數的中國人有好些優點，然而同時也不能沒有缺點。他於是進而攻擊中國的古代歷史，認爲荒謬僞造。中國雖先歐洲發見了印刷術，火藥，幾何學，繪畫，陶器的製法，然而故步自封，一點進步也沒有。而且中國的建築，缺乏平衡，繪畫沒有結構，漆的發明則由於自然的環境。蘇格拉底甚至以爲中國民族的老家，並非中國，人實爲巴比崙的後裔，其文化實從巴比崙傳來的。他舉出三種證據。他的結論自然是蘇格拉底勝過孔子，希臘文化要比中國文化高明多了。然而很矛盾的，就是他否認了人類教化的可能性，而他自己的話，卻說「我愛自己不如其愛家族，愛家族不如愛國家，愛國家又不如我之愛人類」那末依費內龍所說，不是一樣地抱着孔子的博愛主義，而以啓發人類爲最大目標嗎？所以後藤末雄在『支那思想のフランス西漸』中指出費內龍的矛盾，而加以批評。(註一九)而且在費內龍提倡希臘來和中國文化對抗以後，號稱「歐洲的孔子」底魁斯奈(Quesnay)(1694—1774)在他一七六七年所著論文『中國專制政治論』(Despotisme de la Chine)中，卽提出相反的論潮，他始終以爲希臘的哲學大大不如中國。（註二〇）他的同志博多(Baudeau)更明白地說『公平善意和自然的秩序，在希臘各共和國間始終是沒有的。希臘中所載的全是破壞人類和平快樂的陳跡……現代純正的思想家決不會再附會希臘的哲人和政客，承認這種政治組織爲人類的傑作而模倣牠。』（註二一）由上可見十八世紀的歐洲，其哲學文化雖有兩大來源，然而希臘文化的影響實遠不如中國。所以十八世紀的哲學時代，無論從何方面來看，都可認出中國哲學文化的影響。直到十八世紀末年，歐洲學者宣傳中國文化仿自希臘，如邁納斯(Christoph Meiners)等在一七七八年所抱論潮，然而不久在法國學者哈革(Joseph Hager)於一八〇六年尙主張希臘的宗教實受中國的影響。不過由十八世紀而至十九世紀，這時歐洲科學文化卽希臘文化已漸壓倒中國文化，所以十八世紀末十九世紀初，一般人已不相信希臘文化爲受中國文化的影響，反而相信中國文化爲受希臘文化的影響，這麼一來，情形一變，中國的哲學已不能支配歐洲思想界，而歐洲的科學反而支配了中國思想界了。但這是後話，仍抹煞不了十八世紀歐洲所受中國文化影響這一個歷史的事實。

那末理性的觀念從中國來的，還是從希臘來的呢？我可以肯定的說一句是從中國來的。黑格爾在『歷史哲學』裏，說到理性支配世界可想起兩種形式，一是希臘哲學家之『Nous』支配宇宙說，一是宗教家對於神意的信仰說，但他反對這兩種形式，以爲兩者都不是「哲學的理性觀，」把它推翻了。而理性之「變化的範疇」黑格爾以爲「這就是東方人所抱的一種思想，或許就是他們的最偉大的思想，他們的形而上學之最高的思想。」

(註二二)又說「中國人承認的基本原則爲理性（Reason）——叫做道；道爲天地之本，萬物之源；」不過中國的理性觀，由他看來是和直接有關國家的各種學術研究並無聯繫的。(註二三)

我們現在倒要注意一下這種中國的理性說，是怎樣傳到歐洲。

我們知道，「異端」的孔子哲學，在歐洲方面雖有耶穌會徒極力介紹，極力證明他和基督教之相一致，但並不曾因此在宗教上發生了什麼影響，有的也只是反對的影響。我們現在來說中國理性說之影響歐洲，當然不是指宗教文化來說，而是專就哲學文化的影響來說。從宗教的見地來看「哲學，」哲學不外是一種異端外道，而從哲學上看，則此宗教所認爲異端的孔子，卻正是哲學的老祖宗；所認爲邪說的「理」「理性，」正是哲學的正統派。十八世紀歐洲的思想界既爲反對宗教而主張哲學文化的時代，當然對於此非宗教的孔子和他哲學的理性觀，要熱烈地歡迎他崇拜他。因爲羅馬教會證明了孔子學說爲「異端邪說，」則歡迎此異端邪說，卽所以攻擊羅馬教會的本身，如法國大思想家服爾德卽爲好例。他是反宗教運動的急先鋒，同時就是介紹中國哲學文化的先覺者。他拿着從耶蘇會的學院肄業得來的關於中國哲學的知識，卽以此知識爲武器，拿來攻擊教會，攻擊耶蘇會。十八世紀中法國教會的崩潰，幾全出於這一位中國文化的信徒之力。耶穌會士介紹中國思想原意是爲自己宗教的教義辯護的，無如中國思想原爲哲學的文化，理性的文化，而此理性的新文化，並不足爲宗教的思想辯護，反而給予反宗教論者以一種絕大的武器，這當然不是耶穌會士所能預先料得到的。自此以後宗教思想在歐洲卽不能佔其原有的勢力，宗教時代已爲哲學文化的時代所代替。「異端」的孔子在歐洲抬起頭來，如賴赫淮恩

(Reichwein)在『中國與歐洲』(註二四)一書所說:『那些耶穌會中人,把中國經書翻譯出來,勸告讀者不但要翻讀他,還且須將中國思想見諸實行。他們不知道經書中的原理剛好推翻了他們自己的教義;尤其重要的,就是他們不但介紹了中國哲學,且將中國實際的政情亦儘量報告給歐洲的學者,因此歐洲人對于中國的文化,便能逐漸了解,而中國政治也就成爲當時動盪的歐洲政局一個理想的模型。當時歐洲人都以爲中國民族是一個純粹德性的民族了』。

「中國」變成十八世紀歐洲的理想國家,中國的孔子,變成十八世紀歐洲思想界的大目標,好比馬・恩學說之成爲現代人之討論目標似的,孔子的哲學理性觀也成爲歐洲十八世紀思想界的最大權威。其影響遂及於法、德、英各國,雖然各國所受影響不同,而要之以「異端」的孔子,作他們反對宗教主張哲學的護身牌,卻是一致的。孔子學說成爲時髦的東西,引起了歐洲一般知識階級對於孔子著書的興趣,竟如我們現代學者對於馬・恩著書的興趣一樣,大大聳動了人心。這麽一來,中國文化便脫出了耶穌會士研究的範圍,而反爲耶穌會以外知識階級,尤其是一般學者因讀不完全的譯本,不求甚解,而大爲感動。在十七世紀已有人著書立說,以宣傳中國哲學自命。如一六八八年所著『Lettre Sur la morale de Confucius, philosophe de la Chine』(paris)和『La morale de Confucius philosophe de la Chine』(Amsterdam)兩書,十八世紀初卽一七二九年更有 M. D. S. 所著『Idée générale du gouvernement et la moraler des chinois』(Paris)都是無名或匿名的,匿名的原因,爲的是避免當時政府嚴厲的檢閱制度,但據今人研究的結果,知道第一書爲西門孚舍 (L' Abbé Simon

Foucher）所著，（註二五）第二書爲新教牧師布律恩（Jean de la Brune）所著，第三書爲當時財政家及學者雜誌主筆西勞挨特（Etienne de Silhouette）所著，可見影響是很大了。最有趣的，則爲一七八八年倫敦刊行，在巴黎發售的一部僞書，現爲巴黎國立圖書館所藏。

Le code de la nature, poème de Confucius, traduit et Commenté par le P. Parennin，（巴多明譯註自然法）

孔子沒有此一書，是不消說的，作者卻假託當時在華的法國耶穌會士巴多明的名僞作，且故意把孔子的格言，變成詩的形式，使讀者發生深切的印象，如下一例：

「人之初，性本善；

霍布士之嘆息，欲何爲？

……………………」（註二六）

這是利用孔子一派的性善說，來反駁霍布士（Hobbes）的性惡說的。舉此一例，可見孔子哲學在這時影響之大，許多人都拿他來做幌子。而且依據各書重版的數目，也可見其影響的時間很久。歐洲十八世紀是所謂哲學的時代，然而此對於宗教文化之揚棄而發生了的哲學時代，實爲中國哲學文化的移植；所以孔子成爲反對宗教文化之一個武器，孔子哲學的研究，也不限於宗教階級，尤其偏布於當時自由思想家之中。即因這個原故，遂使中國的哲學文化，好比希臘文化成爲文藝復興的底子似的，中國的哲學文化，竟成爲十八世紀歐洲文化的柱石。

C. 宋儒理學傳入歐洲的影響

我們知道，從十六十七世紀以來，耶穌會士來中國傳教的結果，他們一面把歐洲科學文化傳到中國，一面把中國的哲學經典介紹到歐洲，他們爲什麽把它介紹到歐洲呢？他們想從那裏找出「天」「神」「上帝」這些名詞，來附會基督教義，以證明基督的教理和中國的完全相符，黑格爾在『歷史哲學』（註二七）曾說及此，以爲『在中國……「天」的意義無非是「自然」而已。耶穌會徒當眞順從了中國的稱呼，把基督教的上帝(God)叫做「天」(Heaven)，但是因爲這個緣故，他們被其他基督教派上控於教皇了；』這就是所謂禮儀的論爭。歐洲教士們以爲中國所講的「天」，和基督教所講的上帝根本不同，因而大加攻擊，從一六四五年至一七四二年，中間論爭至一百年之久，參加這次論爭的著述，依戈爾迭（Henri Cordier）「中國學圖書目錄」(Bibliotheca Sinica. Vol. II, IV. et V.)所列，共有二百六十二部之多，未發表的倘數百種，最可注意的就是當時的宗教家，除耶穌會士以外，均注意中國哲學和歐洲的不同，中國哲學是無神論的，基督教是有神論的，而在一般知識階級，則卽以不同於基督教的「理學」，來作他們啓明運動的大旗幟。

本來在華西洋耶穌會士，雖極力將原始孔家的思想與基督教相調和，但對於宋儒理學，則處於批評的立場來攻擊。如羅明堅(Michael Ruggieri)的「天主實錄」，利瑪竇(Matteo Ricci) 的「天主實義」，就是看重原始孔家思想，而對於宋儒理學的「理」和「太極」，則認爲唯物主義的流毒，而加以嚴格的批評。利瑪竇指出宋儒所講的「理」和「上帝」根本不同，其理由爲（一）理依於物說；（二）理無靈覺說；（三）理卑於人說。其實他著此書的目的本來就是以宋代理學派的唯物主義傾向爲批評對象的。其後龍華民(Nicolaus Longobardi)著「靈魂道體說，」力斥道體太極之非。艾儒略(Julius Aleni)的「萬物眞原」和「三山論學紀，」也站在基督教的立場，反對宋儒的理學。在「萬物眞原」裏說：「理不能造物，」在「三山論學紀」裏說「太極之說，總不外理氣二字，未嘗言其爲靈明知覺也；」「物物各具一太極，則太極豈非物之元質，與物同體者乎？」他以爲理就是法則，有東西纔有法則。利類思(Ludovicus Buglio)的「不得已辨」也極力主張「理不能生物。」湯若望(Adam Schall)的「主制羣徵，」亦對於宋儒之太極陰陽諸說，加以反駁。衞匡國(Martin Martini)的「眞主靈性理證，」更根本推翻了宋儒的理氣論。一六七三年陸安德(P. André-Jean Lobelli)著「眞福直指，」簡直只認太極不外是物質的元質，這還來得客氣一點，到了一六九七年比人衞方濟(François Noël)著「人罪至重，」竟指宋儒爲俗儒，有批評周子，張子說：「俗儒以生前身安，死後神散爲歸。」至一七五三年比人孫璋(P. A. de la Charme)著「性理眞詮，」共四册，爲耶教哲學中有數的書籍。他把儒家分爲原始孔家和宋儒，前者稱爲先儒，後者稱爲後儒，其對宋儒理氣二元說，攻擊不遺餘力。如卷二「總論大極」「辨理非萬物之原，」「駁西銘萬物一體之說，」「辨性理諸書；」卷三「駁漢唐以來性理一書諸謬說，」全書反覆論難，不厭其詳，在他看來，理氣太極都不過卑陋的唯物主義。(註二八)

總之從一五八六年羅明堅的「天主實錄」一六〇三年利瑪竇的「天主實義，」到一七五三年孫璋的一性理眞詮」他們都認宋儒理學是唯物論的無神論的，擁護原始孔家而攻擊宋儒。他們把中國思想傳到歐洲，不是想介紹宋儒理學，實在想將原始孔家傳進去以附會其教義。但歐洲一般知識階級，是不能分別那是宋儒的，那是原始孔家的，因此在接受原始孔家的時候，宋儒理學也夾帶着接受過去了。

宋儒思想傳入歐洲，可分兩方面來看，一是有意的接受，一是無意的接受。

有意的接受——（一）如杜赫德（Du Halde）中華帝國全誌（Description géographique, historique, chronologie, politique et physique de l'Empire de la Chine et de la Tartarie Chinoise. Paris. 4 Vol. 1735）第二卷中（頁二六六——二六八）有宋朱熹所著論文選錄『關於建立學校使人民得幸福的方法』，又第三卷（頁四二——六四）有『世界底起源和現狀中國近世一個哲學家發表思想的對話。』（註二九）（二）邵康節的『六十四卦圓圖方位圖』及『六十四卦次序圖』（即經世衍易圖）於一七〇三年四月一日由白進（Bouvet）介紹到歐洲，是寄給來布尼茲（Leibniz）的，現藏德國漢諾威（Hannover）圖書館。（三）狄德羅（Diderot）在百科全書中，關於「中國哲學」（philosophie des Chinois）一篇是他自己寫的，講述中國思想從戰國前孔老一直到明末，可算中國哲學的簡單小史，對於宋儒理學，尤其是程明道，程伊川，略爲介紹。（四）叔本華（Arthur Schopenhauer）所著「自然之意志」（一八三六年）曾舉一八二六年在亞細亞時報第二十二册所載「中國之創世論」一篇論文中，述及朱夫子（Tschu-fu-tze）即朱熹（Tschu-hi）的哲學。

無意的接受——比有意的接受影響更大。如（一）天主實錄的拉丁文本 "Vora et brevis divi narum

rerum expositio"本有譏教的意思，書中注意的是辨駁在中國通行的幾種教派，卻無意的將宋儒理學傳入歐洲。又利瑪竇天主實義亦經若見（Jacques）譯爲法文，載于「耶穌會士書簡集中」（2）龍華民（Longobardi）根本反對中國哲學，以孔子及孔子學派爲唯物論，曾發表「靈魂道體說」，用西班牙文著『關於中國宗教之幾點疑問』，於一七〇一年由耶穌會敵派譯成法文（Traité sur quelques points de la religion des Chinois. Paris, in-12）熊三拔（le P. Sabbatinus de Ursis）關於中國人對於天主天使靈魂等說的見解，曾爲龍華民書中所引，或即「（Copiosus tractatus, latine Concriptus Macai anno 1618, de cognitione veri Dei apud litteratos」。（三）方濟各會士栗安當（le P. Antonine de Sint-Marie）於一七〇一年發表「關於中國傳教事業之幾個要點的評論」（Traité sur quelques points importants de la mission de la Chine, Paris.）此書和龍華民等書均以宋儒爲中國哲學的代表，而拿來作爲攻擊的目標。（四）耶穌會士的著作以外，如布盧刻（Brucker）部爾芬革（Bulfinger）來布尼茲的著述中，對於宋儒理學亦曾說及。

在這些著作裏，攻擊最烈的要算龍華民。依他意思（1）中國哲學爲無神論。（2）中國所謂「理」是有缺點的，即有「物質」的缺點，故「理」稱之爲「神」，不如稱之爲「第一物質」。（3）中國所謂「天」爲物質的天，即蒼天，與「上帝」的說法不同。（4）將書經中所講祭祀之禮，分作四類，即（a）上帝（b）六宗（c）山川（d）羣神，這些各有特別精神，而中國註釋家則均認爲自然的原因。（5）他引孔子「非其鬼而祭之，諂也」一語，認爲中國人和斯多噶學派一樣，祇知有物質的有形的一個神，此神充塞宇宙之間，產生宇宙，且與其他下級之神共同支配宇宙。(6)中國人的所有宗教不過一幕喜劇而已。次之栗安當爲耶穌會派的敵黨，對于宋儒理學，更攻擊不遺餘力他對於孔子「天何言哉，四時行焉百物生焉，天何言哉」雖不直接反對但對于後人的註釋則指摘其謬誤之處。他攻擊中國哲學的最大理由：(1)中國人一方面以理太極或上帝含有神的性質，另一方面又不認其有靈明知覺這種信仰是很矛盾的。(2)古代和近代的中國人在上帝的名義下，崇拜物質的天，更進而崇拜一般人所不能了解的「理」，——稱之爲「德」爲「理」而犧牲一切。(3)依據報告，知道孔子和其他古代聖人，均可認爲上帝的化身，和上帝是同一的。(註三〇)由上所述可見他們反對中國哲學，卽是反對宋儒的理性觀，反對宋儒卽是反對唯物論與無神論，這是宋儒理學的厄運，但一方面也可以說正是宋儒理學的幸運。

爲什麼呢？我前面說過，因爲哲學文化從宗教的見地來看，哲學不外是一種異端外道，從哲學上看，則此宗教所認爲異端的孔子。異端的理學，卻正是哲學的老祖宗。十八世紀歐洲的思想界既爲反對宗教而主張哲學的時代，當然對於此非宗教的中國哲學，要熱烈地歡迎他提倡他，而這一百年來關於禮儀問題的論爭，卽爲中國哲學西傳歐洲之絕好的機會。羅馬教皇所認爲無神論的唯物論的「中國哲學」不幸因耶穌會士的媒介，而竟將此異端的學說傳入歐洲，幸而有此異端的學說，纔能給歐洲思想界以一大刺激，給歐洲思想界以「反基督教」「反神學」「反宗教」之學理基礎，因而形成了歐洲的哲學時代。

但卽在這裏也不是沒有例外，中國思想在歐洲，一方面有法德兩國之正面的影響，一方面卻有英國之反面的影響。然而卽就英國來論，在十八世紀時代，英國所受中國思想的影響，仍有正面的和反面的分別，十九世紀以後纔傾向於全然反對的了。然而在此反面的影響尙未形成以前，英國思想家文學家中尤其是提倡古代學術，信仰自然宗教的人，對於中國文化均抱親善的態度。如天模爾(Sir William Temple)，廷達爾(Mathhew Tindal)，艾特生(Joseph Addison)，蒲伯(Alexander Pope)(註三一)乃至文學家如哥德斯密(Goldsmith)，窩爾波爾(Walpole)，柏西(Thomas Percy)等，(註三二)或極力讚美中國，或以中國爲題材，甚至批評中國文化的，如魯濱孫飄流記著者笛福(Danial Defoe)，在他冷酷的嚴厲的批評以前，在一七〇五年的「凝結集」中，對于中國文化也曾表示過敬意。(註三三)然而從大體來看，中國思想在英國的影響，比較大陸方面，不無相形見絀之感，這究竟爲的什麼呢？推其原因，有如數下端：

(1)英國是一個『科學的哲學』底產生地，從文化地理上看，可算西洋科學文化的搖籃，所以對於『哲學的哲學』之中國文化，不能如德法之容易接受。不信，我們請看英國學者對於中國文化的惡評，大多數都是站在科學文化的立場上，如華吞(William Wotton)，洛契葉爾(Francis Lockier)的中國批評，卽爲好例。

(2)法國和中國的接觸較早，其中間媒介爲天主教徒，來往的都是上流階級。英國和中國的接觸較遲，其中間媒介爲航海家商人階級，來往的都是商人和下流階級，因此法國學者對於中國文化能深表同情，而英國的思想界則對於中國文化常有不留情面的攻擊，如丹皮亞爾(William Dampier)，安孫(George Lord Anson)等旅行記，均爲好例。

因有這些原因，英國所受中國思想的影響，比較法德兩國便大相懸殊。英國祇在文學方面接受了中國的材料，卻不僅在哲學方面留下很深的痕迹，中國的孔子在法國可以造成無神論者，重農學派，在德國可以造成許多的哲學家，政治論者；而在英國孔子不過是一個『可敬的人』，此外還有什麼呢？

我現在所講中國哲學對於歐洲的影響，乃是專指法德兩國而言。我更希望讀者注意一點，在十八世紀法德學者，無論反對或歡迎中國哲學的人，都是以宋儒的「理氣二元說」來做對象。一方面有人認中國哲學為唯物論無神論而加以攻擊，一方面卽有人承認了中國哲學為唯物論無神論而大加歡迎。又一方面有人認中國哲學的「理氣說」為異端外道，一方面卽有人擁護此「理性說」，而對於中國哲學加以新的解釋。前者的影響可以法國麥爾伯蘭基（Male-branche）之攻擊中國哲學為例，後者之影響可以德國來布尼茲（Leibniz）之擁護中國哲學為例。前者的攻擊，其反響為法國百科全書派之無神論的唯物論的哲學，後者的擁護，遂造成了德國觀念論的正統哲學。前者之影響為法國的政治革命，後者之影響為德國的精神革命。

二　啓明運動之先驅——笛卡兒（René Descartes）

十八世紀啓明思想的發達，其來源不能不推及十七世紀笛卡兒哲學的勝利時代。笛卡兒及其學派雖有人誤認為文藝復興期的哲學，（註三四）實際卻是啓明哲學的元祖。法國孔德（Comte）的知識史觀，將形而上學時期分為二小階級，在十四十五兩世紀雖表現着一種自動的不斷的批評精神，還沒有領導的學說體系。但到了十六十七以至十八世紀，便受了一種消極哲學的大影響，這是所謂革命的時期。而這一時期革命的學說，可直溯到十七世紀中葉笛卡兒的哲學可爲代表，這不是承認了笛卡兒哲學卽是啓明運動的先驅嗎?利維布律爾(Lévy-Bruhl)說『近代哲學到了笛卡兒轉入一個新的時期』(註三五)柏格森(Bergson)說『所有近代哲學思想多源於笛卡兒』(註三六)決非過言。笛卡兒學派不消說了，十七世紀後半期法蘭西以外的兩派哲學，如斯賓諾莎，來布尼茲，雖然耳目一新，均不過笛卡兒和亞里士多德混合成功的哲學。(註三七)我們現在既已公認來布尼茲爲德國啓明哲學的先驅，也應該無疑地承認笛卡兒爲哲學時代理性主義的元祖。

A.笛卡兒對於中國文化的態度

但當我們研究一下笛卡兒思想的來源，便發現了很重大的事實，就是這唯理主義的哲學，是如利維布維爾(Lévy Bruhl) 所說，不是傳承的，是突起的。因爲他與傳統的學說太無關係，所以柏格森稱他的哲學也和數學家俾俄(Biot)稱他的數學一樣，『是不用母親生產的兒子』(Proles sine matre creata)(註三八)事實果然如此嗎?笛卡兒哲學是從那裏孕育出來，我的答案，是很受外來文化接觸的影響，尤其是從中國的影響來的。笛卡兒思想的來源雖得不到整個的事實來下結論，但我們總可以注意以下兩點，第一他從一六〇四至一六一二年都在拉夫雷士(La Fleche)地方一個耶穌會派的學校修業，因此一生總對於耶穌會派特別關心。這時正是羅明堅「天主實錄」(1586)和利瑪竇的「天主實義」(1603)以拉丁文本傳入歐洲的時候。第二他雖然是法國人，但在一六一八年卽離開法國，一生差不多都度在荷蘭，他的全部著作差不多都是在荷蘭寫的。荷蘭這們時候，正在和東方交易與葡萄牙人爭奪東方市場的時候，明史卷三百二十五和蘭傳，略有記載。依據發隆丁(Valentyn)

「荷蘭東印度公司史」所述，則一六〇三年，即當笛卡兒七歲的時候，（明萬曆三十一年）荷蘭人纔到中國領海，泊於澳門。一六二四年（天啓四年）即笛卡兒二十一歲的時候，中國纔允許荷人自由貿易。所以他「恭逢其盛」在一六三一年會給巴爾札克(Balzac)的一封信，述及他在荷蘭的生活情形：

『如果你看到果園中生出果實來，就要感到快樂……那麼你以爲我在看到各種船隻帶來印度的一切產品，和歐洲的一切珍奇時，沒有同樣的快樂麼？在這個地方，人生的一切安適品，和人們所欲望的一切珍寶，都很容易找到，在全世界上你還能找到這樣一個方地麼？』（註三九）

我們知道當時東方各國，通稱印度，這印度可以包括中國及南洋羣島，笛卡兒在荷蘭常常看到各種船隻帶來印度的一切產品，中荷文化的接觸，也就很容易明白了。最可注意的，就是他對於中國文化的態度，在他名著『方法論』(Discourse on the method of rightly conducting the reason, and seeking truth in the sciences. Tr. by John Veitch. Everymgio's library 570. 1934)中，有下列的幾段話：

（1）一個人若是從小生長中國，所表現的一定不同。……"and afterwards in the course of my travels I remarked that all those whose opinions are decidedly repugnant to ours are not on that account barbarians and savages, but on the contrary that many of these nations make an equally good, if not a better, use of their reason than we do. I took into account also the very different character which a person brought up from infancy in France or Germany exhibits, from that which, with the Same mind originally, this individual would have possessed had he lived always amony the Chinese or with savages.……(Part II. p. 14)

（2）中國人當中也有聰明人。"I was convinced that I could not do better than follow in the meantime the opinions of the most judicious; and although there are some perhaps among the Persians and Chinese as judicious as amony ourselves, expediency seemed to dictate that I should regulate my practice conformabby to the opinions of those with whom I should have to live;……"(Prat III. p. 19)

（3）我們不能佔有中國。"that if we consider all external goods as equally beyond our power, we shall no more regret the absence of such goods as seem due to our birth, when deprived of them without any fault of ours, than our not possessing the kingdoms of China or Mexico" (Part III. p. 21)

在這幾段裏，至少也可以看出笛卡兒當時因在荷蘭的關係，接近了東方各國如印度中國波斯的知識，而且承認在中國人當中也有和法國一樣聰明人的存在。因為笛卡兒曾經自己說他成功的原因，是因離開他的國家，或以前所讀的書；（註四C）可見他的哲學無疑地很受外來文化接觸的影響。而他着力教人的 'Reason' 一語，比較那一樣聰明的中國人，所講的「理性」，也就可以說「此心同，此理同」了。

B. 笛卡兒學派的中國哲學觀

笛卡兒哲學的最大難點在他二元的形而上學，他惟理的哲學體系，一方面是革命的，一方面又是保守的，在革命的方面他不僅只攻擊前人的權威方法，還且創造了新的哲學方法——懷疑論。所以制憲會議(Assembleé Constituante)證明法國大革命的精神就是笛卡兒精神的淵源之一。(註四一)『我思故我在』我能懷疑一些事物，只有一個地方萬無可疑，這個便是「我，」我在這兒疑，故懷疑的我，是存在的。這樣笛卡兒把「我」作懷疑的基礎，便產生了許多大膽的思想家來批評一切否認一切。這麼一來，笛卡兒的哲學便變成一種革命哲學了。然而尤可注意的，說是這種哲學和唯物論無神論的關係。郎格唯物論史(F. A. Lange: Geschichte des materialismus)(註四二)曾經告訴我們，以法國最壞的一個唯物論者德拉麥托里(Do la Mettrie)願爲徹底笛卡兒學徒的事實。德拉麥托里說他自己的唯物論是出於笛卡兒，並且就這位哲學家本來全用不着靈魂，卻因爲怕僧侶纔把靈魂加入他的學說中。郎格又說『甚至於十八世紀初葉唯物論者之名猶未普遍的時候，唯物論者已常被稱爲"Mechanici"，即從機械的自然觀出發的人。這是值得注意的。然而這種機械的自然觀是不能不推源於笛卡兒的。』(註四三)不但如此，赫胥黎(T. H. Huxley)在所著「方法與結果」(Method and Result)中，(註四四)有一篇「論笛卡兒底方法講話，」也曾指出這位哲學家被稱爲無神論者的事實。『笛卡兒自始至終都是一個很好的舊教徒，他自己矜誇地證明了上帝與人底靈魂之存在。他底老朋友們耶穌會徒把他底書籍編成禁書目錄，當作一個他底努力的酬報看而稱他爲無神論者；而同時荷蘭底新教牧師們又宣布他是耶穌會和無神論者。他底書很少逃出獄吏底焚燒，瓦利里（Vanini）底命運是在他底眼前徊繞；加利略（Galilei）底惡運很驚恐了他，使他差不多放棄了那大有利於世界的眞理之追求，而被驅去度那於他一無所補約逃亡生活。」由上所述，笛卡兒哲學又可以說是一種唯物論和無神論的哲學了。

但就這位哲學家底保守方面來說，在他所著「關於第一哲學的一些沉思」（Meditationes de Prima Philosophia, in qua Dei existentia et Animae immortalitas demonstratur, 1641.）即所稱「沉思集」中。（註四五）又最容易看得出來。這本書最主要的論旨，在證明上帝底存在和人類靈魂底本性，他證明了「不但宇宙的創造需要全能的神能，就是宇宙的保存，也時時刻刻需要全能的神明。」因為上帝的眞實，纔可以說明物質世界的眞實，上帝的存在，纔可以說明物質世界的存在，所以他在獻給巴黎神學院的教士們的獻辭中，歷引聖經裏面智慧書和給羅馬人書的話，來證明我們對於上帝的知識，是最容易明白的，只要一考察我們自己的心理，就可以明白了。笛卡兒終竟是衞護上帝和宗教的耶穌會底強固柱石，因而他的哲學便帶着很濃厚的神祕哲學的色彩了。

十七世紀法國哲學家的思想，都是自笛卡兒哲學來的。然而笛卡兒二元的形而上學，便不能不影響到他學派的分裂，因為他永久是一個好的天主教徒，所以由他可以引出巴斯噶（Blaise Pascal 1623-1662）在「思想」（Pensées）一書所發揮的「使已失的靈魂復返到基督教的信仰」之神祕哲學。但笛卡兒的方法論，終竟是以懷疑為起點，所以由他以後，也可以引出如貝爾（Pierre Bayle 1647-1706）對於「神聖」的批評。同在笛卡兒的信徒中，一方面有人希望將笛卡兒的哲學與正宗的教義相合，一方面却有人藉笛卡兒的名義，來提倡「無神論社會」的假設。（註四六）這兩者最好的對照，可在他們對於中國哲學所見的差別認識出來。因爲中國哲學在當時法國，確是一種外來思想，甚至於異端邪說。所以擁護基督教的「右派」巴斯噶，便不得不極力反對中國。而在攻擊基督教的「左派」貝爾，也自然而然拿中國的哲學思想，做他有力的攻擊的護身符了。

巴斯噶（註四七）對於中國知識的來源，是從一六五八年在華耶穌會士衛匡國（Martini）所著『中國上古史』（Historiae Sinicae prima）一書中來的，這書可算當時歐洲最可靠的一部中國史，關於中國古代的敍述，上溯伏羲以前。伏羲時代當西曆紀元前二千九百五十二年，伏羲以後的事蹟，均可認爲信史。但依中國歷史家所說，則宇宙開闢當在大洪水以前的數千年，這顯然和當時法國年代學者菩緒埃（Bossuet）的『世界史論』（Discours sur l'histoire universelle）和聖經所載，不能相同，因此著者對此極力解釋，反而引起法國批評家的注意和批評。就中以擁護聖教自命的巴斯噶，更不能不提出抗議。在他名著『思想』（Pensées. Tr. by W. F. Tratter. Everyman's library 874）中，便提出一種對於中國史的懷疑論：

"which is the more credible of the two, Moses or China? It is not a question of seeing this summarily. I tell you there is in it something to blind, and something to enlighten. By this one word I destroy all your reasoning. "But China Obscures," say you: and I answer, "China obscure but there is clearness to be found; seek it." (Section IX 592. p. 163)

巴斯噶是一個以舊約爲標準（Figurisme）的主張者，對於聖經以外的史書，如希臘人所作伊利亞（Iliad），埃及人或中國人所作本國的歷史，都要研究牠是怎樣發生出來的他研究的結果是怎樣呢？『古往今來世界各處便有許多宗教，但是這些宗教既無使我信服的道德觀念又沒有充足證據引起我的注意。例如回教，中國宗教，古代羅馬教都沒有眞理的證據也沒有一定確實的方針因此……我對於這些宗教，祇好一概拒絕。』這位中國史的反對論者甚至以墨西哥的歷史傳說來比擬中國古史，認爲一樣無稽實際他卻是一個不折不扣的舊教的擁護者，聖經的辯護者，這種反對論，不過證明他是笛卡兒的右派罷了。

反一面來看中國思想的擁護者貝爾（Pierre Bayle）卻又正是一位基督教的反對者了。（註四八）貝爾在「（Pensées diverses sur la comète(Amsterdam. 1682-1684)」中，站在科學的立場曾舉出中國人的迷信——占星術，以爲天文學尚未發達之一例證他所得中國的知識，是從泰未諾（Thévenot）和塔弗尼挨（Tavernier）等遊記中得來的。但在他一六九七年發刊的有名的「歷史的批評的辭典」（Dictionnaire historique et critique, Rotterdam. 1697 5e éd. Amsterdam, 1734. 5 vol. in falio）卻很分明地指出中國思想之無神論的傾向。這本書的影響，總算儘可能是最大的了。郎格唯物論史（註四九）告訴我們『他在這裏曾把各種知識說得最易於使人容認，這種知識的饒豐吸引了不少學者。他對於科學問題的討論方法，又如此使人愛悅，所以，皮相的讀者亦不免爲其魔力所吸引。』他大膽明白新鮮而有生氣，所使用的辯論體裁，以後爲服爾德及百科全書派所採用。尤其他在辭書中所登載的中國論，雖不公然攻擊基督教，實際卻利用孔教的無神論，來有意使讀者去打倒基督教及以基督教爲基礎的專制政治。他最先注意到天主教士中之禮儀問題的爭論，如一方面有一六八二年阿諾(de M Arnaud)著『耶穌會派的實踐道德』(La Morale pratique des Jésuites)來攻擊耶穌會士的立場，一方面又有一六九八年哥俾恩(Le P. Le Gobien)著『關於承認基督教的上諭史(附)孔子教祖先教的禮儀之說明』(L'histoire de l'Edit de l'Empereur de la Chine en fauour de la Religion Chrestienne: un Éclaircissement donné à Monseigneur le Duc de Maine sur les Honneurs que les Chinois rendent à Confucius et aux Marts) 來辯護耶穌會士的立場，由此兩書內容之互相矛盾，可見在華傳教士間意見的齟齬。因而證明了一種宗教之分裂的現象。在耶穌會士的敵黨方面，主張儒者所謂「天」「上天」都不外肉眼所見蒼天的意味，儒者本不信靈魂，所謂天地山川之靈，都不外意味着自然物的活動力而已。在耶穌會士方面則以爲古儒與近儒不同，孔子承認眞神，而近儒則誤解孔子的教理，遂至墜於無神論。殊不知卽在耶穌會士之中，以研究孔教著名的龍華民承認孔子曾爲道德與政治留下不朽的名訓，然而不幸對於眞神及其教理，則在全然不能理解之列。所以中國人所信仰的至高至善的存在「神」實爲構成世界物質的中心，換言之，神卽是世界盡美盡善之「天」的中心而已。貝爾又根據盧培兒(La Loubére)所著『暹羅遊記』(Du Royaume de Siam. Paris. 1691) 和方濟各會士阿雷俄內薩(le P. Aleonessa) 所著"Mercure historique"(1699)各書，以爲中國人的教理，承認東西南北、星、山川、植物、都城、溝渠、家竈，一句話來說盡，卽認萬物爲神。不過在神靈之中有善惡二靈的分別。人類有靈魂，爲一切生活活動的根本，太陽亦有靈魂，發生太陽的性質與作用，宇宙之中，森羅萬象，莫不有靈，集合此諸種靈魂，而形成固有的活動，這就是自然界的大調和。在此全智全能的存在，或無限的攝理，便成爲不需要了。在辭典中「Spinoza」註下說及古代的中國人，承認萬物之靈中，以天爲最靈，天能支配自然，卽自然界中其他之靈非順天不可。然諸靈亦有相當之力，能以自力活動，形成和他靈不同的自相。此無數的小小非創造物，爲大哲學家德謨頡利圖（Democritus）伊壁鳩魯（Epicurus）所認爲眞理者，在東方這種思想，却極其普遍發達。在「（Somnona－Codon）」註下說及儒者尊重古說，以蒼天之靈，其他萬物之靈，均認爲缺乏智力之一種動的物質，而將人類行動之唯一判斷者，歸之於盲目的運命，運命有如全智全能的法官，天網恢恢，禍福自召，而其結果自然合於天理天則。由此可見儒者畢竟和伊壁鳩魯的思想不同，伊壁鳩魯否認攝理，肯定神的存在，儒者則肯定一種攝理而否定神的存在。他又將中國人的泛神論和斯賓諾莎的泛神論相提並論，以爲兩者均爲無神論，而中國人的無神論尤爲澈底，暗中卽以攻擊耶穌會士的立場。他又以基督教和佛教的靜寂主義相比，利用儒者對於佛教的攻擊論據來間接推翻基督一派的靜寂主義。最有趣的就是他雖屢屢引用李明（Le Comte），哥俾恩（Le Gebien）等著作，但對於他們主張儒者承認天爲造物主卽眞神一點，則有意忽略過去，反而參照了反耶穌會派的著書，承認儒教爲無神論，這究竟爲的什麼呢？我們知道貝爾在少年雖曾一度改宗耶穌會派，但不久就再信新教，爲反抗路易十四對於新教徒施行嚴厲的法律，遂使他更傾向於無神論，而提倡所謂「無神論社會」的假設。他既然公言社會的構成可以無須宗教，故在「歷史的批評的辭典」中卽以當時喧傳歐洲的中國，來作他理想的社會的典型。中國社會在他看來，只是無神論的社會的實例，中國哲學無疑乎也就是無神論的哲學了。他憎惡耶穌會派，甚至抱着和沈淮，楊光先的同一論潮，主張中國皇帝應該留意耶穌會士的陰謀，不使傳教纔好。在一七〇二年他在「中國通訊」裏更確說有一無神論之一宗教，貝爾的思想雖爲笛卡兒派，但從其懷疑論引出的結果卻和這方法的創立者不同。他的思想暗伏了一種反基督教的哲學，所以服爾德特別佩服他，讚頌他爲「人類的驕子，」利維布律爾(Lévy-Bruhl)說他的著作『簡直成了十八世紀無信仰者之無窮的寶藏，』(註五〇)祇有他纔是十八世紀法國革命哲學的眞正先驅。在他的著作「我們已感覺到一個新世紀的降臨，以前認爲一切是神聖的，現在不能不受批評了；大膽的哲學要把已往所留下之道德，社會與宗教的遺產，從新估價了。」(註五一)

C　麥爾伯蘭基論「理」與「神」之異同

在笛卡兒學派中，巴斯噶信仰有神，提出中國史的反對論，是屬於右派；貝爾主張無神，提出中國思想的擁護論，是屬於左派；但更可注意的，卻是笛卡兒學派的中派，就是被人號爲「他能在上帝中看見一切的事體，看不見他自己的瘋癲」的哲學家麥爾伯蘭基(Nicole Malebranche 1638－1715)了。(註五二)他和貝爾一樣，主張中國哲學的無神論，但他不讚美中國，和巴斯噶一樣，對於中國思想，取着反對的態度。據說當他的哲學傳到中國，爲中國人所讚賞的時候，羅薩利主教(Evêque de Rosalie)兼中國之教皇代理主教利翁(Artus de Lionne)即託其起草如下一篇論文『關於神之存在及其本質，中國哲學家與基督教家間的談話』(Entretien d'un philosophe chrétien avec un philosophe Chinois sur l'existence et la nature de Dien. Paris.)這個對話的發表年月，大概在一千七百三年至八年之間，在一七〇三年禮儀問題爭論最烈的時候，利翁（Lionne）回到羅馬。這個題目的動機，他不過勸誘麥爾伯蘭基討論禮儀問題，對于耶穌會士的主張加以抨擊而已。所以在對話裏面，麥氏主張中國人爲無神論者，這對於耶穌會士，未免太不客氣了，所以耶穌會機關報"Trévoux"的記者也指摘出這對話中，麥爾伯蘭基在上帝之中看出『理智的擴張』，因此而這位哲學家底無神論的思想，也就不值得一駁了。

麥爾伯蘭基證明中國哲學與基督教哲學的不同，實受中國近代哲學即宋儒理學的影響。依他意思，中國哲學與基督教哲學的不同，卽由於中國哲學所主張之「理」與基督教所主張之「神」的不同，現在試分三段說明之如下：（註五三）

（a）基督教「神」之本質

基督教之神，爲完滿無缺之無限的完全的實在，因之此無限是不受任何局部的限制的，而且萬有皆爲神所創造，由神而創造，在神本體之中，卽包含此創造物所有之眞的現實性。反之物質爲最不完全最下等的實在，而其所有之現實的完全的性質，均包含於「神」之中。「神」是沒有物質之不完全性質與限制的，神絕不是「無」，因在實在裏面，「無」是絕對不能存在的，何況具有無限的完全的「神」，是不受任何限制的原故呢！我的手不是別人的手，我的椅不是我的屋子，我的精神不是他人的精神，換言之，我的手包含了無數的「無」，手的性質以外的東西都只是「無」。然而「神」如前所述，是絕無所謂「無」的，因此神之所在，便知神之性質是實在的，要之「神」是可以說是無往而不在的了。

人類是有限的東西所以對於無限的東西「神，」無論如何，是不能明白其性質的。假使「無限的東西」的屬性，有限者可以理解出來，那麼這個屬性早已不是神的屬性了。人類可以證明是如此，但爲什麼如此，卻不能說明出來。我們現在所能證明的，祇是證明有限者對於神的屬性，無論如何不能明白，因爲我們實在沒有可以說明牠的理由。

（b）基督教「神」之存在的證明

本來「什麼也不思想」和「一點也不思想」一樣，又「什麼也不認識」和「一點也不認識」一樣，所以精神所直接認識的東西，一定是一些什麼東西，即是非有一些實在的東西不可。在此精神之直接認識，是有重大底意義的。爲什麼？因當人們睡眠的時候，又或許多場合甚至覺醒的時候，還如夢幻一般不識自己的存在，這是共知的事實。但精神所直接認識的東西可不然了，精神的直接對象，即在夢中，也帶着很多的現實性。因爲在「無」裏面，纔沒有何等差別的存在，要是精神之對象爲「無」則在夢中自沒有差別的存在，因此所以精神所直接認識的東西不可不爲現實的存在。

還有，我思「無限的東西，」而且直接認識了「無限的東西，」所以無限的東西是存在的。爲什麼呢？因爲假使「無限的東西」並不存在，則我什麼也不能認識，因之我一點也不能認識了。在這裏我既認識了什麼，若說不認識，這分明是一種矛盾。

依據論理，精神之直接對象爲「無限的東西，」這卽是「神，」精神在直接認識這個「無限的東西」的時候，「無限的東西」卽基督教之「神，」是必然地存在着。

(c)中國哲學之「理」與基督教哲學「神」之異同

(第一)中國哲學家不過承認物質與「理」二者，彼等以「理」爲最高的眞理，是叡智，是正義，依彼等主張，此「理」永久存在於物質之中而形成物質又存於吾人所見支配物質之極有條理的秩序之中。人類精神不過物質有機化與純化，而「理」則所以啓發從此物質發生的精神，人類祇要構成一切社會關係之各種眞理，與永久不變的法則，便不能不於最高的眞理之中認識此「理。」又人類無論何人均非順從此「理」不可。

中國哲學家所謂「理，」是指最高的正義而言，較之基督教「神」的觀念不如謂爲接近於有力之帝王的觀念。因此中國人所謂「上帝」也不過表示某一個存在特殊的實在或「有限的實在」的意味罷了。

然而基督教「神」的觀念，如前所述，決非某一個存在之謂，「神」卽是萬有，在他單純的本質之中，又包含了反映此本質的萬有屬性，而爲其唯一的實在。從此意義來看則神可以說是某一個存在，實際「神」一方面是單一，同時一方面又是萬有，這就是「神」的特徵了。

(第二)中國哲學家如前所述，以「理」爲叡智，爲永久的法則，由此二者而引導人類支配萬物，基督教徒亦認此叡智爲在「神」之中。中國哲學謂「理」存在於物質之中，因而確信物質的存在，然而基督教徒認「神」與物質爲全然不同的存在，「神」創造物質，就此點來說「理」與「神」便有重大的差別。

吾人佇立原野，張目一望，周圍的物象，其動靜，遠近，形狀，大小，無不映於吾人眼簾。吾人因色彩的不同，便能認識這些物象，這個原因不外由於物象與受此物象印象之肉體機關的作用。卻是由基督教哲學看來，這種作用，實由於神的活動。又中國哲學家的思想，不將精神和牠的機關分開，將此作用，歸之於精神的活動。

基督教徒不能承認中國哲學家以精神看做物質之有機化，純化的說法。由中國哲學家看來，那些小物體的運動，即那些動物生機的活動與相結合之腦神經的振動，是和知覺作用、判斷，推理，換言之，即與各種思想，都祇算一回事。然而這種主張，從基督教神學看來，是沒有法子承認的。基督教哲學家主張思想與物質為全然不同的實體變化，因此而大腦，小物體的振動，思想三者，遂成為全然不同的東西。

（第三）中國哲學家主張「理」不能在物質之外，無論所說是指「理」只存在於構成宇宙物體的形狀之中，或是說「理」不過為物體間之秩序與配列也好，總之「理」這個東西，不能不認為無價值的。然而中國哲學家又以「理」為最高的法則，為叡智，若如前所述，「理」為物體間之秩序與配列，則「理」較之物質應居劣等。何則？實體這個東西應比實體的種種配置較為高等，因為不滅的東西總較高於會滅的東西的原故。但中國人不單以「理」為配置物質的東西，且以其能予物質各部以極有條理的秩序，以叡智稱之。就此點來說，中國哲學之「理」與基督教之「神」似乎很一致了，卻是基督教哲學主張「神」為獨立的存在，反之中國哲學家則否定

「理」之獨立性，始終主張「理」爲依存於物質中者。加之彼等所謂「理」，與「神」不同，是無智能的，因之亦不能知道自己的本質或自己的行動，如是則「理」之本質，不過止於物體的形狀與其配置而已。何則物體的形狀與其配置，離開物體的存在卽不能存在。又無論物體的形狀也罷，配置也罷，兩者全然無智慧可言，例如圓形的物體，不過指明物體有此形狀，而此圓形，是不能知道自己的形狀的。

中國人一見很好的作品，卽認此作品之中有「理」，若依此說，謂此作品的創作者，爲「理」所啓發，照此意味，中國人的思想方法和基督教徒的思想方法相同。又若謂此作品的創作者，其思想之中有「理」，作者爲此思想所啓發，這種主張可以說和基督教徒對于「神」的看法完全一致了。卽使作品不幸毀滅，而啓發創作者的思想仍然存在，因此所以「理」決不只爲構成此作品之部分配置而有，同一理由亦非只爲創作者腦髓中的各部配置而有「理」是一切人類公共之「光」，物質的配置，不過個體的變形，此等配置卽使變化，乃至消滅，「理」是永久不滅的。故「理」爲獨立的實在，不但從物質獨立出來，且從極優秀性質之崇高智慧中獨立出來。

然而中國哲學家視理極爲劣等，一方面謂「理」爲無靈明「知覺」，一方面以「理」爲無上之賢明，這種論斷，分明是矛盾衝突的。又中國人以爲「理」能啓發衆人，給人以賢明與智慧，而「理」本身則無智慧可言。但是「理」很分明地是應一定目的，配置了物質的各部份，例如人類爲易於望見遠方的原故，將眼配置於頭之上部。中國哲學家因否定「理」之智慧，竟謂此種配置，乃在無意識中行之，何則？「理」只不過爲仁愛之本質的盲目的行動所驅使而已。中國哲學家雖確信「理」爲叡智，爲最高的正義，對於「理」的尊崇，曾力爭着以「理」

爲「賢明的東西」「正義的東西」。爲什麽？因有「賢明」纔能做出「賢明的東西」，有「正義」纔能做出「正義的東西」；因之「賢明」本身當較之「賢明的東西」更有優越的價值，「正義」本身亦較「正義的東西」爲更有優越的價值的原故。

但是這種觀念是和基督教「神」的觀念不相容的。從基督教的哲學來看，神本身是獨立的存在，神即是賢明本身，至善本身，因之神也可以說就是「賢明的東西」「正義的東西」。然而中國哲學家爲抽象的觀念所誤，「賢明的賢明」在彼是不存在的。「賢明」雖然做出「賢明的東西」，而自己自身却不是什麽「賢明的東西」，一句話來說盡中國哲學所認識的存在，祇是抽象的形狀和性質，以爲祇有抽象的賢明、正義、善良，是存在的。

總之中國哲學家以「理」爲依存於物質，「理」不是如「神」爲永久不變的完全存在，不是如「神」爲精神與物質所由產生。故「理」非不滅之物，總而言之，中國近代哲學實不過爲「無神論」罷了。

麥爾伯蘭基對於中國思想之特殊的解釋，當然是受中國近代哲學尤其是宋儒理學的反響。雖然有人如後藤末雄在所著「支那思想のフランス西漸」中，批評這種解釋，不見得就是東方哲學之正確解釋；在伊川、朱子，均未明言「理」在物質之中，物質之有機化、純化，即爲精神。因之以爲麥爾伯蘭基對于中國哲學的批評，分明是將那時法國正在抬頭的無神論，尤其給法國哲學以很大影響的霍布士的唯物論與中國近代的哲學思想相混淆，(註九四)實際亦何嘗如此。伊川說「凡眼前無非是物，物物皆有理；」朱子說「天下未有無理之氣，亦未有無氣之理」這就可見宋儒理學本有唯物論的傾向，麥爾伯蘭基對於中國哲學的看法，決不是無的放矢。而中國哲學所以在十八世紀的歐洲，變成爲唯物論和無神論，變成爲革命的哲學，這一位笛卡兒中派的麥爾伯蘭基的解釋，對于法國百科全書派，不消說是有很大的影響。

三　來布尼茲與宋儒理學之關係

笛卡兒爲法國啓明哲學的元祖，斯賓諾莎(Baruch Spinoza. 1632-1677)和來布尼茲(H. W. Leibniz. 1646-1716)則爲德國啓明哲學的元祖。德國的啓明哲學實充分的含在斯賓諾莎與來布尼茲裏，而斯賓諾莎與來布尼茲的哲學，實直接受影響於笛卡兒，間接受影響於中國，不就來布尼茲和中國哲學的關係來看，實在已經很直接的了。但就斯賓諾莎來說，雖得不到整個的事實來下結論，但他也實爲東西哲學文化交通史中有關係的人物。這兩位十七世紀末葉的大哲學家，雖關於來布尼茲所受中國思想的影響，已有好些著作去敍述牠，斯賓諾莎則知道的人很少。斯賓諾莎主張一種很有名的「泛神論」他說神不是創造世界的，因爲他就是世界，世界就是神，神不但是萬有的普遍原理，亦是萬有的總和，萬有都不過神的變化。神是想像中最抽象的統一，最高的自由，最眞實最普遍的本體。這種用幾何學方法來證明泛神主義，實際卽爲對於中古宗教文化提倡反抗之急先鋒。然而他的思想的來源，卻是很少有人知道的。祇有康德(Kant)在一七九四年六月在柏林月刊雜誌(Berlinische Monatsschrift)中所揭載的宗教哲學論文題名『萬物的歸宿』(Das Ende aller Dinge)就中一段，述及斯賓諾莎的泛神論，是完全受中國老子的影響。(註五五)

「因此沉思的人遂進入神秘主義。在此境界，人類理性不能理解自己本身乃至任何事物，相當於感覺世界之知的生活，在此世界的界限內與其說喜歡限定自己，不如說更喜歡耽於玄想。這麼一來便發生以虛無爲至善的老子奇怪的教義，卽因感着與神性融合，拋卻自己的人性而沒入於神性的深淵裏面。以此意境爲最高無上的宗教感得這種狀態的中國哲學家爲求此虛無境界的實現，曾努力瞑目靜坐於暗室之中。于是由此泛神教（西藏及東方其他民族）及其形而上學的昇華，遂發生了斯賓諾莎的學說。這兩種說法，都是和那以人類精神爲從神性出來（又還沒有神性之內）的古代的流出說有姊妹的關係。」

在斯賓諾莎時代，老子雖還沒有完全的譯本（西文的老子道德經，初譯於十八世紀，全譯於十九世紀，到二十世紀纔有各種不同的譯本）然而初期教士與旅行家的著作中，也可以給斯賓諾莎以一種暗示，至少我們可以說斯賓諾莎的泛神論是帶着很濃厚的東方的色彩。而且來布尼茲受中國影響是在一六八九年，最初和耶穌會士的接觸，和斯賓諾莎的時代相差不遠。（斯氏論宗教與國家一書，是一六七〇年匿名發表的。）斯賓諾莎和天主教徒的往來，可見於他答覆舊日學生後改宗天主教之部爾格(Albert Burgh)的一封信。他說：（註五六）

「你自以爲到底找到頂頂好的宗教，或者寧可說頂頂好的老師，而決定完全信托他們了。那麼你怎樣知道他們是過去現在未來所有的教師中頂頂好的教師呢？古代近代所有的各種宗教，這裏也有，印度也有，全世界到處都有，你曾否統通研究過了呢？就算你已把它們相當的研究過了，你怎樣知道你已揀得那頂頂好的呢？」

這是一個最好的例證，來證明斯賓諾莎曾和天主教徒辯論宗教的問題，而且涉及『印度』字樣印度這時在歐人是包括中國的還有就是一六七六年來尼布兹會與斯賓諾莎在荷蘭會面，來布尼茲既有機會和中國的文化接近，號稱「流浪的猶太人」斯賓諾莎，這樣不會接受中國文化的影響呢？大概中國文化之傳入歐洲，最初一期還是美術的接觸，所謂『羅柯柯運動』依賴赫淮恩(Reichwein)所說，則此『羅柯柯的精神是和中國的老子最相接近，潛伏在中國瓷器絲綢美麗色彩之下的，有一個老子靈魂。』(Reichwein China and Europe. p. 76 "In Lao Tzŭ's personality, the soul of the Rococo touches the soul of the Far East. The art which produced the delicate porcelains and the flowery Silks of Fu-Kien went back in Spirit to Lao Tzŭ. In the lacquer cabinets and the porcelain, in the Vaporous colouring of the silks, in all the precious things which Europe welcomed as 'la Chine,' it was the soul of Lao Tzŭ which spoke") 那麼將斯賓諾莎和老子的思想聯在一起，也是可能的說法了。

因爲斯賓諾莎的泛神論和中國思想發生密切的關係，所以法國無神論者貝爾(Bayle)在「歷史的批評的辭典」中將斯賓諾莎的無神論和中國的無神論相比，尤其倡導中國人的無神論，暗中加入反耶穌會的一邊。(註五七)還有夫累勒(Nicolas Fréret)則發見了斯賓諾莎和孔子教的關係，以爲孔子有一祕密教義，傳給弟子們，這教義的職分在純潔無疵的道德，並不是玄學也不是宗教，這祕密教義顯然地發見爲斯賓諾莎主義所追隨，所以中國思想可以說是泛神或無神主義。(註五八)

但是德國哲學時代的先驅者在斯賓諾渉以外，更重要的，却是「學貫中西」的大哲學家來布尼茲。在中國思想之老子影響以外，更重要的卻是孔子哲學乃至宋儒理學的影響。老子的精神雖在羅柯柯運動中到處表現，而老子著作，當時還沒有譯本，剛好在這個時候中國的經書和孔子，已逐漸介紹過來，於是孔子遂成爲歐洲學術界所傾倒崇拜，孔子遂成爲歐洲十八世紀啓明運動的大師，而我們的哲學家來布尼茲，就是首先承認這種文化大足貢獻西方文化發展的第一個人。

A. 來布尼茲之中國文化觀

來布尼茲與中國哲學的關係，在歐洲當時學者均無異議，一七二七年曼肯尼(Johann Burcharci Menckenii) 所著「中國哲學史」（Historia philosophie Sinensis Brunsvigae ）曾經指出「繁榮文化國 republique litteraire 的必要條件」共六項，這是來布尼茲的理想，同時卽爲中國的理想。(註五九) 一七三七年盧多維西(Carl Günther Ludovici) 著評論來布尼茲哲學之全部發展史 (Ausführlicher Entwurf einer vollständigen Historie der Leibnitzischen philosophie) 在序言末了一節主張「來布尼茲與吳爾夫兩人世界觀的發展史，是有二重來源，一個是柏拉圖的影響，一個是中國哲學的研究。(註六〇) 乃至古勞挨 (G. G. Guhrauer) 是一個對中國文化不持好感的人，但在他所著「來布尼茲傳」(G. W. Freiherr V. Leibniz) 中，仍不得不承認「在歐洲爲無道德無秩序所包圍的時候，這位哲學家不是以中國爲社會組織的典型，夢想着中國小孩一般地敬神之純粹文化的黃金時代，而受其誘惑嗎？」(註六一) 近來來布尼茲的研究者，如法國巴盧西

(Jean Baruzi)所著「Leibniz et l'organisation religieuse de la terre」(Paris, 1907)以中國爲來布尼兹的指導精神(註六二)。五來欣造著「儒教の獨逸政治思想に及ぼせる影響」極力證明來布尼兹的理神論,道德觀與政治觀所受中國的影響。(註六三)最簡單明瞭的論及來氏根本哲學與中國的關係,當推賴赫淮恩(Adolf Reichwein)在「中國與歐洲」(China and Europe, Intellectual and Artistic Contacts in the 18. Century 頁79)一書下面的一段:

"Leibniz was the first to recognize the great intellectual importance of Chinese culture for the development of the west. His doctrine of Monads coincides curiously in many points with Chinese ideas about 'the universal,' as they are expressed in the three great exponents of Chinese life, in Lao Tzŭ, in Confucius, and in the Chinese form of Buddhism. The doctrine of a 'pre established harmony' has its Chinese counterpart in the Tao of the world. Leibniz believes, like the Chinese sayes, in the world of reality as a unity, as a continuously rising scale of spiritual beings developing progressively. In the one case as in the other, from the belief in preestablished harmony as from beleif in the Tao of the world, an unlimited optimism resulted. (The best of all possible world's—'The kingdom of Heaven')For Leibniz as for Confucius, the kerned of all religion, the Christian religion included, lies in practical life. Their essential service is, in his view, the creation of knowledge, their end education for socially useful action. This is the plan and Simple gospel of the whole Enlightenment. It is quite in the sense of Confucius' saying "Knowledge of the Tao lead to Virtue." And in the one case as in the other Virtue signifies Happiness, this is, to the supreme end of all thought."

1. 來布尼茲與耶穌會士

來布尼茲是一個極博學的人，哲學、神學、法律學、政治經濟學、語文學、論理學、數學、無論何方面，均能自成一家之言。同時他又不但為理論家，且兼為實行家，交際極廣，現藏漢諾威(Hannover)圖書館他的書信和當時有名人來往的，實達一千〇五十四位之多，其中有三十二位是各國的王侯皇妃。又足跡所經，有馬因茲(Mainz)、巴黎、倫敦、漢諾威、柏林、維也納、羅馬等地，以這樣博學多才的人來提倡中國文化，其影響之大，是不消說的了。據五來欣造的考據(註六四)來布尼茲什麼時候纔開始注意耶穌會派，雖不大明白，但從一六七二至一六七六年當他流寓法國的時候，法國還沒有派傳道隊往中國去，這時似乎還沒有和耶穌會士往來與從事中國的研究。據丹麥哲學史學霍甫丁(Höffding)的主張，他研究孔家，是始於一六七六年在他來漢諾威圖書館的時候，他自己說在一六八七年已讀過孔子傳，看到中國人之以理為神，和自己的哲學很相近似。德國麥開爾(Franz Rudolf Merkel)在所著「來布尼茲與中國傳教」(G. W. von Leibniz und die China-mission, Leipzig, 1920)中，則主張來氏很早即已研究中國哲學，他手邊有很早的著作，如一六六〇年斯彼最利阿(Th. Spigelius)所著「沖國文藝論(De re literaria Sinensium)與一六六七年刻射(A. Kircher)所著「繪圖中國遺物」(China Monumentis illustrata)。在來布尼兹一六六九年起草的「關於奬勵藝術及科學德國應設立學士院制度論」(Bedenken von Aufrichtung einer Akademie oder Sozietät in Deutschland, zu Aufnahmen der Künste und Wissenschaften)中,已可看出對於中國考察所得的結論。還有一六七九年柏林牟勒(Probst Andreas müller)計劃出版的Clavis Sinica,來氏對之大感趣味,觀於他的筆記中所引起的許多問題,便知這個時候,他對於中國已有很好的知識。一六八七年有一封給Landgrafen Ernst von Hessen-Rheinfels的信,說及「今年在巴黎發行了中國哲學者之王,孔子的著述」(l'ouvrage de Confucius Prince des Philosophes Chinois qu'on a publie à Paris cette anneé)可見他對中國文化的態度了。麥開爾(Merkel)的考據,又爲賴赫淮恩(Adolf Reichwein)在中國與歐洲(China und Europa)中所引用,(註六五)可見來布尼兹無疑地很早就研究中國,在他二十一歲的時候,學說還未成立,早已受了中國哲學的影響了。

來布尼兹和耶穌會士發生同情的關係,卻在一六八九年以後,在他幼年時代,對於耶穌會取着反對的態度,但在一六八九年,當他旅行羅馬,爲漢諾威王朝搜集史料的時候,無意之中會見那由中國返歐的耶穌會士閔明我,八個月的往來使他深悉中國情形,從此以後,來布尼兹便傾向於援助耶穌會士的一邊了。現在爲說明的便利起見,可將來氏和耶穌會士的關係,分兩方面來觀察:

a. 與來氏往來之耶穌會士

(一)閔明我(Philippus Maria Grimaldi 1639-1712)

意大利人，一六六九年來華，康熙十年在廣東，欽取來京，佐理曆法。二十二年隨駕往北塞，二十四年奉旨往香山澳迎取熟練曆法的安多，二十五年執兵部文泛海由歐洲往俄羅斯京會商交涉事宜。二十七年南懷仁病故，欽天監監正員缺奉旨頂補未回任前由徐日昇安多代理。二十九年與三十一年爲探詢閔明我回華信息，前後派遣蘇霖，安多等往廣東迎接，並下諭若閔明我帶有精通曆法的西人，着取來京聽用。三十三年閔明我回華復命，奏陳遵旨會商各情，得賞賚甚厚，仍令治曆供職，以上各情均見正教奉褒中。(註六六)可見閔明我從中國回到歐洲，實含兩大使命第一與俄羅斯會商交涉事件，第二聘請精通曆法的西人，因此道出羅馬，剛好此時來布尼茲正在編纂布蘭修娃希家的家史，搜集史料數年(1687-90)路徑所經，値在羅馬與閔明我邂逅相遇，在羅馬停留八個月，往來甚密。後因南懷仁逝世，閔氏奉旨頂補欽天監監正員缺，所以他又匆匆離歐返華，原擬由俄羅斯陸路通過之計劃失敗，乃改出印度在哥阿(Goa)時有一封信給來布尼茲，書中述及他們在羅馬時所討論的問題：

「足下所提出研究的問題，極爲重大，非得同僚的幫助，不易答覆。彼等散居中國各地，於五重要地域從事搜集寶貴的知識材料。我從今以後，願將一切所得，傳達給歐洲，同樣亦希望足下努力將其他知識的闡明，告訴我們；作爲彼此的交換。」

這封信不消說給來氏以很大的鼓勵，這祗要注要他在「中國最近事情」中緒言所述，他和閔明我的關係，便很容易明白了。(註六七)

(二)白進(Joachim Bouvet 1656-1730)

法蘭西人，一六八七年（康熙二十六年）與洪若瀚、李明、張誠、劉應等同來華，二十七年奉旨與張誠留京備用，二十八年奉召與張誠、安多等每日至內庭輪班講授幾何測量、天文地理、格致諸學，以供職勤勞，歷年賞賜甚厚。二十九年上巡視塞外，與張誠、安多等扈從，三十八年啓行南巡，又與張誠奉旨扈從遊西湖、虎邱諸名勝。四十七年、奉旨與雷孝思等往蒙古等處繪圖。以上各情均見正教奉褒中。白進以親臣而接近中國皇帝的關係，故在一六九七年著成「中國皇帝傳」(Portrait historique de l' Empereur de la Chine, Paris, 1697)一書，描寫康熙的風格爲人，以呈獻於路易十四。此書後收錄於來布尼茲「中國最近事情」之第二版（一六九九年）由法文譯成拉丁文，並附「當今中國皇帝的肖像」，譯文卽出於來氏的手筆。大概白進和來布尼茲的關係，卽在於這一年十月開始。這年白進因奉康熙欽命回法，招聘西方優秀的有學問的教士來華，同時帶了康熙帝贈與路易十四的漢籍四十九册，收藏於巴黎王家文庫(Bibliothèque royale)卽現在的國民圖書館。一六九八年（康熙三十七年）秋冬，白進偕同耶穌會學者如馬若瑟、雷孝思、巴多明等十人再來北京（註六八）。這時來布尼茲和白進已常有書信往還，一七〇三年四月一日來布尼茲始從白進得到易經之六十四卦圖，自信可與一六七八年他所發明的「二元算術」互相發明，乃與白進通訊討論。這些信件現存於德國漢諾威圖書館中，尙未出版。據五來欣造研究所得，考定之如下（註六九）：

(1)一六九七年十月十八日白進歸返巴黎，第一次和來氏通信，說及從弗查斯(Verjus)及其他學者處，聞來氏大名，且曾拜讀"Novissima Sinica"序文，極其欽佩，附贈所著中國皇帝傳，並述此次爲法蘭西王家文庫，帶來了三百卷的中國書。

(2)一六九七年十二月二日來布尼茲在漢諾威的覆函，感謝白氏通信和寄贈著書，尤其希望以後熱心關於中國的通信。在這覆函裏來氏除評論中國的歷史、文字、數學及政治等外，並提出一種普遍的文化說。

(3)一六九八年二月二十八日白進從法國羅射(Roscher)地方與來氏一函，最初提到易經的傳說。

(4)一六九九年九月十一日白進從北京發函，並附贈來氏以中國法律書，說及中國近代哲學不如古代哲學的有用。

(5)一七〇一年十一月四日白進的一封信，與來氏討論中國文字，並送給他以易六十四卦圓圖，和圓圖內包含按八卦配列六十四卦方圖。這木板圖後由來氏附上號數，其中希臘字則爲白進所加，現藏漢諾威圖書館。

(6)約一七〇一至一七〇二年間，來氏一函，評述他所發明的二元算術和伏羲易圖的配列關係。

(7)一七〇二年十一月八日白進覆函，論及此事。

來希尼茲和耶穌會士的關係，除上述閔明我、白進以外，當推張誠(Joan. Franciscus Gerbillon)安多(Antonius Thomas)蘇霖(Joseph Sueanez)諸人，在"Novissima Sinica"中，即登載有他們從北京發出的書信或報告，詳見下文。因爲閔明我、張誠、安多諸人在禮儀問題爭論中，均站在贊成派一邊，看正教奉褒所載康熙三十九年十月二日所上奏疏使知。(註七〇)因之來布尼茲受此影響，在理論方面，也就接近耶穌會，而反對多明我派的主張了。

（b）與來氏辯論之傳教士

（一）龍華民（Nicolaus Longobardi 1559-1654）

意大利人，以一五九七年隨佈道會中人來華，先傳教於江西，一六〇九年被召入北京，次年繼利瑪竇爲中國全會會督，對於禮儀問題，和利氏意見完全不同，曾發表靈魂道體說，又著「關於中國宗教之幾點疑問」，有一七〇一年巴黎刻本，據普非斯忒（Aloys Pfister）「入華耶穌會士列傳」本傳所述，知此書原爲西班牙文，載於那發累泰（Navarrete）神甫所撰「Tratados politicos de la monarquia de China」一書中，經巴黎外邦傳道會西塞（de Cicé）主教譯爲法文，法文譯本重刻於來布尼茲集中，附有註釋（註七一）此亦可見龍華民與來布尼茲的關係。來氏因讀他的著作，發現龍氏以中國哲學爲無神論，實犯重大錯誤，乃不惜一一加以批評，尤其糾正了前書對于宋儒理氣說所見的錯誤。

（二）栗安當（le P. Antonine de Saint-Marrie）（註七二）

案蕭若瑟天主教傳行中國考（註七三）「清朝順治年間，栗安當神父由福建北上，至山東濟南府駐足，是爲方濟各會士傳山東之始。康熙時，會士來者愈多，山東教務卽由會士接受，耶穌會士漸不復至。」可見栗安當爲耶穌會的反對派。來布尼茲因讀其一七〇一年所著「關於中國傳教事業之幾個要點的評論」乃指摘其錯誤，以擁護中國哲學爲己任。

由上所述來布尼茲與中國文化的接觸，實以耶穌會士為其媒介，因與閔明我等往來，纔有「中國最近事情」中所見之中國文化觀；因與白進往來，纔發生「書簡集」中所見之中國文化觀；因讀龍華民，栗安當的著作，纔發生來氏之宋儒理氣觀。現在試以次述之。

2.「中國最近事情」中所見之中國文化觀

一六九七年來布尼茲用拉丁文出版了一部「中國最近事情」(Novissima Sinica, Historiam Nostri temporise illustrutura, In quibus de Christianisms publica nunc primum autoritate propagats missa in Europam relatio exhibetur, deque favore scientiarum Europaearum ac moribus gentis et ipsius praesertim Monarchae, turn et de bello Sinensium cum Moscis ac pace constituta, multa hactenus ignota explicantur. Edente G. G. L. Anno M Dc X C VII)詳名為「中國最近事情——現代史的材料，關於最近中國官方特許基督教傳道之未知事實的說明，中國與歐洲的關係，中華民族與帝國之歡迎歐洲科學及其風俗，中國與俄羅斯戰爭及其締結和約的經過」書名末題「G. G. L.」編輯，經考證研究的結果，因本書有閔明我與來布尼茲的一封信，和卷首編者的自白互相印證，纔知此三個字的匿名，即為來布尼茲拉丁名 Godefridus Guilelmus Leibnitius (Gottfried Wilhelm Leibnitz) 的縮寫。此書內容本文六項，共一百七十四頁，均為在華耶穌會士的通信，卷頭語「致讀者」祇二十四頁，是來氏當作緒論寫成的。全書目次如下：(註七四)

一、卷頭語

二、北京學會長葡萄牙人蘇霖(Joseph Sueauez)關於一六九二年起勅許基督教在華自由傳教的報告書。

三、今上欽命在華所印南懷仁天文學的選錄。

四、一六九三年十二月六日閔明我從哥阿寄來布尼茲的書函。

五、一六九五年十一月十二日安多從北京所發的書函。

六、一六九三，九四，九五年，俄羅斯(Murcovy)使臣的中國旅行小記。

七、一六八九年九月二日及三日張誠從中俄邊界尼布楚所發書函，述及在此地中國人與俄羅斯人戰爭及最後締結和約的經過。

但最可注意的，卻是卷頭語之一部分，所以丟同（Dutens）在「Leibnitti opera omnia」頁七八以下所收，也只以此一部份為限，因在這裏包含了來布尼茲的東西文化觀，和中國道德政治的讚美論。他劈頭卽告訴我們：(註七五)

「全人類最偉大的文化和文明，卽大陸兩極端的二國，歐洲及遠東海岸的中國，現在是集合在一起了。我相信還是有命運在安排，最高攝理恰好配合了這個事實。卽使最有教養而最隔膜的二民族，便於互相攜手，使介在此二民族間的大帝國，漸漸改善了牠的生活狀態。何則聯合中國與歐洲的俄羅斯民族，在北冰洋海岸，仍不脫野鬱風氣，現在爲着支配元老會議之君主自身的奬勵，已漸漸和我們從事文化競爭，這決不是誇大的話。」

這是把中歐文化溝通的使命，讓給俄羅斯人去擔負的。他接着便比較東西文化，看出歐洲文化的特長，是數學的，思辨的科學。卽在軍事上面，中國也不如歐洲，然而一說到實踐的哲學方面，則歐洲人到底不及中國。所以說「我們從前誰也不會想到，在這世界上，有凌駕我們的民族存在，但是事實上，我們卻發現了中國民族了。」這就是指那中國文化所特長的道德與政治的哲學。

從道德方面來說，「卽在此領域，中國民族實較我們爲優，卽使工藝和技術方面，我們和他相等，又思辨的科學，更較爲優越。卻是在實踐哲學方面，換言之，卽生活與人類實際方面之倫理及政治的綱領裏面，我們實在相形見絀了。（這是必須忍受的屈辱）爲什麼？因爲中國民族爲公衆安全與人類秩序起見，在可能的範圍內，成立了許多組織，較之其他國民的法律，眞不知優越許多。實在人類的最大害惡，卽從人類而來，又復歸於人類本身，人人相對如狼的諺語，尙不足以形容。由於我們的無限愚昧，加以不幸的自然遭遇，還不夠，我們又對於自身不斷地創造苦難。要是理性對於這種害惡，還有救藥的話，那末中國民族就是首先得到這良好規範的民族了。中國在人類大社會裏所獲得的效果，比較宗教團體創立者在小範圍內所獲得的，更爲優良。他們服從長上，尊敬老人，無論子女如何長大，其尊敬兩親，有如宗教，從不作粗暴語，如或有之，便科之以歐洲殺親之罪，處以絞刑。因此所以在彼等社會，習慣已成自然，無論對于同輩或下級的人，都竭力講求禮貌，由我們不慣這種形式束縛的人看來，簡直就是奴隸。尤其使歐人驚異的，中國農夫與婢僕之輩，日常談話或隔了一日會面的時候，彼此非常客氣，其慇懃的程度，勝過歐洲所有貴族。至於中國官吏，更可想像而知。彼等談話間，從不侮辱別人，亦不得將其憤怒、憎惡、憤激之情現於辭色。可是在歐洲即或慇懃或懇切談話，也不過最初接近的幾天，一到彼此相熟，便毫不客氣，一不客氣很快便會變成譏諷、憤怒乃至結怨成仇。反之中國人間，無論鄰人也罷，婢僕也罷，因爲生活習慣的緣故，總是常常保持着一種禮貌。」

從政治方面來說。「那大帝國的君主，由於彼自身的偉大，雖則爲人，卻如神一般受人崇拜，一切唯命是從，這不是很可驚異嗎？這位皇帝聖德與聖智都極端發達，遵守道德，尊敬聖賢，臣下望塵莫及，高高在上，這不是很可驚異嗎？」「還有他處不易發現的事實，如在歐洲現在全數的偉大君主，對於內閣和會議，不免有所忌憚，中國則所忌憚的，卻是歷史，同時對於子孫的敬意亦如宗教一般。爲要避免彼所設史官對彼不名譽的事實的記載，因此彼自身的行動，便須加以檢點。」「現在中國的康熙帝可以說是空前的偉大，他對歐洲人極其寬大，但爲保持其皇位尊嚴的緣故，不曾宣言公認基督教。但是很明白地，如果不允許基督教的話，（這是由于傳教士的努力）則此君主之偉大而有發的思想，即將歐洲工藝與科學輸入中國，便不會成功。由此一事，可見彼實較彼之一切顧問官，更具遠大的識見。依我意思，此偉大的聖智，實在於中國人的聖智之上，加入了歐洲人的聖智。何則？中國學術方面，在彼幼年時，即受普通以上教育，祇要注意到彼試驗中國官吏那一種嚴格的考官的態度便明白了。（這是表示一個學者的最高程度）但當基督教徒呈遞請願書的時候，彼卻照着訂正大學者所寫請願書的程度，依其自身文字，很妙地把自己的思想表現出來。」——如此他爲人民精確地知道科學，與判斷不至誤謬起見，乃因耶穌會士比利時人南懷仁(Ferdinandus Verbiest)的指示，注意於歐洲科學。這時歐洲科學的趣味在帝國裏尙未經人注意，因之關於事物的知識及理解，彼較之一切中國人、滿洲人，不知優越許多。這恰如將歐羅巴的塔放在埃及三角塔的上面。使我想起在羅馬時耶穌會的傑出人物閔明我，怎樣對我贊美這位君主的德、智，幾疑爲一種閒話。爲什麼？因爲這位皇帝對于人民的正義、仁愛，還有謙遜等道德，驚人的知識欲望，幾乎是不能相信的。他可以不顧同胞親王及國內高貴人物的景仰崇拜，卻與南懷仁共閉一室之中，如師生相對，每日耗費三四小時，以從事機械學數學的研究。因此彼竟能了解歐几里得幾何學的證明，學會三角術的計算，對於天文現象也可以用數學來表示出來。不但如此，依 Ludovicus 師（Ludovicus le Comte 李明）回國發表關於最近中國的報告，則此君主曾親著幾何學，作爲教科書，教導王子們以此科學的眞理要素。他的希望，是使自己家族能在世襲的帝國中輸入科學，即他死了以後，還可依此使人民得到幸福，我以爲在人類中是沒有比這個更爲優美的行爲了。」因爲作者認康熙帝爲理想中最賢明的君主，故在一六九九年本書的第二版，增加了拉丁文譯的白進的「中國皇帝傳」一共一百二十八頁，譯者即他自己。這就可見來氏對於中國政治是如何崇拜的情形了(註七六)。

由上來氏讚美中國的道德與政治，結果便以爲在實踐哲學方面中國實遠勝歐洲。但在思辨科學方面，中國又不如歐洲遠甚，所以爲人類的一般幸福和交換雙方的文化起見，來氏極表同情於傳教士的行爲。因爲「它可以將中國數千年努力的結果輸入歐洲，同時又將歐洲所有的輸入中國。」（一六九七年十二月二日給弗查斯(Verjus)的信）但他更希望的是「中國傳道者能夠教給我們以自然神學的應用與實行，作爲我們傳授他們以啓示神學的交換條件，因此中國便有遣送傳道師來歐洲的必要了。」

3.『書簡集』中所見之中國文化觀

來布尼兹一生爲事業所忙，所著「辯神論」(Theodicée)以外，沒有很大的著作。遺稿「人類悟性新論」(Nouveaux essais sur léntendement human)一七六五年纔發現出版，一七一四年的「單子論」(Monadologie)和一六八七年的「形而上學論」(Discours de Mêtophysique)都祇能代表他思想的一部分。(註七七)實際來說，來氏卻是極博學多能的人，他的全部遺稿，大部分尚未發表，現存於漢諾威圖書館的，祇就札記中備忘錄一項，已有一萬五千餘通；至於與人往來的書信，經漢諾威圖書館館長菩登曼(Bodemann)的初步整理，目錄已有一册，即「Der Briefivechsel des G. W. Leibniz」(Hannover, 1889)還有札記目錄一册，(Die Leibniz-Handschriften, Hannover, 1895)又庫士拉(Louis Couturat)所著「Opuscules et fragments inédits de Leibniz extrarts des maunscrits de la Bibliothéque royale de Hanovre(Paris, 1903)亦可參攷。在這些札記與書信之中，最可珍貴的，是與中國文化發生關係的一些書信，如與法郎克(A. H. Francke)往來的書信與白進(le P. Joachim Bouvet)往來的書信。法郎克因受來氏影響成爲提倡中國文化中國思想之最有力的同志，其往來書信，有一七九七年七月九日法郎克與來氏函；同年八月七日來氏與法郎克函；同年八月十四日法郎克與來氏函；同年九月三十日來氏與法郎克函；一六九九年四月六日來氏與法郎克函；同年八月十二日法郎克與來氏函；以上均收入麥開爾(F. R. Merkel)所著 G. W. von Leibniz und

第一表

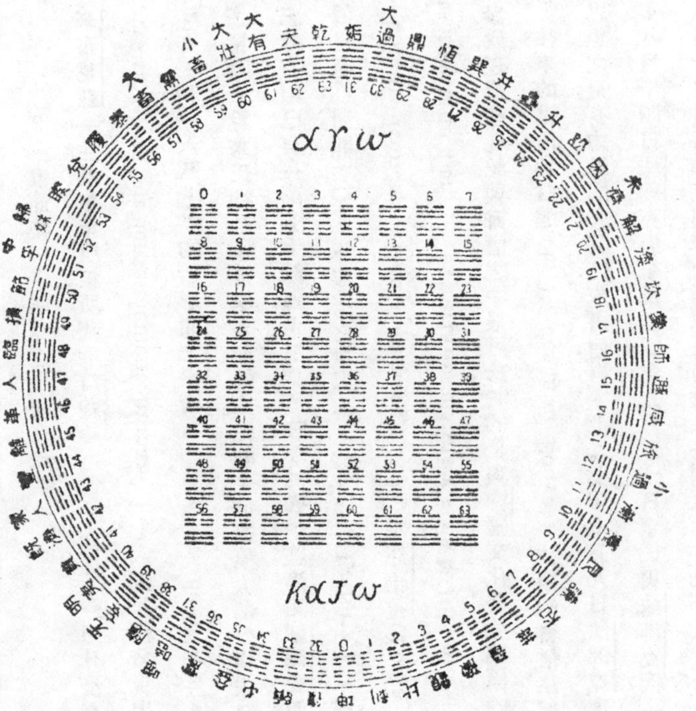

dio China-Mission（來布尼茲與中國傳道）中附錄一頁 214-224.

現在祇就與白進往來的書信來說，從一六九七年十月十八日最初通訊至一七〇二年十二月八日最後復信，往還共七次，見五來欣造「儒教の獨逸政治思想に及ぼせる影響」中頁435-453，在這些未曾發表的書函集中，來氏對於中國文化的觀察，實有很大的貢獻。茲根據五來氏的著書略述之如下：

六十四卦與二元算術　一七〇一年十一月四日白進寄給來氏的信，依據信中所述，知道來氏曾提及二元算術問題，並送從「0」至「32」的數表，白進認爲這和易卦配列相同，這種數學從「32」以下，還可引申下去。最後並送來氏以易六十四卦圓圖和圓圖內包含按八卦配列六十四卦的方圖，這就是現藏漢諾威圖書館，曾由來氏附上號數由白進加上「αγω」「καλω」希臘字的木板圖。（第一表）

來氏研究此六十四卦圖之數學的配列順序，結果發見了和他在一六七八年所發明的「二元算術」（Arithmétique binaire ou arithmétique dyadique）完全相同，來氏爲發明微積分的數學家，其二元算術原理，在丟同（Dutens）的來布尼茲全集第一卷第一部頁二〇七—二〇一及最近庫士拉（Couturat）所著來氏論理學（Logique de Leibniz）的附錄裏，均有記載。大意以「0」與「1」表示一切數目。由「0」與「1」引申，便可表示宇宙萬有的數，這和易經以「陰」與「陽」引申，表示宇宙萬有原理者，極相吻合。試將二元算術以「0」與「1」爲數之起點，演之如上：（第二表）

把此數表與宋儒邵康節演六十四卦次序圖比較一下，六十四卦用陰陽二符號，順次遞增，「- -」即是「0」，「—」即是「1」，引申之如「000000」即䷁坤卦，「010010」即䷜坎卦「101111」即䷍大有卦，舉此類推，如第三表：

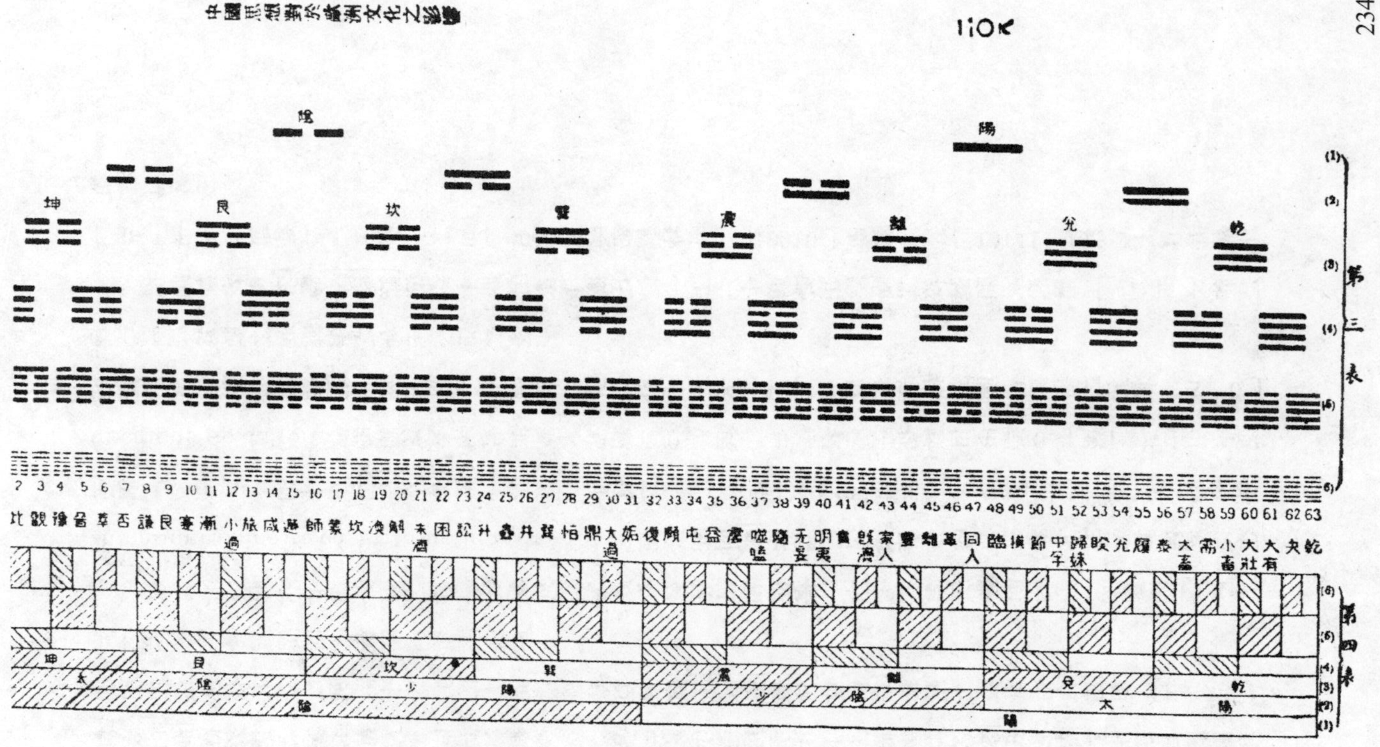

陰
陽
坤
艮
坎
巽
震
離
兌
乾
第三表
第四表
太陰
少陽
少陰
太陽

第三表以二元算術之數學記之從「0」至「63」卽合六十四卦的數目第四表以「黑」「白」分陰陽，■或■卽爲陰□卽爲陽例如艮卦，「白黑黑白黑黑」以易圖表之爲䷳以二元算術表之卽爲「9」數又如復卦，如表爲「黑黑黑黑黑白」以易圖表之爲䷗以二元算術表之卽爲「32」數舉此類推先懂得這個秘訣便來氏的二元算術很容易明白了。案二元算術的體系，如第四表以下所列。

第五表右邊第一行表示從○至63之數，第二行以下所列數字與第三表演算圖相同，惟讀法不同又第六表從「0」算起第五表則從「1」算起，有些不同罷了。如第六表以「一一」換「0」以「一」換「1」卽成第七表，與第一表相同由此可見易圖六十四卦的配列，與二元算術完全吻合。因此所以來布尼茲在得到六十四卦圖木版圖的時候，卽在上面應用二元算術加以號數的記號，以爲易的配列順序，和他在數學上的新發明，可相所證，而大加讚嘆不置。

「我之最近不可思議的發見，換言之，卽因讀三千餘年前伏羲——中國最初君主且爲有名哲學家之一——的古代文字發見秘密，對中國人實在是一件愉快的事，可以先許我們入國罷因爲中國人在二千年前便已失卻這文字的祕密讀法，在這書裏，包含着不可思議的神祕（mystere cabalistiques），我從來未曾用過的新的計算方法，居然由我去發現了，這新方法能給一切數學以一道新的光明，因此方法人們可以解決了許多困難。就關於這方面的材料來考察，我以爲古代伏羲，已得到此方法的關鍵，只要注意文字本身或傳教師刻射（Kircher）的「中國圖解」或柏應理（Couplet）及其他的著述，都很容易明白的。就是從中國人易經六十四卦的大

表

				1	0	2
				1	1	3
			1	0	0	4
			1	0	1	5
			1	1	0	6
			1	1	1	7
		1	0	0	0	8
		1	0	0	1	9
		1	0	1	0	10
		1	0	1	1	11
		1	1	0	0	12
		1	1	0	1	13
		1	1	1	0	14
		1	1	1	1	15
	1	0	0	0	0	16
	1	0	0	0	1	17
	1	0	0	1	0	18
	1	0	0	1	1	19
	1	0	1	0	0	20
	1	0	1	0	1	21
	1	0	1	1	0	22
	1	0	1	1	1	23
	1	1	0	0	0	24
	1	1	0	0	1	25
	1	1	0	1	0	26
	1	1	0	1	1	27
	1	1	1	0	0	28
	1	1	1	0	1	29
	1	1	1	1	0	30
	1	1	1	1	1	31
1	0	0	0	0	0	32
1	0	0	0	0	1	33
1	0	0	0	1	0	34
1	0	0	0	1	1	35
1	0	0	1	0	0	36
1	0	0	1	0	1	37
1	0	0	1	1	0	38
1	0	0	1	1	1	39
1	0	1	0	0	0	40
1	0	1	0	0	1	41
1	0	1	0	1	0	42
1	0	1	0	1	1	43
1	0	1	1	0	0	44
1	0	1	1	0	1	45
1	0	1	1	1	0	46
1	0	1	1	1	1	47
1	1	0	0	0	0	48
1	1	0	0	0	1	49
1	1	0	0	1	0	50
1	1	0	0	1	1	51
1	1	0	1	0	0	52
1	1	0	1	0	1	53
1	1	0	1	1	0	54
1	1	0	1	1	1	55
1	1	1	0	0	0	56
1	1	1	0	0	1	57
1	1	1	0	1	0	58
1	1	1	0	1	1	59
1	1	1	1	0	0	60
1	1	1	1	0	1	61
1	1	1	1	1	0	62
1	1	1	1	1	1	63

表

0	0	0	0	1	0	2
0	0	0	0	1	1	3
0	0	0	1	0	0	4
0	0	0	1	0	1	5
0	0	0	1	1	0	6
0	0	0	1	1	1	7
0	0	1	0	0	0	8
0	0	1	0	0	1	9
0	0	1	0	1	0	10
0	0	1	0	1	1	11
0	0	1	1	0	0	12
0	0	1	1	0	1	13
0	0	1	1	1	0	14
0	0	1	1	1	1	15
0	1	0	0	0	0	16
0	1	0	0	0	1	17
0	1	0	0	1	0	18
0	1	0	0	1	1	19
0	1	0	1	0	0	20
0	1	0	1	0	1	21
0	1	0	1	1	0	22
0	1	0	1	1	1	23
0	1	1	0	0	0	24
0	1	1	0	0	1	25
0	1	1	0	1	0	26
0	1	1	0	1	1	27
0	1	1	1	0	0	28
0	1	1	1	0	1	29
0	1	1	1	1	0	30
0	1	1	1	1	1	31
1	0	0	0	0	0	32
1	0	0	0	0	1	33
1	0	0	0	1	0	34
1	0	0	0	1	1	35
1	0	0	1	0	0	36
1	0	0	1	0	1	37
1	0	0	1	1	0	38
1	0	0	1	1	1	39
1	0	1	0	0	0	40
1	0	1	0	0	1	41
1	0	1	0	1	0	42
1	0	1	0	1	1	43
1	0	1	1	0	0	44
1	0	1	1	0	1	45
1	0	1	1	1	0	46
1	0	1	1	1	1	47
1	1	0	0	0	0	48
1	1	0	0	0	1	49
1	1	0	0	1	0	50
1	1	0	0	1	1	51
1	1	0	1	0	0	52
1	1	0	1	0	1	53
1	1	0	1	1	0	54
1	1	0	1	1	1	55
1	1	1	0	0	0	56
1	1	1	0	0	1	57
1	1	1	0	1	0	58
1	1	1	0	1	1	59
1	1	1	1	0	0	60
1	1	1	1	0	1	61
1	1	1	1	1	0	62
1	1	1	1	1	1	63

表

[illegible]	2
[illegible]	3
[illegible]	4
[illegible]	5
[illegible]	6
[illegible]	7
[illegible]	8
[illegible]	9
[illegible]	10
[illegible]	11
[illegible]	12
[illegible]	13
[illegible]	14
[illegible]	15
[illegible]	16
[illegible]	17
[illegible]	18
[illegible]	19
[illegible]	20
[illegible]	21
[illegible]	22
[illegible]	23
[illegible]	24
[illegible]	25
[illegible]	26
[illegible]	27
[illegible]	28
[illegible]	29
[illegible]	30
[illegible]	31
[illegible]	32
[illegible]	33
[illegible]	34
[illegible]	35
[illegible]	36
[illegible]	37
[illegible]	38
[illegible]	39
[illegible]	40
[illegible]	41
[illegible]	42
[illegible]	43
[illegible]	44
[illegible]	45
[illegible]	46
[illegible]	47
[illegible]	48
[illegible]	49
[illegible]	50
[illegible]	51
[illegible]	52
[illegible]	53
[illegible]	54
[illegible]	55
[illegible]	56
[illegible]	57
[illegible]	58
[illegible]	59
[illegible]	60
[illegible]	61
[illegible]	62
[illegible]	63

字，也可以看得出來這就是白進送給我一本中國書的附錄，卻正和我給他所說明的原理完全符合。」(Foucher de Careil: Oeuvres de Leibniz, t VII. p. 398-399)

約一七〇一至一七〇二年間，來氏給白進的一封信說：

「再提到大函的重要問題，就是我的二元算術和伏羲易圖的關係，人們都知道伏羲是中國古代的君主，世界有名的哲學家，和中華帝國東洋科學的創立者。這個易圖可以算現存科學之最古的紀念物，然而這種科學，依我所見，雖爲四千年以上的古物，數千年來卻沒人了解牠的意義。這是不可思議地，牠和我的新算術完全一致，當大師正在努力理解這個記號的時候，我依大函便能給牠以適當的解答。我可以自白的，要是我沒有發明二元算術，則此六十四卦的體系，即爲伏羲易圖，耗費了許多時間也不會明白的罷。我之發明新算術，是在二十年前，我認爲以「0」與「1」表示的算術，較之從來所有的更進於完全之域，是有不可思議的效果的。但在我沒有做到更成功以前，暫仍不願發表，又以種種事情和思想關係，妨礙了不少工作，因此在任何的印刷物上，始終不曾發表出來。正在這個時候，爲貢獻大師，以解釋中國古代的記念物，而收重大效用，眞不知喜歡得怎樣似的，這其間一定是有天意。若更得適當的人作再進一步的研究，在大師的解釋以上，加上新的方法，那末更可以因此喚起中國皇帝及重要官吏的注意了。」

接着來氏便討論六十四卦圓圖和圓圖內所含方圖的關係，以爲圓圖和方圖是一樣的，可以由圓圖來說明方圖，且以爲圓圖之作，說不定是模倣地球的。又圓圖從右下方「0」與「1」開始，到右方的最高處，即接近內心線上之 011111 即「31」數。又從左之下方 100000 即「32」開始，到左方的最高處，即「63」數。來氏以爲邵康節圓圖順序所以這樣不規則的緣故，是因與伏羲方位圖的不規則相符合的結果。因爲這一封信裏曾提及邵康節，且完全以邵康節的圖學來說明二元算術與六十四卦的關係，這不是很容易看出他和宋儒理學的密切關係嗎？

易圖之宗教上的意義　來氏主張中國人的古代信仰與基督教相同，以易圖爲例。在給白進的信裏說「關於二元算術，說起來不外「０」與「１」的作用，即無與一的作用。這種算術的最大功用，乃在宗教上可用爲創造的象徵。即在萬物之初，祇有一神，祇有虛無的存在，而沒有任何物質的存在。這個虛無是相對的非絕對的，換言之，即依不完全的程度在被造物中存着本質的制限，而此制限，對于純粹實在即純粹活動的將來，不外一種進步的否定，這恰似圓爲圓周所制限一樣。我相信中國學者照此考察出伏羲智慧和我們一致的時候，他們也很容易相信這個偉人是表現着萬有創造者的神，神依其創造萬有而從虛無裏產生出來。如上從中國古典引出了關下重要之教理問答一條，是很有講給皇帝聽的價值的。」來氏又將八卦來附會基督教的創世記，以爲「八卦，即中國所認爲根本的八線圖，在伏羲是拿來顯示創造的，萬有皆從「１」與「０」而來，這個關係就是創世記的故事。因爲「０」可說是先天地而生的虛空，次之七日之中每日均表示着存在之物與創造之物，最初第一日「１」是神的存在，第二日「２」即第一日所造天與地的存在（在 000010 中 1 爲天 0 爲地）最後第七日爲萬有的存在，因之最後一日即最完全的一日，所謂安息日。因此一日創造功成，萬物皆備，所以「７」的寫法應作與「０」

無關的「111」』這樣以易圖說明基督教義，可謂盡附會的能事了。

普遍文字說　來氏在一六九七年答白進一函，即提倡普遍的文字說，依他意思，用哲學的符號，來表示抽象的必然的眞理，這是最合科學的，而且這種普通文字，對於言語隔膜的遠方民族，實有不可思議的效用。他爲發明這個，很想利用中國文字。一七〇一年後因討論二元算術與易經六十四卦的關係，又提出此點，以爲伏羲畫卦，含有文字學上的極大意義，我們最大的希望，在把這種文字引申下去，以發明新文字，這種普通文字的計劃，雖在來氏一生尙未具體實現，但提出普遍文字而注意及於思想計算與數的關係，因而特別讚揚易卦文字，這一點卻很値得我們去注意了。

由上可見來氏所受中國易經的影響。他所有的學說，即如最有名的「單元論」(Monadologie, 1714)，其中的根本主張，即極和易經的道理相合。所謂「預定的調和」，完全即是易經「保合大和」的哲理。即如樂觀哲學，認世間萬事皆爲前定，都是盡美盡善的，這亦完全得力於易經，怪不得他要那樣提倡中國的哲學了。

B. 來布尼兹之宋儒理氣觀(註七八)

十七世紀法國哲學家如麥爾伯蘭基(Malebranche)以中國哲學爲無神論，而加以批評；但在一面，卻有德國大哲學家來布尼兹，對於此種無神論的批評，取辯護的態度。不錯，宋儒理學，很容易爲歐洲學者宗教家誤解爲無神論或唯物論的。裴化行神甫(H. Bernard)所著『天主教十六世紀在華傳教誌』(註七九)說及「天主實錄」一書的著成，『因爲羅明堅和利瑪竇知道中國學者受到宋朝理學派唯物主義的流毒，開始便解釋天地間有一眞主，隨後就助天主的存在，天主的本性及其奧妙」這是何等明白地註明耶穌會士對於宋儒理學所取反對的態度。龍華民 (Longobardi) 所著「關於中國宗教之幾點疑問」(Traité sur quelques points de la religion des Chinois) 和方濟各會士栗安當(Saint-Marie)所著「關於中國傳教事業之幾個要點的評論」(Traité sur quelques points importants de la mission de la Chine)都是極端的例。他們所攻擊的孔門教理，卽是宋儒之理氣二元論，然而宋儒之理氣二元論終竟是和唯物論無神論不同；又籠統地不分古儒與近儒，也容易使人發生反感，所以卽在耶穌會士之中，葡萄牙人魯德照(Alvare de Semedo 1585–1658)，卽有「駁龍華民神甫漢文天主名稱及禮儀問題等主張」之文一篇，（見 Sommervogel: Bibliothéque 所引）不消說哲學家的來布尼茲，讀了龍華民與栗安當的著作以後，更要起而爲儒教辯護。他雖不知道理氣二元論，是宋儒的學說，卻無意之中爲儒教辯護，卽爲宋儒的理學辯護。他爲此起草一篇給法國當時攝政的顧問累蒙（M. de Romond）的長篇書函，一七一五年四月一日所發現收入丟同(Dutens)之「Opera Omnia」第四卷第一部頁一六九至二一〇及科陀爾(Kortholt)之「Epistulae ad diversos」第二卷頁四一四以下。來氏這篇著作，無疑乎在禮儀問題是站在主張儒教之「天」與基督教之「神」爲同之的耶穌會派一邊；然他實更進一步主張宋儒之「理」與基督教之「神」完全相同，這就已經超出耶穌會士的學說範圍，而爲來氏的特殊貢獻了。通訊全篇分四部分，第一部論中國人之神的觀念，第二部論被創造物，第一原理，物質及精神；第三部論人類之靈第四部則關於易經的解釋。現在試將與本題有關者略述如下（註八〇）

1. 理(Li)

(第一)理卽是神決不是物質。由來氏看來，中國人確知精神的本體，但不認這個本體，是和物質完全分離。這好比基督教徒中主張天使持有內體一樣。「中國人關於神的見解，依中國人的感情賦予神以形體，認爲世界之靈，這正如古代希臘亞細亞的哲學家以神與物質結合而肯定其存在一樣；」但是我們不能因此便認中國的「理」爲物質論。中國人之祭六宗山川羣神，雖有似於信奉偶像教，然亦不過如古代歐洲學者及教父賦予鬼神或天使以一種形體而已。所以「我們不能同意於龍華氏及其所引熊三拔(le P. Sabbatinus de Ursis)的話，以中國人附身體於精神之上，便不認其知有精神本體。」『而且中國古代著者，主張「氣」卽物質的生產，應歸於「理」卽第一原理之下，這不是錯誤，不過應加以說明；祇要注意近代中國哲學家以神爲最高智識，位於物質之上，就很容易明白了。所以要確認中國人知有精神本體，便先須承認「理」卽規範爲最初的創造者，萬物的原理，相當於我們的神。這個理決不要認做如物質之爲被動的，粗重的，和一切絕緣的，乃至無規範的東西。』於是來氏更進一步，對龍華氏之理的解釋下一批評。龍華民氏謂中國哲學之「理」，因有最完全的特徵，一見似乎可以解釋爲神，但理是有一種缺點，卽有物質之缺點，故理稱之爲神，不如稱之爲第一物質(Première Matière)。但是來氏駁他：『卽使中國人由於忽略的結果，而陷於矛盾論潮，可是仍不能因此便下中國之理稱之爲神，不如稱之爲物質的輕易結論。我們可以暫且停止討論，先注意在這兩個斷定之中，那一個更爲明白，在那裏是否尚有第三種的解釋?又中國人所謂「理」，謂爲帶第一物質的性質，不如謂其帶有更多之神的性質。何況在此兩說之中，神的解釋，更和他們學說之其他部分更容易聯絡起來？」那末我們為什麼還不肯承認理卽是神呢？

（第二）理是太極或上帝決不是無生命無感情乃至無靈明知覺的東西依照栗安當（Saint-Marie）的批評，以為中國人一方面以理，太極或上帝含有神的性質另一方面又認其有靈明知覺，這種信仰很明白是矛盾的了。但來氏駁他：「要是有這樣矛盾，為什麼不取肯定善的性質方面而排斥惡的性質方面的辦法呢？，理太極或上帝是最初的統一，純粹的善，造成天地的原理，卽使同時自身不包萬物但為互相溝通（pour se communiquer）的緣故而創造萬物，那末不能不說創造便是他自身的知識，一切萬有便是他的本質，又可以說是他的性質。理，太極卽上帝，預見一切，處理一切，又不能不說是有全能的知的性質了。」中國人所以不至矛盾，卽因對於這些大事沒有將他認為無生命無感情無靈明知覺的東西，卽使在他們的學說中發見矛盾那也不過教派的不同罷了。

（第三）理是最高的統一，一卽一切，決不是部分的。來氏因反駁龍華民，得到如下的結論：『中國有「一切卽一」與「一卽一切」的諺語，可互相對照，依此諺語的意思，則神為最初的一，其成果的完全，卽在於其原因之中，決不在乎形式，換言之卽此一切的一「神」決不是完全的物質。成果的完全由於流出（Emantion）而有，因為這個成果是神直接的成果。神常因成果而接近現在，依據他們的受動性，並在其所具有的完全之中，顯示了自身。因此我們可以說神是充滿一切，神卽萬有，萬有卽神，神為圓，同時又為圓心，因為神就是無處不有圓心的圓的原故。這「一切卽一」的公理，以龍華民所說為證，中國人所謂理為完全的統一性，是不可分的，而更無可疑了。因為分割尚不可能，當然更無所謂部分的了。』來氏更從泛神論的立場上，指出「有些人雖不以理為第一物質，卻認理爲第一形相(première forme)這第一形相卽世界之靈 (Âme du monde)。古代多數的哲學家，阿弗羅厄斯(Averoëstes)，或某意味上的斯賓諾涉，均以特殊之靈爲世界之靈的變化，好似第二物質爲第一物質的變化，如此則特殊之靈不過在世界之靈的某部分中發生作用，這種學說並非不能成立，各物各有自己各有自己的個性，特殊物質不過第一物質變化的結果，因爲後者實持有部分的原故。然而第一形相，卽是純粹活動，是無所謂部分的，因爲第二形相，不從第一形相產生(produit de)，而依於第一形相產生(produit par)。我們不能否認有些中國人犯此錯誤，但是古代中國人的著述中，卻找不到證據，只有龍華民從近代官吏（儒者）得到材料，纔有這種說法，我們卻相信中國古代經典，承認與理不同，而又從理產生出來的本體存在，是無所謂矛盾的。」

2.「理」與「氣」(Ki)之關係

次之來氏論及被創造物第一原理，物質及精神，在這一章他就宋儒所說「理」與「氣」的關係，訂正龍華民的學說，以爲「理」卽「太極」，氣爲第一物質，是太極所創造的。他的結論謂「理」是永遠的，具有一切可能的完全性，一句話來說盡，「理」卽我們所謂「神」之意義，因爲理與上帝是同一事物，所以我們很有理由以上帝一名稱呼牠，而且利瑪竇不是說過中國古代哲學家以上帝爲最高的存在，這不是證明了中國人是有神的知識嗎？

來氏更以次論及上帝與道的關係，以爲中國人崇拜天，以天爲神，理支配一切，卽是天之自然法則；這個法則，又可稱爲天道，天道與理是同一的。雖然第一原因存在宇宙萬物之中，理卻是宇宙中最完全的東西，所以高高在上而此在天之理效用極大。中國人崇拜上帝，不是如栗安當所稱「物質的天，」而是支配天的法則，即是「一理；」所謂「天命，」所謂「天則，」即是我們所謂理性之光。逆天是違反理性的行為，順天即是服從理性的法則，不但沒有絲毫惡意，而且就其根本來看，是純粹基督教的。

次之更論及在上帝下位的所謂「鬼神，」依來氏解釋，以為中國古代哲學家以鬼神為天地最高君主的大臣，支配下位物體，又為祈於人民想像力的原故，為特別物創造了許多相當的鬼神名號。因為他們說一切即一，此唯一的原理「德」，到處表現於特殊物的異象之中，即如四季之神，山川之神，和支配天的上帝是同一的。在此來氏便介紹了自己的哲學說，以與中國哲學比較，以為中國哲學將一切歸於自然的原因，這種合理的態度很值得讚美。他最後對於中國人信仰的結論是：「我不想在任何點上批評中國人的信仰，概括地說，我的意思，以為他們哲學家的企圖，是在尊崇理，即最高的理性。此最高理性到處表現着活躍着，在粗重的物體裏，又依下級鬼神而間接表現于有道德的大臣的靈魂裏。這些哲人對於最高聖智所特別表現的對象，亦加以敬意；然而各人均依照法則，而尊敬其適合于自己身分的對象物，如皇帝祭天地，貴族祭山川，學者崇拜大哲學家大立法家的精神，又各人對其家族中有道德的靈魂，亦須表示敬禮。」

3、人類之靈

次之更進論及人體之靈，反對龍華民和栗安當的說法，因為兩人均認中國誤於儒教的無神論，以為中國人的宗教，不過一部喜劇，依來氏意思，則中國古說確實承認靈魂為永生不滅，但不談天堂與地獄之說，祇有道家纔說及地獄與極樂世界，近代中國學者均不睬來世，以一笑置之，然而君主爲管理人民，在賞罰以外，更提倡神道設教，又爲蒙德報功之故，而有祖先崇拜的遺風而已。

總之來氏對於中國的自然神學，大體上是取辯護的態度，而理卽神說，和他的哲學相同，其和宋儒理學的關係，也大可明白了。

更可注意的，就是來氏不但是一個大哲學家，受了中國哲學的影響；而且是一個實行家，要積極地提倡中國學術。他說眞的信仰不是說了想了便完事的，是必須實行的。所以在他發見中國人理神的信仰以後，便格外注意溝通中西文化。他極力主張當時應該設立學會，設立包括異教徒的世界教會，他曾將此種希望，寄托於俄皇彼得大帝，想從西比利亞方面和中國接近。又於一六九七年十月十二日致書於東方學者羅道福(Ludolf)，希望俄皇能使歐洲與中國相結合。不但如此，他因主張中國文化與歐洲文化應互相交換，歐洲應該接受中國的文化，所以竭力計劃在法國、德國、奧大利、俄羅斯設立學士院，其中均設有中國學研究之一部門。他在柏林一七〇〇年後所主持的學士院，不過幾年，卻出版關於中國文化的書籍不少，而且從事於蠶桑的培養，成績也很不錯，他這種理論與實行相一致的精神，也可以說是深得中國實踐哲學的三昧了。(註八一)

C. 來布尼茲之影響

來布尼茲的中國文化觀，影響很大，尤其重要的，是賴赫淮恩(Reichwein)所特別注意的兩大哲學家，就是法郎克(A. H. Erancke)和吳爾夫(Christian Wolff 1679-1754)都是在來氏的影響之下，而提倡中國思想中國文化的。(註八二)法郎克(1663-1727)還偏重於傳道事業方面，他於一六九二年曾在哈爾大學講授東方語言，一七〇七年在哈爾(Halle)設立一東方神學院(Collegium Orientale theologicum)，並設有中國哲學研究一科，不過他的貢獻仍在教育方面，對於來布尼茲溝通中西文化的計劃，似乎尙少盡力。祇有吳爾夫和來布尼茲一樣，極其崇拜孔子哲學，而且影響比他的先生更大。來布尼茲用外國語著書，影響不過少數的政治家和學者，吳爾夫則完全將孔家思想用德語偏布於大學知識階級方面，收很大的效果。他有一篇在一七二一年七月十二日在哈爾講演「中國的實踐哲學」，在德國哲學史上可算一樁大事，同時也是使歐洲學者了解中國哲學的重要文章。因吳爾夫的提倡，其結果在他哲學的全盛時代，中國哲學覺得到普遍的影響了。賴赫淮恩(Reichwein)所舉兩人以外，五來欣造在所著書中(註八三)更舉及兩人，一爲吳爾夫第子彪芬革(Büffinger)關於中國哲學的著述(Specimen Doctrinae Veterum Sinarum Moralis et politicae; Tanquam Exemplum philosophiae Gentuim ad Rem publicam Applicatae; Exerptum libellis Sinicae Genti cllassicis, Confucii sive Dicta, sive Facta Complexis 1724. Frankfurt)。此書內容論及中國之道德及政治哲學，中國教育與歐洲哲學神學及道德的比較，最後附錄關於中國文學的短篇論文，在這本書裏彪芬革特別讚美中國道德和政治相結合的一點。次之還有在盧多維西(Carl Günther Ludovici)所著『評論來布尼茲哲學之全部發展史』(Ausführlicher Entwurf einer vollständigen Historie der Leibnitzischen philosophie)。在序言末了有重要的一段述及研究來布尼茲與吳爾夫的世界觀，須先研究柏拉圖和中國的哲學，這不是很容易看出來氏和吳爾夫哲學在德國當時實有很大影響，結果將中國的哲學完全介紹給德國的一般知識思想界嗎？

最可注意的，自然還是吳爾夫的學說(註八四)一七〇七年他因來布尼茲的介紹，得充哈爾大學的數學教師，同時講物理學及哲學，後因德文及拉丁文著述的成功頗享大名，因爲同事的嫉忌，不久便與同大學的神學家們發生衝突。當時大學方面以虔誠派的正統神學派佔勢力，以爲理性祇是信仰的仇敵，尤其是教授朗格(Johann Joachim Lange 1670-1744)覺着使學生聽吳爾夫講義，很是危險，法郎克(Francke)也抱同樣見解，因此呈請政府明令禁止吳爾夫講演哲學，吳爾夫也不肯示弱，對于這些神學教授，不斷地下批評，因此不幸的大事件便忽然發生了。當一七二一年朗格教授昇任大學副校長的時候，吳爾夫照例對繼任者獻一祝辭，他乘此機會，試用拉丁語講演『中國的實踐哲學』(Oratio de Sinarum philosophia practica, 1726)極力讚美儒教，稍帶着輕視基督教的傾向。這麼一來，便給反對派以攻擊的口實，結果政府便命令他四十八小時內迅速退出哈爾大學及普魯士國境。關於這樣事情，德國最拉(Zeller)會把他和菲希特(Fichte)從耶拿大學放逐事互相對照，他說：

『在德國哲學史上有兩件很相似的事情，就是吳爾夫在哈爾大學被逐，和菲希特之離開耶拿講壇，這兩件事情中，尤以前者的意義格外重大。』

又霍甫丁(Höffding)在西洋近世哲學史，也有簡單的敍述(註八五)他說『吳爾夫因爲他的學說，會完全使其走入暫時苦惱的境地因爲國王腓特烈威廉第一，以在其學說中包含有宿命論而解除了他的大學教授職務，甚至限其於四十八小時內離開國境，但霍甫丁還沒有明白說出吳爾夫之離開哈爾大學，完全是爲着提倡儒家學說的結果關於此事經過，以巴托美斯（Bartholmess）著 Histoire philosophique de l'acodlémie de Berlin」所記爲最詳。吳爾夫與虔誠派的正統神學派的衝突，實際卽爲理性論哲學與信仰的衝突，換言之卽哲學與宗教文化的衝突哲學史家最拉曾注意於這種衝突的原因他以爲這種衝突從來布尼茲時代已經開始，不過來布尼茲與虔誠派的創立者斯培納（P. J. Spener 1635-1705）雖發生衝突影響很少。吳爾夫則以本國文字作通俗宣傳，而且他的哲學精神根本和正統派神學絕不相同。正統派神學主張超自然主義的信仰，吳爾夫則用數學的方法每一事物，均須找出理性的根據他要將超理性的變爲理性的產物，超自然的變成自然的信仰，這當然和虔誠派的正統神學發生正面衝突，結果使不得不引起絕大的學潮了。本來在哈爾大學之中，吳爾夫和郎格私人的感情就很不好，如大學助教一職吳爾夫推薦他的弟子呑密格（Thümmig），郎格則爲其子力爭結果吳氏是勝利了，又郎格慫恿吳氏弟子斯特勒拉（Strähler）著「關於神世界靈魂之吳爾夫思想的批評」均爲好例。但是吳氏學說在德國當時實爲支配一時的新思想，頗受學生歡迎，一七二一年七月二十一日「中國的實踐哲學」講演，又指摘郎格稱之爲「濫作者」（polygraph），當然更引起神學教授們的反感，所以在這事件發生以後，哈爾神學部的教授便立刻召集會議，對於吳氏的演說辭，提出二十七條的誤謬之點，且加以面責。一七二五年吳氏將演辭公開發表，並作答辯，乃神教部的教授們，又運動分科大學長法郎克作友誼的忠告，要求吳氏交出原稿，竟遭拒絕，事情總算一時平靜下去了。卻卽在那時，大學方面學生因對新副校長不滿，要求吳氏復任，因此郎格非常憤怒，一意運動宮庭，驅逐吳氏，結識了一位侍臣中有名的滑稽家干達林（Gundling），把吳氏學說，形容得非常可怕。當時國王腓特烈威廉一世（Friedrich William I）本是一介武夫，他除了軍隊、宗教、金錢以外，什麼也不知道，因輕信讒言，大爲震怒，遂於一七二三年十一月八日下一閣令，命吳爾夫於四十八小時內離開哈爾及普魯士國境，並附言，如不聽命，卽處絞刑，同時放逐者還有吞密格和另一位教授。吳氏教職，以郎格的親子代之，於是吳爾夫的反對黨大告成功。郎格原意只想限制吳氏講學及著書的自由，接到國王嚴命，反爲狼狽至於廢寢忘餐者三日三夜，表面的勝利，終抵不過內心的不安，何況這種勝利，也祇是暫時的呢！那時第一流學者對於政府和學校當局的壓迫，均抱反感，而表同情於吳爾夫方面，從前不注意他的學說的人，這時也開始注意了。於是關於吳氏哲學的內容價值或基督教的問題，遂成爲學界議論的中心，因此而著的書，差不多有二百餘種，而其中有一百三十種反對他，有九十種是贊成他的。一方面有人攻擊，卽一方面有人擁護，攻擊的有烏布薩拉（Uppsala）大學，擁護的有賴德（Ryde）、波倫亞（Bologna）、斯托克荷爾姆（Stockholm）等大學。瑞典國王聘他爲攝政的顧問官，彼得大帝則招聘爲聖彼得堡學士院副會長，不就則畀以年金，甚至某處鐵匠發格納（J. V. Wagner），也取筆援助吳氏而攻擊郎格，這種論爭繼續至二十年之久，而在當時青年人物總是熱狂地站在吳氏一邊。吳爾夫被哈爾大學驅逐，不過十年之間，輿論把他推舉出來，其結果他的哲學更爲有名，甚至於支配那個時代了。

照實來說，吳爾夫學說主張孔子哲學和基督教並不衝突，這祇算來布尼茲中國文化觀的引申，不算什麼創見，然而當時德國政府和學校當局竟認他的演辭，近乎無神論，把他驅逐出境。這一放逐，倒把孔子哲學格外得到意料不到的成功。吳爾夫既離開哈爾大學因黑斯卡塞爾（Hessekassel）國王的同情，即被聘爲馬堡大學教授，爲該校學生所熱烈歡迎，吳爾夫在這個大學工作共十七年，可算馬堡大學最光榮的時代。在那樣規模很小的大學，卻擁有一百名以上的聽講者，因此而他在經濟上也富裕起來，收入很多，同時又蒙宮庭的優遇，生活非常幸福。一七四〇年普魯士國王腓特烈威廉一世逝世，他的承繼者腓特烈大帝（Friedrich William II.）是後來世間的雄主，一向讚美吳爾夫學說，爲着表示他尊重思想自由的緣故，他特別聘請吳爾夫回哈爾大學，並任以宮中顧問與柏林學士院職務。又一七三九年，腓特烈威廉一世因吳爾夫曾出版倫理學，以第一卷進獻皇太子，第二卷進獻國王，頗感以前措置的錯誤，遂下令普魯士各大學，均講授吳爾夫的哲學說，因此吳爾夫對於孔子哲學更有發揮的機會。由此事實，更可以證明中國文化在啓明時代是有重大的影響無疑了。

吳爾夫是德國啓明思潮的開創者，他對於中國文化的觀察，卽所著「中國的實踐哲學」一書，當然很值得我們注意。在此演說辭中可分爲三大部分，第一敍述中國的政治道德，卽實踐哲學的發達史，尤其注意孔子在中國的地位。第二，儒教與基督教的比較，卽以中國實踐哲學的原理「自然性」或「理性」來和基督教的原理「神之恩惠」相對照，以明其性質的差別。第三，講明中國人的道德原理，和作者所持的道德原理相同。（註八六）

在第一部分裏，吳氏最先證明儒教爲中國的傳統精神，發生在孔子以前，中國最古的君主，同時卽哲學家，或受支配於哲學家，要是如柏拉圖所講眞理：哲學家的君主，必爲國家造福的話，那麼中國人很早已經實行了。從伏羲、神農、黃帝、堯舜、以至夏商周三代，中國均保有最完全的法律政府，堯舜傳賢而不傳子，這是中國的黃金時代，夏啓以下，君主世襲，這可以說中國道德墜落的原因。孔子則淵源所自，實發端於古代君主敍書傳禮删詩正樂因史記而作春秋，他雖不是一個創造者，卻是中國聖智的復興者。中國人之尊崇孔子，有如猶太人之於摩西，土耳其人之於穆罕默德，基督教徒之於基督，一般不但如此，中國人紀念孔子，對他學說之尊崇，幾於不能令人相信，且有過於吾人之尊崇阿波羅神也。又孔子的權威，有如昔日彼塔哥拉斯（Pythagoras）或亞里士多德的權威，由他的弟子看來，孔子就是理性的代表，把他來和基督，穆罕默德比擬一下，就知道他的價值了。

在第二部分裏，吳氏將儒教就基督教相比較，前者以自然性爲基礎，後者以神之恩惠基礎，但神之恩惠並不是和自然性相衝突的。依人類的自然性，而接受神惠，祇有增加力量的好處，依神惠而得的知識也自然而然和人的自然的相合。因此所以理性與信仰，可以互相調和，儒教和基督教也正是相反相成。柏應理（Couplet）的報告曾舉一個基督化的中國人爲例告訴我們：「基督教教義的結果，補充了孔子的微言大義，與儒者不完全的哲學」同樣地基督教也有缺點，因此吳爾夫便暗示以儒教的道德原理，來補充基督教之所不及。

在第三部分裏，吳爾夫極力爲中國的理性主義張目，以爲祇有理性纔是眞正的道德原理。又論中國的教育制度，以爲在中國的幸福時代，卽在吾人賞讚的賢明君主之下，在此帝國，常有二種學校，一爲兒童學校，一爲成人學校。兒童從八歲至十五歲，理性尙屬幼稚，祇好實行感覺教育，及至理性發達，抱着高尙底目的時，纔許進入成人學校。所以儒教學說的主要點，由吳氏看來，祇是理性的教養，「古代聖人的主要任務，卽在使理性達到完全的領域。」

雖然吳爾夫和來布尼茲一樣，祇能間接從翻譯的書籍裏面得到中國的知識，如他自己所說，是完全依據於衞方濟（Le P. François Noël）「中華帝國經典」一書可是他對於中國的認識，有時超出譯者的見解之上。如以二十年研究中國的衞方濟，主張其書中所述不外指示家族與國家之淺近道德。吳爾夫更進一步宣言『我反對這種說法在直觀的一瞥之下，我發見了此等著述實隱藏着聖智的眞理，祇有學術纔可以發現出來。」他又說及「許多人都說因爲言語隔閡關係，很難接近中國科學，這不算一回事，因爲在我們的學派中，已經發見有可以補充他的地方。但是這是一種武斷的論潮，祇要我們更深一層來觀察，便可發見，無論在道德政治之任何方面，我們都不能和中國人的原則相比較。在孔子的著述中，雖有方法論上的缺點，缺乏歐洲人的雄辯之風，卻是如果我們放大眼光，捉住他們的一般法則，辨別出他們將地上政府建立於天上政府之確實的原則上面，那末便很容易發現他們是怎樣具有最深的見鮮，和最崇高的思想努力了。」

總上所述，可見來布尼茲的影響，經過吳爾夫而更爲發揚光大起來，吳爾夫用德國語言，很普遍地宣傳中國哲學，他的見解，又在耶穌會士衞方濟之上，所以影響極大。一方面影響於腓特烈大帝（Friedrich William II.）使之傾向於哲人的政治理想，一方面因尊重理性的原故，在他影響之下，發生了德國觀念論的哲學。觀念論實際即是理性論。「純粹理性批判」的著者康德（Kant），他就是吳爾夫的再傳弟子，這不是完全證明了觀念論的哲學，也是間接受了中國哲學，尤其宋儒理學的影響嗎？總而言之，統而言之，中國哲學在德國的影響，實和在法國影響一樣。法國以麥爾伯蘭基（Malebranche）之攻擊中國哲學,其反響爲百科全書派之無神論的唯物論的哲學,德國以來布尼玆（Leibniz）之擁護中國哲學,遂造成觀念論的正統哲學,換言之,卽前者之影響爲法國的政治革命,後者之影響爲中國的精神革命。以下分兩章述之。

（註一）朱謙之:文化哲學第八章第九章「文化之地理上分布。」

（註二）案西洋文化史上之「宗教時代」實受印度之宗教文化的影響,此處亦可略加說明。依海湼(Heinrich Heine)在「德國宗教及哲學歷史」第一章中所述,則在路德提倡新教以前,羅馬天主教中有兩大宗派,卽馬尼教（Manicheans）和格諾西斯派(Gnostics)。兩派底思考方法浸透在基督教諸民族底全生活裏,教義雖有不同,而均出自東方,尤其是印度,這就是說「一方,馬尼教徒從古代波斯底宗教獲得這教理,這教理中阿爾莫茲 Ormuzed——光——是和阿里曼 Ahrimand ——暗——敵對着的。它方……這格諾西斯派的世界觀是古印度的東西,具有神底化身的,禁慾的精神的自我內省的教理,這教理曾經產生了禁慾的瞑想的僧侶生活,這僧侶生活其實是基督教底觀念之純粹的精華。」（頁29－30）又黑格爾(Hegel)在「宗教哲學」中推崇基督教,謂爲登峯造極,但他也曾對他的學生說「歐洲人的宗教——屬於超越的高遠的部分,來自一個很遠的淵源,從東方特別從敍利亞（Syria）;但是屬於此地的目前的科學與藝術,……凡一切使生活滿足,使生活優美的,我們皆直接間接得自希臘。」（Caird 黑格爾第一章頁七所引）原來希臘是西洋科學文化的母胎,而歐洲人的宗教,卻是直接間接從世界六宗教發生地的印度來的,這不是證明了印度宗教文化實影響了西洋文化史之第一時期,卽宗教文化嗎?

（註三）見千代田謙:西洋近世史學史序說頁三七三。

（註四）田中經太郎譯:啓蒙とは何ぞやの問題に對する解答見カント著作集 13 一般歷史考其他頁 39－52。

（註五）Merz: 十九世紀歐洲思想史第二編上册一頁 162.

（註六）手塚壽郎:サシンモ伯とオーギエストコムト所引,見商學研究第七卷第二號頁一二七。

（註七）Lévy-Bruhl：法國哲學史頁十四六七。

（註八）蕭若瑟：聖教史略卷十頁 311－342.

（註九）彭基相：法國十八世紀思想史頁 11－26.

（註一〇）Merz：十九世紀歐洲思想史第二編下册之二頁三七九——三八〇。

（註一一）漢譯世界史綱下第三十六章頁 797－798.

（註一二）德國宗教及哲學史概觀頁一四二

（註一三）同上頁 140－142.

（註一四）同上頁 162.

（註一五）同上頁 178.

（註一六）同上頁 190.

（註一七）同上頁 198.

（註一八）Fénelon Oeuvres Complétes, Versailles 1820－30. 35 vol. 又 Les aventures de Télémaque; p·p. Cahen. paris, 2 vol. 參攷 Pinot: La Chine et la formation de lésprit philosophique en France (1640－1740, 頁 390－396. Reichwein: China und Europa. 頁 107－108. 後藤末雄：支那思想のフランス西漸頁 317－318.

（註一九）後藤末雄：支那思想のフランス西漸頁 322－323.

（註二〇）Reichwein : China and Europe. p· 105,

（註二一）同上頁一〇五。

（註二二）Hegel's philosophy of Philosophy. p. 76. "This is a grand Conception: one which the Oriental Thinkers attained. and which is perhaps the highest in their mataphysics."

（註二三）同上頁 142"The fundamental principle recognised is Reason —Tao; that essen e lying at the basis of the whole, which effects everything. To become acquainted with its forms is regarded among the Chinese al o as the highest science; yet this has no connection with the educational pursuits which more nearly concern the state."

（註二四）Reichwein: China and Europe. p. "88." This Latin translation of the six classical books I present to you, dear reader, not only that you may become acquainted with what the Chinese have written, but that you may put into act what they have rightly thought"——of particular importance were the details given by the Jesuit Fathers Concerning practical political mathers in the Chinese Empire. on the one hand they helped forward the advocacy of inlightened despotism by p ilosophy, while on the other they gave a backbone to the physiocratic movement——the movement which in anticipation of the Revolution, att mpte l to bolster up once more——this time from the economic side-the Absolution of the seventeeth century. Here is the domain of political theory, as in almost all the departments of science, China became the corner-stone of debate, a disturbing phanton in an age already sufficiently agitated."

（註二五）案此書據後藤末雄支那思想のフランス西漸頁 277－278，爲當時貨幣檢查局長 Cousin 所著，茲據 Pinot：La Chine et la formation de l'esprit philosophique en France 頁 465 改。

（註二六）後藤末雄支那思想のフランス西漸頁 280 又西洋人の觀たる支那，亦可參看。

（註二七）Heegl's philosophy of History. 3. 138－139.

（註二八）詳見本書「耶穌會士對於宋儒理學之反響」一篇。

（註二九）參看石田幹之助歐人の支那研究頁 197－200.

（註三〇）Pinot: La Chine et la formation de lèsprit philosophique en France. p. 312－313. 五來欣造儒教の獨逸政治思想に及ぼせる影響頁 408－422 來布尼玆對於龍華民栗安當之批評。

（註三一）Temple 主張古代學術勝於近代，中國適爲古國。Tindal 反對默示的宗教，而中國的信仰，如教士所言，是自然教。Addison 表面反對自然教，心中却很相近。Pope 深信耶穌會士有自然教的傾向，以上均爲十八世紀英國比較重要人物，而表同情於中國文化者。參見陳受頤魯濱孫的中國文化觀，嶺南學報第一卷第三期頁 10－18.

（註三二）參看方重十八世紀的英國文學與中國，文哲季刊第二卷第一號第二號，范存忠約翰生，高爾斯密與中國文化，金陵學報第一卷第二期。

（註三三）魯濱孫飄流記的著者第福（Defoe）在凝結集中說「中國是古國，人民明慧，有禮而且最爲伶俐。」「中國是一個充滿學者，文人，藝術家和幻術家的國度」雖然陳受頤先生說他此處把中國讚得天上有地下無的樣也就是一種最尖銳的嘲諷，但法國批評家 Paul Dottin 卻認爲作者的前後思想的矛盾。

（註三四）桑木嚴翼哲學史概說第二編第二章將笛卡兒歸入文藝復興期之哲學，見哲學講壇第三册頁 168－180.

（註三五）Lévy-Bruhl: History of modern philosphy in France. 彭基相譯：法國哲學史頁一。

（註三六）哲學史略見法蘭西學術史略頁二。

（註三七）同上

（註三八）法國哲學史第一章頁三。

（註三九）大英百科全書中 Abraham Wolf 所作「笛卡兒傳」見關琪桐譯：笛卡爾方法論卷首所錄頁一——二。

（註四〇）A. Discourse on Method. part. 1. p. 9. 'So that the greatest advantage I derived from the study consisted in this, that Observing many things which, however extravagant and ridiculous to our apprehension, are yet by common consent received and approved by other great nations,……an undertaking which was, accompanied with greater success than it would have been had I never quilted my country or my books."

（註四一）法國哲學史頁八。

（註四二）唯物論史上卷第三章頁 235－240.

（註四三）同上頁 236.

（註四四）方法與結果，譚輔之譯，頁 137－168 論笛卡兒底「方法講話」此據頁一六六引。

（註四五）沈思集六篇爲笛卡兒之第二部大作，有關琪桐漢譯本，原書是用拉丁文寫的。

（註四六）Bayle 提倡無神論社會的假設，爲全十八世紀所討論的題目，見法國哲學史頁七八。

（註四七）Pascal－Oeuvres, p.p. Léon Brunschwicg et Pierre Boutroux Paris 1908－14, 11 vol. 又 Les Pensées t XII——XIV. Paris, 1904. 參看 Pinot: La Chine et la formation de lésprit philosophique en France, 頁 347－348. 後藤末雄：支那思想のフランス西漸頁 50－52.

（註四八）Bayle —— Oeuvres diverses. Ed. 1727－31, 4 vol. in-fol. 又 projet et fragments d'un dictionnaire Critique. Rotterdam, 1692. Dictionnaire historique et critique, Rotterdam 1697 Dictionnaire historique et Critique 5e éd. Amsterdam, 1734. 5 vol, in-folio. 參看 Pinot: La Chine et la formation de lésprit philosophique en France. 頁 314－327. 後藤末雄：支那思想のフランス西漸頁53－54, 531, 538－40.

（註四九）唯物論史上卷頁三五九。

（註五〇）法國哲學史頁七九。

（註五一）同上頁六八。

（註五二）Malebranche——Entretien d'un philosophe Chrétien et d'un philosophe Chinois, Paris, 1708. Avis touchant lèntretien d'un philosophe Chrétien et d'un philosophe Chinois, Paris, 1708. Méditations métaphysiques et Correspondance de Malebranche et Mairan, p. p. Feuillet de Conches. Paris, 1841. 參看 Pinot: La Chine et la formation de lésprit philosophique en France. 頁 329－333. 後藤末雄支那思想のフランス西漸頁三〇五——三〇六。Lévy-Bruhl：法國哲學史頁一三——四八。

（註五三）譯文根據後藤末雄支那思想のフランス西漸頁三〇六——三一五。

（註五四）後藤末雄同上頁三一五。

（註五五）見カント著作集 13「一般歷史考其他」頁 105－106.

（註五六）Durant: 古今大哲學家之生活與思想，第四章頁二五。

（註五七）後藤末雄支那思想のフランス西漸頁 535.

（註五八）Pinot: La chine et la formation de l'esprit philosophique en France (1640－1740)頁344－346.

（註五九）五來欣造儒教の獨逸政治思想に及ぼせる影響頁 459.

（註六〇）同上頁 456－457.

（註六一）同上頁 461－462.

（註六二）同上頁 435. Merkel: G. W. von Leibniz und die China-mission. S. 154.

（註六三）五來欣造ライプニッツと儒教見「儒教の獨逸政治思想に及ぼせる影響」第二編第四章頁 273－473.

（註六四）同上頁 403.

（註六五）Reichwein: China und Europa. S. 88－93 引 Merkel 原書共七次之多，可見 Reichwein 實以 Merkel 爲依據者。

（註六六）正教奉褒頁 72, 85, 93, 109, 117, 118.

（註六七）坂口昴ライプニッツの「支那の最近事について」內藤博士還曆祝賀「支那學論叢」頁 865－880 此據頁 869 引。

（註六八）石田幹之助歐人の支那研究頁 183－184.

（註六九）五來欣造儒教の獨逸政治思想に及ぼせる影響頁 435—453,

（註七〇）黃伯祿正教奉褒頁一百二十三康熙三十九年十月二日閔明我徐日昇安多張誠等「謹奏爲恭請睿鑒以求訓誨事竊遠臣看得西洋學者聞中國有拜孔子及祭天地祖先之禮必有其故願聞其詳等語。臣等管見以爲拜孔子敬其爲人師範並非祈福祐聰明爵祿而拜也。祭祀祖先出於愛親之義依儒禮亦無求祐之說惟盡孝思之念而已。雖設立祖先之牌非謂祖先之魂在木牌位之上不過抒子孫報本追遠如在之意耳。至於郊天之禮典非祭蒼蒼有形之天乃祭天地萬物根源主宰卽孔子所云郊社之禮所以事上帝也。有時不稱上帝而稱天者猶主上不曰主上而曰陛下曰朝廷之類雖名稱不同其實一也。前蒙皇上所賜匾額御書敬天二字正是此意。遠臣等鄙見以此答之。」

（註七一）入華耶穌會士列傳頁八一——八二。

（註七二）栗安當爲方濟各會士，五來欣造「儒教の獨逸政治思想に及ぼせる影響頁 408「セントマソー」誤爲多明我會士。又後藤末雄「支那思想のフランス西漸頁 119, 125. 兩處均以栗安當誤寫作「要安當」均爲極大錯誤，應加糾正。

（註七三）天主教傳行中國考頁二六〇。

（註七四）坂口昂ライプニッツの「支那の最近事について」見內藤博士還曆祝賀「支那學論叢」頁 865－880。此處所述全書內容見頁 871－873。謝扶雅曾據之作「來布尼茲與東西文化」載嶺南學報第一卷第一期惟蘇霖誤作 Saulis，安多未寫漢名，均應糾正。

（註七五）五來欣造：儒教の獨逸政治思想に及ぼせる影響頁 423－435 節譯，

（註七六）坂口昂：ライプニのツッの「支那の最近事について」見「支那學論叢」頁 873——876，康熙帝の傳記又關於此書 Merkel: G. W. von Leibniz und die China-mission 頁 37-58, 亦有專章述牠。

（註七七）來布尼茲所著書如 Discours de métaphysique 河野與一譯ライプニツ形而上學敍說（岩波書店）又英譯 "Monadology and othe philosophical writings Oxford university press. 1925. 河野與一譯ライブニッツ單子論岩波書店出版。

(註七八)參看Merkel: G. W. von Leibnis und die China Mission 中 "Li" "ki" (頁一一二以下)各項，又 Pinot : La Chine et la formation de l'esprit philosophique en France 第二編第二章 "Les philosophes" 頁 333－340 "Leibniz" Reichwein: China and Europe 中 'The Enlightement' 一章頁 75－98 或德文原本 'Aufklärung' 一章頁 84－97, 五來欣造ライブニッツと儒教第五節第二款儒教の自然神學に對する彼の見解，頁 406－422.

(註七九)天主教十六世紀在華傳教誌頁二六五。

(註八〇)五來欣造儒教の獨逸政治思想に及ぼせる影響頁 406－422.

(註八一) Reichwein: China and Europe. p. 83.

(註八二)同上頁 82－84..

(註八三)儒教の獨逸政治思想に及ぼせる影響頁 456－457.

(註八四)五來欣造ソワリワスチャンウォルフと儒教見上書第五章頁 474－528 Reichwein : China and Europe 中 'The Enlightement' 一章或德文原本 'Aufklärung' 頁 93－96..

(註八五) Höffding: 西洋近世哲學史頁一一八。

(註八六)五來欣造ワリワスチャンウォルフと儒教第二節第二款——第五款頁 505－523.

三 中國哲學與法國革命

十八世紀歐洲所受中國思想的影響，德法兩國稍有不同。固然有人說『十八世紀歐洲文明的缺點，一方面爲君主政治的腐敗，一方面爲貴族政治的蔽害；前者以法國爲代表，後者以德國爲代表。在這個時候，爲醫治上層階級的利己主義，德法均須要一種救藥，所謂啓明專制主義，這就是中國孔家的根本思想，然而在德國因有很好的醫生，如來布尼茲、吳爾夫等，又腓特烈大帝，亦爲中國孔家的間接信徒，運用他的政治手腕，消滅貴族政治的蔽害。但在法國，卻因受病太深，醫師的力量不足，故其結果雖受孔家思想影響，而不得不走向大革命與流血慘劇一途。』這個結論，當然有大部分的眞理，不過這種專從政治方面來下斷案，實犯了只看見樹木不看見森林的毛病。依我意思，須完全從世界文化史與文化哲學之觀點上，承認中國代表哲學的文化，西洋代表科學的文化，在十八世紀西洋實以科學文化爲底子，而接受了中國的哲學文化，所以中國哲學在西洋無論德法，均發生了很大的影響。即因這中國文化的影響，纔形成了歐洲文化史上之「哲學時代」。不過同在中國思想的影響之下，法國實與德國不同；同爲孔家的思想，德國來布尼茲·吳爾夫把牠當作「自然神教」來接受，而法國百科全書派則當作「無神論」來接受；德國偏於精神的革命，法國偏於政治的革命；德國的影響是由哲學家們用那無生氣的乾燥無味的文體來寫觀念論的哲學，法國的影響則由革命思想家們，利用中國哲學來判決帝王貴族的死刑。前者以中國思想來「建設」，後者以中國思想來「破壞」；前者所認識的中國文化，較爲「現實」，後者所認識的中國文化，較爲「理想」，有這些不同罷了。現在先從中國哲學與法國革命的關係說起。

一　哲學與大革命

A. 大革命的歷史觀

一七八九年的法國革命實際即是哲學革命。如黑格爾所曾說過的：——（註一）

『有人說過法蘭西大革命乃「哲學」的產物，而「哲學」又被稱爲「世界智慧」，這不是沒有理由的。因爲牠不僅是自己在自己與自己爲自己的「眞理」，爲事物之純粹的本質，而且也是表現在人世事務方面的「眞理」，在牠的有生命的形式之中。所以我們不能否定那種說法所謂法蘭西大革命從「哲學」得到第一次推動。』(It has been said, that the French Revolution resulted from Philosophy, and it is not without reason that Philosophy has been called "Weltweisheit" (World Wisdom); for it is not only Truth in and for itself, as the pure essence of things, but also Truth in its living form as exhibited in the affairs of the world. We should not, therefore, Contradict the assertion that the Revolution received its first impulse from Philosophy.)

因爲在法國啓明運動開始即站在反對「教會」的立場上面，（註二）所以法國革命又可以說就是反宗教的哲學革命。換言之，即以哲學的文化代替了宗教的文化，故由宗教的史家看來，法國革命就是由於一些僞哲學家所倡異端邪說的結果：

『法國大革命，乃歐洲歷史上，大有關係之事，影響所及，偏於全洲，爲各國改革政治之先聲，固不獨聖教會被其擾亂也。推其原因，蓋有多端，而無宗教派之鼓吹，尤其原因之大且遠者。自十八世紀初，彼僞哲學家，與馬嵩（Massones）祕密會，即競爲異論，不惟反抗教中神權，且疾視君長，提倡平權自由之說，至十八世紀末，其說已浸淫人心，使人民大多數之心理，皆企望革命，躍躍思逞。』（註三）

『聖教受攻擊，雖無時不然，未有如第十八世紀之甚者，十八世紀僞哲學家出，倡思想自由之說，以個人之聰明智慧，爲論斷事理惟一之定衡，凡一切超性之奧理，信德之要端，爲人明悟所不及者，皆屏絕不信；此說也，與天主啓示之教，適相反對，故亦謂反對超性教說。其爲害於聖教會，較之奈龍（Nero）之屠殺，雕開先（Diocletianus）之酷虐，尤爲兇殘。』（註四）

這裏當然沒有注意到這種反宗教的異端邪說，實即爲中國哲學文化傳播的結果，所以聖教史略的作者，和黑格爾一樣，都祇抱着一種唯心史觀，唯心史觀所見的法國革命，當然是唯心的革命了。如以路易馬德楞（Louis Madelin）所著「法國大革命史」爲例，即帶着很濃厚的唯心史觀的色彩：

『既然有孟德斯鳩、服爾德、盧梭這班人當先生，就有羅伯斯比爾、丹塘、布里索（Brissot）這班人當學生。……作者曾經研究過這一百年內情形，從一七八九年至一七九九年，這十年間以來二十個的革命大家的各種環境又都研究過，總曉得他們都飽裝了一種共同的哲學，可惜全是破壞的哲學。

「這種哲學的潛力發生不止一種效果，法國的大革命就是這班聰明人，同一班自以爲是思想家的人預備的辦出來的。他們的思想，就是這五十年間的思想，就是武斷的理想。古代的理想，還有什麼同胞人道，反對基督教，同推翻一切毀滅一切的思想。」（註五）

法國革命怎樣受了哲學家的幫忙，看馬德楞下面的一段話，更爲明白：

「除了哲學家之外，還有什麼人能夠箝制政府的威權呢？能夠奪了貴族們的利器呢？能夠把少年市儈們的頭腦，裝滿了革命的精神呢？毋論哲學家是被反對革命的人所痛罵，毋論被以革命爲榮耀的人所稱讚，總而言之，哲學家要擔負這個責成，是無可駁的了。」（註六）

然而革命原是由多種事實醞釀成功的，這種唯心論的解釋，雖也看到眞理的一方面，但大革命決不止是由於少數煽動者的革命思想製造出來的。革命除精神的基礎以外，還有物質的原因。於是便有許多革命史家，如克魯泡特金的「法國大革命史」（Peter Kropotkin: The Great French Revolution 1789-1793）和威廉・布洛斯的「法國革命史」（Wilhelm Blos: Die Französische Rovolution von 1789 bis 1804） 均從社會的或物質的立場，來說明法國革命是怎樣受當時社會經濟環境的影響。克魯泡特金是一個無政府主義者，他對於這次全歐震動的推翻一切的，數年之內開始全部改造工作的法國大革命，描寫得極爲精致。他不但注意關於改造國家政治組織的「思想的潮流，」更注意及於農民和城市的工人要求馬上實際的改良物質生活的

「行動的潮流」他說得好：

『十八世紀的哲學家，已經有很久的時候，攻擊當時政治社會組織，他們認爲這種基礎上面的政權，以及大部分的財富，都是屬於貴族和教士，民衆祇是統治者的牛馬。哲學家當時之宣告「理智」爲至高無上，勸人信仰人的天性（牠固然爲歷史上陷人做奴隸的制度所敗壞，但是人類一重返自由，牠是會復原的。）的學說，實爲人類開放了新的紀元……

然而單是這個還不能引起革命的爆發，牠必須從理論進於行動，從認識一種理想進到事實上使其實現。今日的歷史家所最應當研究的，卽是那時候的環境是怎樣情形，何以在某一時候，使法國能實現這種理想。』（註七）

大革命必須有其社會的背景，如一七八九年以前的民衆狀況，貴族的奢侈放縱，多數農民的貧苦，富有農民階級之興起與其重要，這都是克氏大著所特別着力描寫的。威廉·布洛斯則是馬克思主義者，因此他的描寫，卽建築在唯物史觀上面。他以爲『法國革命的各種局面構成一批階級鬭爭，而各個人的佔重要位置，也是由這種鬭爭中發生出來的。』（註八）他很詳細地分析法國社會的各階級，君主與宮庭、教士、貴族、中等階級、手工業勞動者與農民，尤其是那些被抽筋吮血的農民，那些餓得半死的日工，那些受切膚之痛的奴隸之何等困苦，何等失望，何等憤恨啊。（註九）但是這些唯物論的歷史家，卻未曾注意到一個事實，就是法國大革命的前夕，充滿着奢侈與貧困對立的現象，而代表華麗的君主貴族，乃至婦人如胖巴多（Pompadour）一流，他（她）們窮奢極慾，揮霍無限財富實際乃不過表示他(她)們都是熱烈的中國趣味狂。中國趣味統治了法國宮庭，貴族的嗜好；而宮庭，貴族，尤其是婦人的顰笑更支配了法國在五十年以上。這東西文化接觸的事實，無疑乎正是法國當時社會經濟的眞正背景，而爲一般史家所未曾注意及之的。所以歸根及底，我們以爲黑格爾、馬德楞的唯心史觀，固有缺憾，克魯泡特金、布洛斯的唯物史觀，也不能算做完全。大革命的眞正解釋，應該綜合思想與物質之兩方面而注意及於文化接觸之總原因。卽在思想方面，中國哲學影響了十八世紀法國的革命思想，在物質方面，中國的瓷器、漆器、絲織品、風景畫、中國園林，竟造成了大革命前夕的法國人之中國趣味，因而窮奢極慾，使華麗貴族與特權階級，走上滅亡的路上。這種新的文化解釋，可稱之爲文化的歷史觀，也唯有這種文化史觀，纔能重新估定法國革命的眞價值。

B. 在哲學旗幟下之革命家

在法國革命的時候，產生了許多革命家，從廣義來說，都是哲學家的信徒，理性的崇拜者。乃至法國當時的普通民衆，他們並未讀過什麽盧梭的書，什麽服爾德的書，什麽百科全書，可是他們也相當地感染着流行哲學的影響。第三階級這時成爲革命的先鋒，而這整個階級卽站在哲學文化的洗禮之下。如布洛斯所說過似的：『十八世紀有聲有色的激烈的哲學，深深地侵入這個中等階級廣大的羣衆，都爲服爾德（Voltaire）、盧梭、狄德羅（Diderot）、甚至於荷爾巴赫(Holbach)的學說所激怒。』（註一〇）克魯泡特金也曾指出『大的變革總需要一種理想爲成功的必要條件。第三階級最好的代表，曾十分醉心於高尚的十八世紀的哲學，卽以後一切偉大思想的來源。這種哲學之顯著的科學精神，他的極深厚的道德性格（甚至於在嘲笑因襲的道德時，仍是道德爲懷）他祇相信處在平等的人民中間的自由人的智慧，力量和偉大；他仇視專制制度——這些都是當時革命者的精神。他們在鬬爭中所表現的那種堅毅和忠誠，假使不是受哲學的影響，如何能得到呢？』（註一一）這是很不錯的，哲學確然成爲一七八九年法國革命的大旗幟，路易·馬德楞在「法國大革命史」（註一二）也曾詳細計及當時哲學家和革命偉人之年代上的聯繫。例如：

『羅蘭夫人生於一七五四年，那時候孟德斯鳩（Montesquieu）是快要死了，服爾德正是最得意的時候，同達隆培爾（D'Alembert）連盟攻擊宮庭。羅蘭夫人出世的那一年，度克羅(Duclos)即介紹哲學在黎塞留(Richelieu)家裏。不久，達隆培爾也就來聚會。一七五四年就有一個哲學家狄德羅（Diderot）著一本書叫作「解釋自然」就變作一個無宗教的人。這一年又是第三本「百科全書」出現，居然得了審查圖書的人的認可。這一年又是盧梭造「不平等論」，後來十年裏頭無一年不是哲學得意的時候。所有的後來革命偉人都是這十年裏頭出世的，（只有兩個不是的，一個是西耶士（Sieyes），他是一七四八年出世，一個是密拉博(Mirabeau)，他是一七四九年出世的。）布里索(Brissot)是一七五四年出世；拉法夷脫(Lafayette)是一七五七年出世；穆內(Mounier)是一七五八年出世；羅伯斯比爾(Robespierre)汾約(Verguiaud)丹塘(Danton)他們三個人都是一七五九年出世呢？對穆郎(Desmoulins)是一七六〇年出世；巴那甫(Barnave)是一七六一年出世。作者所說的都是革命偉人，其餘的只好不詳細說了。

現在試將這些在哲學旗幟之下的革命偉人作一個簡單的估計：

1 羅伯斯比爾(Robespierre)

他是信仰盧梭學說而自以爲就是眞理的主人翁的。他在國會裏面實行他的祖師盧梭的話，要把所有不良的份子驅逐淨盡，這些不良分子，他相信就是自由革命共和的仇敵，也就是他自己的仇敵。（註一三） 當他未得勢的時候，卽用他的眼光看出革命的意義，使得他想到盧梭的學說，並且如何能運用民衆的集中勢力來達到握權的目的。（註一四） 當他得勢的時候，實行他那素所崇拜的哲學家盧梭的空泛而又一刻難見效果的學說的時候，就馬上引起全歐震驚，好似看一幅絕妙的圖畫。（註一五）

2. 丹塘(Danton)

丹塘是一個極有大能力的人，同時也是學者，研究過許多大著作，如意大利丹丁（Dante）英國莎士比亞，法國柯奈耶(Corneille)拉柏雷（Rabelais)的大著作他都是很熟習的。（註一六） 他的圖書館內中藏有亞當斯密(Adam Smith)，約翰生(Adam Johnson)及羅伯孫（Robertson）等名人著作的原本。關於法國文學，他也很是熟悉，他很能了解狄德羅（Diderot）的百科全書——這部有名的作品，滿含着新奇的學說及革命的思潮。（註一七） 他無疑乎各種極端的革命思想，都是受百科全書派的影響很大。

3. 馬拉(Marrat)

馬拉是一個眞正革命的領袖，又是一個哲學家，一七七二年他初次出了一本人生哲學的論文，這本書表現他對於英法德意西諸國哲學家的思想很能了解；他並直接攻擊赫爾維修（Helvetius）。赫爾維修曾經在他所著的「精神」裏面說哲學家對於科學是毋須知道的。馬拉卻相信應以科學的眼光去研究哲學；唯有哲學可以解決靈魂與實質之關係的問題。又在一七七五年出了他的第二篇「論人」的法文本，這個激動了法國大文豪服爾德，因為馬拉的筆鋒攻擊赫爾維修絕對不遺餘地，於是這個青年作家的名聲更發使人注意了。(註一八)

4. 密拉博(Mirabeau)

密拉博在對於法國革命史的貢獻以外，就在著作上也是名震一時，為一般人所推崇。他的最早而至今還留傳下來的一部著作，是論「專制」，這部書是他在一七七四年於被平放逐期間寫的。一七七六年他還在監獄裏，寫了兩部書，一部叫做 Erotica Biblion，一部叫做「我的感化」，還有一部政治著作名為「拘人的手詔」，他以歷史的眼光證明皇帝拘人手詔的特權，無論在哲學上憲法上，都是不合理的不公平的。(註一九)一七八五年著 Cinciunatus 命令的感想，一七八六年著柏林宮庭的祕史和普魯士君主國，一七八九年發表 Agiotage 報告書，是關於財政問題的著作。(註二〇)以他這樣偉大的思想家來辦革命，影響是再大沒有了。

5. 羅蘭夫人(Madame Roland)

在法國革命家中，也有一位中國趣味的嗜好者，就是羅蘭夫人。據陳受頤「十八世紀歐洲之中國園林」(註二一)有如下一段：

「浩爾罷克(Holback)曾為(中國)園林的研究，親自旅行英國回法之後，盡力宣揚；同時的人，很受感動。羅蘭夫人尤為感覺濃厚的興趣。」

這位羅蘭夫人就是生於法國革命時代，人家所稱爲羅蘭女國民常常用她的丈夫的名義來發表著作的。馬德楞告訴我們『她專喜歡看書看柯奈耶（Corneille）著的書，就要作羅馬英雄；看波盧塔克（Plutarch）著的書就要學作希臘英雄，最後看的就是達隆培爾、服爾德、荷爾巴赫（Holbach）赫爾維修（Helvetius）狄德羅諸家的著作，就要作革命黨。她最喜歡讀的是盧梭的著作』。據羅蘭夫人自己說道：『可惜我讀盧梭的書讀得太遲了，卻幸虧我讀得太遲，若是讀得太早的話，我這個人就會變瘋狂了，別人的著作我是不要讀了。』」馬德楞又說，『讀者卻要曉得凡是這個少年女子那時候所讀的書同時的男子們也是要讀的；從羅伯斯比爾至對穆郎都是要讀的；從格里瓜（Gregoire）他是教士至拉法夷脫（Lafayette）他是個貴族，也是要讀的。總而言之，貴族們的兒子女兒小市儈們的兒子女兒所喝進肚裏的都是同源的水。』（註二二）

6. 孔道塞（Condorcet）

孔道塞是革命思想之哲學的辯護人，爲革命而犧牲的自由思想家，百科全書派之一人。其名著「人類精神進步史綱」乃作於逃避過激政敵的時候。他將人類進步分作三大時期，又分爲九個時期，第七期爲西方的文藝復興，這一期直到印刷的發明爲止。他指出這時期有許多重要的發明，特別是關於機械的技術，如風車、日規、造紙術、指南針、火藥等，這些技術或由西方人發明，或由中國傳來的。就這一點來說，他似乎也是注意東西文化接觸的一個人。

實際則不但大革命的人物站在哲學的旗幟底下，同時有不少的王公大人對於最激烈的哲學亦加以保護，提倡。可注意的就是這種哲學思想的來源，即爲一般哲學家和詩人所夢想的哲學世界，乃是從外國舶來的。革命是一件理想的事，那時候的哲學家從四方八面販回來的許多新鮮思想，有從柏林販來的，有從倫敦販來的，然而最可注意的，就是直接間接從中國販來了大革命的旗幟——所謂「哲學」。

C. 大革命之哲學基礎

哲學和革命的關係，許多人還不能十分明瞭，其實只要注意宗教家對待哲學的態度，就很容易明白法國大革命的哲學基礎，可分三點來說：

1. 無神論

十八世紀歐洲的哲學家，即是無宗教派，此無宗教派即爲法國大革命哲學之第一基礎。聖教史略卷十六云：

『歐洲無宗教派，固無世無之，至十七世而漸盛，然猶或憚輿論，或怵於王章，不敢露面，至十八世，趨附和其說者日多，且多是文人學士，上流社會中人，遂覺有恃無恐，登之報章，公然傳播，毫無顧忌矣。凡此黨派，英德諸國皆有，而法之服爾德與盧梭兩人尤著名，實爲宗教之公敵，而法國大革命造因之渠魁也。……服爾德覺倡言天地無主宰，竭其一生才力與聖教爲敵。盧梭雖信天主，然觀其一生所爲，與不信者，初無大異。二人皆法之文豪，鋒犀利，詞令秀雅，所著各書，人爭傳誦，久之，爲輿論所歸，竟操轉移風化之大權，使歐洲人士，大多數對於宗教之觀念，熱心頓減，而平權自由，均財之學說乃大熾。』（註二三）

在這裏以「僞哲學黨」與「無宗教派」並作一談。「十八世紀風俗之腐敗……而法蘭西爲尤甚，其時所謂無宗教派者，法廷權貴世族巨紳及議政院人員多其黨派。……知此則知法國服爾德等僞哲學之說，既已盛行，其影響於各國者甚大。是以不久各國驅逐耶穌會士，競相效尤。」(註二四)到了巴黎議政院都成爲僞哲學黨的機關。(註二五)葡萄牙的首相蓬巴爾（Pombal）和意大利君主均以哲學士自居，宗教的舊勢力在這無神論哲學的影響之下，便不得不應手倒下來了。

2. 唯物論

唯物論哲學在法國大革命時風行一時，可以說就是法國革命哲學之第二基礎。如威廉·布洛斯（Wilhelm Blos）在「法國革命史」所說似的。(註二六)

『唯物哲學總是向前進步的；大家馬上達到一種境界，否認向來在國家和社會中佔優勢的一切思想。此刻展開一個完全新的觀念世界。這種新時代精神的中心點就是在百科全書這個名稱下著名的合刊，大家馬上稱此等新哲學家爲百科全書派。狄德羅和達隆培爾（D'Alembert）爲新派中的主要人物；他們總是使唯物哲學很勇敢地向前進行。他們這一派人的貢獻是一個超越一個的。拉麥托里（Lamettrie）反對靈魂不死的結論，又要超過狄德羅的哲學的唯物論，然荷爾巴赫行得最遠，荷氏是一個德國人，寄住法國的。他在他的自然的體系中說明一切東西只是物質與運動，他因此達到無神論。』

我們只要注意到法國大革命時候百科全書派的潛勢力，這些唯物論者的共同哲學，怎樣流行到各階級，據說有一位很研究當日時事的說過，在某處他找出一張購買百科全書人的名單，在四十八人中卽有二十四個都是小牧師。這些窮苦的小教士竟然肯捨得花錢來買百科全書，可見唯物論的影響已經怎樣使貧苦人民的心中跳躍了。(註二七)

3. 自然主義

法國革命的中心人物，其最珍貴的財產，卽在其信仰盧梭。「人一生出來，本是自由的，但是現在無論什麼地方，都是被鐵鎖鎖着」——民約論語——因想極力擺脫這些鐵鎖，向着自然的路上走，便震天撼地的叫起自由來，這便是革命了。所以革命就是要打破不自然的生活，而走向自然的生活。因爲自然的就是眞實的，所以自然卽善，一入人的手中就變壞了。由盧梭看來，自太古野蠻時代逐次進步，自是文明極了，但文明的進步，都是由於人爲的結果，而所謂人爲的，都是反於自然的生活，所以越文明，就越技巧。而最理想的生活，就是簡簡單單返於自然，返於人的天眞。威爾斯批評這種智識影響，有敗壞道德之勢，因爲這種影響，不但攻擊現存的社會組織，且攻擊任何一種的社會組織。(註二八) 然而大革命時代自然主義的傾向，有盧梭一派接近老子的思想，還有魁斯奈（Quesnay）一派以自然爲天理天則，接近孔子的思想。且不但荷爾巴赫（d'Holbach）主張以「自然」代替神的觀念，是自然主義。就是服爾德主張理性制裁，也是自然主義。有人說法國革命還是「盧梭的不好，」有人說，這是「服爾德的不好，」實在卻只是自然主義的不好；因爲自然主義是這革命時代的精神，所以把一切不自然不合理的生活，都根本推翻了。

由上所述無神論唯物論與自然主義，均爲大革命的哲學基礎，然而無論無神論唯物論也好，自然主義也好，均爲直接間接借重於中國之哲學文化。中國哲學在日耳曼係爲泛神的思想而進行，在法國則變成站在無神論唯物論的立場上面，這當然是很値得研究的問題，其關鍵則在於百科全書派與中國文化的接觸。

二　百科全書派與中國思想的關係

A. 所謂「百科全書派」

百科全書派在法國風動一時，其來源則在中國，這一點很少人注意到。我們都知道這一派公開反對宗教，而爲法國大革命思想的造因，但還不知道這一派大多數還是從耶穌會出身。威爾斯對於這一派的來歷，很簡單地說及『一羣優秀之士——即「百科全書家」（the Encyclopedists）大都係耶穌會中富有反叛思想精神之人，——於狄德羅（Diderot）指導之下，思欲於其著作物中計劃一新世界。』知道百科全書和耶穌會的關係，就知道百科全書派和中國文化的關係了。

百科全書派，崇拜理性，其結果在法國革命時候，便有人提倡理性教爲國教，塑一美女像，爲理性神像，供於巴黎聖母大教堂祭壇上。實際則此理性的宗教，正是在華耶穌會士所極力攻擊的「理」之變形，是從中國販回來的。

這一派將無神論，唯物論，自然主義作個起點。理學在耶穌會士看來，即是無神論，卽是唯物論。天主獨立自存而理則爲依賴之類，而且理不過物的模樣，物的元，即謂理爲自然之理，「不知自然之說，殊非究竟之旨」——湯若望語——故爲擁護天主實義，卽不得不認「理」爲異端而加以排斥。然而矛盾的事實，莫過於此。耶穌會士極力攻擊「理學」，而一羣優秀之士，即耶穌會中富有反叛精神的人，卻無意之中，起而擁護此異端之「理」，擁護無神論，唯物論，與自然主義，於是大革命的哲學礎基形成，許多嶄新的革命思想，便從此誕生了。

B. 百科全書派與中國思想的接觸

百科全書派既然很多是耶穌會中富有反叛精神之人，當然因爲耶穌會的歷史關係，很容易和中國的文化接觸。不過百科全書派也有不和耶穌會接近的，所以他們和中國思想的接觸，也就不止由於一個媒介。耶穌會士的著作以外，還有遊客的著作，如安孫(Anson)所著『環遊地球記』(A Voyage round the World)也爲百科全書派所取材。因爲兩種著作的性質不同，因之百科全書派對於中國文化，也因而發生不同的見解。

（1）耶穌會士之著作

如耶穌會士書簡集，因著者均爲優秀學者，態度誠懇，可算中國文化的百科全書，而爲百科全書派如服爾德、荷爾巴赫及宗教反對者所引用。竺赫德 (du Halde) 的「中華帝國全誌」亦爲服爾德、孟德斯鳩、荷爾巴赫、魁斯奈等所取材。荷爾巴赫以百科全書派領袖人物的資格，在一七七三年所著『社會的體系』(Système Social)中，爲研究中國文化的便利起見，曾舉出下列各書，勸人試讀：

（1）R. P.Duhald 竺赫德——L'histoire de la Chine.

(2) R. P. Le Comte 李明——Mémoires de la Chine.

(3) Les lettres edifiantes, t XV.

(4) Holwell 阿爾韋爾——Relations des événements de Bengale, Part II.

荷爾巴赫在那時候所讀的書，同時就是沙龍中人物也是要讀的，這就可見耶穌會士著作和百科全書派的關係了。

(2)遊客的著作

如英國安孫(George Lord Anson)所著『環遊地球記』(A voyage round the world 見 Everyman's Library 510)出版於一七四八年，他因受了中國人的許多委曲，所以此書敍述與中國人的交涉，如在第三卷中(共十章頁 267—380)述他在澳門、汕頭、廣州各地的情形，口調很不客氣，和英國航海家和海賊丹皮亞爾(William Dampier)在一六九七年出版同樣著作「Voyage around the World」一書，可謂無獨有偶。因為他們的荒誕記載，使百科全書派如盧梭、孟德斯鳩對於中國不能發生很好的感想。

(3)兩種著作影響之不同

大概來說，前者的著作如耶穌會士書簡集，竺赫德中華帝國全誌，北京耶穌會研究紀要等名著，皆為有系統有研究的大部著作，而且對於中國文化均能深表同情。所以百科全書派如荷爾巴赫(d'Holbach)、服爾德(Va-Itaire)、巴夫爾(Paivre)魁斯奈(Quesnay)等受其影響，也能看到中國文化的好處，而大大提倡他的中國文化讚美論。但在反對方面，遊客的著作。因不能深入中國內地，所見的只是中國貧苦的窮僻的村落，當然對於中國文化容易發生反感，因之而百科全書派如孟德斯鳩（Montesquieu）、盧梭（Rousseau）受其影響，也只能看到中國文化的不好處，而主張中國文化之反對論了。就中還有批評派如狄德羅（Diderot）、赫爾維修（Helvetius）等對於中國文化接觸的機會較多，故取一種批評的態度。但從大體來說，仍以偏於贊成的方面爲多。賴赫淮恩（Reichwein）在『中國與歐洲』一書（註二九）中曾有一段總述百科全書派和中國思想的關係，現在試加以徵引，以爲本章的結束：

『那時候百科全書(Encyclopaedia)關於中國哲學家的見解，卽直接採自服爾德、狄德羅在百科全書字典(Dictionnaire encyclopédique)中對於中國部分有如下的論潮「中國民族極能同心合力，他們歷史的悠久，精神、藝術、學問、政治、哲學各方面，不僅壓倒所有其他亞洲民族。據一部分學者的意見，他們所有的優點，甚至可以和歐洲最開明的民族競爭。」同樣的主張，在赫爾維修(Helvetius)所著「精神論」(De l'Esprit, Discours III. Cap. XXIX IV; Caps XIII and XIV)亦可看得出來。又巴夫爾(Poivre)在「一個哲學家的旅行」(voyages d'un philosophe, 1769. P. 148 ff)中更加讚美中國，他說「若是中國的法律變爲各民族的法律，地球上就成爲光華燦爛的世界。你們試到北京，瞻仰一下世間最有權力的人（皇帝）他就是天上美滿的象徵。」（"China offers an enchanting picture of what the whole world might become, if the laws of that empire were to become the laws of all nations. Go to Peking! Gaze upon the mightiest of mortals, he is the true and perfect image of Heaven"

我們不是有意提倡中國文化，我們也不會相信中國過去的政治，卽是最好的政治，然而在法國百科全書派領導之下的法國思想界，很明白地是將中國文化「理想化」了。很明白地有意將中國文化擡高起來，以爲大革命運動之理想的目標，讚美論者不消說了，就是批評論者乃至於反對論者，也都直接間接受着中國文化的影響。孟德斯鳩也曾指出中國文化的優點，盧梭雖在論及文明與幸福，反對中國，但在主張重農一點，又何嘗不是中國文化的讚美者呢？知道百科全書派和中國文化有微妙的關係，就知道中國哲學在法國革命史上的貢獻，是如何値得我們加以注意的價值了。

C. 百科全書派之中國文化觀

現在試進論百科全書派對於中國文化所取的態度，無論讚美也好，反對也好，而要之對於中國文化，均受極大的影響。先從德國之唯物論者荷爾巴赫說起。

1. 荷爾巴赫(Baron d'Holbach)

德波林(Deborin)近代物質論史有專敍荷爾巴赫的一章（第八章），中間述及他在大革命時代的重要性，尤其是在沙龍裏面常常聚集許多學者，成爲物質論思想底中心。

『赫爾維修(Helvetius)狄德羅(Diderot)、盧梭格拉拇(Grimm)達隆培爾(D'Alenbert)等人，均於星期日和星期四聚集於此。並時常作政治的哲學的，和文學的問題之談論。』(註三〇)

『沙龍在那個時候在沒有組織的政黨情形之下，是有巨大意義的。因爲它可以用此來代替政黨，並作爲團聚同一的見解和思想之人的組織中心……一切活動主要都是帶上文字上的性質。然而很明顯地，這種文字活動是屬於大膽地對於教會專制，僧侶等之攻擊和責備……』（註三一）

『荷爾巴赫底沙龍眞正是第三等級及其和法國舊制度作思想爭鬬之大本營……這樣革命在十八世紀是發生於沙龍中而且首先是誕生於荷爾巴赫底沙龍中』。（註三二）

荷爾巴赫雖爲德國人，但他移居巴黎，娶法國女子爲妻，而將一生寄居法國，爲法蘭西國民性所融化。他的父親原係大資本家，留下許多財產，他即利用此鉅大遺產，來從事知識界的思想運動，所以收效極大。而且他是一個唯物論者，如德波林所說似的「他的有些著作在全世界無神論的文獻中，算是其中唯一的一種了。」（註三三）以這樣富於科學思想和革命思想的人物來提倡中國哲學，當然影響是再大也沒有了。他在一七七〇年，假名密拉菩（Mirabaud）發表「自然之體系，物理世界及精神世界之法則」一書，此書驚動法國，序文開端，即主張「敎人們對於理性放出勇氣與尊敬心來」。全書分成二部，第一部爲一般的基礎及人性論，第二部爲神學，全書斷然排斥神學對於傳統制度（尤其是教會及天啓的信仰）道德內容及理想內容，加以完全的蔑視。他以爲世界無論何地，除了物質與運動，便沒有任何事物。因爲荷爾巴赫直接攻擊神的概念，主張從宗教桎梏解放人類，所以在此書中革命尖鋒已可感到，而法蘭西革命，遂即以此原理爲根據。如朗格唯物論史（註三四）所云『自然及其女兒——德理性，眞理——最後被稱爲唯一的神，値得人們以香火祀奉，如是「自然之體系」在破壞一切宗教之後，卻由一種詩的高揚，把自身變成了一種宗教。」這種宗教，無疑就是「理性的宗教」，即爲阿貝耳（Hébert）所倡理性女神的先聲了。在這裏應該注意的，就是這一部「唯物論的聖書」，也是有所本的。這一位反宗教的無神論者，唯物論者，實際就是中國文化的讚美人。他因爲儒家帶有反宗教的特質，故特別接近儒家。因此他便極力主張以儒家的道德來代替基督教的道德。一七七三年他著「社會的體系」（Système Social 或 Principes naturels de la morale et la politique, avec un examen de l'influence du gouvernement sur les moeures 書分二卷，後又分爲三卷，在倫敦出版）依格拉拇（Grimm）的批評此書似不及「自然之體系」底感動作用，但亦同等地證明「在想要推翻古代底柵欄，即人類的弱點，曾認爲直到那時都應與那使它失去光榮的惡德和情慾相反抗的這個柵欄之後，著者只更銳敏地覺得有以新的東西把它提高起來的必要。」（註三五）這個「新的東西」是什麼呢？無疑乎就是中國人所主張的政治與道德的關係。關於道德的原理，政治的體系，荷爾巴赫均極讚美中國，而主張以中國的道德政治爲模範。詳見五來欣造所著「荷爾巴赫與儒教」一篇（註三六）所述儒教對於荷爾巴赫的影響，這裏只舉出一點，就是荷爾巴赫主張將政治與道德互相結合，實以中國爲實例。他說：——

「中國可算世界上所知唯一將政治的根本法與道德相結合的國家。而此歷史悠久的帝國，無疑乎告訴支配者的人們，使知國家的繁榮，須依靠道德。在此廣土裏面，道德成爲一切合理人們唯一的宗教。因之道德科學之進一步的研究，遂成爲獲得職位或立身致仕的唯一法門。我們社會則這種學問，除少數不知名的特殊者研究以外，反而足爲與支配國家事務的人疏遠的原因吧！（中略）在中國，法律充滿聖智，甚至曾經征服中國的野蠻滿洲人亦爲所屈服。這就是說理性對於君主的權力發現了不可思議的效果，使中國的征服者亦爲所征服。（中略）帖木兒毀壞了田舍與村落，可是建立於眞理之永久基礎上的聖人孔子的道德，卻能抵抗此狂風暴雨，保留至今，使野蠻征服者對此亦須表示尊敬，而以之爲政府施政的目標。一句話來說盡，無論君主，或其代表者——大臣，知事，官吏等均熱心從事於人民教育，然而啓明政府對此最有益的教訓，假使沒有實力而徒託空言，則在一般人心目中也不過留下一時的印象而已。（中略）對於這值得讚美的習慣，祇要稍加考慮，我們立刻便可知道有德的君主無論如何均在其國積極地改良風俗，芟除惡德，而建立了道德支配的基礎。（中略）我們至少可以說在那裏某種道德，尤其孝道，如同宗教一般，又無論何國也沒有像中國產業那樣發達。」（註三七）

這種道德政治完全實現起來，不是什麼世襲的君主政治，而是堯舜的理想政治。所以荷爾巴赫又說：——

「中國有一位天子，當他發現自己的兒子，夠不上作成偉大君主的資格的時候，他便選出才德兼優的市民爲後繼者。他說「我愈其使兒子幸福人民不幸，不如使我的兒子不幸而一切的人民得到幸福。」」（註三八）

在「社會的體系」一書引出很多中國的例子，尤其是在他書中第二卷八十六頁以下，有個結論，公然宣稱「歐洲政府非學中國不可。」（註三九）而在同一個地方，更爲研究中國者的便利起見，舉出四種書爲必讀之書，可見他所受中國思想影響之重大了。

2.孟德斯鳩(Montesquieu)

孟德斯鳩是十八世紀的一個開路的先鋒，他所著「法意」(L'Esprit des Lois)一書，傳播極廣，實爲以後革命的種子。他說這部著作的目的，是要研究世界各民族已定的法律，而廣汎地說起來，這些法律卻是人類的理性，各民族的法律，即爲人類理性的特別應用。法意第一卷第一章開宗明義，即爲法律下一定義：

「法自其最大之義而言之，出於萬物自然之理。蓋自天生萬物，有倫有脊，既爲倫脊，法自彌綸，不待施設。宇宙無無法之物，物立而法形焉。天有天理，形氣有形氣之理，形而上者固有其理，形而下者亦有其理，乃至禽獸草木，莫不皆然，而於人尤著，有理斯有法矣。」(註四〇)

這種理性的觀念，不能不說是受了中國思想的影響。宋儒說「天理二字，都是吾自家體貼出來。」天理即是萬物自然的法則，凡有一物，必有一理，上而無極太極，下而至於一草一木一昆蟲之微，亦皆有理，這個「理」即是「法」，可見法理本非二物。但有許多文化史家，卻認孟德斯鳩是反對中國文化的學者，這也不是沒有理由。賴赫淮恩(Reichwein)在「中國與歐洲」中，曾提出幾點：(註四一)

第一、Montesquieu in his Esprit des lois approached China Solely from the point of view of his own theory of the State. And the enlightened absolutism which prevailed there conflicted with his political ideal—the triple partition of the powers of government. That was sufficient to determine the attitude towards China of a mind wedded to its own System.

第二 In forming his judgment, he took his st. d only on the reports of the traders who were, for the most part, totally unacquaintcd with Chinese culture, because they came into contact only with Chinese traders, of whom they had nothing better to report that they were dishonest; and he bluntly assertd that tne favourable opinions of the Jesuits were discredited by thc reports of the traders.

第三 Meanwhile Montesquien found in his system a furt her support for hiscontention; he imputed to the climate of the Far East the state of slavish obedince in which the people lived. It was his opinion that the geographical conditions of China had predetermined its political constitution, of which the foremost principle was "public tranquillity"; and on that principle all latter laws had been moulded.

就以上三點來看，第一站在三權分立說的立場，批評中國文化，未免過於主觀。第二點依據商人的報告，來證明耶穌會士報告的不確，不能不算是一種偏見。第三點以中國爲例，證明氣候影響政治的學說，其實所搜集的事實一點也不能證明。但是我們因此便認孟德斯鳩完全是中國文化的反對者，這也是錯的。通讀法意一書，對於中國文化有反對的地方，也有贊同的地方，孟氏是不大知道比較方法的。（根據 Lévy-Bruhl 法國哲學史第五章中語）因此結論便不大淸楚，而永遠地矛盾存在於這二者之間了。

(a)中國文化之缺點

孟德斯鳩依據於安孫(Lord Anson)和遊客邁朗(de Mairan)的著作，當然所見中國文化的缺點很多，約言之，有如下三端：

(1)風俗之弊

『彼景教宣福之徒，遊於東土而歸也，莫不曰美哉中國之治制也。其所以爲精神者，實兼道德，榮寵，恐怖三者而並用之；夫使其言而信，將不佞往者三制之分，爲無謂而強生區別者矣。雖然榮寵，恐怖二者之爲合難。夫使其民之奉令守法，皆出於懷刑畏威而後爲之，慮一不當，則鞭笞隨其後。(自往神甫竺赫德言治中國者非他，夏楚而已。)則吾不知其民所謂榮寵者，爲何等觀念也。

又使扣支那之俗，於吾國之商於彼土者，將其所言，於支那人之道德，未見如傳教者之傾倒也。官吏號牧養小民保衛商旅，顧其寵賂之章，侵奪之暴，盜賊不翅焉。且此非僅僅一二見也。暴者其常，平者其偶，道德之民，詎若此乎？使聞者猶以爲是不足也，則吾請徵諸爵主安孫之所聞見者，庶吾言非妄發也。』(註四二)

又十九卷第十章論支那人之風俗云『支那民質爲雜也。……以其民生業之無恆，而衣食之難恃也，故其貪利至深，而攘奪之情，至爲剽疾，於是商於其土者，遂若其民一無可信者焉。』(註四三)第二十章論支那之俗爲不可以常理側者，『所可怪者，支那之民，其畢生所爲，若皆束於禮教矣，顧其俗之欺罔詐僞，乃爲大地諸種之尤。』(註四四)又第十三章論支那國俗，『東方之國，有支那焉，風教禮俗，亘古不遷者也，其男女之防範最嚴，以授受

不親爲禮，不通名，不通問，閫內外之言語，不相出入。凡如是之禮俗，皆由孩提而教之，所謂少儀內則是也。』（註四五）

這種雍容閑雅的禮俗，應該可以贊美的了，但孟氏在另一處又說『吾觀支那勸善之書，謂逢女子獨居，而男子猶能以禮自持，不至於亂，此其節操，乃曠世不數覯者；閱此則可知其民氣質之何如，而杜漸防微，爲不得已之事矣。』（註四六）

（2）奢侈之弊

第七卷第七章論支那奢侈之弊云：『自商以至於今，爲中國之君者，蓋廿二姓，然則其國所閱歷之革命，大者二十二，而割據偏安，旋起旋滅者，爲數至多，所不論也。三代享國最爲長久，此雖由其治之有道，亦以古之幅員，其廣幅比今甚狹之故。吾嘗考其歷史，大抵一朝開創，莫不有初仁聖慈儉，畏天勤民，而奕世之基以立，至其後嗣，乃墜喪耳。眞主以汗馬起家，其所受代者，例皆昏淫之末造，敬勝者吉，怠勝者亡，則其崇道而戒淫侈者勢也。然而數世之後，繼其位者，生帷幄之中，不識下民之疾苦，稼穡之艱難，則恣睢荒讌，忽於治理者，又其勢也。其智則日微，其年則世促，支葉披離，權奸興而閹宦日以信用，所推戴而擁立者，非襁褓即其童昏，朝廷所行，事事與天下衝突，勤者耕作而愴者有秋，甚至取其業而敗之。夫如是則篡弑興而覆亡無日。雖然，故社屋矣，一姓興矣，而三四傳之後，其新者又一循其故者之覆轍，享國短長不同，而平陂往復，一治一亂之機，莫不如是，是則支那之歷史而已矣。』（註四七）

（3）專制之弊

例如大不敬之獄，第十二卷第七章『支那舊律有大不敬之條，犯之者死。而所謂大不敬者，又無切實明晰之疏義界說，故輕重隨其喜怒，無不可以周內請比者，殺其身可也，雖赤其族無不可也。竺赫德神甫日記謂有起居注二人以所載之事不實，遂罣吏議，以大不敬罪死名矣。又有某親王以無心之過，訾議皇帝硃批上諭，亦以大不敬論死，此爲其時最寃之獄，殆爲支那前史之所無者。故以大不敬罪名之無定，卽此可見其爲專制之朝廷。』(註四八)又如以父坐子之罪，第六卷第二十章云『支那之法，子弟有罪，罰其家長，祕魯之俗亦然，凡此皆專制之流風餘烈也。』(註四九)又十五卷十八章論閹奴云『觀支那之史書，當一朝開創之初，莫不立甚密之科條，鑄券勒碑，以禁閹人之用事，至於日久政荒，則刑餘之人又見，嗚呼不謂刀鋸薰椓之餘，乃於泰東爲不可逭之災如此也。豈天之所以罰其以非刑加人道耶？』(註五〇)比亦可見專制之弊之一端。

(b)中國文化之優點

但中國文化有缺點，亦有優點，孟德斯鳩雖以商人的報告來證明耶穌會士報告的不實，但他仍然時常引用神甫竺赫德 (du Halde) 和裴倫寧 (Perennin) 的書函來稱道中國文化的好處。約言之，有如下三端：

(1)重農政策

第八卷第二十一章論支那帝國云『支那大較皆力田緣畝之民也，勸農教稼，著諸國典，又其爲法也，必使民得食其所自耕，而無憂其或奪，故支那之盛，父母之政府也。』(註五一)十四卷第八章支那善制云『支那歷代帝王，皆有籍田親耕之禮，時節既至，有司奏儀，帝躬執耒而三推之，其所爲隆重若此者，示食爲民天，穀爲食主，所以勗通國男子，知力田也。』『又力田之民，使操業特優，有司歲貢其名於朝，則錫以八品冠帶，以優異之。』(註五二)

（2）救荒政策

第十三卷第十五章云『東方之君，彼逢部省水旱偏災，猶有蠲除之詔令，此其所以施惠而後慶也。顧吾歐之君主不然，其詔令未頒而民已惡之矣。何則？其所言者，皆上之乏也，吾儕小人生計之艱，非彼所慮及者矣。』（註五三）又十八章蠲除租賦云『東方帝國，知部省之民已困，則詔蠲錢糧，豁除逋負，此西方君主所當做行之仁政也。』（註五四）

（3）勵儉政策

第七卷第六章云『若夫支那之爲國也，——雖在專制，而俗之敦崇儉節，與民主公治之國正同。此務本重農之令，所由自古不忘，而奇技淫巧，在所必禁也。至今中國，猶傳前古皇帝之詔書，文辭粲然，義訓深厚，如唐高祖詔毀天下佛寺銅像，其中有云一夫不耕，或爲之飢，一女不織，或爲之寒，蓋古之建言也。其廿一朝之第三帝（明成祖）則禁伐山採玉之工，以爲玉之爲物，飢不可食，寒不可衣。不欲以此勞民，而損社會也。其最著稱者，如漢賈誼之對文帝陳政事也。有曰帝之身自衣皂綈，而富民被文繡，天子之后以緣其領，庶人孽妾以緣其履，民之賣僮者，爲之繡衣絲履偏諸緣，內之閑中。夫百人作之，以衣一人，欲天下無寒不得也。一人耕之，十人聚而食之，欲天下無飢不得也。飢寒切於肌膚，欲其亡爲奸邪不可得也。』（註五五）

（c）中歐文化之比觀

法意一書研究世界各民族種種不同的風俗習慣與法律，而尤注意各種法典與氣候土壤所生密切關係，這就是所謂地理史觀。由此所見的中國文化，當然要和歐洲所見者不同。

(1)亞洲風土

亞洲形勢，無眞溫帶可言，惟有寒帶直接熱帶諸國，而這種氣候，實祗宜於造成奴性的國民，和歐洲各部皆在溫帶因而重視自由者不同。(註五六)亞洲之勢利爲合，歐洲之勢利爲分，故亞洲之一統易成，而歐洲之混合難立，亞洲人之習於服從，猶之乎歐洲人之習於自由。『亞洲之民，其性質之成……久之遂若與生俱來，雖有賢智，不克自振，往往吾人所羞稱，彼民轉視之爲懿德。讀其歷史欲覩無畏自立之精神，殆不一覯也；所可覩者，以隸相尊爲服從之太過而已。』(註五七)

(2)特別之治術

中國的禮治主義，尤爲孟氏所稱道不置。第十九卷第十六章『支那之聖賢人，其立一王之法度也，所最重之祈嚮，曰惟吾國安且治而已。夫如是，故欲其民之相敬，知其身之倚於社會，而交於國人者，有不容已之義務也。則禮儀三百，威儀三千，從而起矣。』(註五八)又第十七章支那特別之治術云『而支那政家所爲，尙不止此，彼方合宗教法典儀文習俗四者於一爐而治之，凡此皆民之行誼也，皆民之道德也。總是四者之科條，而一言以按之曰禮。使上下由禮而無違，斯政府之治定，斯政府之功成矣，此其大經也。幼而學之，學於是也，壯而行之，行於是也。教之以一國之師儒，督之以一國之官宰，舉民生所日用常行，一切不外於是道，使爲上者能得此於其民，斯支那之治爲極盛。』(註五九)又第十九章云『支那立法爲政者之所圖，有正鵠焉，曰四封寧謐，民物相安而已。彼謂求寧謐而相安矣，則其術無他，必嚴等衰，必設分位，故其式必詣於最早，而始於最近共有之家庭。是以爲治之經，莫重於教育，有王者起，必奮其所有之權力以爲之。於是禮文儀節，勃然以興，人子之於二親，凡所以事其生，凡所以事其死，皆有所必循，而爲人道所最不容已。擗踊哭泣，悽愴焄蒿，凡彼之所以嚴其死親者，即彼之重其生親而後有此也。雖然，彼之所以嚴其死親者，毗於宗教之事也；而彼之所以重其生親者，有法典，有儀文，有習俗，顧支那之聖人，於之數者，未暇深辨也。皆曰人子之孝行而已矣。嗚呼支那孝之爲義，貫澈始終，彌綸天地，蓋其所包，實至廣爾。是故支那孝之爲義，不自事親而止也，蓋資於事親，而百行作始，彼惟孝敬其所生，而一切有近於所生，表其年德者，將皆爲孝敬之所存，則長年也，主人也，官長也，君上也，且從此而有報施之義焉。以其子之孝也，故其親不可以不慈，而長年之於稚幼，主人之於奴婢，君上之於臣民，皆對待而起義，凡此之謂倫理，凡此之謂禮經，倫理禮經，而支那之所以立國者胥在此。』（註六〇）

（3）特別之教義

中國沒有宗教，卻有特別之教義，即是聖人孔子的道德。第二十四卷第十九章『則若遠東支那，所奉行之儒教，與夫遠東希臘，所用之斯多噶宗，一倡於孔氏，一發於芝諾，是二者皆不信有靈魂，與其物之不死。此其所標，可謂大謬者矣，顧其用之於社會也，轉有美利之可收，爲其羣所託庇。乃今日所與儒家並立之二教，曰道曰佛，能言靈魂不死矣，而本此推行，轉爲其社會之大梗，是不可以深長思也耶。』（註六一）孔家比佛教的長處，可看下面一段，更爲明白。『若夫支那之聖人，所以爲其民立法者，勝佛遠矣。其言曰仁者先難而後獲，又曰務民之義，故其爲國也，於宗教哲學法典皆素位躬行之禮，而無出位之思，蓋彼知息士之民好逸，故極意使之爲勤，以救其弊耳。」（註六二）而且孔子的教義，對於專制之弊也有所補救。第十二卷第二十九章云，「而中國六經，爲千年不刊之典訓，雖宗教崇信，各事異同，而犖然有當人心之言，往往而遇，故其文爲國律之所據，而其力亦足以匡拂專制之廢而有餘也。」（註六三）

由上所述，孟德斯鳩絕不是純粹中國文化的反對者，他雖看到中國文化的壞處，但也看到中國文化的好處。他不反對竺赫德神甫所說「地球萬族，支那最富」的話（註六四）這就是他的卓見。中國文化的缺點雖多，但風俗之弊可以用特別的治術來補救；奢侈之弊可以用勤儉的政策來補救；專制之弊可以用孔子的教義來補救；所以歸根及底，法意一書仍以讚揚中國文化的優點爲多。嚴復在法意的案語中極力稱道孟氏，以爲「孟氏此言之似吾六經也，嘗謂西士東來，其著碩好學，莫如明季與國初之耶穌會人，而歐人於東籍最稔者，莫若蒯兩祺之法國，如孟德斯鳩，如福祿特爾，及當時之狄地魯諸公，其著作俱在，可覆案也。」（註六五）這一段話，很可以拿來作孟德斯鳩之中國文化觀的結束。

3. 服爾德(Voltaire)

孟德斯鳩批評中國文化，而在法國啓明運動的最大權威者服爾德，卻從相反方面，極端讚揚中國文化的眞價値。中國的哲學、道德、政治科學、經他一說，都變成盡美盡善的東西了。他十歲時曾進耶穌會教士辦的路易學院(Collège Louis le Grand)但他一生無疑乎是一個無神論的信徒，反宗教文化的大將，他爲什麽這樣贊美國文化呢?爲的中國文化，是聖經以前的文化，且爲聖經以外的文化。在他研究中國文化的內容時，竟發現了和歐洲不同的一種新文化，這種新文化與基督教絕然不同他不說靈魂不滅，不說來世生活，孔子自己也不以神或預言者自命他不講神祕，只談道德，一言以蔽之，卽不將眞理與迷信混同。所以把他和基督教對比，則基督教全然爲虛僞的，迷信的結果只給人類以重大的不幸。因此服爾德主張應該根本廢棄宗教，爲人類的幸福與和平再現的原故，儒教可算最好最合人類理性的哲學了。

但我們不要誤解服爾德是唯物論者，他嚴格來說，祗是在中國文化影響之下的泛神論者，自然宗教論者，然而泛神論依據赫克爾(Haeckel)所說，祗是「有禮的無神論」，這有禮的無神論，很容易受人誤解一方面有當時法國教士以無神論來攻擊他；一方面唯物論者以有神論來攻擊他。實際他既不是法國教士所攻擊的無神論，也不是正宗的有神論。服爾德攻擊宗教的論潮，隨處可見。(註六六) 他攻擊教堂，對於那些自稱爲基督代表的人罵得痛快淋漓。他又反對教堂所附會的教義，以爲聖經如果是來自上帝，那上帝太無知識了。第一他就不知道物理，第二他的地理也是同樣地不知道，第三他也不知道年代學。聖經並不是上帝做的。『實在說起來，只是一個有瘋狂病的無知者在一個極壞的地方寫的著作。』舊約如此，新約亦然。『要把這些荒唐的故事當作自然的事來相信，一定要有一種與我們現在所有的一切理性相反的理性，否則是不可能。』因此服爾德主張用歷史的方法來考察基督教，祗承認『基督只是一個帶有東方色彩的蘇格拉底。』這當然不是一般所認爲的神論的了。但是我們要問服爾德不是正宗的宗教，那麼他們宗教究竟是從什麼地方來呢?

a. 中國人的宗教與禮儀問題

我曾細心研究他對於神學的見解，以為他的宗教，即是「哲學的宗教，」即以「道德」代替「宗教。」服爾德承認『道德是來自神的，到處是一律的，神學是來自人的，所以到處不同而且可笑。』（註六七）『你可以使娛悅你的一切都成哲學化；但當你管理一個小村莊的時候，你就必須要一種宗教。』（註六八）他反對無神論，以為『不認識賜給吾人以道德的天神，難道人們能更有道德嗎？』（註六九）所以正宗的宗教可以不要，而道德的神，卻不可不有。因為服爾德對於宗教的根本見解，和斯賓諾莎（Spinoza）很相接近，故可稱之為「哲學的宗教，」而此「哲學的宗教」的來源，卻不能不求之於中國。服爾德很公開地說到這一點：

『這種有神論是不是為現在需要而被復興的？服氏回答說是的。他用中國人為例，中國為一古國，其真而持久之制度極可驚嘆，其宗教則為真正的有神教。數千年中國上流階級的宗教是什麼？祭天與崇拜公道。雖然在下流階級中仍不免有迷信，但是所有受教育的人自古以來都是有神論者，如我們將孔教與西方之宗教相比較，那我們承認孔教為宗教就錯了。孔子不言神祕，孔子是完全有神論的模範。

所以有神論不是一種想像的宗教。此不僅包括羅馬的天主教，不僅包括一切的基督教，並包括一切的人類，這種宗教連結一切的教會使成一真正普遍的教會，這就是人道。有神論者的宗教是最古的與最普通的宗教，因為崇拜一個上帝是在世界上一切系統之前。

我們不能像中國人一樣，這真是大不幸……』（註七〇）

但是使我們驚異的，就是當服爾德把中國的有神論做根據來攻擊正宗的宗教的時候，那更澈底的百科全書派，卻將中國的泛神論一變而為無神論來讀了。

服爾德的中國宗教觀，較之同時代的百科全書派似較為正確，他不認孔子為無神論。當禮儀問題爭論得很激烈的時候，多明我會方濟各會極力主張，孔子信徒無論官吏儒者，均為無神論者，法國派遣主教昧各老（Charles Maigrot）根據論語「天生德於予」的一句話證明孔子為無神論者。一七〇〇年十月索爾蓬大學提倡凡相信中國人官吏為有神論者的人，都是異端，這時法國有好些新著出版，均認中國人為無神論者，因其禮拜物質的「天，」即是蒼天。但即在這個時候，服爾德對於這次論爭，感着極大的趣味，他從三種的見地上，開始評判：（註七一）

第一、服爾德為解決禮儀問題，先對於中國之「天」「上帝」等字義，加以研究。他發見歷代天子勅語中，有許多使用這些字樣，他分析乾隆詔勅中所引孔子格言，如「天地之心」一語，譯出歐文便有無神論的意味。其實從另一句格言看來，孔子並未否認統治天界的上帝存在，在孔子所屢屢反復的「天，」是皇天不是蒼天，即含有統治蒼天的上帝之意味。還有許多實例，如雍正詔勅，一七七〇年尼布楚條約紀念碑銘，康熙廟的扁額，由此均可見中國政府確認神的存在，而「天」「上帝」無疑乎即為神一名之異稱。他舉李明「中國現狀新誌」中所說「此國人民二千年來即保存真神的知識，在歐洲陷於迷信腐敗的時候，中國人已經實行最有道德的純粹宗教了。」

第二、他用反證的方法來證明以孔子與中國人爲無神論者之非。懷疑派的首領貝爾(Pierre Bayle)主張無神論者可以形成社會，而法國的道德論者與教會中人均反對這種主張，以爲貝爾的話，不過癡人說夢。但是他們同時又認孔子或儒者爲無神論者，不知中國社會有四千年的悠久歷史，這是不能否認的，若從中國人是無神論者，則彼等社會的存續，簡直是不可能，還不是證明了孔子或儒者決不是無神論者嗎？這不是證明了非難孔子或中國人爲無神論者的法國道德論者與教會中人，爲陷於自相矛盾的論潮嗎？

第三、他常常引用在華很久的耶穌會士傅聖澤(Lo P. Foucquet)的話，說在中國幾乎看不見相信無神論的哲學家，因爲中國哲學家看重道德，對神的知識卽可不要，道德卻非要不可。所以中國哲學家卽令陷於唯物論，他們的道德是決不會墜落的。而且唯物論者不一定就是無神論者，許多教父相信神與天使爲肉體的存在，但不能因此便認他們爲不信神的存在，中國當然更不消說。至謂中國人爲偶像信徒，這也是對於中國禮儀的很大誤解，歐洲人以本國的風俗習慣來判斷中國的風俗習慣，往往如此。其實信仰自由，乃是中華的國策，道教，佛教，喇嘛教許多迷信無不輸入國內，這些可以說都是純粹的偶像教，但也只有下層社會去相信他。上層的官吏儒者，與下層社會信仰的不同，有如兩層級間食物精粗的不同。中國政府專管維持社會風紀，祇要下層社會遵守國法範圍，迷信是不過問的。接着服爾德更指出在華教士關於科學上的論爭，實在醜態畢露。他很同情於雍正帝鎖國禁教的主張，以爲傳教士們確爲「羅馬教皇送往中國的軍事偵探」，爲杜漸防微起見，而取斷然的手段，這正好證明雍正帝是中國的第一名君。最後服爾德更力說儒教非宗教亦非迷信，不要因此惹起單純的宗教論爭，甚至於宗教戰爭。他對於儒教，可謂敬佩之至了。

服氏讚美儒教，所以反對歐洲對於中國的傳教行爲，由他看來，歐洲的基督教徒，實沒有資格來責備中國爲無神論，因爲歐洲宗教根本就不能統一，以那樣派別的紛歧，還遣人傳教，這不能不說是歐洲人特有的一種毛病。因此服爾德大聲喊着我們對於中國，應該「讚美，慚愧，尤其是模倣他們啊！」

b.中國文化之讚美論

由上所述，在宗教上不流於虛僞的中國人，故在歷史上，文學上，亦不流於虛僞。中國宗教，歷史，文學，均爲人類的宗教，人類的歷史，人類的文學；這一點可說就是服爾德對於中國文化極端讚美的原因了。他曾注意到孔子與基督教的不同，孔子說「已所不欲，勿施于人」，這是基督所未曾說到；基督不過禁人行惡，孔子則勸人行善。他尤推賞孔子「以直報怨，以德報德」的格言，以爲「西方民族無論如何格言，如何教理，無可與此純粹道德相比擬者。孔子常說仁義，若使人們實行此種道德，地上就不會有什麼鬬爭了。」所以孔子實爲至聖至賢的哲學家，人類的幸福，關係於孔子的一言半句。在一七六〇年四月二十五日服爾德給得比勒夫人（Madame d'Epiney）的一封信，極稱孔子爲天地之靈氣所鍾，他分別眞理與迷信，而站在眞理一邊。他又不媚帝王，不好淫色，實爲天下唯一的師表。因爲崇拜到了極點，所以服爾德在他自己的禮拜堂裏，裝飾孔子的畫像，朝夕禮拜。子不語怪力亂神，不教無類，這一點尤爲服爾德所敬服，故作一詩讚美聖人畫像，暗中卽以譏刺基督教。詩曰：

「孔子眞理的解釋者，

他使世人不惑，
開發了人心。
他說聖人之道，
決不是預言者的那一套。
因此信仰他的人，
本國外國都有。」(De la Chine: Dictionnaire philosophique)

他在『風俗論』(Essai sur les Maeurs)(Chap. C XIIII)中，有一段讚美中國文化的名言：

『歐洲的王族同商人在東方所有的發現，祇曉得求財富，而哲學家則在那裏發現了一個新的道德的與物質的世界。』(The princes of Europe and the men of commerce have, in all discoveries in the East, been in search only of wealth, the philosophers have discovered there a new moral and physical world.)(註七三)

他對孔子有一段很好的批評，他說：

『我讀孔子的許多書籍，並作筆記，我覺着他所說的祇是極純粹的道德，既不談奇跡，也不涉及虛玄。』(I have read his books with attention, I have made extracts from them; I found that they spoke only of the purest morality-He appeals only to virtue, he preaches no miracles, there is nothing in them of ridiculous allogory)（註七三）

最使服爾德讚美中國的，是中國有四千餘年以上像歷史。他根據基督教各派教士的報告書，以爲各派傳教士對於中國文化雖有種種異論，但均認中國建國之久，均認中國建國在四千餘年以前。所以服爾德以爲在歐洲如中國君主一樣早的王族，是不存在的。在中國已經完成了政治制度生活的時候，法國人還在那裏過着動物一樣的生活。最有趣的就是服爾德是一個「全盤華化論者」，所以對於中國文化的各方面卽至物質文明，亦不惜加以讚美，以爲中國的物質文明，實有凌駕歐洲之勢。例如：

（1）印刷術　『中國的木板印刷，由我們看來，較歐洲的印刷術有種種優點。第一印刷者可不鑄造活字。第二書籍不易毀滅，木板又可保存。第三印刷後卽有錯誤，亦易於訂正。第四印刷者只須就預定的部數印刷，不比歐洲印刷過多，浪費紙張。』大概在服爾德時代，歐洲「字板」的製法，還未發明。

（2）陶瓷　中國陶瓷向爲歐洲人所珍貴，歐洲在十七世紀末雖知倣造，但價値甚昂，不甚普遍。

（3）玻璃　中國人比歐洲人先知玻璃的製法，雖則中國玻璃不如歐洲美麗，也不透明，但據法國一位軍官可靠的話，在廣東時曾發見某處有非常透明的玻璃窗的裝飾。

（4）養蠶術與紡織術　中國爲蠶絲的原產地，養蠶術與紡織術，亦由中國傳入波斯。

其他如（5）紙（6）鐘（7）車之發明，亦爲中國人的貢獻。

（8）建築　就建築說，在西曆三百年前已築有萬里長城，可見古代建築已比歐洲人更爲發達了。又如以人工開鑿運河，通貫全國，爲世界各國所未有，即羅馬人亦絕無此類大計劃。

在讚美中國的物質文明以後，服爾德得到一個結論：

「中國人雖未曾如歐洲人似的，裝飾了藝術宮殿，但是此等藝術的宮殿，都是由他們建設起來的。」

他甚至爲讚美中國文化，對於歐洲人所下中國風俗的惡評，亦加以辯護。例如他說，比較歐洲人之通姦，還是中國一夫多妻主義來得好些。又高唱中國在貞納(Edward Jenner)發明牛痘接種以前，很早已知道一種「種痘法，」至於政治法律方面，更不消說了。

中國的政治觀念，由服爾德看來，有兩種好處，即(一)中國人民將君主或官吏看做家長一般，給他盡力；(二)政府當局，注意人民福利，以增進人民福利爲第一義務。所以皇帝或官廳常常要修理道路，開鑿運河，保護學術與工業的研究，人民亦不自覺地表示敬意，他養成順從的美德，但這種順從，非從專制來的。服爾德以爲專制政治和中國政治觀念不同。他給專制政治下一定義：

「專制政治云者，乃君主不守法律，任意剝奪人民的生命財產的政治。」

但從中國的行政組織來看，中國的行政組織，各部分互相聯絡，官吏均經幾次嚴格考試，皇帝雖高高在上，亦不便擅行專制。加以中國設有諫議制度，本不能以專制國家稱之。總之中國政治，由服爾德看來，這種政治組織實爲世界最善最完全的組織。

「人類智慧不能想出比中國政治還要優良的政治組織。」

至於中國法律，更充滿着「仁愛」的觀念。中國無論如何僻遠的地方，非經官廳或御前會議的裁判，雖賤民亦不能處以死刑。所以他說：

『關於中國，只要聽到這種法律，我已不得不主張祇有中國是世界中最公正最仁愛的民族了。』

而使服爾德最驚嘆的，就是這種世界上最優良的中國法律，實存於四千年來。換言之，卽在西曆前二千餘年便已存在，直到他的時代，尚無顯著的變化，這一點不能不說是世界上最好的民族的證明了。

c.『中國孤兒』劇本之中國文化觀

服爾德著作極多，全集有九十七册，但其中專論中國文化中國思想的，卻有下列兩書：

(1)風俗論(Essai sur les maeurs)

(2)中國孤兒劇本(Orphelin de la Chine)

前書極言中國文化優美，以反駁孟德斯鳩對於中國文化的批評，後書宣揚中國道德，以反駁盧梭「文明不是幸福」的中國文化觀，故在此劇本第一板上有意把盧梭的那封有名的信排在前面。(註七四)現在試專就此劇，略加介紹。

原來十八世紀歐洲的知識階級，不但注意中國哲學，更且注意中國文學，如服爾德就是好例。他比較中歐文學，以爲中國文學比較歐洲文學爲近於實證的哲學的，如以演劇爲文化的標準，則這個原則在中國也可以適用。中國劇的起源乃在三千年前，只輸希臘的起源一籌，但是中國人決非從他國傳承藝術，他們也不知道希臘人的存在。中國人乃以獨自的智力創造戲劇，如實地描寫人類的行動，用科白或臺辭以演劇爲勸善懲惡的機關，還可以說中國戲劇的特質。

以元曲「趙氏孤兒」爲例。此劇原名「趙氏孤兒大報讐」一作「趙氏孤兒冤報冤」是元朝劇曲家紀君祥作的。牠的故事內容根據史記趙世家裏晉大夫屠岸賈誅趙氏和晉景公與韓厥謀立趙氏孤兒的一段故事。此劇於十八世紀由中文譯爲法文，後又從法文譯爲英德俄各國文字，五十年間歐洲的擬作或改作有英文兩篇，法德意大利各一篇，而服爾德的「中國孤兒劇本」即爲最有名的改作之一。詳見後藤末雄ヴォルテ——ルの悲劇『支那孤兒』の研究（註七五）及陳受頤：十八世紀歐洲文學裏的趙氏孤兒。（註七六）服爾德本來贊美中國文化，對於中國文學更非例外，他承認戲劇的勸善罰惡的哲學爲合理，因此便把中國戲劇的價値抬得很高，中國戲劇詩的成就，只有希臘可相比擬，至於羅馬人簡直是毫無成就。他所認爲代表作，就是趙氏孤兒。卻是此劇原本過於複雜，缺乏戀愛的要素，且與三一律不合，因之主張改作，把劇中角色也全部改換，以元朝爲背景，來描寫韃靼人和中國人的風俗習慣，共成五幕。而最重要的卽在此劇裏面表示一種中國之道德的人生觀。他自己說：

『我敢說自從我創作史事詩顯利篇（la Henriade）以至謝義兒（Zaire），以至這篇中國的作品，不論牠們的成績好醜，這個鼓勵爲善的宗旨是一向都給我以靈感的……在這樣的工作裏我曾消度我生活中的四十多年。』（註七七）

中國孤兒劇本原有一個副題，是「五幕孔子的倫理，」他希望法國人能從新劇本中，領會中國人的道德生活，遠勝於誦讀耶穌會士的著作。陳受頤先生更指出此劇中成吉斯汗讚揚中國文化的言詞，以爲服爾德的總意，是「中國政府雖已覆滅而中國文明仍舊優勝被征服者畢竟是韃靼蠻族而不是中國人民。」這更可見服爾德對於中國文化是如何讚美和辯護的態度了。

d. 狄德羅 Diderot)

百科全書派好似一個「哲學家」的軍隊，在荷爾巴赫和服爾德指揮之下，他們在有意無意之間，集合起來做了一個共同的工作。他們多半是集全力攻擊天主教廣泛地說，即攻擊基督教本身。他們排斥基督教的宇宙觀與人生觀，此在他們看來是假的與迷信的；他們咀咒天主教會所主張的社會秩序，他們以爲這是不公平的與壓迫的。(註七八)他們還有一個共同的特點，就是喜歡外國東西，他們有的醉心於古代的中國人物，即借孔子的名義，來辦他們的革命。例如一部書名「中國間諜」就是以中國文化鼓動法人來反抗政府的。

百科全書派沒有人肯承認有一個全能的上帝，同樣沒有人不承認中國文化之眞價值，從荷爾巴赫到服爾德，從服爾德到狄德羅(Diderot)巴夫爾(Poivre)赫爾維修(Helvetius)無不如此；尤其狄德羅是一個心靈最易激動的哲學家，他的好奇心使他在「百科全書字典」中，承認了中國民族所有的優點。

狄德羅無疑乎是百科全書思潮中的主角，在他八九歲時即就學於本生地的耶穌會，十二歲時曾受剃度。耶穌會因覺得狄德羅聰明，曾想盡方法使其爲該會盡力，但誰知道這一位富有反叛精神的人；以後竟然否認了上帝的存在呢？狄德羅對於中國知識的來源，和他早年所受耶穌會的教育不無關係，但對於在華傳教士所說中華建國之太古說，則取懷疑的態度。依舊說，伏羲氏建立中華帝國於四千年前，換言之，卽在耶穌誕生前二千九百五十四年；但由狄德羅看來，關於這種種推測，都是不足信的。第一，伏羲感天而生，係一種荒渺無稽的傳說，不能算做史實。第二，從年代學上觀察，中華帝國亦不能追溯到四千年前，關於這一點，他引龍華民（Longobardi），傅聖澤(Jean François Foncquet)和夫累勒(Freret)各家的說法爲證。（註七九）他的結論，以爲中國最初的天文觀測，卽曆法的完成，在堯治世前一百五十年，與加爾特利亞的天文觀測完全吻合。由此事實，可見中國天文學和加爾特利亞的天文學一脈相通，而兩國的起源，也是互相一致的了。

但狄德羅並不因此否認中國文化的眞價值，雖然在論中國人口過剩所發生的結果，對於中國商人的狡猾，有極冷酷的批評，但從大體來說，他是讚美中國文化的。在百科全書中對於中國人，他有如下的論調：

"There peoples, gifted with a antiquity, intellect, art, wisdom, policy, and in their taste for philosophy; nay, in the judgment of certain authors, they dispute the palm in these matters with the most enlightened peoples of Europe" (註八〇)

他承認中國文化，乃在各民族之上，可與歐洲最開明的民族相比。然而最使他欽佩的，是孔子的理性教。他讚美孔子學說爲簡潔可愛，讚美儒教只須以「理性」或「眞理」便可以治國平天下，暗暗裏卽所以否定基督教存在的理由。他在百科全書中，講到中國哲學的簡單小史，從戰國前孔老一直到明末，很能抱中立的態度。他簡單地介紹中國五經，並舉出孔子教的根本概念共二十四條格言，以爲孔教不談奇蹟，不言靈感，純粹不脫倫理學政治學的範圍。他的結論：

「孔子是否爲中國的蘇格拉底，或亞里士多德是很難決定的。這個問題和中國語言的造詣有關，依據爾章對於孔子作品一部分的介紹，孔子謂爲自然及其原因之研究者，不如謂其努力於人世及其習俗的研究。」

孔子教義以保存天賦的理性爲聖人的特質，以補充天賦的理性爲賢人的特質。德治主義有兩個目的，第一目的以理性判別善惡與眞僞，第二目的，卽修身齊家治國平天下。這樣尊重理性的精神，就是我們哲學家狄德羅的精神，同時也就是他的周圍排列着的百科全書家的精神。

e. 盧梭(Rousseau)

盧梭也是繼承貝爾(Bayle)反對當時正宗宗教的。然而他並非唯物論者，他在晚年曾說「不僅我不是一個唯物論者，並且我也不能記得是否有一個時候，我想變爲一個唯物論者。」(註八一)他攻擊唯物論者「只能給石頭以感覺，不能給人以靈魂。」而他的靈魂是渴望信仰，他說「沒有信仰絕沒有實在的道德能存在；」評者以爲「這句話百科全書派中沒有一個人能寫出或能懂得，」(註八二)可見盧梭絕不是法國教士所攻擊的無神論者了。然而他也不是正宗的有神論者，他的宗教和服爾德一樣，乃是哲學的宗教，泛神的宗教。盧梭承認上帝一方面表現於人心的內部，一方面是藉他的工作表現於宇宙中。(註八三)這就是宇宙卽神，神卽宇宙的泛神論了。而此泛神論實卽哲學的宗教之特殊性，其來源卻不能不求之於中國，雖然盧梭自己不肯承認他是受中國影響的。

盧梭是一個偉大的情感派的領袖，是誰都知道的，情感派雖受人學說影響，常不肯自己承認，因此盧梭對於中國文化的態度便與百科全書家不同，而表示不滿。在他所著『學藝論』(Discours sur les science et les arts 1750)裏面承認耶穌會士對於中國的觀察爲正確，但並未述其理由。他以爲中國學藝古代卽很發達，中國確爲文明最高的古國，但是文明不必卽爲幸福的表徵，文明進步並不能矯正中國人的惡德；並不能使中國人免卻異民族的征略。因卽以中國爲例，來大談其獨得之奇的「文明否定論」。

"If the sciences really purified morals, if they really taught men to shed their flood for the fatherland, if they inspired courage, then the people of China would assuredly be wise, free, and invincible...... If neither the ability of its Ministers nor the alleged wisdom of its laws, nor even the numberless multitude of its inhabitants, has been able to protect this realm against subjection by ignorant and rude barbarians, of what service have been all its wise men? (註八四)

假使學問能夠提高道德，教人爲國而犧牲，努力，那末中國人民是應該賢明的，自由的，而且絕對不爲敵人所征服。然而雖此大國的宰相如何賢明，國法如何優良，人口如何衆多，而不得保護國家，使不爲無智蒙昧之野蠻人所征服，則此等碩學亦有何用處？盧梭因有這個疑問，使他雖承認中國文明進步，而此文明進步適足以爲他「文明否定論」的實例，所以盧梭對於中國思想的影響，可以說是完全反動的。

由上所述，百科全書派的法國學者，對於中國文化的態度，雖有如孟德斯鳩盧梭等反對論，和狄德羅等批評論，然而從大體來看，十八世紀乃是服爾德的世紀，也是以中國哲學之「理」代替基督教之「神」的世紀。百科全書派無疑乎乃以啓明運動之最大權威者服爾德爲中心而傾向於中國文化的讚美論的。在赫爾維修夫人(Me Helvetius)的沙龍，尤其是得比勒夫人(Me d'Epiney)及荷爾巴赫男爵(Baron d'Holbach)的沙龍，當他們醉心革命的時候，他們借重外國的東西，借重中國的哲學，無疑乎「孔子」一名就成爲他們革命事業的好題目了。

三 重農學派

在歐洲啓明運動中，我們不要忘卻重農學派(Physiocrats)，因爲重農學派實際卽爲啓明運動在政治經濟學上的表現。(In treating separately the doctrine of the Physiocrats, we do not lose sight of the fact that it is only a politicaleconomical expression of the thought-form and thought- content designated by the general term 'Enlightenment')（註八五）我們知道在法國革命的思潮中，新哲學家如荷爾巴赫、服爾德、狄德羅等提倡各種勇敢的唯物主義、無神主義，這些主義準備了和造成了大革命的哲學基礎。但在政治經濟學方面，如克魯泡特金在法國大革命所說（註八六）「杜爾哥(Turgot)和亞當斯密對於經濟問題和政治組織中財產作用問題的研究，亦受人注意。」杜爾哥就是屬於重農學派，亞當斯密(Adam Smith)

則受重農學派的影響，而重農學派又受中國思想的影響，這不是證明了法國革命卽在政治經濟思潮，也是受了中國思想的影響麼？

A. 重農學派之中國哲學的基礎

李德與栗斯德所著經濟主義史（Gide and Rist: Histoire des Doctrines Économiques depuis les physiocrates jusquâ nos Jours, 1907）中，曾經指出重農學派與中國思想的關係：

「重農學派以主權寄託於世襲的君主，因爲牠與封建制度下的土地所有權有關係；因爲土地所有權繫於繼承，所以主權亦歸世襲。中國君主可說是重農學派理想的代表。中國帝王號天子，代表着自然秩序。每歲天子親耕，以示尊農務本。實際人民治其事，天子只是順着禮教無爲垂拱而已。」（註八七）

但是重農學派所受中國思想的影響，決不止這一點。重農學派曾給法國當時的革命領袖們以很大的影響，但不在於這種主張啓明專制主義的中國君主，而在於更強大的表現於實現經濟自由之原則的革命法則裏面。魁斯奈（Quesnay）曾上皇太子諫書，希望太子作了國王，能夠一任法治，行所無事。杜爾哥也曾利用君主的無上權力，實施他的實業自由計劃，因爲沒有得着路易十六的相當助力，終至失敗。然而這種「合法專制」（legal despotism）的主張，終抵敵不住牠們革命的傾向。（註八八）重農學派終竟是革命的，馬耳來夫稱「重農主義蓋上一層泥土的薄膜，而蘊含着革命的細菌」；馬克思稱杜爾哥的活動形成了「推動法國革命」；（註八九）我們現在所特別注意的，也就是這種革命的傾向所受中國古代政治經濟思想的影響。

(1)自然法

重農學派一名，乃合希臘「自然」(φυσιs)與「主宰」(κραγοs)二辭而成，用以表示自然力(the power of nature)，其學說體系的根本即所謂「自然法」(Natural laws)或「自然秩序」(natural order)。然而重農學派卻不受希臘影響來的，這只要注意魁斯奈和博多(Baudeau)主張希臘的文化不如中國，便不知道那麼自然法的觀念，無疑乎是從中國來了。

重農學派杜滂(Dupont de Nemours)稱重農主義爲「自然法的科學，」自然法代替了上帝的功能，是超越一切社會現象而爲永久存在的法則。人類應遵照這個法則，使我們的生活和牠相合，這是天的意旨。人類的幸福，即係於是否賴於自然法的觀念，有自然法人們纔有更大的自由享受更大的自然權利，遠勝於受政府的干涉。這就是他們所標榜的自由放任主義。但這自然法是什麼？魁斯奈以爲就是中國的天理天則，即中國先哲之所謂「道」(Tao)。

(2)租稅法

依照自然法則，土地是財產的唯一泉源，所以土地所有者須負擔全部租稅的責任，而一切加於一般普通人的苛捐雜稅均須蠲免。這便是重農學派土地單一稅的主張，爲近人亨利喬治(Henry George)所本，然而這種學說，無疑乎是受中國古代經濟思想的影響，尤其是受周禮一書的影響。翁肯(Oncken)在所輯魁斯奈全集中論中國古書之集會述及此點。(註九〇)因爲「魁斯奈對於中國稅制甚有研究，其於周禮均田貢賦之稅，尤見推并以爲田產既有多寡之分又有肥瘠之別，不能一概而論。以分別抽稅爲是一理想之稅制，當令地主納糧而使耕作之人免稅，惟中國歷來稅制乃能具有此數種優點云。」（註九一）

（3）重農政策

重農學派反抗所謂人爲法則的重商主義，而主張特別側重農業，以爲只有農業纔是一切國家財富的泉源，而貨幣商業運輸工業等卻不是增加公衆幸福的真正泉源。即在社會階級之中從事土地耕作的農人亦較從事製造的工人地位爲優，農民可不賴百工而生存，百工不能不賴農民而生存。所以農民又可稱爲唯一的生產階級，爲所有財富之唯一泉源。如斯魁奈所說「農人窮困則國家窮困；國家窮困，則國王亦貧，」這與儒家所說「百姓足，君孰與不足，百姓不足君孰與足，」完全相同。所以魁斯奈同時的批評家也曾說他無有新的發明，因爲「魁斯奈的理論以農業爲財富的泉源，這在蘇格拉底、伏羲、堯舜、孔子，早已發明了。」（"The doctrine you propound, namely, that agriculture is the sole source of wealth, was held already by Socrates, by Fu-his, by Yao, by Sung and by Confucius"）（註九二）

由上可見重農學派的根本思想——自然法，租稅法及重農政策，均受中國影響，重農學派以中國哲學爲基礎，也不待詳證而自明了。

B. 歐洲的孔子——魁斯奈(Quesnay)

法郎士、魁斯奈（François Quesnay, 1694-1774）是重農學派的創造者，馬克思所稱爲「現代政治經濟學始祖」的一個人。他關於重農本義的著作，在百科全書裏面有他的農民(Fermiers)和穀物(Grains)兩題(1756, 1757)，在杜滂(Dupont de Nemours)所輯「Physiocratie」中，有他關於自然法則的論文，此外有"Maximes générals de gouvernement économique d'un royaume agricole"(1758)與同時出版的"Tableau Économique avec son explanation, ou extrait des Économies Royrle de Sully" "Dialogue sur le Commerce et les travaux des artisans"，和其他小品，但我們現在所特別注意的，是和中國文化有關的他的著作。

(1)中國專制政治論

一七六七年魁斯奈匿名發表「中國專制政治論」(Despotisme de la Chine)現收入全集裏。(Auguste Oncken: Oeuvres Complètes de F. Quesnay. Paris, 1888. 563-660)全書論中國的政治文化，共分八章。

(一)解說

(1)序文——(2)中華帝國的起源——(3)中華帝國的領土與繁榮——(4)市民階級——(5)軍事的勢力

(二)中國之基礎法

(1)自然法——(2)經典與第一階級之寺院法——(3)第二階級之寺院法 (4)中國人的科學

——(5)教育——(6)學者之硏究——(7)農業——(8)附屬於農業的商業

(三)中國之實定法

(四)租稅法

(五)君主權

(六)行政制度

(1)行政——(2)刑法——(3)官吏

(七)中國政治制度的缺點

(八)中國憲法與造成繁榮政體的自然法之比較

魁斯奈以法國耶穌會士所編「中華帝國全誌」與「耶穌會士書簡集」李明「中國現狀新誌」及遊客的著作爲依據主張「自然法」不但爲中國倫理道德的基礎且爲中國政治制度與社會制度的基礎。他極力辯護中國的專制政治以爲「despote」一語實有兩種含義一種是依於國法行使主權的合法專制，一種是非法的壓制人民前者可以中國爲例子，後者則與 monarque, roi, emperour 卽專制君主同義。中國的文化制度均以自然法爲依據，卽皇帝自身亦須嚴守此確乎不動之大法，所以中國專制政治，斷非壓制政治。中國人的最高信仰，是所謂「上帝」所謂「天」上帝創造萬物，同時卽爲萬物父母，皇帝則上帝在地上之代理人。以統治國家言，叫做君主；以教化人民言，尊稱師表；以祭祀上帝言，則不過司祭而已。皇帝的唯一要事，在於犧牲自己以奉祀上帝，因此形式上中國皇帝雖爲專制君主，事實上皇帝亦須受天理的支配與束縛。魁斯奈的結論，以爲這就是所謂「合法的專制政治」(despotisme légal) 可算世界上最好的政治形式了。

這種合法專制的主張，雖爲盧梭所不滿，但在這本書裏卻也貢獻了許多重農學派的根本觀念。第一，他指出中國的重農主義，一般對於農人的尊敬，歷代君主對於農業的重視，尤其是雍正的獎勵農事政策，爲他所極力描寫。他曾屢次引用聖諭廣訓十六條中尊重農業的第四條，而嘆息於歐洲諸國，還不知注意農業的價值。第二，他指出中國道德與政治相一致，道德與政治不分，而倫理學與政治學終之爲同一的學問。第三，他指出中國自然科學，如天文學、地理學、物理學，均不及人文科學如文法學、史學、法學、政治學、倫理學的發達。中國人祗知尊重直接與人類生活社會幸福有關的學問，其結果人文科學成爲社會的實學，而畸形發達；自然科學則呈停滯的狀態。反之歐洲自然科學極發達，而人文科學的研究，則甚形退步，所以歐洲應取法中國，以求自然科學與人文科學之平行的發展。然而尤使我們注意的，就是在他此書第八章中所得結論，以爲「中國文化均依據於天理天則，天理天則即不外乎「自然法」。因爲中國在天理天則的名稱下，遵守了自然法，所以中國的政治社會制度，即爲萬古不易之自然法的象徵，因而中國之文物制度，亦與自然同其悠久不變之性質，故能於四千年中永續其繁榮的狀況。」這一點他認爲中國人很可以自誇的。(註九二)

(2)經濟學圖表

重農學派的經濟學家，均認此一七五八年魁斯奈所刊行的「經濟學圖表」('Tableau économique') 爲最偉大之科學發明。密拉博（Mirabeau）曾稱「有史以來只有三大發明，第一爲信件之發明，第二爲貨幣之發明，第三爲前二者之結果的『經濟學圖表』之發明。」馬克思在「哲學的貧困」中，也極稱道此圖表，謂「魁斯奈博士成功了一個科學的經濟學就是他把那經濟學該括於他那有名的經濟表中了。」然而從來研究經濟學圖表的，很少注意到此表和中國哲學文化的關係。其實魁斯奈同時的學者克雷爾（Clere）在此表刊行十年後所著「大禹與孔子」（Yu, le grand et Confucius）一文，即述及此點：

「無論概觀中國立法家的研究與著作中所包括思想之各部門，其恆久不變之卓見，在歐洲與世界上全然無與接近的思想存在。……

但自然秩序的原則，在十年前已爲歐洲所發見，法國已經發生了應用此原則的天才，今後社會制度，均可以「經濟表」之試金石去試驗一下，只要將此著作加以細心的研究，便蒙蔽政治的雲霧，自然一掃而空了。……」

博多（Baudeau）尊重「經濟表」，至以爲「此表能以寥寥數字將經濟原理解析明白，猶之伏羲六十四卦，能將哲學要義解析明白。」還有就是在魁斯奈去世時，他的弟子大密拉博（The elder Mirabeau）發表一段哀辭，竟認魁斯奈的經濟表是完全繼承孔子的。（註九四）

「孔子立教的目的，在於恢復人類的天性，不再爲愚昧和情慾所隱蔽，所以他教人敬天，畏天，愛人，戰勝物欲，勿以情慾去衡量行爲，應以理性爲標準；凡是不合理性的，叫他們勿動，勿思，勿言。宗教的道德優美到這個地步，眞是無以復加了。但是還有一件要事待我們去做，就是把這種道德教訓普行於世界：這就是吾師的事業，他已發明了自然所給的祕傳，這就是經濟學圖表』(The whole teaching of Confucius aimed at restoring to human nature that first radiance, that first beauty, which it had received from Heaven, and which had become obscured by ignorance and passion. He, therefore, exhorted his countrymen to obey the Lord of Heaven, to honour and fear him, to love their neighbours as themselves, to overcome their inclinations, never to make passion the measure of action, but rather to subject it to reason, and not to do, or think, or say, anything contrary to reason. It would be impossible to add anything to this splendid diadem of religious morality; but the most essential part still remained to be done-to bind it upon the brows of earth; and this was the work of our master, whose keen ear caught from the lips of our common mother Nature the secret of the 'net product'.")(註九五)

（3）魁斯奈之中國崇拜

我們既已知道魁斯奈爲孔子學說的繼承人，就知道爲什麼重農學派要給他「歐洲的孔子」(The Confucius of Europe)這一個尊稱了。賴赫淮恩曾指示我們：「魁斯奈在他早年著作中，雖故意把他的材料隱藏起來，但他晚年所著的關於政治經濟的理論，我們一望而知其來自中國」「他本是路易十五的情婦胖巴多(Pompadour）夫人家的醫生而這位夫人本是一個崇拜中國文化的女子，巴黎又爲當時耶穌會士薈萃的中心。剛在一七五〇年左右，這班教士又帶了一位某中國學者到巴黎去他在此地住了十有三年，成爲當時歐洲學術界一個主要的人物，魁斯奈當然亦有所見聞同時巴黎大學中也有中國史的課目。」（註九六）因爲這位歐洲的孔子，有很多機會和中國的哲學文化接觸，所以他的名著「經濟學圖表」也無疑乎成爲中國思想的結晶無疑乎是受中國自然主義的影響而對於歐洲中古經濟學樹立了第二時期經濟學底基礎的。

尤其可注意的，就是魁斯奈無條件地承認中國文化，爲反對孟德斯鳩在「法意」中對於中國的惡評，不惜加以辯護。爲反對盧梭，常引論語「吾嘗終日不食終夜不寢以思無益不如學也。」又尊重中國過於希臘，以爲希臘哲學不如中國，一部論語即可以打倒希臘之七賢。重農學派的同志博多(Abbé Baudeau)更把這種主張推到極端，以爲「公平善惡和自然的秩序，在希臘共和國間始終是沒有的。希臘中所載的，全是破壞人類和平，快樂的陳跡；……現代純正的思想家，決不會再附會希臘的哲人和政客承認此種政治組織爲人類的傑作，而再傚行牠」（註九七）了。重農學派尊重中國的結果，至使當時法王路易十五於一七五六年傚照中國習慣舉行親耕「耤田」的儀式，（註九八）這就可見其影響的重大了。

C.杜爾哥(Turgot)

重農學派之政治上的領袖，是有名的杜爾哥（Jacques Turgot, 1727–1781）。他的主張，比較魁斯奈更爲堅決，他和中國文化的關係，也更爲明瞭。他在一七六九年至一七七〇年間出版「財富之成立及其分配」

(Reflexions sur La Formation et La Distribution des Richeses) 即爲留贈當時留法之中國學生二人的。

（1）財富之成立及其分配

此書英譯本一七九三年在倫敦出版，一八九三年又有新譯本編入麥美倫出版之 Economic classics 中，原譯本有一段序文，述及此書出版的情形。「是時有留法之中國學生二人，得法王膏火，將返母邦，杜爾哥之著斯書，即所以貽此二人者。蓋當時法國之經濟學家，皆以中國爲有修明政治之邦（參閱 de Tocqueville 之古國 L'Ancien Régime 第三卷第三章，）予二人以膏火者，欲其以國中之實情相告也。故杜爾哥特備問題一束，以供其解答之用。而同時復作此書以貽之，俾其對於此種問題之目的，有深切之了解焉。」（註九九）我們現在參照杜爾哥的信札，其一七六六年十二月九日與杜滂（Du Pont）一書，即極明白。（註一〇〇）

「愚茲已爲一中國學生擬定若干問題，同時爲使彼等明瞭此等問題之目的及意義起見，愚又爲之撰一論文，將社會之種種勞力及財富之分配狀態詳爲分析。在此文中愚所置入者，僅爲純粹思想之部分，所謂經濟大綱（Tableau economique）之要點，自不能於其中求之。此外尚有許多問題，亦需要更爲詳盡之討論，方能使之成爲完璧。惟關於資本之造成及活動，與貨幣之利息等等，則均已有較詳之解釋矣。」

全書共一百一節，其中有一節，以中國爲例，論及金銀價値對於其他物品之變動及相對之變動。（註一〇一）而最重要的主張，如謂農人在一切勞動者中，獨能使其所謂產額超出工資之上，故可謂爲所有財富之唯一泉源，當然是受中國的影響無疑了。

(2)中國問題集

杜爾哥因讀耶穌會士書函集及其他，又接近當時兩位留法的中國青年學者——高類思楊德望——因此引起他對於中國文化研究的興趣。當高、楊二青年歸國的時候，杜爾哥除特為起草「財富之成立及其分配」一書以外，更提出五十二種的疑問要求兩位青年學者歸國時給他以一個滿意的答覆。此中國問題集現收入杜爾哥全集裏（註一〇二）其内容如下：

(1)關於富士地分配，耕作之疑問共三十條。

(2)關於技術的疑問内製紙術九條印刷術三條，織物三條。

(3)關於博物的疑問四條。

(4)關於歷史問題之疑問三條。

在富士地分配，耕作之疑問中他提出中國之士地資本勞動及關於農業經濟上的種種問題。關於技術的疑問，提出中國製紙術，印刷術，及毛織物之原料，製法種種問題。關於博物的疑問，從博物學上問及中國地質，陶土，並要求將紙、墨、織物、岩石等樣本尤其是茶葉種子，寄往歐洲。最後關於歷史的疑問，提出在華之猶太人及苗族，韃靼人等問題。（註一〇三）杜爾哥以一個法國財政總長的資格而注意於中國之種種問題，可謂是難能可貴的了。

(3)杜爾哥與中國文化的接觸

原來自耶穌會士東漸傳教以來，即有許多中國教士，隨彼等傳教士，或藉彼等推薦而往法國。最早的留學生，據戈爾迭(Henri Cordier)在“La Chine en France au XVIII Siecle”(註一〇四)考證的結果知道有沈福宗(Chin-Fong-Thong)與黃姓(Arcade Hoang)及胡約翰(Jean Hou)諸人。

(一)沈福宗　江蘇江寧人，一六八〇年隨柏應理(Phillippe Couplet)赴歐，在英國助牛津大學圖書館長哈得(Thomas Hude)成其名著，並與研究中國象棋。一六八五年曾參加英王哲姆斯第二(James II)登極典禮。

(二)黃(Arcade Hoang)　福建興化人，隨四川最初之長老利俄(Artus de Lyonne)赴歐，留滯巴黎的國外傳教學校研究室，並娶法國女爲妻，一七一六年死於巴黎。當時法人歡迎中國學術，對於黃姓亦極表歡迎。得幾內(J. Deguigness)在他名著中，曾述及黃姓小史，亦可考見法國大革命前路易十四路易十五提倡中國學術的情形。

「路易大帝(Ludwig der Gross 路易十四)時代(1643–1715)中國人有名 Hoange 君者來法，長老畢囊(Abt Bignon)留他在皇家圖書館作事，曾作論文數篇。不幸病故，未能卒業。傅芬(Fourmont)先生當代聞人，博學重望。嘗受命審查 Hoange 君的遺著。厥後久經困難，方計劃編成一部中、法字典，爲完成中國字典及多識中國名物的緣故，方設法購求中國書籍。路易十五 1715–1774 繼承前業，獎勵中國學問，命工匠鑄造中國銅質字模十二萬枚，供印刷文法書及字典之用。……我皇路易十四與路易十五之殷殷提倡，實盛事也。」(註一〇五)

(三)胡約翰 (Jean Hou) 一七二一年隨傅聖澤 (Foucquet) 赴歐，因法王路易十四贈中國書籍甚多，乃遣傅聖澤以中國書籍四千冊還贈法王，胡約翰卽應徵充此中文書籍之解釋者。

以上三人，均與中歐文化的接觸有關但均不知所終，祇有與杜爾哥發生關係的中國兩青年，卽高類思與楊德望，很久卽成爲經濟主義史上之參考資料，詳見後藤末雄：支那思想のフランス西漸頁 549—554，李永霖：經濟學者杜爾克與中國兩青年學者之關係，見北京大學社會科學季刊第一卷第一期。

高類思 (Louis Ka Kao) 一七三三年（雍正十一年）生，楊德望 (Etienne Yang) 一七三四年（雍正十二年）生，二人均生長北京，父母係基督教徒，曾在北京教會學校讀書，後於一七五一年七月派遣赴歐，先至廣東、澳門，一七五四年始與陳姓 (Louis Tcheng) 者同乘印度公司之船赴法。抵法後入學於拉夫雷士 (La Flèche) 之拉阿爾學院 (Collège Royale) 學法文，拉丁文並研究神學，論理學等。一七六〇年歸巴黎請求爲修士，但耶穌會長參酌在華耶穌會士之意見，未蒙允許。一七六三年耶穌會解散得布羅開維爾 (l'abbé de Broqueville)，克拉 (le P. La Croix) 等保護，並聖佛羅稜丁 (Le Comte de Sainte Florentin) 伯爵的斡旋，受法政府七百五十 Livres 年金，得以繼續研究神學。一六六四年法政府年金告一結束，高楊兩青年遂決意歸國，並擬坐印度公司輪船，請於當時兼理公司事務的柏坦 (Betin) 宰相，柏坦爲愛惜人才和溝通中法學術起見奏請路易十五，將高楊留學期間延長一年，並賜以法國美術工藝及新式利器，製光械、裝飾玻璃、陶瓷、手攜印刷機、電氣器械、望遠鏡、暗箱、顯微鏡、金錶等。兩青年爲研究中法美術工業之異同，參觀來溫 (Lyon)，多非內 (Dauphiné) 各處工場，且從名教授布利松（Brisson）與開德（Cadet）研究物理、博物、化學，並學繪畫與銅板彫刻術，以爲將來回國後通信之用。直至一七六五年一月十六日始因國王的好意回國，而杜爾哥所贈兩青年的「中國問題集」及「財富之成立及其分配」兩書，卽在於此時。

高、楊於一七六五年乘坐法國印度公司什瓦則爾（Le Choiseul）輪船歸國，次年（乾隆三十一年）一月下旬，到達北京，頗受北京傳教士的歡迎。他們協助此兩青年研究中國文化，且對於在法國出發時，耶穌會士所提出之種種問題，依次加以答覆。一七七二年出版繪圖的「中國兵法論」（l'Art militaire des Chinois）及繪圖的「米穀保存法」（Conversation des grains）並陸續寄送許多稿本。如「北京耶穌會士中國紀要」第一卷中，卽收錄高類思獨自研究的「中國古代論」（Essai sur l'antiquité des Chinois）這篇是爲獻給宰相柏坦（Bertin）作的。

高類思於一七八〇年（乾隆四十五年）死於北京，楊德望在江西省服務，死於一七八七年（乾隆五十二年）這兩位中國青年的生平，戈爾遜（H. Cordier）在"La Chine en France au XVIII Siècle (1910)格拉姆（Grimm）在"Correspondance littéraire" (t. XIV. P. 288 lettre, décembre, 1785) 均有敍述。可注意的就是他們和杜爾哥的關係，關於這層，希格(H. Higgs) "The physiocrats"(1897)翁肯(Oncken)，"Die Geschichte der Nationalökononric" (1902)，塞(L. Say) "Turgot" (1904)頓尼斯(Denis) "Histoire de Systemes Economiques et Socialistes"(1907)，勞蓓德(Raubaud) "Histoire des Dectrines Economiques"(1909) 諸書亦均有記載。又謝爾 (G. Schell)，代爾 (Dairo) 等所著杜爾哥全傳，亦曾述及，但均以杜爾哥的書函爲根據。杜爾哥在一七六六年十二月九日與杜滂(Du Pont)書，一七七〇年十一月十二日與孚嘉(Fuckor)書，一七七四年五月五日與卡拉德(Caillard)書，均自述「中國問題集」與「財富之成立及其分配」一兩書，是爲中國兩青年學者作的。尤其是後書是應當時在法兩中國人的願望而使彼等明瞭關於彼等本國的經濟狀態及其制度之若干問題而作的。與杜滂一書，已錄見前文，由此可見杜爾哥欲藉中國兩青年之力，對於中國經濟狀態作進一步的考察，這是決無可疑的事實了。(註一〇六)

杜爾哥的著作以後又影響於亞當斯密(Adam Smith)。斯密在 1764—1766 留法時期，與杜爾哥常相過從，彼所著有名的「原富」(Wealth of nations)，亦與杜氏「財富之成立及其分配」一書相似，許多經濟學者如羅澤斯(T. Rogers)，卡儂(E. Cannon)均疑其有所本，實際則斯密的根本思想，如主張自由放任等，很多是接受重農學派的遺產的，故其學說亦間接與中國的經濟思想發生關係。不過原富中頗多應用中國的材料，以爲「中國一向是世界上最富的國家，其土地最沃，其耕作最優，其人民最繁多，且最勤勉，然而許久以前，牠就停滯於靜止狀態了。今日旅行家關於中國耕作及人口狀況的報告，與五百年前客居該國之馬哥波羅所記比較，殆無何等區別。若進一步推測，恐怕在馬哥波羅客居時代以前很久，中國財富就已發展到了該國法律制度所允許的極限。」(註一〇七)「中國的富裕程度，遠非歐洲各國所能及，從而這兩地生活資料的價值，就大相懸殊了。中國的米價，確較歐洲各地的小麥價格低廉。……若就勞動者的貨幣價格說，則尤有大差異。這原因，是歐洲大部分尙在改良進步狀態中中國狀態則在停滯。所以勞動者的眞實報酬在歐洲方面自不能不較中國爲高。」(註一〇八)這是何等客觀的考察「中國」材料在重農學派只憑主觀去觀察，到了斯密時代則已能根據事實成爲科學的對象，這不能不算歐洲學術界的一大進步。於是經濟學說史的哲學時代過去，接着就是科學時代的來臨！

餘論　最後我們應該大書特書的，就是在十八世紀中國思想對於法國的影響，不但喚起了新進學者的民權主義，卽在那時政府當局因欲壓抑新思想的發展，也曾一度努力想利用孔子學說，來作牠君權說的護身符。有一位對於中國思想頗有興趣並曾贊助發行「北京耶穌會紀要」之柏坦(Bertin)宰相，他在路易十五末期，因感人民反抗之呼聲甚高，爲消弭革命起見曾上疏主張『將中國思想移植於法國人民』路易十五曾贊成此議，這是一件事實。(註一〇九)爲什麼柏坦主張利用中國思想呢?因爲中國的政治哲學本有人民應絕對服從君主的主張，所以很可拿來作爲幌子。然而法王路易十五之利用中國思想和一般知識階級之歡迎中國思想，其對於中國思想的看法絕對不同。路易十五與柏坦宰相爲預防君主專制政治的崩潰，而提倡中國思想百科全書派則爲推翻路易王朝之壓制政治與打倒基督教的原故，而提倡中國思想，其目標既不相同，當然無合作之可能。而其結果，中國思想雖爲反動派所一度利用，然而法國革命，竟不可免。換言之，卽受了中國無神主義唯物主義自然主義影響的「百科全書派」結果竟能應用中國思想以打倒路易王朝，發起了法國的大革命。我們既已深表同情於法國的革命事業，自不能不注意於中國思想對於法國革命之影響一面。我們如果承認革命是歷史的原動力，那末中國的哲學思想，無疑乎就是法國革命的原動力了。

（註一）Lectures on the philosophy of History. p. 465 歷史哲學「啓蒙運動與革命運動」一章頁 708－709.

（註二）Ibid, the eclaircissement p.464. "In France, it immediately took up a position of hostility to the Church.
歷史哲學，頁 706－707.

（註三）蕭若瑟：聖教史略卷十六頁三百六十七。

（註四）同上頁三百三十八。

（註五）Madelin：法國大革命史第二章頁 14－15.

（註六）同上頁一七。

（註七）Kropotkin：法國大革命史上冊頁 1——2.

（註八）Blos：法國革命史序言頁一。

（註九）同上頁三七。

（註一〇）同上第一編頁一六。

（註一一）Kropotkin：法國大革命史上冊第二章頁一二。

（註一二）Madelin：法國大革命史卷首第二章頁一三。

（註一三）同上頁 381——382.

（註一四）余楠秋：法國革命偉人傳頁四。

（註一五）同上頁二。

（註一六）Madelin：法國大革命史頁 274.

（註一七）余楠秋：法國革命偉人傳頁 21.

（註一八）同上頁 44——45.

（註一九）同上頁 83——84.

（註二〇）同上頁 85——86.

（註二一）陳受頤十八世紀歐洲之中國園林，見嶺南學報第二卷第一期頁 [illegible]。

（註二二） M delin：法國大革命史卷首頁十四。

（註二三）聖祿史略卷十六，頁 339——340.

（註二四）同上頁 356.

（註二五）同上頁 360.

（註二六） Blos：法國革命史上册第一編頁 43——44.

（註二七） Medelin：法國大革命史卷首頁 21.

（註二八）歷史大綱第三十六章第七節。

（註二九） Reichwein : China and Europe. p. 92.

（註三〇） Deborin：近代唯物論史頁 281.

（註三一）同上頁282.

（註三二）同上頁283.

（註三三）同上頁285.

（註三四）明格唯物論史上卷第三章頁 460.

（註三五）參照自然之體系漢譯本上册頁 41，格里姆一七八九年八月通信底摘錄。

（註三六）五來欣造儒教の獨逸政治思想に及ぼせう影響頁五二九——五八四。

（註三七） Système Social. t. I. p. 86——89 此轉引五來欣造「儒教の獨逸政治思想に及ぼせう影響頁 573—— 574.

（註三八）同上 t. II. p. 34，五來欣造同書頁 578 引。

（註三九）五來欣造同書頁 578 引。

（註四〇）嚴復譯本第一册頁一。

（註四一）Reichwein: China and Europe, The Enlightenment, p.94——95.

（註四二）法意第八卷第二十一章頁二五。

（註四三）同上十九卷第十章頁一〇。

（註四四）同上二十章頁二五。

（註四五）同上十三章頁一三。

（註四六）同上第十六卷第八章頁六。

（註四七）同上第七卷第七章頁 10——11.

（註四八）同上十二卷第七章頁一〇。

（註四九）同上第六卷第二十章頁三四。

（註五〇）同上十五卷第十八章頁二三。

（註五一）同上第八卷第二十一章頁二七。

（註五二）同上十四卷第八章頁一〇。

（註五三）同上十三卷第十五章頁二四。

（註五四）同上第十八章頁一七。

（註五五）同上第七卷第六章頁 9——10.

（註五六）同上第十七卷第三章至第五章。

（註五七）同上第十七卷第六章頁 9——10.

（註五八）同上第十九卷十六章頁一八。

（註五九）同上第十七章頁一九。

（註六〇）同上第十九章頁 23——24.

（註六一）同上第二十四卷第十九章頁二一。

（註六二）同上第十四卷第五章頁 8——9.

（註六三）同上十二卷第二十九章頁三三。

（註六四）同上二十一卷二十一章頁五二。

（註六五）同上第八卷第五章案語頁七——八案福祿特耳與狄地啓郎服爾德與狄德羅之異歸。

（註六六）參看彭基相法國十八世紀思想史頁 14——20.

（註六七）同上頁一四。

（註六八）同上頁三二。

（註六九）同上頁三三。

（註七〇）見 Lévy-Bruhl: 法國哲學史頁 120 所引。

（註七一）參照後藤末雄：支那思想のフランス西漸頁三六一——三七〇。

（註七二）Reichwein: China and Europe, p. 89 所引。

（註七三）同上頁 89 所引。

（註七四）同上頁 91.

（註七五）見後藤末雄：佛蘭西精神史の一側面，又支那思想のフランス西漸頁 384——4.0.

（註七六）見嶺南學報第一卷第一期。

（註七七）依據陳受頤譯文。

（註七八）Lévy-Bruhl: 法國哲學史第七章百科全書派。

（註七九）見 philosophie des Chinois: Encyclopédie 此引後藤末雄前書頁 425——427.

（註八〇）Reichwein: China and Europe. p. 92 引。

（註八一）Lévy-Bruhl: 法國哲學史頁 157.

（註八二）同上頁 163.

（註八三）同上頁 161.

（註八四）Reichwein: China and Europe. p. 94. Hudson: Europe and China. p. 321. 同引此。

（註八五）Reichwein: 同書頁 101.

（註八六）Kroptkin: 法國大革命史上册頁 8.

（註八七）漢譯本歐美經濟學說史頁 33——34.

（註八八）魯平著陶達譯重農學派，頁 108.

（註八九）Ingram: 經濟學史第五章頁 70——71 可參閱。

（註九〇）唐慶增：中國經濟思想史上卷頁 50 引 A.Oncken: Oeuvres Économiques et philosophiques des Quesnay, page 590"livres Sacrés ou Cononiques de premie Ordre."

（註九一）同上頁 365——366 中國上古經濟思想在西洋各國所生之影響一章。

（註九二）Reichwein: China and Europe 頁 106 引 Quesnay 全集。

（註九三）參照後藤末雄：支那思想のフランス西漸頁 444——456.

（註九四）Reichwein: China and Europe p. 104 何炳松：中國文化西傳考譯文，見中國新論第三期。

（註九五）Quesnay, Oeuvres Economiques e philosophiques, ed. A. Oncken. paris, 1888. p. 9.

（註九六）Reichwein: China and Europe. p. 102——103 何炳松：中國文化西傳考譯文。

（註九七）Reichwein, 同書頁 105.

（註九八）同上頁 106.

（註九九）財富之成立及其分配，漢譯本頁五。

（註一〇〇）同上附錄六頁一〇〇。

（註一〇一）同上頁 38.

（註一〇二）見 Oeuvres de Turgot, par G Schelle, t. II. p. 523——533. paris. 1914.

（註一〇三）詳見後藤末雄：支那思想のフランス西漸頁 553——564.

（註一〇四）Cordier: La Chine en Franc au XVIII. Siècle. p. 131——132.

（註一〇五）Deguigne：匈奴土耳其蒙古與西方韃靼的通史序文，此據姚從吾譯文。

（註一〇六）詳見李永霖：經濟學者杜爾克與中國兩青年學者之關係，見北京大學社會科學刊學第一期中。

（註一〇七）富國論第八章勞動工資論頁 85.

（註一〇八）同上第十一章土地地租論頁二三三。

（註一〇九）參照後藤末雄：支那思想のフランス西漸頁 634——635.

四　中國哲學與德國革命

一　德國古典哲學之革命的性質

A. 精神革命之意義

歐洲十八世紀是所謂啓明時代，哲學時代，然而不說哲學時代則已，一說歐洲哲學，實應以德國觀念論的哲學爲正宗。法國就在羅伯斯比爾（Robespierre）所領導的政治革命以外，固然有牠的哲學革命，以爲法國革命的預備，然而哲學時代的最大貢獻，仍不能不首先數到德國。克魯采（Croce）在「美學」中說得最好：（註一）

『當第十八世紀之末季及第十九世紀之上半期，德國之哲學舉動，雖有諸多及重要之瑕疵，（其後自然激動粗野之反動）然而以其積累而論，實能籠罩此數十年間之歐洲思想史。他國同時之哲學著作，則不能不退居於第二第三地位，退居於次要之列……。』

實際則此十八世紀末期及第十九世紀上半期，德國之觀念論哲學運動，實爲思想界之偉大的精神革命。如海涅（Heninrich Heino）在他「德國宗教及哲學的歷史」中所說，這種革命，是遠爲羅伯斯比爾所不及的。即如說到伊曼紐爾，康德（Immanuel Kant）憑他底名字，就有收服魔鬼的力量。『他和羅伯士比爾有許多的類似點，我們不妨把他倆來比較一下，第一兩者所現的共通點，是剛愎，銳利的認識，詩情的缺乏，和冰冷的率直性，其次看到的共通點是懷疑的才能，所不同者，只在甲用之於思想而稱之爲批判；乙用之於人而稱之爲共和主義的道德這一點上。但是俗物根性底典型，在他倆中最高度地表現着。——自然決定他們去秤量咖啡和砂糖，命運卻要他們去秤量別的東西；而且在一方面的天秤盤上盤上了一個帝王，在它方的天秤盤上載了神。……而且他們是秤量了的。』（註二）法國革命便是秤量帝王的結果而判決了帝王的死刑；德國的精神革命則爲秤量上帝的結果，而判決了上帝的死刑。「純粹理性批判」是康德底主要著作，他底別的著作是可有可無，或至少可看爲註釋的。這部主要的著作，具有什麼社會意義呢？海涅告訴我們：

『康德對我們證明我們對於物自體是毫無所知的；只有當物反映在我們底精神上時，我們纔多少地知道它一點。……

『在這本書（純粹理性批判）中，……康德在事物底現象和事物底本體之間，設下了差別。只有在事物通過現象而呈現給我們的範圍，我們纔能知道那事物是什麼。一切的事物，其本體並不呈現給我們的。因此，康德把事物底呈現稱爲「現象，」把事物底本體稱爲「實體，」我們對於稱爲現象的事物是能夠知道的，但對於稱爲實體的事物卻一點也不能知道。這實體是疑問的東西。我們不能說它是存在的，也不能說它是不存在的。實在地實體這字眼是爲要說出我們所認識的事物，但在我們底判斷上，不能觸到我們所不能認識的事物，而用來補足現象這字眼的。

『照康德底意見神是一個實體。照他的論證，則我們從來呼爲神的那個先驗的理想體，不過是虛構而已。它是由於自然的錯覺而成立的。實際上，康德已表示過我們對於實體卽神是一點也不能知道的，而將來關於神底存在的怎樣的證明也不是可能的。我們要在「純粹理性批判」底這一篇上，寫上丹丁所說的「一切的希望都得拋棄」的話。』（註三）

自從「純粹理性批判」掀起了德國的精神革命以後，神之宗教的存在，一變而爲哲學的存在。『德國爲康德引入哲學底軌道，哲學成爲國民底事業了。一羣卓拔的偉大的思想家，好像被魔法喚出來的一樣，在德國底土地上出現了。』（註四）由康德到菲希特（Fichte）謝林（Schelling）黑格爾（Hegel），有的以神爲道德的存在，（如康德）有的以神爲普遍的自我（如菲希特）有的以神爲構成世界的統一的絕對觀念（如黑格爾）而要之這種以「理性」爲神，以哲學的宗教代替正宗的宗教，均不能不說是受中國哲學的影響。海涅（Heino）在敍述康德菲希特，黑格爾這種哲學的「反宗教」運動以後，有一段曾將他們的思想背景描寫如下：

『當革命的波濤在巴黎，在這個人類的大洋中汹湧沸點的時候，那時萊茵河那邊底德國人的心臟也吼動着了……但他們太孤立着，他們站在中國製造的佛像之下，這佛像對着全無感覺的磁器茶器咖啡壺和任何的東西都像無所不知樣地點着頭，唉！我們底可憐的先覺者們，爲了對於那個革命的同情，不得不受到最惡的迫害。鄉下底貴族和小僧侶羣對他們採用了最野蠻的，最卑鄙而下劣的奸計。先進者中的兩三人逃亡到巴黎來，在這裏零落於貧困與窮迫中而湮滅了。』（註五）

末了接着說：

「要不是拿破崙和他底法國人很快地征服了我們德國人的話，寄居在德國的自由主義者，就要更受更壞的命運所光臨了。……我們的哲學者就要和他們底理念一起地送給上斷頭臺，軋死在車輪下而湮滅了。」（註六）

這是很好的暗示，告訴我們在這一個時代的德國哲學者是何等地獨立和奮鬪，尤其可注意的幾句話「他們站在中國製造的佛像之下，這佛像對着全無感覺的磁器茶器咖啡壺和任何的東西都像無所不知樣地點着頭」，這至少表示着德國的精神革命，祇有哲學發生地的中國，纔能夠完全了解他們的。

B. 精神革命與政治革命

中國思想對於德國的影響，一方面爲觀念論哲學的精神革命，一方面爲啓明專制主義的政治改良，關於前者，尙未經人注意；關於後者，已有五來欣造「儒教の獨逸政治思想に及ばせる影響」一書去敍述牠。實際不但德國，在德國重農學派始祖魁斯奈所著「中國專制政治論」，即可見儒教對於法國政治思想之影響。然而這種影響，在法國當時已有人提出抗議。「盧梭極忿恨地斥責重農學派諂媚皇帝「合法專制」之卑鄙。密拉博贈他重農學派的著作，且聲明以後不再贈送了，他以爲那種羞辱是自取的。」（註七）可見啓明專制主義終竟與十八世紀大革命的思潮不合。服爾德因爲對付當時不啓明的法國政治，而提倡中國的啓明政治，他遊說歐洲各國君主學乾隆的榜樣，會把乾隆的詩寄給普魯士王，然而這種政治改革的主張，也抵禦不住大革命的潮流。祇在德國，如五來欣造所說情形與法國不同。中國的啓明專制主義一方面因有來布尼茲（Leibniz）吳爾夫（Wolff）的提倡，一方面又有間接爲儒教信徒的腓特烈大帝，運用了政治的手腕消滅貴族政治的蔽害，因而儒教對於德國的實際政治便發生很大的影響。一九〇八年安德累雅（Andreae）所著「中國與十八世紀」（China and nchtzehnte Jahrhundert），中曾證明了十八世紀德國國家學者朱斯泰（Justi）主張「警察的國家」實受中國思想的影響。（註八）五來欣造則簡直異想天開要證明普魯士的國家社會主義，亦爲受儒教政治思想的影響。（註九）如他所說威廉第二是受儒教影響，這種牽強附會的論調，只知中國的君權主義而不知中國的民權主義；只知中國思想之次要的影響，而不知中國思想之主要的影響，卽精神革命的影響。實則德國觀念論的哲學家，無不表同情於法國革命，康德素以提倡自由思想著名，其同情於法國革命，至謠傳將被召往法蘭西爲立法者，和平的建立者。（註一〇）黑格爾在杜平根（Tübingen）大學時，因同情法國革命，曾與謝林及許多同學，於春季晴和的某日，在杜平根的市場上，植樹了自由紀念樹。我們哲學家的一羣，雖然祗判決了上帝的死刑，但也從未諂媚皇帝，中國思想對於他們的影響，當然也比啓明專制主義的政治主張，爲更有意義有價值多了。

我不願意對於啓明專制政治的影響多所闡述，不但因爲這種政治影響，反映了封建社會的殘餘，實在這種影響，也沒有很多的根據。誠然十八世紀啓明專制君主如普魯士腓特烈二世，俄羅斯喀德鄰第二，與大利馬利亞德利撒，均曾直接間接和中國政治思想發生關係。尤其自稱爲「哲學者腓特烈」（Frédéric le Philosophe）的腓特烈大帝，也實在受了中國哲學影響，而希望做一個啓明專制之理想哲學王（le roi-philosophe）的。然而這位以啓明專制自命的國王，雖然他幼年曾受來布尼茲，吳爾夫的影響，中年曾受服爾德，達隆培爾的影響，而他的根本主張，卻是極力排斥荷爾巴赫自然體系之唯物論的。他對於中國文化，也抱着懷疑的態度。賴赫淮恩(Roichwoin)曾經指出：（註一一）

「在這種極端的中國崇拜空氣之下，我們當然可以看到別一種懷疑或相反的意。普魯士王腓特烈大帝雖知己，卻是一個抱懷疑態度的人，這是在兩人的許多通信中可以看到的。腓特烈一七七六年的通信中，曾屢次表明，他自己對於歐洲的政務已覺得太忙了，所以對於中國文化的問題，實在無暇研究。而且他在同年四月的一信中，明說服爾德所以這樣崇拜中國文化，實在別有用心。他說「服爾德的用意，實在和古代羅馬名史家塔西佗(Tacitus)相同。塔西佗爲鼓勵國人的道德修養起見，故意把我們日耳曼祖先的信實和克己功夫當做模範，其實那時的日耳曼人何嘗值得這樣讚嘆！」"I said to him(Pauw): 'But don't yon see that the patriarch of Fernay is following the example of Tacitus? In order to encourage virtue in his countrymen, the Roman historian held up to them as a model honesty and relf-restraint of our Germanic forefathers, who certainly do not deserve to be imitated. In the same way M. de Voltaire is never weary of repeatiney to his friends across the frontier: 'only learn from the Chinese the habit of virtuous action, promote agriculture, as they do, and you will see your landes of Bordeaux and your champagne fertilized by the labour of your hands, and bearing 333 rich harvesto. Seeing that only one law prevails throughout the whole vast empire of China, must you not desire, oh my countrymen, to imitate them in your little kingdom?"

然而這一位懷疑中國文化的普魯士名王，實際卽是五來欣造著書中所述儒教對於中國實際政治影響之唯一例證，可見其根據之薄弱了。而且腓特烈大王是否卽爲啓明專制君主，也是一個疑問。麥考萊(T. B. Macauley)爲這位偉大君主作傳，稱其「爲人在表面上固然是很好，但在實際上則爲一多疑侮慢有惡意的暴君」（註一二）這只要注意到服爾德在他手裏所吃的大虧，便很容易明白了。我們不必羨慕十八世紀歐洲的啓明專制君主，我們尤其不必津津樂道中國思想對於這些啓明專制君主的影響，因爲這是一件不很可靠的歷史事實。

但是十八世紀末期德國康德由於他那種純粹理性批判的精神，而喚起的那種偉大的精神革命，還卻是近代哲學體系的源泉，（恩格斯說德國社會主義者自誇的是我們繼承康德，菲希特，與黑格爾，這是很不錯的。）其所受中國思想的影響，卻是應該大書特書的。

C 精神革命之各方面

德國精神革命不但表現於哲學方面，卽在文學方面，亦受中國思想的影響。如歌德(Geothe, 1749-1832)卽爲好例，賴赫淮恩(Reichwein)所著「中國與歐洲」（註一三）衛禮賢(Wilhelm)所著「歌德與中國文化」（註一四）陳銓所著「中國純文學對德國文學之影響」中，（註一五）均有很詳細的敍述，現祇略加介紹。

我們知道歌德曾讀過竺赫德(du Halde)的「中華帝國全誌」此書以一七三六年用法文出版，一七四九年卽有德譯，裏面有元曲「趙氏孤兒」「今古奇觀」的短篇小說四篇，還有十幾首詩經的詩，這些都曾與歌德發生過關係。一七八一年一月十日歌德日記裏有一句奇特的嘆詞：

「呵，文王！」(O Ouen Ouang)

說者謂卽他讀「中華帝國全誌」第二卷的最好證據，因在那裏論到文王，有十餘處之多。一七九六年他同席勒（Schiller）通信，又提到中國一部小說——好逑傳。一八一三年十月二日至十六日在日記裏龍寫着「Sinica」字樣，這是歌德對於中國最感興味的時候，也是德國爭生存最危急的時候。歌德不但讀過元曲老生兒，趙氏孤兒，好逑傳，玉嬌梨，花箋記，今古奇觀的短篇小說，百美新詠。他更由威瑪(Weimar)大圖書館裏借出許多關於中國遊客的著作，如馬哥波羅遊記，歧尼(Guignes)北京遊記，巴羅(Barrow)由北京至廣州旅行記之類，他對於中國文化實在傾倒極了。埃剋曼(T. P. Eckerman)曾記其 1823–1832 年與歌德的談話，有一段述及中國小說。

「在歌德家裏吃飯，」「自從我沒有看你以來，」他說「我在這幾天讀了許多種書，尤其是也讀了一本中國小說，我還在讀這本書，我覺得它很可注意。」——「你在讀中國小說嗎？」我說「大概看去很異樣罷」——「並不是和臆想那麼異樣。」歌德說。「那些人幾乎和我們同樣地思想行動和感受，讀者不久就覺得自己和他們是類似的人，只不過在他們那裏，一切都來得更加澄明，清純和文雅罷了。在他們那裏，一切都是合理的，市民式的，而沒有多大的熱情和詩的激昂，因此和我的赫德曼和陀羅特亞以外，李卻特遜(Richardson)的英國小說，有很多相似之處。但兩者又有差異，這說是在他們那裏，外面的自然界是常和人的形像(Figur)共同生存的。常聽到金魚在池裏游躍，鳥兒在枝上啼鳴，白天常是晴爽，夜晚常是清明；很多講到月亮，但月亮並不改變風景，月亮被想為和白天同樣明亮。而家宅的內部是和它們的圖畫同樣清楚優美。例如說「我聽見可愛的女子們笑，而看到了她們的時候她們是在精美的藤椅子上坐着。」你就可以想見一種極可愛的情景；因為不聯想到極度的輕便和纖美，是決不能想像藤椅子的。還有無數的傳說，常在說部裏並行，可以說是諺語似地被應用着。例如講一個女子，說她的腳是那麼輕而纖美，她能夠在花上站穩，而不把花兒折斷。又講一個青年，他是那麼賢德而能幹，在三十歲時得有和皇帝談話的光榮。又講一對情侶，在長久的交際之中竟會那麼自制，有一次他們不得已在同一房間過夜，通宵以談話消磨時間，而不相接觸。又有無數傳說，都是講禮義道德的。但也正由於這種在一切事情中的嚴肅的節制，中國維持了好幾千年，因此還將繼續存在。」

「你所讀的小說」我說「可是中國小說之中的極好的作品嗎？」——「決不是極好的罷」歌德說。「中國有千百種這樣的小說，在我們的祖先還在樹林裏生活的時候，他們已經有小說了呢。」』(註一六)

歌德在中國小說裏面看出了中國人「在一切事情中的嚴肅的節制」，看出了中國人所講的「禮義道德」，即孔子的人生觀。歌德是一個偉大的作家，他發現了中國文化的精華，更進而從事中國小說的做作。如元曲趙氏孤兒在歌德手裏竟把牠許多情節改變成一本戲劇——Elpenor，同時席勒(Schiller)也曾感覺中國文化的興味，他翻譯了孔子論語的一部分，又改編過一本大家叫做中國戲的「圖郎多」(Turandot)中國的君主，也試譯過好逑傳。至於中國的抒情詩則更給歌德以很大的影響。歌德曾在一七二七年一月卅一日以後日記，說及研究中國詩，並用德文重譯題名「中國的詩」，後改題爲「中國女詩人」。他依據於「百美圖詠」成功很有名的「中德季日即景」，將中國的根本精神在詩裏充分表現。如第十一首講宇宙上的萬事萬物時時刻刻都在變動，在變動中卻又有不變者在，這完全是受中國易經的影響。不過依賴赫淮恩(Reichwein)所說，歌德對於中國文化的態度，可分早晚兩期，（註一七）早年所見不過中國文化的表面；而眞正對於中國文化的認識，則在一八一三年以後，那時他已經七十歲了。他對於中國溫柔敦厚的人生觀很是讚美，以爲勝過歐洲，不過歐洲人還是歐洲人，應該以希臘文化爲體，中國文化爲用罷了。衛禮賢(Wilhelm)曾引其一首主張融合東西文化的詩，可爲例證：

『東西兩大洲，
不能再分離了，
誰是多識的人們呀！
應明白這些吧。
兩世界互相研究，
即是我的希望，

東西互相連絡，

也是我的希望。」

而所著浮士德（Faust）中有『結晶而成的人』（Crystallized humanity）說者謂其卽指中國人而言，也就是暮年歌德所希望的境界。（註一八）

Mephistopheles：　梅非斯特：

『He who lives long　長壽的人

sees many things;　積了許多經驗；

For him in this world　由他看來在這個世界

nothing new can be　並無新奇的事件。

In former days, when I was on my travels,　我在外邊遊歷了幾年，

I have seen crystallized humanity』　結晶而成的人，我也曾看見。（註一九）

歌德在詩小說中所表現的思想，實可看做德國精神革命在文學裏的表現因而歌德所表現的中國思想，也可以看做德國精神革命之一方面所受中國思想的影響無疑了。

二　古典哲學與中國文化

A古典哲學之代表人物

1. Leibniz = Wolff = Schultz 學派

德國啓明運動以觀念論哲學爲中心而追溯觀念論哲學的來源，則直接不能不推及來布尼茲（Leibniz）吳爾夫（Wolff）的影響，間接推及中國思想的影響。康德早年思想實屬於 Leibniz= Wolff=Schultz 學派。舒爾茲（Schultz），康德的本師，就是吳爾夫的高足弟子，從哈爾來的曾著「信仰與理性合一」的論文爲人所稱道。而康德初期著作也處處表示他受來布尼茲和吳爾夫的影響。乃至「純粹理性批判」中，對於吳爾夫的哲學，仍極表示擁護。（註二〇）

『在實行由這個評判所尋得的計畫，就是關於將來形而上學的系統，我們必須遵隨那大名鼎鼎的吳爾夫的嚴密法則；他是在獨斷的哲學家當中最偉大的。他是第一個指出如何祇有關於合法的建設原則清楚的規定概念的界說嚴格的證據的企圖，以及免除一切孟浪的結論的構成，方能得到科學的正確方法。（因他的這個榜樣，在德意志全境引起深沈的澈底的研究精神，至今尚未全然消滅。）他實爲最適當的人物，可以提高形而上學賦彼以科學的威嚴，可惜他未曾想到以論理學的評判，即純粹理性的評判，定基礎，——這個忽略是那個武斷的時代應負其咎。關於此點，在他同時，以及以前的哲學家，誰也不能互相責備，而同時凡反對吳爾夫的方法，與純粹理性評判的程序者，除了要完全脫去科學的束縛，因之使工作化爲遊戲，信仰變爲意見，哲學變爲空虛的嘲弄而外，無他目的。』（註二一）

我們知道吳爾夫是用德國語言，很普遍地宣傳中國哲學的人，他雖不曾想到純粹理性的批判，但他卻應用了中國的理性主義作批判的基礎，所以可算在獨斷的哲學家中最偉大的。觀念論的哲學受其影響，已是決無可疑的事實，這就可見觀念論的哲學家，即使和中國思想沒有直接的關係，也不能沒有間接的關係了。

2. 康德（Immanuel Kant）

我們的哲學家——康德——曾在生地孔尼斯堡（Königsberg）大學中研究吳爾夫的哲學，他在學術上的厄運，也和吳爾夫差不許多，在他老年時候，腓特烈威廉死後所表現的反動，曾給他以暫時的苦惱。一七九三年他刊行宗教哲學，得到國王的命令，申斥他的自由的觀點，如果他還繼續那種傾向，便要用進一步的法紀來威脅。康德曾用聲明書回答，從今以後他完全不要寫不再談關於宗教的問題了。康德雖和吳爾夫不同，不大談及孔子哲學，但他這種理性派哲學與宗教信仰之爭，也同樣代表了哲學文化與宗教文化之爭。他的思想，無疑乎也是間接受中國思想影響的。在康德所著「永遠平和論」中第二章有一段關於中國之長註，主張「中國之多神教，即爲無神論；」（註二三）並說及古代中歐之交通問題，可見康德對於中國文化，也是很關心的了。而且來布尼茲的二元算術，實和中國思想有密切的關係，而「二元算術」實際即是一種觀念論的辯證法，康德由牠引出「二律背反」之辯證法思維，由康德而菲希特（Fichte）謝林（Schelling）黑格爾（Hegel）都完全接受來布尼茲辯證法的影響，間接即接受了中國思想方面的影響。菲希特至謂「個人的哲學，就是他人格的表現，」其注重實踐，完全可以說就是中國文化的根本精神。

3. 謝林(F. W. Joseph von Schelling)

謝林的哲學，在他同時代即有人稱之爲「東方主義，」如費爾巴哈(Feuerbach)在一八三九年所著「黑格爾哲學批評，」（註二三）開頭即說及謝林與黑格爾的不同：

『東方人因了統一而看掉差別，西方人又以差別之故忘記統一；東方人對永恆不變之淡漠，甚至於遲鈍到無感覺狀態，而西方人對其差別及多樣之感覺性，又澎湃到幻想病者之狂熱程度。……謝林哲學本是一個外來種——是古代東方的同一性，孕育在日耳曼土地上。因此謝林學派傾仰東方之性向，亦就是其學派之本質的性向。反之對西方之性向和東方底輕蔑，卻是黑格爾哲學及其學派之顯著的特徵。和同一哲學底東方主義相反，黑格爾之特徵的要素，乃差別底要素。』

在這裏謝林和黑格爾的不同，即是中國主義與希臘主義的不同，而謝林傾向於中國哲學，即古代東方的同一性，也不待詳證而自明了。

B. 黑格爾(G. W. F. Hegel)之中國論

黑格爾雖可稱爲西方主義者，然而歐洲的哲學時代，實到黑格爾而登峯造極，而一大轉變；黑格爾以後即爲科學時代，而非哲學時代，這不是我一個人的見解，實爲恩格斯(Engels)在費爾巴哈論中之名言。但即就黑格爾來說，他雖然輕蔑東方主義但他也不是和東方思想毫無關係的。黑格爾對於中國思想，曾採取了何種態度，這在威泰福該爾(K. A. Wittfogod)所著「黑格爾底中國觀」中已有述及。（註二四）黑格爾是很注意中國問題的，當歐洲資產階級革命者對於中國思想發生興趣，甚至於中國熱的時候，黑格爾當然不能不格外重視中國。黑格爾對於中國社會的讚美，幾乎和服爾德不相上下。他在歷史哲學中說（註二五）

『除卻皇帝的尊嚴以外，中國臣民中可說沒有特級，沒有貴族；唯有皇室諸子和公卿兒孫享有一種特權，但這個與其說是由於門閥，毋寧謂爲地位的關係使然。其餘則人人一律平等，而唯有材能勝任者得爲行政官吏。因此國家公職皆由最有才智與學問的人充當。因此他國每以中國爲一種理想的標準，便是我們也可以拿來做模範的。』(Besides the imperial dignity there is properly no elevated rank, no nobility among the Chinese; only the princes of the imperial house, and the sons of the ministers enjoy any precedence of the kind, and they rather by their position than by their birth. Otherwise all are equal, and only those have a share in the administration of affairs who have ability for it. Official stations are therefore occupied by men of the greatest intellect and education. The Chinese State has consequently been after set up as an Ideal which may serve even us for a model)

然而黑格爾不是法國服爾德一流，他是不看重平等的。在他的「歷史哲學」中，東方世界如中國，不過爲他理論的起點。中國的歷史是沒有發展性的，中國在黑格爾眼光中只是一個「無階級無身分的國家」，所以可認爲尚未充分差別化的歷史集體。這麽一來，便不得不將中國放在發展之最低之一階級了，便不得不對中國加以肆意的譏評了。然而我們應該注意的，就是黑格爾雖爲由東方主義到西方主義，即從哲學文化到科學文化之過渡人物，而他對於中國的思想歷史實有很深刻的研究。如威泰福該爾（Wittfogel）所說：「黑格爾能具體地知道中國的事實，完全靠着法國耶穌會士的工作。黑格爾曾經閱過十三大本中國皇帝通覽「通鑑綱目」，他又讀過百科全書中耶穌會教師所搜集之中國集覽，其所得的成績，較諸片段的政治上的記載更多。在此種集覽中所搜羅之古代中國文獻的翻譯而外，黑氏更備有其他各種翻譯。他看過自己所說的萊麥撒（Abel Rémusat）氏所翻譯的中國「玉嬌梨」這本小說。」

「黑格爾藉着這種種鉅量的參考的材料，自己感覺着有了不少的知識上的培養「我們現在確已十分認識中國了。我們已有了中國文學和牠的全部生活，以至牠的歷史之深切的知識。」」

黑格爾很讚美中國的文學及藝術，這點也很值得我們注意。他說：

「我們所有的中國的詩，其中曾描寫了最溫柔的戀愛關係，其中曾存在了謙遜，羞恥，退讓，深切的感覺圖樣，並且人就能把牠同歐洲文學裏所表現的最好的東西相比較。」

對於藝術，他更因此而讚美了中國文化。

「牠在這裏所表現的技術，例如以極精的技術彫空薄薄銅板所做造的昆蟲集，是卓絕的。從牠那很大的冶金鑄造的才能裏，曾造出了一座十五呎高的塔，這座塔係從一種鑄品裏修出了通過九層的許多裝飾品。牠的瓷器工作之精美，這是人人皆知的。牠的爆竹照英國人的報告看來，應該是技術的，是有光輝的。舞蹈成了一種士要的研究，並且很有成就的。牠的園藝術是著名的，這應該佔領了最美的花園，特別是圍牆的那邊，湖河，別墅，浴場等等，都是富於趣味的關係，人已以藝術輔助自然了。」（註二六）

黑格爾雖也指出中國藝術缺乏理想，雖然指出中國精神的根本缺點，缺乏科學，如孔子關於道德著作「就像所羅門的格言那種方式，雖然很好，但不是科學的。」八不能把他同蘇格拉底(Socrates)或相似的思想家相比較，這一點似乎又受了費內龍(Fénelon)批評中國文化的影響。又來布尼茲提倡普遍文字說，想利用中國文字，黑格爾以爲「中國筆寫的文字，用符號來表示那些觀念的本身，粗看時這似乎是一種極大的便利，並且曾蒙許多大人物的贊成，——其中有一位便是來布尼茲，但實際的情形，絕不是如此。」他引出很多證據，此亦可見歐洲學術的進步。總之黑格爾雖是西方主義者，而他注意中國，甚至於讚美中國，卻是一個不可埋沒的事實。尤其是他的根本思想方法，卽辯證法，是如費爾巴哈批評謝林似的，祇可說是一個外來種，是中國思想方法孕育在日耳曼族的地土上。黑格爾在歷史哲學中講變化的範疇，以更生之鳥作譬喻，以爲這就是東方最偉大的思想，東方形而上學之最高的思想，這就可見他的哲學仍不免於帶上東方主義的痕迹了。

從黑格爾以後，由費爾巴哈(Feuerbach)到馬克思(Marx)，完全從哲學時代移入於科學時代，馬克思在「經濟學批判序文」中所說經濟發展階段，於「古代的，封建的和資產階級的」生產方式之前，更有所謂「亞細亞的」生產方式，這無疑乎是受黑格爾的影響。馬克思在一八五〇年一月著文論太平天國革命，曾將中國社會主義比歐洲社會主義，以黑格爾哲學比中國哲學，使我們越發感覺德國觀念論哲學是怎樣和中國發生關係的了。然而黑格爾終竟是由哲學時代進入科學時代的中間人，到了科學文化擡頭，便是中國思想對於歐洲影響之功成身退的時候了。

三　叔本華(Schopenhauor)之中國文化觀

A.「自然之意志」中所見之中國文化

如果黑格爾是一個西方主義者，則叔本華(Schopenhaner)所倡自然意志的哲學，無疑乎是一位東方主義者了。叔本華與黑格爾同在柏林大學，而對於聲勢顯赫的黑格爾哲學，卻走上相向的路。他承康德之後，卻以爲康德到他中間哲學上毫無成績。他主張世界是意志所造成，「這個世界就是我的觀念」，其名著「意志與觀念之世界」(The World as Will and Idea)從來只認爲是受印度佛教的影響，卻不知當時印度思想也是從中國間接傳入歐洲的。黑格爾不承認中國思想的影響，叔本華卻自己承認了他和朱子的學說相同，這可說就是他和中國思想最有關係的地方。他有一部書很少有人注意的，是一八三六年出版一八五四年再版的「自然之意志」(註二七)，此書內容涉及經驗科學的各方面，共分十章，緒論外，全書分爲：

(1)生理學與病理學；

(2)比較解剖學；

(3)植物生理學；

(4)物理天文學;

(5)言語學;

(6)動物磁器與魔術;

(7)中國學;

(8)倫理學。

在這裏可注意的,就是將「中國學」列爲專章,把他和經驗科學如生理學,解剖學等並列,可見其重要性了。再將「中國學」的內容來看,他先依據於十七十八世紀耶穌會士的報告,認爲中國的宗教狀態,一般爲自然崇拜與英雄崇拜,此外就是主要的三種宗教:

(1)道教 以老子爲始祖,其所謂「道,」即包括萬有的世界精神,主旨與佛教相似。

(2)孔教 爲學者與政治家所崇奉,其書平淡無奇,帶很濃厚的政治意味之道德哲學,而缺乏形而上學的基礎。

(3)佛教 爲一般人民信仰之高尙的宗教,其說理之高超,內容之充實,即就信仰者的數目來說,亦可認爲世界上最優越的宗教。

叔本華以爲中國包含三種宗教,其中以佛教爲最發達,但三教並不互相衝突的,故有「三教合一」之語。中國君主則三教均信,而最近皇帝特皈依於佛教。叔本華對於佛教亦最有興趣,附註中述及在歐洲文字中看到很多關於佛教的詳書和著作，爲讀者介紹。例如 Dsanglun, M ges Asiat, Bochinger, Journal Asiatique, Burnouf, Rgyr Tsher Rolpa, Foe Koue Ki, Descriptio de Tubet, Klaproth, Spiegel, Dhammapadam, Buchanan, Sangermeno, Turnour, Upham, Seonce Hardy, C. F. Köppen 等所著共二十六種。不過他雖受佛教影響，而他所得到的佛教知識，仍從「中國學」中得來罷了。

B. 叔本華與朱子哲學

叔本華雖批評孔教，卻又承認朱子哲學的價值。當時耶穌會士爭論中國禮儀問題，對他也發生了影響。「自然之意志」中引一八二六年亞細亞時報 (Ariatic Journal) 第二十二冊所載「中國之創世論」一文，中述及朱夫子(Tschu-fu-tze)或朱熹(Tschu-hi)，乃爲十二世紀人物，爲中國最有名的學者，其學說現爲中國教育基礎。在此論文第四十一頁與四十二頁中，有一段話如下：

「『天』之一語被認爲一切偉大中之最偉大者，或較之地上所有，而爲最偉大者；然就一般用法，此語意義極不明瞭，卽在歐洲天之一語亦爲漠然意味，中國更是如此。」

依朱子所說，則天決不如人類個人爲能判決罪惡者，然若謂天不能對於世間事物，予以最高的調節，則亦決無是理。要問如何認識自然之心，朱子告訴我們：自然之心不能謂其無有知能，然而自然之心與人類的思考畢竟不同。在某處他說「天爲調節者，或支配者，有最高權力之概念」，在某處又說：「若果無心，則須牛生出馬，桃樹上發李花，他又卻自定；」在他處又說「天心所在可於所成就之人意之中驗之。」（英譯者在此處大加驚嘆。）其所引原文如下：

「The word Teen would seen to denote "the higerst" of the great"or "above all what is great on earth": but in practise its vagueness of signification is beyond all comparison greater, than that of the term Heaven in European langagues-Choo-foo-tze tells us that "to affirm that heaven has a man(i, e, a sapient being)there to judge and determine crimes, should not by any means be said; nor, on the other hand, must it be affirmed, that there is nothing at all to exercise a supreme control over these things." The same author being ask'd about the heart of heaven, whether it was intelligent or not, answe'd: it must not be said that the mind of nature is unintelligent, but it does not Disemble the cogitations of man. ……According to one of the authorities, Teen is call'd ruler or sovereign(Choo). from the idea of the supreme control, and another expresses himself thus": had heaven(Teen)no designing mind, then it must happen, that the cow might bring forth a horse, and on the peach-tree be producet the blossom of the pear" On the other hand it is said, that the mind of Heaven is deducible from What is the Will of mankind!"（註三八）

叔本華引此一段，謂此最後的說明，和他自己的學說極相吻合，為一顯著的可驚的事實。此論文比他自己書中所發表者較遲八年出版，不然則將認爲他的學說是從朱子得來的了。誰也知道對待新思想常有三種武器，一種是置之不理第二種說他不能通行第三卽謂此種思想「古已有之」然而我的根本思想不是從中國書籍中得來，最好的證據卽我不通中國語，決不能在他人還未知道的中國原書中得到這種思想。我現在不能直接通中國語；也許翻譯上亦有問題，今後中歐交通更爲便利，我希望能作進一步的說明。由上所述，祇是叔本華的話，實則朱子哲學在一七三五年卽已介紹到歐洲，叔本華哲學——自然意志說——無論他自己承認不承認，其和朱子發生關係，卻是決無可疑的事實了。

C. 結論

由上所述，可得到一個結論，就是德國的觀念論哲學實受中國思想的影響，擴大來說，就是十八世紀歐洲的「哲學時代」實受中國哲學的影響，尤其是受宋儒理學的影響。如果歷史事實是不會錯的話，那末這個劃時代的史實的發現，一定會使今後中歐文化史和思想史的研究，都要爲之改觀了。

（註一）原書頁 350 此引十九世紀歐洲思想史第二編上册第二頁 776.

（註二）德國宗教及哲學底歷史頁 142

（註三）同上頁 150.

（註四）同上頁 157.

（註五）同上頁 183.

（註六）同上頁 184.

（註七）晉干重農學派頁 44.

（註八）朱斯泰 (Justi) 本爲重商學派的國家學者，在吳爾夫影響之下，著成「亞細亞及其他所稱爲野蠻政府與歐洲政府之比較」(Vergleichung der europäischen mit den asiatischen und andern, vermeintlich Regierungen, Leipzig, 1762)「書，極端讚美中國君主之謙遜節制諸德，謂可以防止專制政治的獘害。又以爲國家目的在求人民幸福，而欲達此目的，須將個人的權利加以限制，因而提倡所謂警察的國家說。依 Adreae 所述，則此警察的國家說，實受中國思想的影響。

（註九）五來欣造儒教の獨逸政治思想に及ぼせる影響第八章。

（註一〇）卡爾弗爾倫得康德傳頁 230.

（註一一）Reichwein: China and Europe. p. 92-94.何炳松：中國文化西傳考第五節，見中國新論第三期。

（註一二）Macauley: 腓特烈大帝頁 47.

（註一三）德文原本頁 137-156，英譯本頁 129-146.

（註一四）小說月報十七卷號外中國文學號，現收入歌德之認識中頁 255-284.

（註一五）見文哲季刊第三卷第二號第三號至第四卷第一號第三號，現改名「中德文學研究」出版。

（註一六）T. P. Eckerman: 歌德對話錄，周學普譯文。

（註一七）Reichwein: China and Europe. p. 130.何炳松：中國文化西傳考第八節。

（註一八）Reichwein "China and Europe. p. 143." Crystallized humanity no doubt means the Chinese in whom, therefore, Goethe has seen not a dead, formless mass, but the representatives of a form no longer, indeed, capable of further development, but simply crystallized. For the aged Goethe, this was an image not altogether unrelated to the condition which he had himself reached.."

（註一九）浮士德（下）頁165 第二部第二幕中。

（註二〇）純粹理性批判，一七八七年序文。

（註二一）同上，溟譯本序二頁三二。

（註二二）見一般歷史考其他頁 154—155.

（註二三）Zur Kritik der Hegelschen philosophie, 1839. 柳若水譯頁 9—10.

（註二四）收入辛墾書店：黑格爾頁 421—450.

（註二五）Hegel's Philosophy of History. p. 129—130. 王造時譯頁 201—202.

（註二六）黑格爾之歷史哲學中引。

（註二七）景山哲雄譯：天然の意志。

（註二八）天然の意志頁 229—230 引。

參考書目

一　歐洲文藝復興與中國文明

（1）Yule：Cathay and the Way Thither. 1866 原版之東京翻板。2 vols. Cordier 新編本。1915. 倫敦。

（2）張星烺：中西交通史料匯篇第二册。

（3）A. C. Moule： Christians in China before the year 1550.(1930).

（4）Roberts：Western travellers to China. 1932.

（5）Yule-Cordier：The Book of Ser Marco Polo, 2 vols London. 1921.

（6）張星烺譯註：馬哥波羅遊記第一册。（燕京大學圖書館）

（7）馮承鈞譯：馬可波羅行記三册（商務）

（8）李季譯：馬可波羅行記（上海，亞東。）

（9）The travels of Sir John Mandeville and the journal of Friar Odoric (Everyman's

Library).

(10) Carter : The Invention of printing in China and its Spread Westward. (New York, 1925).

(11)亞可布(Jacob)教授:論東方對於西方文化的影響 陳銓譯 見大公報史學周刊第七十九期。

(12) Boccaccio's Decameron. 2 vols. (Everyman's Library).

(13) Thomas Bulfince : Legends of Charlemangne. (Everyman's Library).

(14) H. G. Wells : The Outline of History, Being a plain History of Life and mankind. (New York. 1921)

(15)蔣方震:歐洲文藝復興史(商務。)

(16)陳衡哲:歐洲文藝復興小史(商務。)

(17)鄭壽麟:中西文化之關係(中華。)

(18) W. E. Scothill : China and the West. London Oxford university press. 1925.

(19)石田幹之助:歐人の支那研究(東京共立社。)

(20) Walter Pater : The Renaissance. (New York, the Modern Library. 1919)

(21) J. A. Symonds : Renaissance in Italy. (New York Modern Library. 1935)

(22) The Travels of Marco Polo. (Everyman's Library, with introduction by J. Masefield. 1914)

(23) 馮承鈞：多桑蒙古史 二冊 民25 商務。

(24) J. Shield Nicholson: Tales From Aroisto. London, 1913.

二 十八世紀中歐文化之接觸

(1) Adolf Reichwein: China und Europa, Geistige und Künstlerische Ziehungen in 18 Jahrhundert. Berlin, 1923.

(2) Adolf Reichwein: China and Europe, Intellectual and Artistic Contacts in the Eighteeth Century. Tr. by J. C. Powell. London. K. Paul, Trench Trubner and Co., 1925.

吳宓：撮譯中國歐洲文化交通史略，學衡五十五期。

何炳松：中國文化西傳考，中國新論第一卷第三期。

(3) G. F. Hudson: Europe and China, A survey of their relations from the earliest tim to 1800, London. 1931.

(4) H. A. Giles: China and Chinese, New York, The Columbia university press. 19

(5)張星烺中西交通史料匯篇　民十九，北平。

第一册　古代中國與歐洲之交通

第二册　明代中國與歐洲之交通

第三册　古代中國與阿拉伯之交通

第四册　古代中國與伊蘭之交通

(6) Laufer: Sino-Iranica, Chinese contributions to the History of civilization in Ancient Iran, Chicago, 1919.

(7)桑原隲藏：提舉市舶西域人蒲壽庚之事蹟

馮攸譯：中國阿剌伯海上交通史　民 23. 商務。

陳裕菁譯：蒲壽庚考　民 18. 中華。

(8)張維華：明史佛郎機呂宋和蘭意大里亞四傳註釋　民 23. 燕京學報專號之七。

(9) Latourette : A History of Christian Missions in China, New York. 1929.

(10)蕭若瑟(Joreph Siao)：天主教傳行中國考，河北，1931.

(11)德禮賢(Paschal M. DÉlia)：中國天主教傳教史。民 23. 商務。

(12)裴化行(H. Bernard)：天主教十六世紀在華傳教誌　蕭濬華譯　民 25. 商務。

(13)蕭若瑟：聖散史略　河北 1932.

(14)賈立言(A. J. Garnier)：基督教史綱　民 18. 上海廣學會

(15)徐宗澤：明末清初灌輸西學之偉人　民 20. 土山灣書局。

(16)張星烺：歐化東漸史　民 23. 商務

(17)周景濂：中葡外交史　民 25. 商務

(18)利瑪竇世界地圖專號　禹貢半月刊第五卷第三四合期。

(19)聖方濟各沙勿略傳　1896. 上海慈母堂

(20)徐文定公集　四册　慈母堂。

(21)黄伯祿：正教奉褒　光緒卅年　慈母堂。

(22)後藤末雄：支那思想のフランヌ西漸　序說(1)中國與歐洲之接觸,(2)中國與法國之接觸。東京第一書房。

(23)石田幹之助：歐人の支那研究　第六章東印度航路之發見與歐人之東航,宣教師之支那研究　昭和七年東京共立社。

(24)陳受頤：十八世紀歐洲之中國園林　嶺南學報第二卷第一期

(25)後藤末雄：東西文化の流通と孔子教の西漸　見佛蘭西精神史の一側面。昭和九年東京第一書房。

(26)張恩龍：明清兩代來華外人考略 圖書館季刊第四卷第三，四合期第五卷第一期。

(27)向達：中西交通史第七章明清之際之天主教士與西學，第八章十八世紀之中國與歐洲 民 23. 中華。

又中外交通小史第九章明清之際之中西交通與西學 商務萬有文庫民國十九年。

(28)蕭一山：清代通史 卷上第二十二章中西國際之由來，第二十三章西洋文明之東漸 商務。

(29)稻葉君山：清朝全史 第三七章西洋文明東漸第三十八章外人傳道事業之失敗 但燾譯，民國四年，中華。

(30)李儼：中國算學史第九章西洋曆算之輸入 民 26. 商務中國文化史叢書之一。

(31)姚寶猷：中國絲絹西傳考 見史學專刊第二卷第一期。

(32)姚寶猷：基督教教士輸入西洋文化考 上篇見史學專刊第一卷第二期。

(33)艾儒略：大西利先生行蹟。

(34)李儼：中算史論叢。

(35)蘇萊曼東遊記 劉半農譯 民 26. 中華。

三．耶穌會士對於宋儒理學之反響

(1)康熙與羅馬使節關係文書 民 19 故宮博物院文獻叢編第六輯，又影印本有陳垣敍錄。

（2）黃伯祿正教奉褒　光緒卅年上海慈母堂第三次排印本。

（3）徐昌治輯聖朝破邪集　日本安政乙卯翻刻本。

（4）樊國樑（Mgr. Alphonce Tavier）：燕京開教略　一九〇五，北平遣使會印書館。

（5）蕭若瑟（Ioreph Siao）：天主教傳行中國考　一九三一年河北獻縣天主堂刻本。

（6）玉井是博：關於儀禮問題的兩件中文資料　見市村博士古稀紀念，東洋史論叢。昭和八年，又白維翰：關於儀禮問題諸記載的補訂，見史學專刊第一卷第三期。

（7）Henri Cordier：Bibliotheca Sinica, Dictionnaire bibliographique des Ouvrages relatifs a l'Empire Chinois 2de édition 1904–1908 Paris 共五大册，以述明末清初耶穌會士著作及中國禮儀之事各書目爲最重要之參攷，關於儀禮問題，見 Vol. II. 頁 869–926, Vol. IV. 3125–3126, Vol. V. 3580–3600.

（8）La Pfister：Notices biographiques et bibliographiques de tous les membres de la Compaquie de Jésus qui ont vécu en Chine Jusqu à sa suppression, Variéités sinologiques, Changhai. 1932. 馮承鈞譯：入華耶穌會士列傳　商務。

（9）Latourette：A History of Christian Missions in China. New York. 1929.

（10）後藤末雄：支那思想のフランス西漸　本論第一篇佛國耶穌會士の清朝に於ける活動と其の學術

的業績。第二篇佛國耶穌會士の自國に紹介せる支那の精神文明，昭和八年，東京第一書房。

(11)後藤末雄：西洋人の觀たる支那　岩波講座東洋思潮第五回配本，昭和九年，岩波書店。

(12)坂口昂：在支那耶穌會に關する研究の片々　見世界史論講頁 306-322．昭和六年，岩波書店。

(13)裴化行(H. Bernard)：天主教十六世紀在華傳教誌　蕭濬華譯：民國二十五年，商務。

(14)利瑪竇(Matthaeus Ricci)：天主實義　上海土山灣印書館第五版，一九三〇年。

(15)龍華民(Nicolaus Longobardi)：靈魂道體說，民國七年重刊本。

(16)艾儒略(Julius Aleni)：萬物眞原　一九二四年土山灣慈母堂第六次印。

(17)艾儒略：三山論學紀　一九二三年上海土山灣印書館重印本。

(18)艾儒略：天主降生引義　一九二二年上海土山灣印書館重印本。

(19)利類思(Ludov Buglio)：不得已辯　一九二六年上海土山灣印書館。

(20)湯若望(Adam Schall)：主制羣徵　一九一九年重刊本。

(21)衞匡國(Martin Martini)：眞主靈性理證　一九一八年重刊本。

(22)陸安德(P. Ānd. Lobells)：眞福直指　一九三三年上海土山灣印書館第三版。

(23)衞方濟(Français Naël)：人罪至重　一九三六年上海土山灣印書館重印本。

(24)孫璋(P. A. de la Charme)：性理眞詮　一九三五年上海土山灣印書館重印乾隆癸酉年校本。又性理眞詮提綱一九一六年土山灣第三次印。

(25)朱宗元答客問　一九三二年上海土山灣印書館第五版印。

(26)朱宗元拯世略說　一九三五年上海土山灣印書館第三版印。

(27)陳受頤：明末清初耶穌會士的儒教觀及其反應　國立北京大學國學季刊第五卷第二號。

(28)陳垣：從教外典籍所見明末清初之天主教　見北平圖書館館刊第八卷第二號。

(29)陳受頤：三百年前的建立孔教論　國立中央研究院歷史語言研究所集刊第六本第二分。

(30)五來欣造：儒教の獨逸政治思想に及ぼせる影響　早稻田大學出版部，昭和四年，第二編第四章，來布尼茲與儒教，可見理學對於歐洲之影響。

(31)徐光啓：增訂徐文定公集　宣統元年上海慈母堂第二次排印，卷六附李之藻文稿

(32)楊光先：不得已　民國十八年中社印本，與重輯不得已輯要本。

(33)黃宗羲：破邪論　昭代叢書已集本。

(34)清史稿列傳五十九　湯若望　楊光先　南懷仁。

四　啓明運動與中國文化

(甲)笛卡兒與中國文化

（1）Pinot : La Chine et la formation de l'esprit Philosophique en France (1640-1740), 1932, Paris. Descartes. p. 375.

Pascal. p. 347-8.

Bayle. p. 314-27.

Malebranche. p. 329-33.

Fénelon. p. 390-6.

（2）後藤末雄：支那思想のフランス西漸　昭和八年第一書店。

デカルト頁 49.

パスカル頁 50-52.

ベ——ル。ヤエエル頁 53-4,531,538-40.

マルブランシエ頁 305-6.

フエヌロン頁 317-8, 322-3.

（3）Descartes : Discours de la méthode. 1637 (edition publiée par Aimé-Martin. Paris, 1844)

John Veitch 英譯：A Discourse on method. 1934. Everyman's Library 570.

關琪桐譯：笛卡兒方法論，商务

(4)Pascal : Pensées(edition de Havet Paris, 1852) F. Tratter 英譯, 1934. Everyman's L b-rary. 874.

(5) Lévy-Bruhl History of Modern Philosophy in France.

彭基相譯：法國哲學史　民 23. 商務

(6) Lange : Geschichte des Materialismus.

李石岑等譯：朗格唯物論史　上卷第二篇第三章頁 235——241 笛卡兒。

(7)龍華民：靈魂道體說　上海土山灣印書館本。

(8)聖多瑪斯：超性學要　十八册上海土山灣印書館本。

(乙)來布尼茲與宋儒理學之關係

(1)坂口昂：ライプニッツの「支那の最近事」について內藤博士還曆祝賀支那學論叢頁 865-880. 大正十五年，弘文堂。

(2)五來欣造：ライプニッツと儒教　見「儒教の獨逸政治思想に及ばせる影響」第二編第四章頁 273-473. 昭和四年，早稲田出版部。

(3)五來欣造：ワリスチャンウォルフと儒教　同上第五章頁 474-528.

(4) Franz Rudolf : Merkel: G. W. von Leibniz und die China-mission. Leipzig, 1920.

（5）Adolf Reichwein：The admirers of China：Leibniz. Wolff, Voltaire and the Encyclopaedists 見「China and Europe」中 'the Enlightement' 一章，或德文原本 'Aufklärung' 一章，頁 84——97.

（6）謝扶雅：來布尼茲與東西文化　嶺南學報第一卷第一期頁 1-13.

（7）G. W. Leibniz：Discours de Métaphysique.

河野與一譯：ライプニツ形而上學敍說　岩波書店。

（8）Leibniz：La Monadologie.

英譯 Monadology and other philosophical writings. Oxford university press. 1925.

河野與一譯：ライプニツ單子論　岩波書店。

（9）Pinot：La Chine et la formation de lésprit philosophique en France(1640-1740), 第二編第二章 'Les philosophes" 頁 333-40 'Leibniz' 1932, Paris.

（10）K. S. Latourette：A History of Christian mission in China. 頁 140, 209, 210. Leibniz. New York. 1929.

（11）ランゲ：唯物論史上卷，賀川豐彥譯，世界大思想全集 23. 春秋社。

李石岑等譯：朗格唯物論史，第四篇第四章「德意志對唯物論之反動」頁 461-480. 中華。

(12)胡廣等撰，性理大全 七十卷十八册，明刊本。

(13)邵康節：皇極經世緒言 清嘉慶四年善成堂刊本。

五 中國哲學與法國革命

(甲)百科全書派

(1) Pinot : La Chine et la formation de l'esprit philosophique en France(1640-1740), 1932, Paris Chapitre II. p. 314-346 Les Philosophes.

(2) Ting Tchao-Ts'ing(丁兆青): Les Descriptions de la Chine par les Français (1650-1750), 1928, Paris.

(3) Adolf Reichwein : China und Europa, 1923, Berlin Voltaire. 97-101.

Rousseau 101-102.

Encyclopaedists(Diderot, Helvetius, Poivre)102-103.

Montesquieu 104-106.

(4)後藤末雄：支那思想のフランス西漸 モンテスキユー. 324-348.

ヴォルラ——ル　349-409.

ルツリ——　410-424.

ヂドロ　425-443.

レイナル(Raynal)　480-500.

マブリ——(Mably)　501-524.

（5）五來欣造：儒教の獨逸政治思想に及ぼせる影響。昭和四年　早稻田大學出版部。

オルベツバ　529-584.

（6）後藤末雄：西洋人の觀たる支那　岩波講座東洋思潮第五回配本，昭和九年，岩波書店。

（7）小林太市郎：十八世紀の佛蘭西に於ける支那觀と其國思想界に及ぼせる支那の影響（上）　支那學等八卷第二號，昭和十一年。

（8）Belevitch-Stankevitch : Le goût Chinois en France au temps de Louis XIV. Paris, 1910.

（9）Lévy-Bruhl: 法國哲學史　彭基相譯　民 23 商務。

孟德斯鳩　89-106.

服爾德　107-131.

百科全書派 132-150.

盧梭 151-172.

康多塞 184-192.

(10)彭基相:法國十八世紀思想史, 1928. 新月書店。

(11) Lange : The History of Materialism and Criticism of its present importance. London, 1925.

李石岑譯:朗格唯物論史(上卷第四編「十九世紀的唯物論」)

(12)デボ——リン唯物論史 永田廣志譯,昭和四年白揚社林一新譯:近代物質論史, 1936 辛墾書店。

(13)孟德斯鳩:法意(三册)嚴復譯 商務嚴譯名著叢刊。

(15)荷爾巴赫:自然之體系(二册)楊伯愷譯 一九三三辛墾書店哲學叢書。

(16)拉·梅特利:人——機器 任白戈譯 一九三三辛墾書店哲學叢書。

(17)第德諾:哲學原理 楊伯愷譯 一九三四辛墾書店哲學叢書。

(18)赫爾維修:精神論 楊伯愷譯 一九三三辛墾書店哲學叢書。

(19)後末藤雄:ヴォルテ——ルの悲劇「支那孤兒」の研究,見「佛蘭西精神史の一側面」頁189-230.
昭和九年東京第一書房

(20) 相川春喜：ヴォルテエルとモンテスキコー——の對立的見解，見「歷史科學の方法論」參考章第一第二節頁 205-212. 昭和十年，白揚社。

(21) Maurois：服爾德傳 傅雷譯 民 25 商務。

(22) Rousseau : The Social Contract (Eveyman's Library 660).

馬君武譯民約論，中華。

(23) Anson : A Voyage round the world (Everyman's Library 510).

(乙) 重農學派

(1) Adolf Reichwein : Physiokratie 見 "China und Europa" 第四章頁 109-120. 1923, Berlin 英譯本 "the physiocrats"—Derivation of Quesnay's physiocratic theory of political economy from the ancient Chinese doctrine of the state and the relation to society—China and Europe. London, 1925.

(2) Virgile Pinot: La Chine et la formation de lésprit philosophique et France. (1640-1740), 1932. Paris 頁 11, Quesnay.

(3) G. F. Hudron : Europe and China, A Survey of their relations from the earliest times to 1800. London. 1930. p. 322-6, Quesnay. p. 326 Turgot.

（4）後藤末雄：支那思想のフランス西漸 昭和八年第一書店 頁 444-477，ケネの支那觀 頁 324-326 モンテスキコー——支那の人口過剩と重農政策頁200，553-564，チルゴー——。

（5）Li Saou Y.: L'influence de la pensée économico-politique de la Chine ancienne sur la doctrine physiocratique.

李肇義：重農學派受中國古代政治經濟思想影響之考證，見『社會研究』第一卷第三期 民國廿六年國立中山大學。

（6）Virgile Pinot: Les physiocrates et la Chine au XVIIIe. Siècle, Revue d'histoire moderne et contemporaine, t. VIII., 1906-1907.

（7）李永霖：經濟學者杜爾克與中國兩青年學者之關係 北京大學社會科學季刊第一卷第一期。

（8）瀧本誠一：重農學派之根本思想的探源 建伯譯 讀書雜誌第一卷第六期 神州國光社，

（9）唐慶增：中國上古經濟思想在西洋各國所生之影響 見「中國經濟思想史」上卷第十編第一章頁 361-368 商務印書館民國廿五年。

（10）堵哥（Turgot）：財富之成立及其分配 林光瀓譯，民國廿五年商務英譯世界名著。

（11）Gide: Histoire des doctrines économiques depuis les physiocrates jusqu'à nos jours Paris, 1922.

英譯：History of economic doctrines from the time of the physiocrates to the present day. London, 1923.

(12)魯平：重農學派，一九三二年，陶達譯 北平寒微社。

(13) Adam Smith: Inquiry into the nature and causes of the wealth of nations. London, 1879.

王亞南譯：富國論 神州國光社。

(14)相川春喜：ケネー——とスミス並にジョーーンズ 見「歷史科學の方法論」參考章第一第四節頁226-240 昭和十年，白揚社。

(15)田中忠夫：亞當斯密中國經濟論 時事類編第五卷第一期又食貨第三卷第四期亞當斯密論，中國。

(丙)法國革命

(1) Blane: Histoire de la revolution Française. 1878. Paris.

(2) Belloc: The French revolution, 1929. New York.

(3) Madolin: The French revolution 1916, New York.

伍光建譯：法國大革命史 民國十七年，商務。

(4) Carlyle : The French revolution. 1921. London.

(5)克魯泡特金：法國大革命史　劉鏡園譯　民國二十四年　神州國光社。

(6)Wilhelm Blos：法國革命史　李季譯　民國十八年，三册　亞東圖書館。

(7)余楠秋：法國革命偉人傳　民國二十五年中華書局。

六　中國哲學與法國革命

(甲)政治革命

(1)Andreae: China und achtzehnte Jahrhundert. "Gundriss und Bausteine Zur Staats- und Zur Geschichtslehre Zusamengetragen Zu den Ehren Gustav Schmollers und Zum Gedächtni's des 24 Juni, 1908 seines Siebenzigsten Geburtstag, Berlin, 1908, S. 201-400.

中國與十八世紀，　見德經濟學者 Schmollers 教授七十歲紀念論文集『國家及歷史學綱要及材料』頁201—400 分五章(1)關於中國之知識(2)歐洲所受中國輸入貿易之影響(3)在歐中國藝術及其流行之變遷(4)中國與歐洲經濟(5)中國與歐洲憲法問題，本書特別指出十八世紀德國家學者 Justi 所受儒教之影響。

(2)五來欣造：儒教の獨逸政治思想に及ぼせる影響，　早稻田大學出版部　昭和四年。

本書分兩編，第一編儒教之政治哲學，分八章，第二編德國政治思想與儒教，分九章：(1)啓蒙專制主義之發生原因；（2）啓蒙專制主義之體系；（3）儒教之輸入歐洲學界；（4）Leibniz 與儒教；（5）Wolff 與儒教；（6）Holbach 與儒教；（7）Friedrich 大王與儒教；（8）普魯士國家與儒教；（9）結論此書有劉百閔等譯本商務出版惟譯者不知耶穌會士漢名，均用音譯似應更正之處。

（3）後藤末雄：支那思想のフテンス西漸　昭和八年　第一書店。

第二篇頁 235-240, 241-255, 256-272. 第三篇頁 294-304, 第四篇頁 327-333, 357-372, 421-424, 446-456, 457-465, 505-524. 第六篇頁 549-564 均述及法國所受中國政治思想之影響。

（4）Johnson : The age of the enlightened despot, (1660-1789).1933.

（乙）精神革命

（1）Heinrich Heine: Zur Geschichte der Religion und philosophie in Deutsch land.

高冲陽造等譯：獨逸古典哲學の進步性　改造文庫第一部第八十一種。

辛人譯：德國宗教及哲學史概觀　一九三六年辛墾書店。

（2 陳銓：中德文學研究　民國二十五年商務印書館，原題「中國純文學對德國文學之影響」見國立武漢大學文哲專刊第三卷第二號第三號至第四卷第一號民國 23-24 年。

（3）Goethe : Faust Berlin, Gerchard Merian.

英譯：New York, The Macmillan Co., 1930. 2v.

周學普譯：浮士德　民 24. 商務世界文學名著。

（4）Reichwein：China und Europa. S. 137-156.

英譯本頁 129—146.

（5）衞禮賢：歌德與中國文化　小說月報號外中國文學研究。

（6）陳銓：歌德與中國小說　大公報文學副刊。

（7）唐君毅：孔子與歌德　國風半月刊第三期。

（8）鄭壽麟：歌德與中國　德華日報附出之葛德紀念特刊，以上四篇現均收入宗白華等編「歌德之認識」中，南京鍾山書局，民國二十二年。

（9）カント：啓蒙とは何ぞやの問題に對する解答　田中經太郎譯見カント著作集 13. 一般歷史考其他頁 53-86.

（10）康德：純粹理性的批判　胡仁源譯，商務漢譯世界名著，民國二十四年。

（11）フイヒテ：知識學　河面仙四郎譯　昭和四年　春秋社世界大思想全集 20.

（12）Hegel：Lectures on the Philosophy of History. Tr. by J. Sibree London. 1914. Part I. The Oriental World. Section 1. China. p. 121-144.

王造時譯：歷史哲學　商務漢譯世界名著，民國二十五年。

(13) F. Engels : Ludwig Feuerbach, Marnist Library. New York 1935.

(14) フォイエルバッハ：ヘーゲル哲學の批判 昭和二年我等第九卷 5-7 號。柳若水譯：黑格爾哲學批判 民國二十四年 辛墾書店。

(15) ショペンハウエル：天然の意志 景山哲雄譯 大正十四年大雄閣書房

(16) 井上哲次郎：カントの無上命令法に對する東洋思想 哲學雜誌 49 卷之569期 昭和九年。

(17) 藤井健治郎：カントに於ける敬と程朱に於ける敬 狩野教授還曆記念支那學論叢 昭和三年。

(18) K. A. Wittfogel：黑格爾底中國觀 光濤譯 見葉青編「黑格爾附費爾巴哈」頁 421-450. 民國二十四年辛墾書店。

(19) 相夫春喜?ヘ——ゲルの「東洋世界」見「歷史科學方法論」參考章第一第三節頁 213-225 昭和十年，白揚社。

(20) 賀麟：朱熹與黑格爾太極說之比較觀 見魯一士「黑格爾學述」附錄——頁 171-187 商務漢譯世界名著，民國二十五年。

(21) 王光祈：旅德存稿 民國二十五年，中華書局，頁 472-476 關於研究中德文化之兩團體，頁 474-482 德國人之研究東方熱，頁 488-510 近五十年來德國之漢學，頁 557-559，Ahlborn 與游鳥運動（Wandervogel-bewegung）

附　錄

一　中國思想派別及其對於歐洲文化影響之不同

我對文化之哲學的考察，曾舉印度、中國、西洋文化相比較，以爲文化之根本的類型，爲宗教、哲學、科學、藝術。印度代表宗教文化，西洋代表科學文化，中國則爲哲學文化之適例。中國不是沒有宗教，但中國宗教乃爲哲學的宗教，所以不能代表宗教文化。中國不是沒有科學，但中國科學乃爲哲學的科學，所以不能代表科學文化。而眞正可代表中國文化本位的，卻只有哲學，所以結論就是中國文化之根本爲哲學思想。

但在這一個題目裏，卻要更進一步來問，中國文化之根本爲哲學思想，但中國哲學在周、秦諸子時代，即發生許多學派，最重要的即孔、老、墨三家，其學說思想即各自不同，然則我們要問：中國文化之根本爲哲學思想，那末代表這哲學思想的，究竟是指老家哲學，墨家哲學，還是孔家哲學呢？

現在試將孔、老、墨三家的思想比較一下，雖然這三家哲學，同爲中國思想之重要派別，然而從淵源上看，則老子學說在先，孔家次之，墨家發生最後。近人喜提倡異說，極力主張『老子書作於戰國之末』，『老子不是孔子先輩。』（如梁啓超、張壽林、錢穆、馮友蘭、顧頡剛等）實則此說二十年前英人齋爾斯 (H. A. Giles) 早已說過，然而一方面有人提倡「孔在老前」一方面仍有許多人主張「老在孔先」(如胡適之、張煦、唐蘭等)兩造訴訟，各能言之成理，究竟那一種說法對呢？依我意思後說較爲正確，我們更可以從理論史學上得出幾個結論來證明老在孔先，道德經是老子的遺言。

(第一)人類知識的發達，是從宗教而哲學而科學的。中國沒有純粹的宗教，而只有「哲學的宗教，」這種「哲學的宗教」自始卽爲道家之傳統的宇宙觀，而實發端於老子。如云：

「谷神不死，是謂玄牝，玄牝之門，是謂天地根，綿綿若存，用之不勤。」

這一段話列子天瑞篇引作黃帝書，大槪是中國最古的宗教思想，爲老子所引。谷神玄牝，卽爲宇宙神之觀念，也卽是中國哲學的宗教。又如第十四章：

「視之不見名曰夷，聽之不聞名曰希，搏之不得名曰微，此三者不可致詰，故混而爲一。其上不皦，其下不昧，繩繩不可名，復歸於無物，是謂無狀之狀，無象之象，是謂惚恍，迎之不見其首，隨之不見其後。……」

這一段和莊子天道篇所引有焱氏之頌，文字略同：

「聽之不聞其聲，視之不見其形，充滿天地，苞裹六極。」

可見老子書中實包含中國原始的哲學宗教觀。又如：

「……湛兮似或存，吾不知誰之子，象帝之先。」(四章)

「有物混成，先天地生。」(二十五章)

這種原始的「哲學的宗教觀」，窮究宇宙到在天以前，即未有天地之時，試問在戰國之末，舉世注重實際的政治經濟，還有閒工夫來討論這種宇宙萬物起源之問題麼？祇要我們明瞭人類知識的發達是從宗教問題轉入於人生問題，那末老在孔前的事實，也不待詳證而自明了。

（第二）從文學史的眼光來看，韻語應出現於散文之前。如易經與老子，即為中國最古之哲學詩。易經韻語，顧炎武、江晉三已有詳說；老子全書均為韻語，經近人研究結果，亦全為明瞭的事實。如以道德經第一章為例：

『道可道非常道，名可名非常名。無名天地之始，有名萬物之母，故常無欲以觀其妙，常有欲以觀其徼，此兩者同出而異名，同謂之玄，玄之又玄，衆妙之門。』

此處韻語，道道均名名均始母均（劉師培云母古讀若海，故詩葛藟母與涘協）妙徼均玄玄門均，舉此一例，可見老子全書全為古韻，即有可疑之處，依江晉三亦可以通韻說明之，且韻可疑者十之三，可信者十之七，我們怎能因此便斷定老子是戰國末年纔有呢？可見老在孔前，從文學史之發展線索上說，也是可以證明的了。

由上二證，便很明白老子一書無論從文字的形式上看，從思想的內容上看，均可證明其發生在孔子之前。而且文獻的史料，如史記孔子世家，老子列傳，禮記曾子問，乃至莊子，韓非子，呂氏春秋，許多史料均記載孔子曾見過老子，則在年代上老子為孔子的前輩，可無疑義。老子在中國思想上代表中國文化之「哲學的宗教」，孔子則代表中國文化之「哲學的哲學」，孔子為老子學說之一否定，墨子時代最後，則又為孔子學說之一否定。所以淮南子要略訓說『墨子學儒者之業，受孔子之術，以為其禮煩擾而不悅，背周道而用夏政。』孔子代表「哲學的哲學」，而墨子則代表「哲學的科學」了。所以專就中國思想之三大派別來看，很有趣地三家即接近於三種之不同的文化類型：

(1)老家——宗教型——接近印度之宗教文化

(2)孔家——哲學型——形成中國之哲學文化

(3)墨家——科學型——接近西洋之科學文化

老子雖然不是宗教家，卻含有「哲學的宗教」意味，所以老子學說，其末流便成為一種道教，而走向宗教的路上去。劉勰滅惑論所謂道家三品說，即『上標老子，次述神仙，下襲張陵，』上者老子無為，次者神仙餌服，下者符籙禁厭，從清淨無為的道家，一變再變而為煉養、服食、符籙、經典、科教等宗派，他們一方面推崇老子為教主，一方面利用符籙等迷信與宗教儀式，這雖是末流的結果，然亦因老子含有宗教型之文化要素的原故。朱子語類曾說及『老子初只是清淨無為，清淨無為卻帶得長生不死，後來卻只說得長生不死一項。如今恰成個巫祝，專只理會厭禳祈禱，這是經兩節變了。』道教之形成，實愈趨愈下，魏伯陽之參同契，葛洪之抱朴子，東晉初之黃庭經，尚不過假託老子，以從事神仙術之研究，及至六朝以後，佛教發達，幼稚淺薄之道教，受其刺激，為撑持自己的門面起見，遂不得不竊取印度佛教的宗教儀式，來博取民間的信仰。朱子曾笑他們：『佛教偷得道家好處，道家偷得佛教的不好處。』又說：『理致之見於經典者，釋氏為優，道家強欲效之，則祇見其敷淺無味。』原來佛教原為印度之宗教的文化，當然說理處比道家為優，然而道家仍欲強起摹倣，乃至偽造老子化胡經，來附會佛為老子化身，用卑劣的手段，剽竊佛典，來維持其『哲學的宗教』即「半宗教」的局面。道佛兩教便發生了紛爭，中國佛教史上有名的所謂「三武一宗」的災厄就是由於道士的嫉妒（後魏太武、時之寇謙之，北周武帝時之張賓之、衛元嵩，唐武宗時之趙歸眞等皆爲好例。）引起來的，換言之，即是中國『哲學的宗教』對於印度『宗教的宗教』之一種反抗運動。然而在此兩種文化互相接觸互相摹倣之中，兩教實有合一的傾向，結果中國佛教也不得不因「哲學的宗教」的影響而改變其原有形態了。高僧傳竺法雅傳『少善外學，長通佛義。』慧遠傳『博綜六經，尤善老莊』『嘗有客聽講，難實相義，往復移時，彌增疑昧，遠乃引莊子爲連類，於是惑者曉然。』又如道安支遁，以「三玄」比附佛典；僧肇之般若無知論，寶藏論，實以老莊講佛學。由上可見印度佛教之傳播中土，其所以成功也因有此「哲學的宗教」即道家爲其媒介。這不是證明了道家學說雖非純粹宗教，卻與宗教相接近嗎？我們既知中國文化之根本爲哲學思想，那麼作爲哲學文化體系之一種「哲學的宗教」，當然不能完全代表中國思想，而從全體觀察，覺可以說是和印度之宗教文化相接近了。

次述墨家哲學。老家爲宗教型，故與印度之宗教文化接近，墨家爲科學型，故與西洋之科學文化相接近。墨家的派別中，墨子與別墨不同，一個是用「宗教的邏輯」（墨子）一個是用「科學的方法」（別墨）墨子書中有許多淺薄迷信的話，可以算做「宗教的墨學」，然而他那種宗教精神，仍然只是西洋式的「科學的宗教」精神，換言之，即他的宗教是以他的邏輯——三段論法——爲基礎，他處處要問一個「爲什麼」，這是他的科學精神。他要證明「天志」是欲義而惡不義的，也要拿三段論法來證明，他要明鬼也用「三表法」來解釋，好似證據很確鑿了，其實都是一派宗教話。他明鬼下所說「執無鬼論者，」就是指儒家，可見儒家在古代實已做過破迷信的工夫，墨家也實在做過科學的頂大障礙。不過從大體上來說墨子的宗教仍然只是他實用主義的表現。如近人所說『他的根本觀念在於人生行為上的應用；』宗教不過他的方便法門他的一種工具而已。所以墨學雖有宗教，卻只是「科學的宗教，」一到別墨手裏，便完全走向科學的路上，而和西洋科學的文化相接近了。而且即就墨子本身的學說來論，也比較老、孔，為較接近科學接近唯物論。塔爾海姆（Thalheimer）在『現代世界觀』第十五章中曾經說過：

「代表中國哲學第三主要傾向的墨子，可以說是原始的未發展的唯物論者……他在明鬼第三十一說「天下之所以察知有與無之道者，必以衆之耳目之實，知有與亡為儀者也；」這一點便和孔子不同。他並不以概念作真理的準則，而以感覺的經驗（卽見聞所得，）作真理的準則。所謂感覺的經驗，並不是各個人的經驗，而是普遍的一般的感覺的經驗，卽是他所說的「衆之耳目之實。」他又認為舊日知識上的證明和事物的實際上的作用，都是對於真理的準則。他的唯物論所以是原始的東西，可以從他幾個結論中證出來，他說他所以承認祖先的靈魂和自然的精神，也是因為民衆也承認他，但他卻不承認命運」

可見宗教的墨學中已含着科學的墨學之萌芽，所以一轉而至別墨時代，便完全成立一種「科學的知識論」了。墨經發端就有四條告訴我們以求知的精確方法。「知材也」「慮求也」「知接也」「恕明也，」把這四條合攏來看，確含有科學的精神。知識的第一條件，是有官能而後能知；第二條件是有了思想，纔能夠用假設，第三條件是將所以知的官能，和外界事物相接觸，這就是感覺了。但只有感覺還不算眞知識，所以第四條件，須要理會得外物印象是什麽東西什麽意義，把這印象成爲一個觀念，這纔可說眞知識，纔可稱做科學的知識論。

因爲墨學中尤其別墨一派，具有很濃厚的科學精神和科學方法，所以對於物質科學的貢獻也有相當成績。如力學中關於重力作用槓桿原理，光學中關於光之直行，光之複射，凸球面鏡之虛像，凹球面鏡影之倒立等等，墨經中均有說及（詳見陳文濤所著「先秦自然學概論」（第六章第七章。）可見中國文化雖不是科學文化，墨學卻代表了哲學文化中之「哲學的科學」。然而這種僅有的科學思想本質上是和中國文化不相合的，所以墨學不久中絕，而孔家思想則至今流傳不斷。梁漱冥氏在「東西文化及其哲學」（頁一三三）曾說及「孔墨的不同，並且是中國西洋的不同所在。——孔子代表中國，而墨子則西洋適例。」這話很有至理，我們既已證明中國文化之根本爲哲學思想，那末作爲哲學文化體系之一種「哲學的科學」，當然不能完全代表中國思想，而從全體觀察，竟可以說是和西洋之科學文化相接近了。

在此我們得到一個結論，就是中國思想之三大派別，老家接近宗教，和印度的宗教文化可相調和，但非中國思想之代表。墨家接近科學，和西洋的科學文化可相調和，但非中國思想之代表。而眞正中國思想之根本，依我意思，卻只有孔家哲學。爲研究的便利起見，請從各方面去比較觀察一下：

（第一）從知識論上觀察

大概從知識論上觀察，凡接近宗教的，在知識論上主張「無知」，接近科學的，便看重知識；只有哲學家纔知道認識自己卽內省的知識用知識社會學者 Max Scheler 的用語來說,也可以說第一種是「解脫的知識,」第三種是「實用的知識,」只有第二種纔是眞正「本質的知識。」

以印度宗教爲例,如佛法卽爲主張「無知」者禪家所謂「這張嘴只堪掛在壁上,」所謂「當下便是動念卽乖,」經教般若所謂「一切法性非二,卽是無性,不可以心知,不可以一切法知。」因爲要解脫卽不可不先拋棄我底那知識,只須信仰得了,知識要他幹麼。老莊道家一派,雖不卽是宗教,都是哲學的宗教,所以也主張廢棄知識。老子七十一章說『知不知上不知知病,』那自以爲知實在是不知而無上的「知,」反在於「不知」知之所以又屢屢說到「無知,」三章「常使民無知無欲使夫智者不敢爲也;」十九章「絕聖棄智。」這種「無知」更成爲莊子哲學的出發點。例如說:

同乎無知其德不離。(馬蹄)

聞以有知知者矣,未聞以無知知者也。(人間世)

這個意思和列子仲尼篇「無知是眞知,故無所不知;……無知爲知亦知;……亦無所不知,亦無所知」相同。大概道家一派所有名學上的見解,其最後的歸宿,總在乎言語道斷辨證路絕的本體,到此地步自然要將知識根本消滅,例如齧缺問於王倪,三問而三不知(齊物論)那纔是眞知識了。所以說:

人皆尊其知之所知而莫知恃其知之所不知而後知可不謂大惑乎?(則陽)

其知之也似不知之也不知而後知之。(徐无鬼)

不知深矣，知之淺矣；弗知內矣，知之外矣；……弗知乃知乎？知乃不知乎？孰知不知之知。（知北遊）

因爲道家要『恃其知之所不知而後知』，所以很譏笑那些只曉得『尊其知之所知』的科學家，以爲他一向只是胡叫亂喊，以爲祗要測測星看看地殼，研究研究微生物，那就是眞知識，其實這種有知的『知』，以有限的生命，逐無窮的知識，知識尙未得到，生命已是無可奈何了。所以說『吾生也有涯，而知也無涯，以有涯隨無涯，殆已』。（養生主）他很大膽地給知識下一個定義道：

知出乎爭，……知也者爭之器也。（人間世）

知識這個東西，原是大亂的根源，因爲看到『好知之亂天下也』，所以他們的結論，便是『絕聖棄知，天下大治。』（在宥）

由上道家接近宗教，故偏向『無知』，偏向於『解脫的知識』，反之墨家接近科學，故偏向『有知』，偏向於『實用的知識』。以墨子爲例，他的方法論，卽處處注重知識，對於事物，要問出他的一個「所以然」。公孟篇

『子墨子問於儒者曰：何故爲樂？曰：樂以爲樂也。子墨子曰：子未我應也。今我問曰：何故爲室？曰：冬避寒焉，夏避暑焉，室以爲男女之別也，則子告我爲室之故矣。今我問曰：何故爲樂？曰：樂以爲樂也，是猶曰：何故爲室？曰：室以爲室也。』

胡適之氏以爲『儒者說的是一個「什麼」，墨子說的是一個「爲什麼」。』墨子是處處要問個「爲什麼」的，例如造一所房子，先要問爲什麼要造房子，這種疑問的解決，可以說就是科學知識的起源；科學知識是要拿來

實際應用的，所以不能應用的，便不是眞知識。貴義篇說：

『今瞽者曰鉅者白也黔者黑也雖明目者無以易之兼白黑使瞽者取焉，不能知也故我曰瞽不知白黑者，非以其名也以其取也。』

『今天下之君子之名仁也，雖禹湯無以易之，兼仁與不仁而使天下之君子取焉，不能知也。故我曰天下之君子不知仁者，非以其名也，亦以其取也。』

知識不是幾句好聽的名詞，而在實際的應用，這就是實用的知識論即科學的知識論了。墨子以後，別墨對於知識論更有許多的發揮，他們看重感官印象的知識，已如前面所述。現在且舉墨經中一段論科學知識很精要的話，如云：——

知聞說親名實合爲。（經上）知傳受之聞也；方不瘴，說也。身觀焉，親也。所以謂，名也。所謂，實也。名實耦合，也志行爲也。（經說上）

這一段分開來看，上節論知識的來源，共分三種（一）聞知（二）說知（三）親知。下節論知識的應用，主張眞知識須要名實相符，而且有實際的效用，可以表現於行爲上的。聞知又分兩種，經上說：

聞傳親（經說上）聞或告之傳也，身觀焉親也。

一種是『傳聞，』一種是『親聞。』說知與親知，一個是推論的知識，一個是感覺的知識，前者譬如隔牆見角而知有牛，隔岸見烟而知有火，這都是由「推論」得知的，所以說『方不瘴說也。』後者全靠五官的親自經驗，所以說『身觀焉親也』含此三種知識便是科學的眞知識了。

由上老、墨的知識論，一個偏於解脫的知識，一個偏於實用的知識，換言之，卽前者和印度的宗教知識接近，一個和西洋科學的知識接近。所以眞正可算中國知識論的代表者，依我意思，卻只有孔家哲學的方法論了。孔家的知識論，其高深處，窮究到物的盡頭，幾和道家不容易分別，如易經繫辭裏所說：

『通乎晝夜之道而知。』

『知幾其神乎！』

『君子知微知彰，知柔知剛，萬夫之望。』

『易與天地準，故能彌綸天地之道，仰以觀於天文，俯以察於地理，是故知幽明之故；原始反終，故知死生之說；精氣爲物，遊魂爲變，是故知鬼神之情狀。』

『易无思也，无爲也，寂然不動，感而遂通天下之故，非天下之至神，其孰能與於此。』

然而這種宇宙本質的認識，所謂『窮神知化，德之盛也』，卻與道家不同。卽道家以宇宙之根本爲無知，孔家則以宇宙之根本爲『造化的良知』——『大始之知』，大始之知是不靠觀念和符號直接認識的，所以說到極點，似亦歸宿於『不識不知無聲無臭』的境界，然而這種境界，是從體物來的，是兼知行合內外的，故與佛道虛空寂照的圓覺不同。他所知的對象，不是超出我們意識中現象世界，而卽我們意識中現象世界便是。所以依孔家最高明的知識論，也須由『格物』下手，格物方法，須大着心胸，廣求宇宙間的道理，包犧氏之仰觀俯察，近取諸身，遠取諸物在大自然現象之前從容潛玩以直探到處皆有的本體，這就是最古的格物。從前程明道教人觀天地生物氣象，陳白沙教人隨處體認天理，都是這個意思。羅整庵困知記說得最好：『格物之格，是通徹無間之意，蓋工夫至到，則通徹無間物卽我，我卽物渾然一致』『心之窮物有盡，由窮之而未至爾，物格則無窮矣，無盡卽無不盡，夫是之謂盡心心盡則與天爲一矣。』可見這種格物方法，是凡認識的對象都是會得時物卽我我卽物，滾作一片，都無分別。眞陳白沙所謂『往古來今四方上下，都一齊穿紐，一齊收拾，隨處無不是這個充塞色色信他本來。』這不就是宇宙本質的認識嗎？

但話雖如此，孔家的知識論，乃是層次的知識論。這種高深的知識論，卽關於宇宙本質的知識論，不是任何人都能夠領會的，所以論語公冶長篇有『夫子之文章可得而聞也，夫子之言性與天道，不可得而聞也』的一段話。孔家最注重着力教人的還在關於人生本質的知識，所謂『未知生，焉知死？』『知者過之，愚者不及；』所以在大學裏，便提出一種普遍的知識論，卽是：

『……古之欲明明德於天下者，先治其國；欲治其國者，先齊其家；欲齊其家者，先修其身；欲修其身者，先正其心；欲正其心者，先誠其意；欲誠其意者，先致其知；致知在格物。』

『物格而后知至，知至而後意誠，意誠而后心正，心正而后身修，身修而后家齊，家齊而后國治，國治而后天下平。』

高明的「格物，」至於「窮神知化，」「知天地之化育；」一般的「格物」則由格物，致知，正心，誠意，而至於修身齊家治國平天下。不但說破了人生本質的知識，連政治方面的應用也提及了。孔家的知識論，只是教人『格物致知，』而其方法的着力處卻在於『自知』——繫辭所謂『復以自知』——即是認識你自己認識你自己的「正心誠意，」認識你自己有那『人之所不學而能者其良能也所不慮而知者其良知也。』（孟子盡心章）因此所以孔家思想的貢獻也完全在於人生哲學之一方面。從知識論上看，也可見中國文化之根本爲哲學思想，而中國哲學思想之根本不是老、墨，而爲孔家哲學毫無疑義的了。

（第二）從宇宙論上觀察

大概從宇宙論上觀察凡接近宗教者宇宙論上便主張『無論，』接近科學者便主張『有論，』只有哲學家，纔主張『有無合論。』因爲宗教家主張解脫，故其所欲證得的本體爲『無，』爲『無所有不可得。』如印度宗教文化之傾向於空觀便是好例。老莊雖非「宗教文化，」然其宇宙觀實和印度文化相接近，不同之點，只在於佛家以「無」貫串本體界與現象界「無」卽是「空，」空無互通，雖說無亦不對有。老家則以本體爲「無，」現象界爲「有，」「有」生於「無，」「有」「無」成爲對待的名詞。所以老莊哲學終與佛法不同，而只成其爲「哲學的宗教。」在佛法這個「無，」是不落有無因不落有無，所以不有不無，就世界所有的東西碰着觸着，都可說是這個本體——「無」——一切都無所有，祇有這「無，」一切都不可得，祇得這「無，」這「無」就是宇宙間一切現象的本原了，而且是宇宙一切現象的究竟了。道家則不然，道家不說「一切皆無，」而只說「一切皆出於無，」老子第一章云：——

『無名天地之始;有名萬物之母。』

第四十章云:

『天下萬物生於有,有生於無。』

第四十二章云

『道生一,一生二,二生三,三生萬物。』(王弼注云由無乃一)

在這裏萬物生於「道」,即是說萬物生於「無」,因爲「道」即是「無」,「無」即是「道」,所以老子言道,必說到『無狀之狀,無物之象。』形容道體必說到『道之爲物惟恍惟惚。』(第二十一章)這種「無論」到了莊子發揮得更透澈了。莊子看重「無」爲道體,所以說:

『古之人其知有所至矣,惡乎至?有以爲未始有物者,至矣盡矣,不可以加矣。』(齊物論)

『覩有者昔之君子,覩無者天地之友。』(在宥)

這個「無」就是莊子所認識的本體了。我們要認識這個「無」,只須由我們意識中「有」的世界,一直追到現象世界的根極便是「無之又無」的境界。故說:

『有始也者,有未始有始也者,有未始夫未始有始也者;有有也者,有无也者,有未始有无也者,有未始夫未始有无也者。』(齊物論)

『泰初有无,无有无名,一之所起,有一而未形。』(天地)

因爲道體本無，所以講到道時，必推到：『至道之精，窈窈冥冥，至道之極，昏昏默默；』（在宥）『視之無形，聽之無聲，於人之論者，謂之冥冥，所以論道而非道也。』（知北游）可見道的境界就是「無」的境界了。

然道，——本體，雖一向空無而能從無生有，宇宙的起源，不過從本體而「芒乎芴乎」生出來的罷了。本體是「無」，由本體而有現象，那便是自無而有了。莊子說得好：

『芒乎芴乎，而无從出乎？芴乎芒乎，而无有象乎？萬物職職，皆從无爲殖。』（至樂）

由着無象而有象，自有了象就要芒乎芴乎生出萬物來了。可見天地萬物都是從無而有，從無而有而又自有而無，宇宙萬物不過氣形生死這些過渡的變相罷了。所以老莊思想容易走上厭世主義，『生者假借也，假之而生；生者塵埃也，死生爲晝夜。』（至樂）可見老莊雖不是宗教，而實接近於宗教之解脫的知識。

次之墨家則對於老家接近宗教之『無論』，而傾向於接近科學之『有論』，墨子書中雖不甚談有無問題，但就其思想的體系，很明白是傾向於經驗論，即是『有論』的。如他所主張三表法中之一法——『原察百姓耳目之實』，即爲最好的例證：

『凡我所以知命之有與亡者，以衆人耳目之情，知有與亡。有聞之，有見之，謂之有。莫之聞，莫之見，謂之亡。……自古以及今，……亦嘗有見命之物，聞命之聲者乎？則未嘗有也。』（非命中）

又明鬼篇云：

『天下之所察知有與無之道者，必以衆之耳目之實，知有與亡爲儀者也。試或聞之見之，則必以爲有，莫聞莫見，則必以爲無。」

這種『有論』的宇宙觀，到了別墨便形成一種科學的宇宙觀了。科學的宇宙觀沒有別的，只是根據於科學的知識，叫人知道空間是無盡之大，時間是無窮之長。墨經上說：——

久彌異時也（經說上）久合古今旦莫。

宇彌異所也（經說上）宇冡東西南北。

這裏久就是宙——時間，宇就是空間；「彌」是「周徧」的意思，合古今旦暮而成時間的觀念，統東西南北而成空間的觀念，可見時間是無窮之長，而空間又是無盡之大了。因爲抱這種科學的宇宙觀，所以遇着非科學的詭辯學派，便要爭論起來。如公孫龍子說『堅白石二』『無堅得白其舉也二，無白得堅，其舉也二。』但別墨根據他的科學的宇宙觀，便否認其說，以爲：——

『不堅白說在無久與宇，堅白說在盈。經上（經說下）無堅得白，必相盈也。』

『堅白不相外也。經上（經說上）堅異處不相盈，相非（排）是相外也。』

別墨主張『堅白石一』是不相外的，說『撫堅得白必相盈也』；言石徧含堅白兩德，手撫得堅，同時即全得其白，堅白成爲一物，故說『相盈』，反之公孫龍子『堅白石二』，就是『異處不相盈』。我們的眼但見白而不見堅，手可得堅而不得白，卻不知堅白本不相外，而誤以爲相外者。這完全由於他們沒有時間和空間的觀念。若我們有了「久」與「宇」的觀念，便知道空間和時間是互相關係的，剛纔用手去摸的堅物，就是此刻所見的白物，空間和時間不能相外，便知道『堅白』也是不能相外的了。因爲墨家一派的宇宙觀，是傾向於經驗論，即『有論』的，所以處處見得和科學的知識相同。墨家雖不是科學文化的代表，而實接近於科學之實用的知識。

但一說到孔家哲學便不然了。孔家既不偏於墨學的「有論」，也不偏於老家的「無論」，他是傾向於「有無合論」的。雖然在孔家一派，也有許多受着老莊的影響，以「無論」來解釋孔學。例如：

（例一）周易兼義何氏云：繫辭分爲上下二篇者，上篇明无，故曰易有太極，太極即无也。又云聖人以此洗心退藏於密，是其无。下篇明幾，從无入有，故云知幾其神。

（例二）孔穎達周易正義云易之三義，惟在於有，然有從无出，理則包無，而易象惟在於有，故形而上者謂之道，道即无也；下者謂之器，器即有也。故以无言之，存乎道體；以有言之，存乎器用。

（例三）韓伯「一陰一陽之謂道」注云：道者何，无之稱也，又正義云：以體言之謂之无，以物得開通謂之道，總而言之，皆虛无之謂也。

類此的話很多，但只算得以老解易，而於易經無本，不可不辨。須知周易所謂「道，」所謂「太極，」都是確有所指，並不是「無」。所謂「道」，所謂「太極，」其實只是未經人注意的「情」字，雖然渾然流行於無聲無臭之中，不可稱不可說，然任舉眼前的一個東西，都莫不是「太極」「道」的全體大用。孔家沒有以「無」言道的，只有中庸引詩「上天之載，無聲無臭」；然意乃在有，畢竟不是說「無」就是「道。」若「道」即是「無，」那麼源頭果無，便如許的天地，如許的萬物，怎能生成出來？所以易的本義，惟在於有，和佛老虛無的思想絕不相同。換言之，卽和宗教式的宇宙觀絕不相同。由易理看起來，所謂「無」不是先有而有，也不是有的根基，實在就包含有於其中，所以有無是合一的。一切皆無，一切皆空，實爲不可能的一回事。劉巘周易義因不知這個道理，說什麼『自無出有曰生』，如果生是自無而有，那也自有而無了，然而生命的眞相，決不是如此。繫辭說得好：

易有太極——北史梁武帝問李業興曰易有太極極是有是無，與曰所傳太極是有。

許桂林易確：

『易有太極，人所共見，故曰易不可見，則乾坤或幾乎息矣。』

孔家祇認宇宙生命是自有而有，不是自無而有，所以對於虛無寂滅的宗教宇宙觀，根本反對，以爲億億萬萬之年，一定不會有沒天沒地之日，就是沒人沒情之日，所以宗教之解脫的知識，是用不着了。同樣他也和墨家不同，墨家偏於科學的宇宙觀，故有卽爲有，和孔家『有若無，實若虛』的態度不同。墨家用的是形式邏輯之『有有也』的公式，孔家用的是哲學方法——辯證法——卽『有無也』的公式，所以結果在宇宙觀上，墨家成爲「有論」之科學的宇宙觀，而孔家則成爲「有無合論」之哲學的宇宙觀了。

（第三）從人生論上觀察

大概從人生論上觀察，凡接近宗教者，傾向於『退後』的人生態度，接近科學者，傾向於『向前』的人生態度，只有哲學家纔抱着『調和持中』的人生態度。這句話不是從我說起，在梁漱冥先生「東西文化及其哲學」中，已曾一口道破：

「西洋文化是以意欲向前要求爲其根本精神的；

中國文化是以意欲自爲調和持中爲其根本精神的；

印度文化是以意欲向後要求爲其根本精神的」

印度文化爲宗教的文化，所以他的人生觀，是「向後要求；」西洋文化爲科學的文化，所以他的人生觀，是「向前要求；」中國文化爲哲學的文化，所以他的人生觀，是「自爲調和持中。」同一樣的道理，老子一派接近於印度之宗教文化，故其人生觀也接近於「向後要求；」墨子一派接近於西洋之科學文化，故其人生觀，也接近於「向前要求。」不過老家之「向後，」墨家之「向前，」畢竟還是中國文化的產物，所以在許多點上看，都不如印度，西洋來得徹底。如佛祖統紀卷二十七所記「善導傳，」這正是印度化人生態度的例：

「善導不知何處人，唐太宗貞觀中聞道綽於九品道場講「地經」感而師之，後居長安居光明寺，弘念佛法門三十餘年，後語人曰：此身可厭，吾將西歸，乃登柳樹發願曰：願佛接我，菩薩助我，使我不失正念得生安養，言已投身自絕。」

然而老家便不如此，老家之「退後要求」是求「長生不死，」而印度化之「退後」祇是「投身自絕。」還有西洋化的「向前要求，」可以盧梭（Rousseau）在愛彌兒所舉一例爲證：

「斯巴達底母親，令其五子從事於戰場，未幾一個急使到，她戰慄以問他底情形，他說：「五人都被殺死了。」婦人盛氣地說「賤奴，那個來問你這種事情，」急使吃了一驚，乃改言曰：「我們已經戰勝了！」婦人於是踊躍詣神明，以感謝神明，那眞是一個國民。」

然而墨家便不如此，墨家是爲「非攻」而犧牲自己，爲「反征略」而積極向前，而西洋化之「向前，」祇是爲征略而戰，這是東西精神之根本不同的。至於孔家，則既不向前要求，也不退後要求，他只是內無所累，外無所累，天機活潑，無入而不自得，論語述而所謂「君子坦蕩蕩，小人長戚戚」，坦蕩蕩的何等逍遙自在，吾道自足，何假地求？富貴雖好，只算天上的浮雲，所謂「飯疏食飲水，曲肱而枕之，樂亦在其中矣。」（述而）所謂「萬物皆備於我矣，反身而誠，樂莫大焉。」（孟子盡心上）這種「自爲調和持中」的人生觀，即是孔家的人生觀，也可以說是中國人的人生觀，這種人生觀可用一句話來包括，就是「自得。」「自得者，不累於外物，不累於造次顛沛，鳶飛魚躍，其機在我。」（陳白沙贈彭惠安別言）因爲他是「自强不息」的活動着，所以很少向前要求有所取得的意思，同樣也不會有向後要求悲觀厭世的意思，當然可以說是一種最美滿的哲學的人生了。現在試再將三家學說來比較研究一下：

先說老家，老子是處處抱「向後」的人生態度的，而其向後要求，頗有些「以進爲退，以與爲取」的意思，在消極之中力求積極，所以和印度宗教文化之「眞消極」不同，但就中國哲學來說，卻只有老家最接近於向後要求之一條路的。老子主張無爲：

「爲者敗之，執者失之。」（六十四章）

主張無用：

「衆人皆有以，而我獨頑似鄙。」（二十章）

主張無欲：

「五色令人目盲，五音令人耳聾，五味令人口爽，馳騁畋獵令人心發狂。」（十二章）

「絕聖棄智，民利百倍，……絕巧棄利，盜賊無有。」（十九章）

「見素抱樸，少私寡欲。」（十九章）

主張不爭：

「我有三寶……一曰慈，二曰儉，三曰不敢爲天下先。」（六十七章）

「吾不敢爲主而爲客，不敢進寸而退尺。」（六十九章）

這種向後要求的人生觀，到了莊子便成功爲一種「反樸歸眞主義，」因爲宇宙的本體爲「無，」所以人們的人生態度，也要先做到「虛靜恬淡」的境界，這就是「返於自然，」「子獨不聞至人之自行邪？忘其肝膽，遺其耳目，芒然彷徨乎塵垢之外，逍遙乎无事之業。」（達生）什麼仁義呀，禮教呀，這些都是人爲的技術的，反於人的本性自然性的，所以莊子反對他而提出「不以人助天」的眞人生活（大宗師）即是返於自然的生活。但怎樣纔能「返於自然」呢？他以爲虛無恬靜的生活，就是自然的生活，但自然生活本來自己如此的，所以要求自然生活，只須將不自然的生活根本推翻，既沒有什麼不自然的，那就是自然了。所以自然生活除卻不自然的外誘——物欲，便得，換句話說，即「向後要求」便得了。天地篇「失性有五，一曰五色亂目，……二曰五聲亂耳，……三曰五臭薰鼻……四曰五味濁口……五曰趣舍滑心』因爲『其耆欲深者，其天機淺』（大宗師）所以他倒轉過來，主張『至人無爲，』（知北游）『其生若浮，其死若休，』（刻意）乃至『以生爲附贅縣疣，以死爲決疣潰癰』（大宗師）因而不知不覺走上頹廢的一路上去了。

次述墨家則反之主張『向前要求，』這種『向前要求』的精神在墨子一生事略中可以看出，在他反對派孟子的批評中也可看出孟子說：『墨子兼愛摩頂放踵利天下爲之』這本是責備他的意思但由我們看來正是一種『向前要求』的人生態度。莊子天下篇也有一段：『其生也勤其死也薄其道大觳使人憂使人悲其行難爲也，恐其不可以聖人之道反天下之心天下不堪，墨子雖欲獨任奈天下何。』這段批評活畫出一個積極奮鬬的人生觀，一個極熱心救世的人。如他主張非攻據公輸篇：

『公輸盤爲楚造雲梯之械成將以攻宋子墨子聞之自魯往裂裳裹足行十日十夜而至於郢，見公輸盤。……子墨子解帶爲城以牒爲械公輸盤九設攻城之機變子墨子九距之，公輸盤之攻械盡，子墨子之守圉有餘。公輸盤詘而曰吾知所以距子矣吾不言。子墨子亦曰吾知子之所以距我，吾不言。楚王問其故，子墨子曰公輸子之意不過欲殺臣，臣殺宋莫能守可攻也然臣之弟子禽滑釐等三百人已持臣守圉之器在宋城上而待楚寇矣，雖殺臣不能絕也。』

這是很明白的積極奮鬬的人生態度！又如主張義氣，據貴義篇：

『子墨子自魯卽齊過故人謂子墨子曰今天下莫爲義子不若已。子墨子曰今有人於此，有子十八，一人耕而九人處，則耕者不可以不益急矣。何故？則食者衆而耕者寡也今天下莫爲義，則子如勸我者也，何故止我。』

這種『努力主義』卽爲『向前要求』的適例，也可以說是西洋人生的適例。最重要的，就是墨子主張功利主義的人生觀也與孔家不同。兼愛下云：『用而不可，雖我亦將非之且焉有善而不可用者。」他處處要有所爲而爲，處處要以「中國家百姓人民之利」爲標準處處要問一個「爲什麼，」這種看重功利的人生觀，是一種計較算帳的理智的人生觀，因與中國思想的精神不合，怪不得不久中絕許多考證家竟可牽強附會否認其爲中國人了。

最後說到孔家的人生態度，則既不是『向前要求，』也不是『向後要求，』因爲『向前』『向後』都是出於理智的計較利害。佛老爲要逃避生活，逃避君臣夫婦，這是一種消極的計較西洋墨子因處處要找用處，把人生打成手段目的兩截，而努力去到達他，這是一種積極的計較。但在孔家，則根本不從理智的計較利害入手，自始卽以生活的本身爲生活之最高標準，換言之，生活卽是生活着很甜美地生活着。生活是以自己爲目標的，所以『反身而求萬物皆備自成自道，乃爲大樂』（王龍谿集卷十二語）無往而自得，卽無往而不快樂，所謂『樂天知命故不憂；』所謂『安土敦乎仁故能愛；』所謂『天行健君子以自強不息；』都是形容這種以『生活爲本位』的人生態度。卽是「仁」字，人生不是別的，就是這一點「情」——他叫做「仁。」所以給人生下一定義道：

『仁者人也。』（中庸）

又孟子說：

「仁也者人也。」

懂得這個「仁」字，卽能懂得這個「人」字，似此把「仁」來講明「人」是什麼，人的生活就好似加了千斤力量。仁卽是人生，人生卽是這點「仁」。論語問管仲曰人也，阮元論仁篇以爲此直以人也爲仁也，然仁是從相人偶那「愛」上求之，所以仁卽是愛，周子通書「愛曰仁」，論語樊遲問仁子曰愛人。愛便不可不解放小我那狹隘的空虛的執着的小我。所以論語孔子對顏淵說：

「克己復禮爲仁，一日克己復禮天下歸仁焉。」

「仁」就是凍解冰釋的人生，自我解放了的人生，克己就是無我，無我就渾然天下一體了。所以說「天下歸仁」，歸仁卽是所以復吾渾然天地萬物一體的生命之流，這時眞我湧現，自然是如孟子所說：「所過者化，所存者神，上下與天地同流」的境界了。

（第三）從社會論上觀察

我們爲說明的便利起見，可再分爲三面觀察，卽從政治、法律、經濟之三方面來觀察孔、老、墨三家之異同。

（一）從政治論上觀察

大概從政治論上觀察，凡接近宗教者，傾向於「無治」或「消極的政治」；凡接近科學者，傾向於「法治」或「積極的政治。」只有哲學家，纔主張「人治」或「德治主義。」因爲宗教是解脫的知識，所理想的是天上的極樂國，不是人間的政治組織，所以印度爲宗教國，而印度的歷史，卽不是組織能力以備攻守的歷史；自古印度賢哲的企圖，都不在於征服世界，而在於實現解脫的眞理。印度的思想是『無國和地域的限制的，』所以印度文化之不談政治，卽是一種『無治主義』的精神。在中國則老莊的烏托邦，以較佛教的「極樂國」，可說已經傾向現實多了。西洋的政治主義，則傾向於法治或積極的政治。西洋爲科學文化的適例，同時也是德謨克拉西文化的適例。從前有人在新青年雜誌提倡擁護德（Democracy）塞（Science）兩先生，梁漱冥先生指出德、塞兩先生正是西洋文化之兩種特點，是互相關係的。西洋隨便一樁事件，都寓有這種精神。如他的政治是德謨克拉西的政治，也是科學的政治。這是很對的。在中國只有墨子接近西洋之科學文化，也只有墨子以後的別墨，接近于西洋之德謨克拉西的政治。至於孔家的政治思想，則完全爲中國文化的產物。他是爲着人類生活的根本精神，而要求『萬人的安樂』的。要使「老有所終，壯有所用，幼有所長」，這是「有爲的政治」，但和刑名法術之治又大不同。孔家估定政治價值的標準，是「仁」之一字，是自然法則，是把人格條件代替刑名法術的條件，所以在這種政治理想實現之下，一定大家生趣盎然，互以眞情相見，各盡所能，各取所需，這是何等的一箇眞情洋溢的「好政治」呀！孫中山先生說得好：『中國沒有的東西是科學，不是政治哲學。至於講到政治哲學的眞諦，歐洲人還要求之於中國』；這種中國特有的政治哲學，當然是以孔家爲代表的。現在試再將三家政治思想，比較一下：

先說老家的政治觀。老家主張『無爲』，老子說：

『以輔萬物之自然而莫敢爲』（六十四章）

『爲者敗之，執者失之。』

一切有爲都是罪惡的源泉，一切文化文明乃至法律政府，也都是罪惡的結果所以最好就是把政治文物都一掃而空使人們復歸到自然無爲的狀態，這就是老子的目的了。莊子應帝王篇更設一個譬喻來證明有爲的害處，馬蹄胠篋更主張破壞一切而想像他至德無爲的理想的政治。由他看來，只有『無治』的治纔不失掉人的本性，而後世之所以使人失掉本性的，有兩個東西，一個是「仁義聖智」一個是「政治賞罰，」而最可痛恨的就是那些聖人不但不足以治天下，且以亂天下，所以莊子主張破壞一切屢屢說：『絕聖棄智而天下大治。』『天下脊脊大亂，罪在攖人心。』（在宥）自有聖智出來，就有了許多人造的道德法律，就設立了家庭國家的種種組織；但這些道德法律，這些組織，那一個不是有爲的結果，那一個不和人心反背因此最好的是不要管他。故說：

『聞在宥天下，不聞治天下也。在之也者，恐天下之淫其性也；宥之也者，恐天下之遷其德也。天下不淫其性，不遷其德，有治天下者哉。』

「在宥」就是任人民絕對的自由的意思，這種理想實現起來，不但沒有國家，並且沒有社會。老子有一段文字，描寫他理想中的天下：

『小國寡民使有什伯之器而不用；使民重死而不遠徙。雖有舟輿，無所乘之；雖有甲兵，無所陳之；使人復結繩而用之。甘其食，美其服，安其居，樂其俗，鄰國相望，雞犬之聲相聞，民至老死不相往來。』（八十章）

這種理想的世界，在列子黃帝篇就變成很具體的『華胥國』了。然在老列時代，還是一種烏托邦的思想，而在莊子書中卻竟然認作已經在太古實現的事實了！莊子所理想的社會，就是『至德之世』他的政治，就是要復歸於『至德之世。』天地篇說：

『至德之世，不尙賢，不使能，上如標枝，民如野鹿，端正而不知以爲義，相愛而不知以爲仁，實而不知以爲忠，當而不知以爲信，蠢動而相使，不以爲賜，是故行而無迹，事而無傳。』

這是很激烈的無政府主義了。但和近代巴枯寧、克魯泡特金的無政府主義、絕不相同，現代的無政府主義，把社會上的種種罪惡，都歸到「政府」「資本家」身上，這仍然是西洋科學的結論，而老家則更進一層，把罪惡歸於有知識以來，以爲政府尙是知識的產物，有爲的結果，我們卻要根本上，取消知識，這就很近於印度宗教家之一般說法了。

次述墨家的政治觀，墨子本身雖不脫於「神權政治，」但他實爲別墨法治思想的萌芽，把別墨和墨子比較，墨子的政治是從上而下的，別墨卻是從下而上的。梁啓起先秦政治思想史將他的政治學說來附會到歐洲初期的民約論，這當然是一重大錯誤，但依馮友蘭中國哲學史（上册頁一二七——一二九）則以之與霍布士(Thomas Hobbes)相比擬，以爲其所說極爲相似。實則墨子的政治不過開明專制的「神權政治，」如分政治爲許多階級：

天——天子——國君——鄉長——里長——里之百姓

這種從上而下的政治論，到了別墨卻變成了盧梭式的民約論了。換句話說，就是墨子的「神權政治，」到了別墨時代，就起了一個反動而傾向於『平民政治』了！墨經下：

『取下以求上也說在澤。』（經說下）取高下以善不善爲度，不若山澤。取下善於取上，下所請上也，』

這一段分明是批評墨子政治以天子國君的善惡爲標準，是靠不住的，反不如山澤之高下，一任自然，但也不是不取上，不過要『取下以求上』要這個「上」是從「下」推出來的罷了。所以別墨論國家的起源，倒和盧梭的民約論有些相似。經上說：

君臣萌（氓）通約也。（經說上）君以約名者也。

最初由人民相約立一個首長，叫做「君」，所以說『君以約民者也。』既有了首長，同時就設有法律，而這些法律都是爲着保護人民的，所以說『功利民也。』然人民既立首長，便應該一致去尊崇他，所以人民有忠君的義務，君是首長，忠是什麼呢？墨經上說：

忠以爲利而強低也。（經說上）忠不利弱子亥足將入止容。

這條經說不大可解，大概意思是說人民既立一個首長，這首長便能利益人民，所以人民也應該因國家的利益，去尊敬他，服從他，這就很近於德謨克拉西政治之一般說法了。

由上老家偏於『無治』，墨家偏於『法治』，孔家則對於『無治』『法治』二者，似均採取他的好處，而沒有牠的壞處。孔家的政治，是以人性爲基礎的，可以說是『人治』或『德治主義。』因爲看重『人治』，所以對於反人性的統治制度，加以反對，而主張『無爲而治。』論語子路篇：『今之從政者何如？子曰噫！斗筲之人，何足算也。』

（斗筲以今語釋之卽飯桶是也）似乎完全無政府主義的口吻了，但又不然，他所說『無爲而治，』祇是如阮元釋順篇所解釋似的：

『聖人治天下萬世不別立法術，但以天下人情順逆敍而行之而已。』所以爲政篇：

『或謂孔子曰：子奚不爲政，子曰書云孝乎惟孝友于兄弟，施於有政，是以爲政，奚其爲爲政。』

又顏淵篇『季康子問政於孔子，孔子對曰政者正也子帥以正，孰敢不正。』又禮記仲尼燕居篇『子張問政，子曰君子明乎禮樂舉而錯之而已。』中庸說：『君子篤恭而天下平，』孟子說：『君子之守，修其身而天下平，』這都是無爲而治的注腳，當然和道家主張的『無治主義』不同。

孔家似亦看重法治，梁啓超先秦政治思想史中有一章專述儒家的『民本的思想，』舉民本思想之見於書經、國語、左傳者爲證，實際卽在大學孟子中亦隨處可見。如：

『民之所好好之，民之所惡惡之，此之謂民之父母。（大學）』

『天視自我民視，天聽自我民聽。（孟子萬章上引大誓）』

『國人皆曰賢，然後察之，……國人皆曰不可，然後察之。』（孟子）

似乎完全別墨之法治主義論了，但又不然。梁啓超曾說過法家和儒家的分別，『法家重權而不重民，儒家重民而不重權，』孔家政治的出發點，爲「人性，」禮運大學中庸樂記均以好惡兩端來解釋人性，明王龍谿說得好：『大學之道，在明明德，而其功正在親民上用。親者萬物一體之謂，其幾不出於好惡兩端，民好好之，民惡惡之。』（全集卷十二）所以『民好好之，民惡惡之；』正是中國政治的傳統精神。日講禮記解義（卷三十五）所謂：『聖人

「人治，」不是「法治；」衹是「德治，」不是「法治。」如論語：「子曰民可使由之，不可使知之。」皇侃義疏引論語張氏注（晉張憑撰）：「爲政以德，則各得其性，天下日用而不知，故曰可使由之；若爲政以刑，則防民之爲奸，民知其防而爲奸彌巧，故曰不可使知之。言爲政當以德，民由之而已，不可用刑，民知其術也。」這就是「重民而不重權」的鐵證，當然和西洋文化之法治主義不同了。

老家的「無治，」要「絕仁棄義；」孔家的「無爲而治，」則爲「仁義之擴充。」墨家的「法治，」要「取下以求上，」孔家的民治則有他特別的一種政治主張，卽是「德治，」或「人生的政治。」因爲政治這個東西的神髓，由孔家看來，乃不過爲節制人情而設之「道德的政治」——哲學的政治，所以論語爲政篇：——

「子曰爲政以德，譬如北辰居其所而衆星共之。」

「子曰導之以政，齊之以刑，民免而無恥；導之以德，齊之以禮，有恥且格。」

這種特殊的哲學的政治，就是中國古時很好的政治哲學。孫中山先生說：「中國有一段最有系統的政治哲學，在外國的大政治家還沒有見到，還沒有說到那樣清楚的，就是大學中所說的格物致知誠意正心修身齊家治國平天下那一段話。把一個人從內發揚到外，由一個人的內部做起，推到平天下止，像這樣精微開展的理論，無論外國甚麼政治哲學家都沒有見到，都沒有說出，這就是我們政治哲學的智識中獨有的寶貝，是應該要保存的。」（民族主義第六講）這種正心誠意修身齊家治國平天下的道理，卽是道德的政治，也就是哲學的政治。到了天下半的時候，這種哲學的政治完全實現，是什麼景象呢？我最好引禮運大同爲證。因爲禮記孔本禮運大同有錯簡，故將這一段和孔子家語禮運比較錄之如下：

孔子家語禮運第三十一

孔子曰昔大道之行，與三代之英，吾未之逮而有記焉。大道之行，天下爲公，選賢與能，講信修睦，故人不獨親其親，不獨子其子，老有所終，壯有所用，矜寡孤疾皆有所養。貨惡其棄於地，不必藏於己，力惡其不出於身，不必爲人。是以姦謀閉而弗興，盜竊亂賊不作，故外戶而不閉，謂之大同。今大道既隱，天下爲家，各親其親，各子其子，貨則爲己，力則爲人。大人世及以爲常，城郭溝池以爲固，禹湯文武成王周公由此而選，未有不謹於禮。禮之所與，與天地並，如有不由禮而在位者，則以爲殃。

禮記孔本禮運第九

孔子曰大道之行也，與三代之英，丘未之逮而有志焉。大道之行，天下爲公，選賢與能，講信修睦，故人不獨親其親，不獨子其子，使老有所終，壯有所用，幼有所長，矜寡孤獨廢疾者，皆有所養。男有分，女有歸。貨惡其棄於地也，不必藏於己，力惡其不出於身也，不必爲己。是故謀閉而不興，盜竊亂賊而不作，故外戶而不閉，是謂大同。今大道既隱，天下爲家，各親其親，各子其子，貨力爲己，大人世及以爲禮，城郭溝池以爲固，禮義以爲紀，以正君臣，以篤父子，以睦兄弟，以和夫婦，以設制度，以立田里，以賢勇知，以功爲己。故謀用是作，而兵由此起。禹湯文武成王周公由此其選也，此六君子者未有不謹於禮者也，以著其義，以考其信，著有過，刑仁講讓，示民有常。如有不由此者，在執者去，衆以爲殃，是謂小康。

把這兩段比看一下，就知道家語無「小康」二字，卻有「禮之所與」以下二十一字，可見禮記之誤。這種比較的研究法在淸代日講禮記解義（卷二十四）禮記義疏（卷三十）已發其端，姜兆錫的禮記章句，任啓運的禮記章句（卷九之二）杭世駿的續禮記集說（卷三十九案語）發揮得更爲透澈他們都主張把家語來參定原文，根本取消「大同」「小康」之別，這是很對很對的。如云大道廢棄然後禮興我們翻遍十三經也沒見同樣的論潮。依照禮運原文應該大道之行禮義沛然這纔是大同的眞氣象哲學政治的眞精神所以說：「講信修睦，尙辭讓去爭鬪舍禮何以治之？」可見大同社會沒有禮是不行的，卽不幸當平和的社會破裂以後尙有禹湯文武周公爲三代的英選能夠在紛亂當中寓大同的思想，弦歌揖讓以風化天下，還正是孔子所「有志未逮」的，何嘗有輕視六君子的意思至於疑到大同之說本於老子，則請睜眼看看老子有沒有這種「選賢與能」的思想？老子三章「不尙賢使民不爭；」十九章「絕聖棄智，」這不是分明相反的？我們再把大同一段和老子八十章比較一下，如果「民至老死不相往來，」還用得着「講信修睦？」「使民有什伯之器而不用，」那末「貨惡其棄於地，」還成何話說？老子的社會，要「使民無知無欲；」（三章）是一種無治主義；大同的社會，要使「老有所終，壯有所用」是一種人治主義這個分別很大。人治主義是中國政治的傳統精神，把一個人從內發揚到外，從正心誠意以至於天下平——大同世界，『這是我們政治哲學的智識中獨有的寶貝是應該保存的。』

（二）從法律論上觀察

就法律來說，法律這個東西的神髓，在各時代各地方，都不過是代表一種階級社會的，如以中、印、歐而論：

（一）印度——宗教階級社會——法律是「神力」的代表：

(二)中國——哲學階級社會——法律是「抽象力」的代表；

(三)西洋——經濟階級社會——法律是「貨幣力」的代表。

印度有所謂「Caste」，就是宗教的儀式的階級制，是以婆羅門爲支配階級，以武士，平民，奴隸爲被支配階級，兩者之間實行階級的隔絕不許一階級和他階級相會食或通婚，在這裏法律可以說是擁護神官階級的婆羅門的。中國古代雖有「天子，」以天子執行天意似也注意「神力」了，都是中國的「天子，」實含有哲學的意味，所謂「作之君作之師，」君師合一的「天子，」仍然祇是士大夫階級卽哲學階級社會的最高領袖，中國社會向來分爲士農工商，以士大夫爲支配階級，農工商爲被支配階級，法律卽爲被支配階級而設。所謂「禮不下庶人，刑不上大夫；」（曲禮）凡爲士大夫者，卽不受刑律制裁，而以禮治之。所謂禮，卽是貴賤尊卑之理，在這裏法律又可以說是「抽象力」的代表了。西洋爲科學的經濟的階級社會，牠的歷史自始卽爲經濟的階級鬬爭的歷史。牠們社會階級，是由經濟力卽貨幣所有額之多少而規定的，所謂資產階級與無產階級之分，已不是什麼貴賤尊卑之理，而是貧富之差別。因此所以西洋的法律，也是所以擁護資產階級的，他們利用法律來鞏固其經濟勢力，並拿來鎮壓無產階級，在這裏法律又可以說就是貨幣力的代表了。

由上所述便知法律也祇是一種文化現象，各種法律卽有特殊的文化生活。印度爲宗教文化，故印度法律卽爲宗教法律——所謂「戒律」代表印度經典的修多羅（Sūtra）可分爲（一）聞經（二）家經與（三）法經三種，前者爲儀式的經書，「法經卽是印度律令中最古的文獻，但是對於俗事的律令僅有簡單而且局部的敍述，專注全力於宗教的戒法，如吠陀學徒及家主的本務禁斷的食物諸種懺悔滅罪法等。』（印度古代文化頁一八四，）佛教本包含戒、定、慧之三方面，戒卽戒律，如十誦律、僧祇律、四分律、五分律等戒律，均極森嚴，我們讀梵網經便可完全知道。然此種均爲『宗教的法律，』而非『法律的法律。』就中國孔、老、墨三家來說道家接近印度文化，何嘗不是如此。道家不主張人造的法律，以爲：

『常有司殺者殺，夫代司殺者殺是謂代大匠斲；夫代大匠斲者，希有不傷其手矣。』（七十四章）

『法令滋章，盜賊多有。』（五十七章）

但他卻承認『天』是『司殺者，』所謂

『天之所惡，孰知其故。』（七十三章）

『天網恢恢，疏而不失。』（七十三章）

這雖和印度宗教的法律不同，而帶有一些哲學的意味；但其以『天力』爲法律的主宰，這一點不能不說是很接近了。至於以後道家變爲道教，修仙鍊丹，一樣戒律森嚴，更不消說了。

西洋文化爲科學的文化，故西洋「法」的觀念，亦注重「法」與「物」的關係。法律包含社會規範的意義，和強制規範的意義，同時法律也成功爲一種有系統有組織的科學。以中國古代三家哲學相比擬，祇有墨家較爲接近。墨家的「法」的觀念，卽是「規範」的「法」。墨子法儀篇說：

『天下從事者，不可以無法儀。……雖至百工從事者，亦皆有法。百工爲方以矩，爲圓以規，直以繩，正以縣，無巧工不巧工皆以此四者爲法。』

別墨更明白了，墨經上說：

法所若而然也。佴所然也。（經說上）佴所然也者，民若法也。

佴字解作副字。『佴所然也者民若法也』的話，胡適之解釋『譬如摹搨碑帖，原碑是法，搨本是佴是副，此處便是指這一種齊一百姓的法度。』（中國哲學史大綱頁三百六十七）因有法律，即有賞罰，經上說：

賞：上報下之功也。罰：上報下之罪也。

罪：犯禁也。

事實上墨者鉅子腹䵍，也曾對秦惠王說過『墨子之法，殺人者死，傷人者刑，所以禁傷人也。』可見墨家法律的理想和實際，均爲法家思想的源泉。尹文子所謂：『法有四品，一曰不變之法，君臣上下是也。二曰齊俗之法，能鄙同異是也。三曰治衆之法，慶賞刑罰是也。四曰平準之法，律度權衡是也。』韓非子所謂：『法者憲令著於官府，刑罰必於民心，賞存乎愼法，而罰加乎姦令者也。』走到極端，而法家的法律，便漸漸和中國文化背道而馳了。

但是道家的『無法』，墨家的『治法』，均不足爲中國文化的代表，而眞正代表中國法理學的，卻只有孔家之『禮法』的觀念。孟德斯鳩（Montesquieu）法意第十九卷第十六十七章說及中國特別的治術，他說：

『支那之聖賢人，其立一王之法度也，所最重之祈嚮曰：惟吾國安且治而已。夫如是，故欲其民之相敬，知其身之倚於社會，而交於國人者，有不容己之義務也，則禮儀三百，威儀三千，從而起矣。』（第十六章）

『而支那政家所爲，尙不止此。彼方合宗教法典儀文習俗四者於一爐而冶之，凡此皆民之行誼也，皆民之道德也。總是四者之科條，而一言以括之曰禮。使上下由禮而無違，斯政府之治定，斯政府之功成矣。此其大經也。幼而學之，學於是也，壯而行之，行於是也。教之以一國之師儒，督之以一國之官宰，舉民生所日用常行一切不外於是道，使爲上者能得此於其民，斯支那之治爲極盛』（第十七章嚴又陵譯）

孟氏所謂『融合宗教法典儀文習俗而爲一』的『禮』，即是我們所謂『哲學的法律，』這種『哲學的法律』觀念，是孔家之一大提倡，也是中國文化的精華所萃。禮運篇說『禹、湯、文、武、成王、周公未有不謹於禮；』『禮之所興與天地並，如有不由禮而在位者，則以爲殃；』這是何等明白說出中國文化的傳統精神。論語里仁篇『能以禮讓爲國乎何有，不能以禮讓爲國，如禮何。』又禮記哀公問篇『古之爲政，愛人爲大，所以治愛人禮爲大，所以治；……故爲政先乎禮，禮其政之本歟。』周禮春官『三曰禮典以和邦國，以諧萬民。』王昭禹周禮詳解（卷一）注云：『不乖之謂和，合而和之之謂諧。禮典頒之於邦國，燦然有文以相接，懽然有恩以相愛，則不乖而和矣，故曰以和邦國。施之於萬民，則非特和之，又合而諧之，故曰以諧萬民。』孔家就是認人性根柢的諧和的管理——哲學法律的管理，至於詳細情形，當然不是這裏所能詳說的了。

總而言之，就法律來說，孔、老、墨三家的學說不同，老家接近印度之宗教的法律，墨家接近西洋之科學的法律，祇有孔家纔是中國法律文化之代表，可用以代表中國法律思想之傳統精神的。

（三）從經濟論上觀察

再就經濟來說，依文化社會學來解釋，則中國、印度、西洋實代表三種不同之經濟類型，即是：

印度——宗教的經濟社會

中國——哲學的經濟社會

西洋——科學的經濟社會

以主要之生產形態言之：

印度——農業社會

中國——農工業社會

西洋——工業社會

以生產力之標準言之：

印度——自然力（土地生產力）

中國——人力（勞動生產力）

西洋——物力（機械生產力）

以重要之生產要素言之：

印度——自然

中國——勞力

西洋——資本

以經濟之心理形態言之：

印度——絕欲論

中國——節欲論

西洋——利欲論

在古代印度則「富」之思想，尚未發生；在中國「富」之思想發生，但有限制，即爲生活而求富，但在西洋則爲富而求富了。詳細的解釋，且待將來，現在所要說的，乃是中國之『哲學的經濟社會』。先說中國經濟社會之生產要素——勞力和印度比較，印度靠天吃飯，天生近於怠惰，中國則重「勞力」，孟德斯鳩法意第十四卷第五章，曾經指出：『中國聖人爲民立法，極意使之爲勤。』又第八章稱道中國善政，說及『歷代帝王皆有籍田親耕之禮。時節既至，有司奏儀，帝躬執耒而三推之。其所爲隆重若此者，示食爲民天，穀爲食主，所以勗迪國男子，知力田也。』大概中國經濟社會以「勞力」爲生產要素，是沒有可疑的了。

次論中國經濟之生產形態，爲農工業社會。原來中國正統經濟思想，實兼重農工，即爲農工業社會之一反映，以孔、老、墨三家言之：

老家——接近印度之宗教文化——重農

孔家——代表中國之哲學文化——重農工

墨家——接近西洋之科學文化——重工

老家主張絕欲，要「見素抱樸，少私寡欲，」（老子十九章）實與印度之文化相通。老子反對物質文明，說：「服文采，帶利劍，厭飲食，財貨有餘，是謂盜竽」（五十三章）「五色令人目盲，五音令人耳聾，五味令人口爽，馳騁田獵令人心發狂，難得之貨令人行妨。」（十二章）又一面說：「天下有道，卻走馬以糞；」（四十六章）「民之饑，以其上食稅之多，是以饑」（七十五章）這都是很明白地重農輕工的意思。他理想的社會也不過：「小國寡民，使民有什伯之器而不用，使民重死而不遠徙。雖有舟輿，無所乘之；雖有甲兵，無所陳之。使人復結繩而用之。甘其食，美其服，安其居，樂其俗，鄰國相望，雞犬之聲相聞，民至老死不相往來。」（八十章）這樣印度式的「農村公社」的模型罷了。莊子理想中的世界也一樣，是「無欲無求」底「至德之世，」他咀咒物質文明很激烈，以為只有農業社會纔是理想的社會：「彼民有常性，織而衣，耕而食，是謂同德，一而不黨，是曰天放；」祇有吃得飽飽地「翛然而往，翛然而來，」就什麼也用不着了。

墨家主張利欲論，其中論「利」之意義，墨子書中隨處可見。如：「兼相愛，交相利，」（兼愛篇中下）又「示之以利，是以終身不厭。」（節用篇）他雖主張「節用」「節葬」「非樂」而不接近於印度之宗教的經濟文化；雖反對有害他人財力的欲望，卻主張滿足維持生活之欲望。他雖重農，卻更重工，屢屢言及舟車之利，紡績之業，與守禦之術。其重工的旁證很多，如：

「墨子為木鳶，三年乃成，蜚一日而敗。弟子曰：先生之巧，至能使木鳶飛。墨子曰：不如為車輗者巧也。用咫尺之木，不費一朝之事而引三十石之任，致遠力多，久於歲數。今我爲鳶，三年成，蜚一日而敗。』（韓非子右經）『夫班輸之雲梯，墨子之飛鳶，自謂能之極也。弟子東門賈禽滑釐聞以偃師之巧，告於二子，二子終身不敢語藝，而時執規矩焉。』（列子湯問篇）

我們注意墨經六篇中有許多論算學論幾何，論光學，論力學的話，更注意及自修城門以下至雜守共十一篇，論守城備敵的方法，我們不能不說墨家對於科學的興趣，工藝的學識，在中國古代思想中，可算首屈一指了。

就中孔家一向爲人誤認爲重農派，實則易繫周禮均兼重農工，中庸『來百工則財用足』一語，尤爲明顯。中國美術工藝如陶磁雕漆絲織品建築，均不落人後，即因這個原故。蓋哲學的經濟文化，其妙處即在不着一邊，將農工兩項並行發展——辯證法的發展，而中國社會基礎，即於此樹立也。尙書洪範八政有「食」「貨」兩項，最可代表中國之經濟社會，一方面重「食」，一方面重「貨」，即一方重「農」，一方重「工」，可以說再明白也沒有了。

孔家經濟思想，既不同於印度文化之絕欲論，又不同於西洋文化之利欲論，他是主張「寡欲論」即「節欲論」的。孟子『養心莫善於寡欲，』最可代表此一派的主張。論語述而篇『富而可求也，雖執鞭之士，我亦爲之；如不可求，從吾所好。』李光地解釋道：『可知聖人非輕富貴也，決於義之可不可也。』這種以「理」制「欲」的態度，見「利」思「義」的態度，正是孔家哲學經濟思想之一個注脚。因爲主張絕欲論的，必傾向重農派；主張利欲論的，必傾向於重工派，那麽主張自爲調和持中的寡欲論，應該是農工兼重的一派了。所以孔家一方面既提倡

「足食足兵」的重農政策，要做到孟子盡心下所謂『使有菽粟如水火』；一方面又提倡『貨惡其棄於地』的重工政策。所以繫辭歷舉諸卦，如庖犧氏作結繩而爲罔罟；神農氏斲木爲耜，揉木爲耒，黃帝堯舜刳木爲舟，剡木爲楫；又斷木爲杵，掘地爲臼。凡能夠製造器具和發明物品的，都認爲有聖人的資格，所謂：『備物致用，立成器以爲利，莫大乎聖人』。便是最明顯的學說，就是中庸：

『來百工則財用足。』

『日省月試，既廩稱事，所以勸百工也。』

孟子重農，在盡心篇中力讚文王之設施農政，西伯之善養老，但也不曾忘卻論及接近輪輿的功效。至於周禮考工記所謂『知者創物，巧者述之，百工之事皆聖人之作也。爍金以爲及，凝土以爲器，作車以行陸，作舟以行水，此皆聖人之所作也。』其所列攻木之工七，攻金之工六，攻皮之工五，設色之工五，刮摩之工五，搏埴之工二，大抵都是美術的工藝。這種美的生產品，必經認爲優美的東西纔可以拿得出來。禮記王制『用器不中度，不粥於市；布帛精粗不中度，廣狹不中量，不粥於市』。考工記：『凡陶旊之事，髻墾薜暴不入市。』陶工如此，所以後世「陶成雅器，有素肌玉骨之象。』（明宋應星陶埏說）至於英文 China 之義等於 Porcelain （瓷器）可見這種美的工藝的眞價値，和中國經濟兼重農工之特色了。

總而言之，中國經濟思想雖有孔、老、墨三家之不同，但老近於印度，以農業的經濟社會爲理想，墨近於西洋，以工業的經濟社會爲理想，祇有孔家纔是中國經濟文化之代表，而兼重農工。兼重農工，可以說是中國經濟之傳統的精神。

以上用歷史的比較的方法，述中國思想之三大派竟，總結起來，無論從方法論上，宇宙論上，人生論上，社會論上去觀察，都很明白指示我們，中國文化之根本爲哲學思想，中國哲學雖有孔、老、墨三家之不同，然而三家之中，老爲宗教型，接近印度之宗教文化，但非中國哲學之代表。墨爲科學型，接近西洋之科學文化，但亦不足代表中國哲學。只有孔家纔是哲學型的適例，纔可完全代表中國哲學，而爲中國思想之基本類型。就是現在我講「中國思想對於歐洲文化之影響」，當然也是指着孔家哲學而言的。

德人賴赫淮恩（Adolf Reichwein）在『中國與歐洲：十八世紀之智的與藝術的接觸』的序言裏，即述及從前歐洲所受中國思想之影響，顯然可分兩派，一派受孔子人生哲學的影響，所崇拜的是中國的道德政治，一派是老子學說的影響，所崇拜的是老子的無爲學說。二十世紀可算中、歐文化第二個接觸的時期了，歐戰以後，一部分歐洲青年把老子和托爾斯泰、盧梭同認爲歡迎的目標，老子道德經竟有許多譯本。但是這種現象，由賴赫淮恩看來，已是變態的，暫時的，甚至於反動的。歐洲所受中國的影響，早已過去了，在過去中，仍然是以十八世紀之崇拜孔子爲最熱烈，由歐洲人的眼光看來，可以代表中國文化的，原來祇有孔家哲學，而不是「曇花一現」的老子，至於墨家哲學，因和歐洲文化太接近了，反而沒有意味，因亦沒有什麼影響。由此旁證，亦可證明了中國思想之根本爲孔家哲學，祇有孔家哲學，纔是中國的文化生命。我們現在應該注意的，即這中國的文化生命，在世界文化史上的地位如何？他在過去曾發生了怎樣的歷史作用？這就是我現在所要提出的一個新題目了。

二　宋儒理學傳入歐洲之影響（演說辭）

（一）

這個問題，從沒有人討論過，我現在祇提出幾個要點來說。

在「文化哲學」一書，我得到一個很重要的結論，就是從文化的類型來講，中國是哲學文化的代表，西洋是科學文化的代表。從文化的接觸來講，則此兩種文化實互相影響。中國文化史之第三時期——科學時期，是受西洋文化的影響；西洋文化史之第二時期——哲學時期即十八世紀，是受中國文化的影響。

現在，再從客觀的歷史事實來證明這個結論，而且特別證明了宋儒理學對於歐洲文化劃時代的影響。

十八世紀的歐洲，法國啓明主義者達隆培爾（D' Alembert）曾稱之爲哲學時代，德史家士羅塞（F. C. Schlosser）著「十八世紀史」稱之爲哲學時代和啓明時代。因爲這時代文化的特點，是想以哲學的文化，來推翻中世紀的宗教文化，也就是想以理性的權威來代替上帝的權威。因此，在這個時期，大家都非常尊重理性，尊重自由應用理性的批評，而稱之爲理性時期。在歷史上最明顯的表現，可從兩方面觀察出來；

一、法國的理性派，從笛卡兒（Descartes）開始，經過百科全書派之唯物論無神論，影響到法國革命。

二、德國古典哲學，從來布尼茲（Leibniz）吳爾夫（Wolff）到康德（Kant）菲希特（Fichte）與黑格爾

(Hegel)之觀念論的哲學影響到精神革命。

法國泰納(Taine)曾有一段妙文，描寫法國革命時代雅各賓黨的新教綱領，是一種「哲學的宗教」他們宣言「在今日以前一切都受宗教的管轄，今日以後卻是理性管轄的時代了。我們同志都是百科全書派的信徒，我們尊重理性，而以之爲一種宗教，從前的宗教時代已告一結束，我們應用此哲學的宗教，卽理性的光明來爲歷史上開一新紀元。

把法國革命時代羅伯士比爾(Robespierre)和德國觀念論哲學比較一下，則如德國海涅(Heine)在他名著「德國宗教及哲學的歷史」裏所說：康德的「純粹理性批評」在思想界底偉大破壞，是遠過於羅伯士比爾的。法國革命判決了帝王貴族的死刑，德國哲學家則用那艱深的文字來反對宗教，以判決上帝的死刑。康德告訴我們，神只是一個虛構的觀念，當他做大學校長的時候，曾領導全校齊到教堂，他不肯進去，中途跑了，這可見他鄙視宗教的態度。從菲希特的「知識論」直至黑格爾的「歷史哲學」：都是看重理性過於宗教，菲希特的「知識論，」竟因無神論的事件而被人控告。黑格爾有一次對德國青年說「我們都是上帝，」批評家說他是以哲學上之「絕對，」來作上帝之代名詞的。

所以，我們可以說十八世紀的時代是哲學時代，就是理性時代。但我們要問：這個理性時代，是從那裏來的?問題的關鍵就在這裏。

我可以這樣說：在十八世紀時代，歐洲哲學思想的來源有二：一是希臘，一是中國。

不過，比較起來，在這兩個來源裏，中國思想的影響比希臘的爲大。在歐洲文藝復興時代，受希臘的文化影響較深，但到了啓明時代，希臘的影響已爲中國的文化所代替。雖然有一位傾心希臘文化的費內龍（Fénelon）提倡希臘來和中國文化對抗，而在當時所謂「歐洲的孔子」的魁斯奈（Quesnay）即持相反論潮，以爲希臘的文化，遠不如中國。甚至一八〇六年尚有人提倡希臘的宗教是受中國影響，可見中國文化這時比希臘來得更有力量了。

那末，理性的觀念從中國來的，還是從希臘來的呢？我可以肯定的說一句；是從中國來的。黑格爾在「歷史哲學」裏，說到理性支配世界可想起兩種形式，一是希臘哲學家之 Nous 支配宇宙說，一是宗教家對於神意的信仰說，但他反對這兩種形式，以爲兩者都不是「哲學的理性觀」，把它推翻了。而理性之「變化的範疇，」黑格爾以爲「這就是東方人所抱的一種思想，或許就是他們的最偉大的思想，他們的形而上學之最高的思想。」

十八世紀法國哲學是法國革命的預備，然而法國哲學如利維布律爾（Lévy-Bruhl）所說，卻是突起的，不是傳承的；那麽這種外來的文化影響是從那裏來呢？我的答案是從中國來的，尤其是從中國宋儒理學的影響來的。如說宋儒理學之影響，在德國古典哲學是當作「理神論」來接受，那末在法國百科全書派無疑乎是當作「無神論」來接受了。

（二）

我現在就從事實的基礎，來證明這個肯定。

我們知道從十六十七世紀以來，耶穌會士來中國傳教的結果，他們一面把歐洲科學文化傳到中國，一面把中國的哲學經典介紹到歐洲，他們爲什麼把它介紹到歐洲呢？他們想從那裏找出「天」「天主」「上帝」這些名詞，來附會基督的教義，以證明基督的義理和中國的完全相符。但這種思想傳至歐洲，卻引起歐洲教士們的反對，以爲中國所講的神和基督教所講的上帝根本不同，因而大加攻擊，這就是所謂「禮儀問題」的論爭。從一六四五年至一七四二年中間，實經過一百年之久，參加這次論爭的著述，依戈爾迭(H. Cordier)書目所列，共有二百六十二部之多，未發表的尙數百種。最可注意的，就在當時的宗教家，除耶穌會士以外，均注意中國哲學和歐洲的不同，中國哲學是無神論的，基督教是有神論的，而在一般知識階級，則卽以此不同於基督教之「理學」，來作他們啓明運動的大旗幟。

本來在華耶穌會士雖極力將原始孔家的思想與基督教相調和，但對於宋儒理學則處於批評的立場來攻擊，明末利瑪竇(Matteo Ricci)的「天主實義」，就是看重原始孔家思想，而對宋儒理學的「理」和「太極」加以嚴格的批評。其理由爲(一)理依於物說；(二)理無靈覺說；(三)理卑於人說。其實他著此書的目的，本來就是以宋代理學派的唯物主義傾向爲批評的對象的。

其次，龍華民 (Nicolaus Longobardi) 著「靈魂道體說」，力排道體太極之非。艾儒略 (Julius Aleni) 的「萬物眞原」和「三山論學紀」，也站在基督教的立場反對宋儒的理學。在「萬物眞原」裏說：「理不能造物」在「三山論學紀」裏說：「太極之說，總不外理氣二字，未嘗言其爲靈明知覺也。」「物物各具一太極，則太極豈非物之元質，與物同體者乎？」他以爲理就是法則有東西纔有法則。利類思（Ludovic Buglio）的「不得已辯」也極力主張「理不能生物。」湯若望（Adam Schall）的「主制羣徵」亦對於宋儒之太極陰陽諸說加以反駁。衞匡國（Martin Martini）的「眞主靈性理證」更根本推翻了宋儒的唯氣論。至一六七三年陸安德（P. And. Lobelli）著「眞福直指，」簡直只認太極不外是物質的元質，這還來得客氣一點，到了一六九七年比人衞方濟（François Noël）著「人罪至重，」竟指宋儒爲俗儒，其批評周子、張子說：「俗儒以生前安身，死後神散爲歸。」至一七五三年比人孫璋（P. A. de la Charme）著「性理眞詮，」共四册，爲耶教哲學中有數的書籍，他把儒家分爲原始孔家和宋儒，前者稱之先儒，後者稱之後儒，其對宋儒理氣二元說，攻擊不遺餘力。如卷二「總論太極，」「辨理非萬物之原，」「駁西銘萬物一體之說，」「辨性理諸書，」卷三「駁漢唐以來性理諸書之謬說」全書反覆論難，不厭其詳，在他看來理氣太極都不過卑陋的唯物主義。

總之，從一六零三年利瑪竇的「天主實義」到一七五三年孫璋的「性理眞詮，」他們都認宋儒理學是唯物論的無神論的，擁護原始孔家而攻擊宋儒。他們把中國思想傳到歐洲，不是想介紹宋儒理學，實在想將原始孔家傳進去以附會其教義。但歐洲一般學者，是不分別出那是宋儒的，那是原始孔家的，因此在接受始原孔家的時候，宋儒理學也夾帶着接受過去了。

宋儒思想傳入歐洲，可分兩方面來看：一是有意的接受，一是無意的接受。

有意的接受——（一）竺赫德（Du Halde）「中華帝國全誌」（一七三五年出版）第二卷介紹朱熹的

教育論，第三卷介紹中國近代一哲學者的世界起原說。(二)邵康節的六十四卦圓圖方位圖，及六十四卦次序圖，於一七零三年由白進（Bouvet）介紹到歐洲。(三)一八二六年在亞細亞時報第二十二册所載之「中國之創世論」中述及朱子。(四)狄德羅（Didoret）百科全書中關於「中國」一段講中國哲學小史自古代至明末。

無意的接受——比有意的接受影響更大。(一)「天主實錄」（有中文本與拉丁文本）以拉丁文本無意的傳入歐洲。(二)龍華民（Longobardi）他根本反對中國哲學，於一七零一年發表「關於中國宗教之幾個疑問」，由反對派譯成法文。(三)方濟各會士栗安當（Saint-Marie）於一七零一年發表「關於中國傳教事業之幾個要點的評論」也是以宋儒理學做攻擊的對象。

在這些著作裏，攻擊最烈的，要算龍華民，他說：「理」就是物質，中國的「天」就是物質的天，他們反對宋儒就是反對唯物論與無神論，這是宋儒理學的厄運，但一方面也可以說正是宋儒理學的幸運！

爲什麽呢？因爲哲學文化從宗教的見地來看，哲學不外是一種「異端」「外道」，從哲學上看，則此宗教所認爲異端之孔子，異端之理學，卻正是哲學的老祖宗。十八世紀歐洲的思想界，既爲反對宗教而主張哲學的時代，當然對此非宗教的中國哲學，要熱烈的歡迎它，提倡它，而這一百年來關於禮儀問題之論爭，即爲中國哲學西傳歐洲之唯一的機會。羅馬教皇所認爲無神論的唯物論的「中國哲學」，不幸因耶穌會士的媒介，而竟將此異端的學說傳入歐洲，幸而有此「異端」的學說，纔能給歐洲思想界以一大刺激，給歐洲思想界以「反基督教」「反神學」「反宗教」之學理基礎，因而形成了歐洲之哲學時代，但我更希望各位注意一點，這個時代，無論反對或歡迎中國哲學的人，都是以宋儒的「理氣二元說」來做對象。一方面有人認中國哲學爲唯物論無神論而加以攻擊，一方面卽有人承認了中國哲學爲唯物論無神論而大加歡迎。又一方面有人認中國哲學的「理氣說」爲異端外道，一方面卽有人擁護此「理神論」，而對於中國哲學加以新的解釋。前者之影響可以法國麥爾伯蘭基（Malebranche）之攻擊中國哲學爲例，後者之影響，可以德國來布尼茲（Leibniz）之擁護中國哲學爲例。前者的攻擊，其反響爲法國百科全書派之無神論的唯物論的哲學，後者的擁護，遂造成了德國觀念論的正統哲學。前者之影響爲法國之政治革命，後者之影響爲德國之精神革命。

（三）

現在先從法國說起，法國理性派的元祖笛卡兒（Descartes），他思想的來源雖得不到整個的事實來下結論，但我們總可以注意兩點：第一他一生總對於耶穌會派特別關心，第二他一生差不多都在荷蘭，全部著作差不多都是在荷蘭寫的。那時的荷蘭，和東方的貿易很盛，笛卡兒曾經說過在荷蘭常常看到各種船隻帶來印度的一切產品。（當時東方各國，通稱印度，言印度可包括中國及南洋羣島。）在他的名著「方法論」裏，也有幾段讚美中國的話，他說法國有聰明人，中國也有許多聰明人，最少中國人運用理智的能力，和法國的不相上下。

十七世紀法國哲學家的思想，都是自笛卡兒哲學來的，不過同在笛卡兒的信仰中，一方面有人希望將笛卡兒的哲學與正宗的教義相合，如巴斯噶（Pascal），一方面卻有人藉笛卡兒的名義，來提倡「無神論的社會」的假設，如貝爾（Bayle）這兩者最好的對照可在他們對于中國哲學所見的差別認識出來因為中國哲學在當時法國確是一種外來思想甚至於異端邪說所以擁護基督教的巴斯噶便不得不極力反對中國而在攻擊基督教的貝爾也自然而然拿中國的哲學做他有力攻擊的護身符了。

巴斯噶對於中國知識的來源是從在華耶穌會士衛匡國（Martini）「中國上古史」一書來的但他研究的結果，以為中國宗教和回教古代羅馬教一樣沒有價值但反一面來看中國思想的擁護者貝爾他雖會在科學的立場上，舉出中國人之占星學的迷信，但他一六九七年發表的「歷史的批評的辭典，」卻很分明地指出中國思想之為無神論的。最可注意的，就是他將中國人的理神論和斯賓諾莎（Spinoza）的泛神論相提並論，以為兩者均為無神論，而中國人之無神論尤為澈底，暗中即以中國思想來攻擊耶穌會士的立場。因為他的思想暗伏了反基督教的哲學，所以服爾德（Voltaire）特別佩服他稱他為「人類的驕子，」利維布律爾（Lévy-Bruhl）說「他的著作簡直成了十八世紀無信仰者之無窮的寶藏。」

再以直接繼承笛卡兒哲學的麥爾伯蘭基（Malebranche）來說，更容易明白了。他正當「禮儀問題」論爭很激烈的時候，一位主教由中國回到歐洲，慕麥氏哲學的大名，勸他著書立說來攻擊中國哲學而擁護天主教的教義。但我們把他在一七〇三年（一七〇八年？）所著「關於神的存在及其本質中國哲學者與基督教哲學者之對話」來看，很明白麥爾伯蘭基是以宋儒理學作中國哲學的對象來攻擊的。依他意思，中國哲學和基督教哲學的不同，即由於中國哲學所主張之「理，」和基督教所主張之「神」的不同。分開來說，是有三個要點：

第一、中國哲學之「理」，是永遠依存於物質之中而造成物質；又爲存於物質中之法則，此種「理」的觀念，實與基督教「神」之觀念不同。

第二、中國哲學者以爲「理」在物質之中因而確信物質之實在，基督教徒則信「神」與物質爲全然不同的存在，而物質則爲神所創造。

第三、基督教哲學主張「神」爲獨立的存在，反之中國哲學則否認「理」之獨立性，始終主張「理」不能在物質之外因物質而有。有物則有理，無物則無理，可見理爲無靈無覺者，與「神」之爲有靈覺者不同。

所以他的結論，以爲中國哲學卽是無神論，這當然是要給當時法國一般的知識階級，尤其是無神論者以很大的影響了。宋儒理學本有注重外物的傾向，如程伊川說：「凡眼前無非是物，物物皆有理；」朱晦菴說「天下未有無理之氣，亦未有無氣之理；」這就可見麥爾伯蘭基對於中國哲學的批評，決不是無的放矢，而中國哲學之所以在法國變成唯物論，變成革命的哲學來接受，麥爾伯蘭基的新解釋，是不能不負其一部分的責任的。

十八世紀法國重要的思想家如服爾德、盧梭 (Rousseau) 孟德斯鳩 (Montesquieu) 等，沒有一個不曾對於中國哲學有些接觸的關係，沒有一個不曾對於中國思想表示了一些意見，然而對於基督教尙有眞摯信仰的盧梭，自不能和更澈底的服爾德更能對中國的思想表同情。盧梭和服爾德兩人都是繼承貝爾 (Bayle) 反對當時正宗宗教的，可是兩人所受中國之影響，有正反之不同。盧梭在「學藝論」裏承認中國文明之古，但卽以中國爲例，來作他文明否定論之有力的例證；反之服爾德亦承認中國爲古國，卻以中國爲例，來說明眞正的有神教，他以爲「我們不能像中國人一樣這眞是大不幸」孟德斯鳩法意第二十四卷二十九章也以中國人爲無神論者，但他卻以爲無神論在中國很有許多好處。

十八世紀是服爾德的世紀，也是以中國哲學之「理」代替基督教之「神」的世紀。法國啓明運動之最大權威者服爾德無疑乎是一個理性論的信徒，反宗教的大將他讚美中國文化，認爲聖經以前的文化，且爲聖經以外的文化。他在中國發見了一個新的道德的與物質的世界，他是全盤華化論者，所以對於中國文化之各方面，——宗教、政治、教育、文學乃至於物質生活，均讚嘆不置。他著「風俗論」以反駁孟德斯鳩對於中國文化的批評，著「中國孤兒劇本」以宣揚中國道德，反駁盧梭的「文明不是幸福」的中國文化觀。他甚至以爲人類智慧不能想出比中國文化更偉大更優美的了。

但是使我們驚異的，就是當服爾德把中國的理性主義做根據，來攻擊正宗的宗教的時候，那更澈底的百科全書派，卻將中國的哲學一變而成無神論來讀了。百科全書派沒有人肯承認有一個全能的上帝，同樣沒有人不承認中國文化之眞價值。狄德羅（Diderot）在「百科全書字典」中承認中國民族所有的優點，且曾說及孔教的根本概念，即是「理性」。「同樣的主張在赫爾維修（Helvetius）書中亦可看得出來，又巴夫爾（Poivre）在『一個哲學家的旅行記』中更加讚美中國，他說：『若是中國的法律，變爲各民族的法律，地球上就成光華燦爛的世界。』至如重農學派之魁斯奈（Quesnay）號稱『歐洲的孔子，』他提倡中國哲學，以論語爲聖經；其弟子杜爾哥（Turgot）更以中國之重農主義爲基礎，實行改革。還有一部書名『中國間諜』是以中國文化鼓動法人來反抗政府的。

在此我們不應忘卻荷爾巴赫（d' Holbach）他雖爲德國人，但一生寄居巴黎，實居百科全書派之領袖地位，他把父親留下的許多遺產作法國知識界的思想運動。如赫爾維修、狄德羅、盧梭、格拉揶（Grimm）等人，均爲他的沙龍（客廳）中人物，——沙龍在那個時候實爲思想革命的大本營，——所以有人說，法國革命是發生於沙龍中，而尤其是先誕生於荷爾巴赫的沙龍中。以這樣富於革命思想的人物來提倡中國思想，當然影響再大也沒有了。他一七七〇年所著「自然之體系，」至今尚可稱爲「唯物論之聖書，」然而很有趣的，就是這一個反宗教文化的無神論者唯物論者，同時就是中國哲學的讚美者和謳歌者。他接近中國哲學，即因中國哲學是有非宗教的特質。一七七三年他著『社會之體系』一書，極力主張政治與道德的關係，極力讚美中國，以中國爲最好政治的模範，他引出很多的中國例子，尤其是在他『社會之體系』第二卷八十六頁以下得一結論，說「歐洲政府非學中國不可；」接着爲研究中國之便利起見，介紹了好些書籍，這就可見他所受中國思想的影響了。荷爾巴赫如此，由他所領導的法國百科全書派，亦幾乎沒有例外。

（四）

我們再來看看德國，德國思想受宋儒理學的影響，和法國不同。同在理學思想的影響之下，法國百科全書派當作無神論來接受，德國古典哲學派則當作理神論來接受。朗格（Lange）唯物論史不是有「德意志對唯物論之反動」一章嗎？他說十八世紀最初期的德國哲學，是來布尼茲（Leibniz）之「單子」說普及的時代，「單子」

好似物理學上的「元子」，然而因此也可以避免了唯物主義與無神論。所以我們要談德國的古典哲學，不得不先從來布尼茲的哲學說起。他很早就注意中國哲學，據哲學史家霍甫丁(Höffding)所說他研究孔子是始於一六七六年，據他自己說在一六八七年已讀過孔子傳，發見中國人以理爲神和自己的哲學很相合。一六八九年他在羅馬會見一位曾經留華多年的耶穌會士閔明我(Grimaldi)，一六九七年他匿名發表了一部「新中國」緒論之中主張溝通東西文化，以爲中國在實踐哲學方面比歐洲還要美滿得多。然而最重要的還是一七〇三年四月一日他從耶穌會士白進得到邵康節的六十四卦圓圖方位圖及六十四卦次序圖，驚喜之餘以爲他在一六七八年所發明之「二元算術」完全相合。現在德國漢諾威(Hannover)圖書館尚保存他討論易經的幾封信件，和上述六十四卦之中國木板圖，並由他親自加上號數說明，這就可見來氏所受中國哲學之重大的影響了。而且來布尼茲最有名的代表作『單子論』(Monadologie)，也是在一七一四年受了中國哲學影響以後纔出版的，怪不得他要那樣熱心來提倡中國的思想了。

來布尼茲和宋儒理學之關係，最明顯的證據就是給法國攝政眾蒙(De Rémond)的一篇長信，現收入全集第四卷第一部裏面。在他讀過龍華民和栗安當的著作以後，他覺着有起而爲儒家辯護的必要，即有起而爲中國理學辯護的必要，他和麥爾伯蘭基的見解相反，他是主張中國哲學之「理」和基督教之「神」是全然相合的。全文分四部，其要點如下：

第一、論中國人之神的觀念，以爲中國哲學的「理」，就是歐洲人所講的神。「理」如龍華民所說是有「物質」之缺點，可稱之爲「第一物質，」但來布尼茲駁他，以爲理謂之爲帶第一物質之性質，毋寧謂其帶有更多之神的性質，且在此兩說之中以後說易於和儒家其他學說聯絡起來。

第二論「理」與「氣」的關係，以爲「理」即太極，氣爲第一物質，是依理而有的，又論上帝與道的關係，以爲理是天之自然法則，違背天的法則就是違背理性的法則，這根本是和基督教相合。

第三、論上帝及人類之靈，否認以中國哲學爲無神論的說法。

來布尼茲這種辯護的態度實際即是證明了他的「理神論」和宋儒理學有密切的關係。從他以後法郎克(Francke)和吳爾夫(Wolff)均受其影響，而提倡中國思想，尤以吳爾夫的影響比來氏還要大，由他纔將孔家思想用德語介紹於大學知識階級方面，因此而中國哲學竟然有普遍的影響了。一七二一年他在哈爾(Halle)大學演講一篇「中國的實踐哲學，」極力讚美儒教，對基督教有些表示不滿，大學神學教授便乘機開會反對，提出二十七條的難點來打倒他，事情鬧大了，普王腓特烈一世於翌年十一月解除了他的大學教授職務，甚至限其於四十八小時內離開國境，否則處以絞刑。這麽一來，吳爾夫的哲學因被壓迫而成爲學界爭論之中心了，因此而著的書有二百餘種，其中一百三十種反對他，有九十種是贊成他，這種論爭繼續至二十年之久，而當時青年學者總是站在吳爾夫一邊的。他既離開哈爾大學，即爲馬堡大學所熱烈歡迎，及至腓特烈二世登極時，因新王本他的信徒，所以召他回校，並任以宮中顧問之職。吳爾夫離開哈爾不過十餘年，他的哲學竟爲普魯士各大學所採用，因而至於支配那個時代了。

在來布尼玆與爾夫的影響之下，發生了德國觀念論的正統哲學。觀念論實際卽是理性論。「純粹理性批判」的著者康德(Kant)他就是吳爾夫的再傳弟子，他的本師舒爾玆(Schultz)就是吳爾夫的高足弟子，從哈爾來的；曾著「信仰與理性合一」的論文，爲人所稱道。而康德初期著作也處處表示他受來布尼玆和與爾夫的影響，這就可見他雖和中國思想沒有直接的關係，卻不能沒有間接的關係了。由康德到菲希特(Fichte)謝林(Schelling)黑格爾(Hegel)有的以神爲道德的存在如(康德)，有的以神爲普遍的自我如(菲希特)，有的以神爲構成世界的統一的絕對觀念如(黑格爾)，而要之這種以「哲學的宗教」來代替正宗的宗教，均不能不說是受中國哲學的影響。海涅(Heine)在「德國宗教及哲學的歷史」中歷敍康德、菲希特、黑格爾這種哲學的「反宗教」運動以後，有一段說及他們思想的背境是這樣：「當革命的波濤在巴黎在這個人類的大洋中洶湧沸騰的時候，那時萊茵河那邊底德國人的心臟也吼動了。……但他們太孤立着，他們站在中國製造的佛像之下，這佛像對着全無感覺的磁器茶器咖啡壺和任何的東西都像無所不知樣地點着頭。……」這是很好的暗示，告訴我們在這一個時代的德國哲學者，是何等地孤立奮鬬着，尤其可注意的是「他們站在中國製造的佛像之下」一句，至少表示着德國的精神革命，祗有哲學發生地的中國，纔能够完全了解他們的。

一八二九年費爾巴哈(Feuerbach)所著「黑格爾哲學批判」開頭卽告訴我們以謝林和黑格爾的分別。「謝林哲學本來是一個外來種——是古代東方的同一性孕育在日耳曼大地上；」所以謝林無疑乎是東方主義者，至如黑格爾則可稱之爲西方主義，因爲歐洲之哲學時代實到黑格爾而登峯造極，而一大轉變，黑爾格以後即爲『科學時代』而非『哲學時代』。不管黑格爾是一個「中國通」，讀過「通鑑綱目」「玉嬌梨」，搜集了中國文獻的各種譯本；不管黑格爾是怎樣讚美中國的詩中國建築和美術工藝，黑格爾終竟是一個希臘主義者，——西方主義者，馬克思在一八五〇年提到中國，也曾將中國哲學和黑格爾的哲學對比，可是中國哲學在歐洲之影響，到了黑格爾實已告一結束了。

最後還應該提到叔本華（Schopenhauer），他和中國思想最有關係的地方，在他自己承認了他和朱子的學說相同。他有一部科學書是一八三六年出版的「天然的意志」，共分十章，而將「中國學」列爲專章，以與各經驗科學如生理學、解剖學、天文學等並列，可見其重視了。再將「中國學」的內容來看，他先據十七八世紀耶穌會士報告，將中國宗教分爲儒釋道三種，特別介紹佛教，開了不少書單。然而最重要的卻是當時耶穌會士爭論禮儀問題對於叔本華的影響。他引一八二六年亞細亞時報第二十二册所載「中國之創世論」一文，中述朱夫子即朱熹語，把論天的話引了許多，認爲和他的學說極相吻合，很驚嘆地說要不是這篇論文較他的書發表的時候遲了八年，則人將認他的學說是從朱子得來的了。雖也知道對付新思想有三種辦法，一是置之不理，二是說牠不能通行，三即謂此種思想「古已有之」，然而我的根本思想不是從中國來的，最好的證據即我不通中國語。但話雖如此，朱子的學說在一七三五年實已介紹到歐洲，叔本華哲學——自然意志說——無論他自己承認不承認，其和朱子發生關係，卻是決無可疑的事實了。

（五）

由上所述可得到一個結論，就是十八世紀歐洲的「哲學時代」實受中國哲學的影響，尤其是受宋儒理學的影響。如果歷史事實是不會錯的話，那末這個劃時代的史學的影響，一定會使今後中歐文化史和思想史的研究，都要爲之改觀了。

關於這個問題，詳細的討論我正在寫成專書，這一次用講演式的發表，還說不到什麼考證材料方面我得了前人如賴赫淮恩（Reichwein），平諾（Pinot），戈爾迭（Cordier），後藤末雄，五來欣造等許多益處，結論卻是自己的。我祗希望經我提出之後，能引起中外學者的注意，因而能够獲得更多更有力的證據來證實我文化哲學結論的正確！

廿四年，十二月，於國立中山大學。